고사성어로 읽는 춘추좌전

고사성어로 읽는
춘추좌전
春 秋 左 傳

최종례 편저

明文堂

이끄는 말

Ⅰ. 《춘추좌전(春秋左傳)》이란 어떤 책인가

중국의 역사에서 기원전 770년부터 전 476년까지를 춘추(春秋)시대라 하고, 전 475년부터 전 221년까지를 전국(戰國)시대라고 하며, 두 시대를 합하여 동주시대(東周時代)라고 한다. 동주시대라고 부르는 것은 전 770년에 서주(西周)의 평왕(平王)이 서쪽의 종주(宗周)에서 동쪽의 낙양(洛陽)으로 동천했기 때문이다. 전 221년은 진시황(秦始皇)이 소위 '전국 칠웅(戰國七雄)'을 멸하고 전중국을 통일한 해를 가리킨다. 춘추시대라고 부르는 이유는 공자(孔子)께서 편수한 노나라 역사책 《春秋》에서 다뤄진 기간이 마침 이 역사 발전 단계와 대략 맞아 떨어지기 때문이다.

《춘추좌전(春秋左傳)》은 일명 《춘추좌씨전(春秋左氏傳)》 또는 《좌씨춘추(左氏春秋)》라고도 하며 약칭하여 《춘추좌전》 또는 그냥 《좌전》이라 부르기도 한다. 《춘추좌전》은 노(魯)나라 임금 열두 분의 재위 차례에 따라 노나라를 비롯한 춘추 열국의 255년간의 역사를 기록한 편년체 사서(史書)이다. 편년체란 연월일의 순서에 따라 적은 사서의 한 형식이며, '전(傳)'이라고 한 것은 공자(孔子)가 편수한 노나라의 사기 《춘추》를 알기 쉽게 천술(闡述)했기 때문이다. '춘추'라는 말의 뜻은 '춘하추동'의 약어로서 일년은 사계절이며, 봄은 여름을 대표하고 가을은 겨울을 대표하기 때문에 '춘추'

로써 광음, 세월, 역사를 가리키고, 또한 편년체 사서의 동의어로 사용한 것이다. 당시 노나라, 주(周)나라, 연(燕)나라, 송(宋)나라, 제(齊)나라는 모두 자기네 국사를 '춘추'라고 했고, 초(楚)나라는 '도올(檮杌)', 진(晉)나라는 '승(乘)'이라고 했다.

공자가 편찬한 《춘추》는 노나라 은공(隱公) 원년(서기전 722년)에서 시작하여 노나라 애공(哀公) 14년(전 481년) 즉 기린(麒麟)이 잡힌 해에서 끝나니 전후 242년을 다루었는데 비하여 《좌전》은 노은공에서 시작하여 노애공 27년(전 468년)에 끝나니 《춘추》보다 13년이 더 길다. 공자는 애공 16년에 세상을 떠났다. 《좌전》은 대체로 《춘추》를 줄기로 삼되 기사는 오히려 진(晉)나라와 초(楚)나라를 중심으로 노(魯)·제(齊)·주(周)·정(鄭)·송(宋)·위(衛) 등 주변 제후국의 정황을 상세히 소개하고 있다. 그것은 춘추시대를 전후한 250여년간에 걸쳐 패권과 생존을 위한 치열한 각축을 벌이는 열국의 정치·군사·외교·문화·사회 풍속을 다루는 한편, 천문·역법·시령(時令)·고대 문헌·신화·전설·가요·속담 등도 대량으로 소개하고 있다.

《좌전》의 작자는 일반적으로 좌구명(左丘明)으로 알려져 있다. 그러나 여기에는 아직 이론이 있으나 일단 노나라 사람으로, 예언에 흥미가 많고, 병서와 군사 문제에 해박한 지식을 가진, 전국 초기에 속하는 사람일 가능성이 높다는 데 의견이 모아지고 있다.

《좌전》은 공양고(公羊高)가 지은 《춘추공양전(春秋公羊傳)》과 곡량적(穀梁赤)이 지은 《춘추곡량전(春秋穀梁傳)》과 함께 '춘추삼전(春秋三傳)'이라고 부른다.

《좌전》과 《춘추》의 기사를 비교해 보면 《춘추》는 지나치게 간단하고 단조로운 데 반해 《좌전》은 상세하고 생동감이 있으며, 에피소드가 있고, 인물이 있다. 예컨대 은공 원년 여름 5월에 정백(鄭伯)이 언(鄢)땅에서 아우 단(段)과 싸워 이겼다는 사건 기사는 《춘추》는 불과 9자(夏五月, 鄭伯克段于鄢.) 밖에 쓰지 않았지만 《좌전》은 오히려 540여 자를 할애하고 있다. 또 선공(宣公) 2년에 진(晉)나라 임금 영공(靈公)이 임금의 도를 잃어 대부의 손에 시해된 사건에 《춘추》는 불과 13자(秋九月乙丑, 晉趙盾弑其君夷皐. 즉 진나라 조돈(趙盾)이 자기 임금 이고(夷皐)를 시해했다.)밖에 쓰지 않았지만 《좌전》은 이 역사적 사건을 기술하는 데 312자를 써서 사건의 발단, 발전 및 결말을 자세하고 생동감 있게 기록했다.

《좌전》은 일의 서술이 풍부하고 말의 기록이 능란한데, 서술이 간결하여 글이 힘찬 것이 특징이다. 사건의 묘사는 생동감있고 변화가 많으며, 인물의 묘사는 사람마다 독특한 개성을 부여하여 마치 살아 숨쉬는 듯한 인상을 준다. 《좌전》은 권선징악의 정신을 더욱 발휘하여, 백성의 학대를 낙으로 삼았던 진(晉)나라 영공(靈公), 황음무도한 진(陳)나라 영공(靈公), 학을 사랑하다가 나라를 잃어버린 위(衛)나라 의공(懿公) 등 폭군을 호되게 꾸짖고, 첫 패자(霸者)로서 존왕양이(尊王攘夷)의 기치를 높이 들고 불후의 패업을 세운 제(齊)나라 환공(桓公)과 성복(城濮)의 전쟁에서 초나라의 북진의 야욕을 꺾은 진(晉)나라 문공(文公)을 극구 찬양하며, 충성스럽고 기지가 넘치는 정나라 자산(子産), 제나라 안자(晏子) 등 정치가를 찬미하고 있다. 특히 진(晉)나라 공자 중이(重耳)가 망명하여 환국하기까지 19년 동안의 망명 생활은 한 편의 소설과도 같다. 춘추 초기 진(秦)나라 목공(穆公)이 연혼한 사이인 진(晉)나라와 황하 중류에서 벌이는 지원과 반목은 특별한 흥미를 자아낸다. 일단의 여인의 묘사도 매우 재미있다. 임금의 총애를 믿고 나라를 어지럽히는 진(晉)나라 여희(驪姬), 음탕하여 뭇남자와 나라까지 망치는 하희(夏姬), 내성적이고 얌전한 식규(息嬀) 등은 그 대표적인 예다.

Ⅱ. 《춘추좌전》의 특색

《좌전》은 중국 고대의 위대한 역사 명저인 동시에 뛰어난 산문의 걸작이기도 하거니와 이제 그것이 지니고 있는 몇 가지 특색을 살펴보기로 한다.

1. 전쟁의 묘사

춘추시대의 국가 대사는 제사와 전쟁이었던만큼 《좌전》의 가장 큰 특색도 역시 전쟁의 묘사에 있다. 250여년간의 춘추 전기간을 통하여 열국간 군사행동이 480여 차례나 있었고 규모가 큰 것만도 14 차례나 된다. 전쟁기사가 《좌전》 내용의 40%를 차지하고 있다. 그중에서도 특출한 것은 다음의 5대 전쟁이다.

진초(晉楚) 성복의 전쟁(城濮之戰, 희공 28년)
진진(秦晉) 효의 전쟁(殽之戰, 희공 33년)
진초(晉楚) 필의 전쟁(邲之戰, 선공 12년)
제진(齊晉) 안의 전쟁(鞍之戰, 성공 2년)
진초(晉楚) 언릉의 전쟁(鄢陵之戰, 성공 16년)

《좌전》은 전쟁을 묘사함에 있어 전쟁의 성격, 피아의 특징, 전쟁의 전모를 그렸을 뿐만 아니라 각종 인물의 동태와 재미있는 에피소드를 곳곳에 끼워넣었다. 이들 에피소드는 모두 사생을 넘나드는 전쟁에 임하여 여유만만하고 서둘지 않는 낭만적인 면을 보여준다. 또한 전쟁 사상과 용병에도 깊은 관심을 보여 "군사가 전쟁에 이긴다는 것은 화합에 있는 것이지 병력의 다과에 있지 않다.(師克在和, 不在衆)", "군대는 명분이 곧아야 사기가 높다(師直爲壯).", "첫북을 쳤을 때 사기가 가장 높다.(一鼓作氣)", "어렵다고 판단되면 물러선다.(知難而退)" 등의 병법의 명언들을 선보이고 있다. 송대의 애국장군 악비(岳飛)는 《좌전》과 《손오병법》을 즐겨 읽었다고 하며 모택동(毛澤東)도 《좌전》의 전례(戰例)를 자주 인용한 것으로 알려져 있다.

2. 예(禮)의 중시

다음은 《좌전》에서 끊임없이 만나게 되는 예(禮)의 문제이다. 모든 인물과 사건을 항상 예라는 잣대로 재보고 "예에 맞다(禮)", "예에 안 맞다(非禮)"는 평가를 내리고 있는 것이다. 그러면 도대체 예란 무엇인가?

정나라 자태숙(子大叔 즉 游吉)이 진(晉)나라에 갔을 때 진나라 조간자(趙簡子)가 예가 무엇이냐고 묻자 자태숙이 대답했다. "읍양주선지례(揖讓周旋之禮 즉 인사하고 교제하는 예의)는 예의(禮儀)이지 예는 아니다. 예라는 것은 하늘의 규범이고, 땅의 준칙이며, 사람이 취해야 할 행동을 말한다"(소공 25년). 다시 말하면 자연의 법칙을 인간 사회에 구현하는 것을 예로 보았던 것이다. 그러므로 예에 포함되지 않는 것이 없을 만큼 예의 개념은 큰 것이다. 제나라 환공(桓公)이 중손(仲孫)에게 "노나라는 쳐서 빼앗을 수 있는가?" 라고 묻자 그는 이렇게 대답했다. "그건 안 됩니다. 노나라는 아직도 주나라의 예법을 견지하고 있습니다. 주나라의 예(禮)는 나라를 다스리는 근본입니다"(민공 원년). 군자(즉 작자)는 예를 평해서 이렇게 말하고 있다. "예라는 것은 국가를 다스리고, 사직을 안정시키며, 백성을 질서있게 하고, 후손에게 복리를 남겨주는 것이다"(은공 11년). 이것은 예를 통치질서로 본 것이다. 제나라 안자(晏子)의 말은 구체적이고 평이하다. "예가 나라를 다스리는 방편이 된 것은 오래된 일이다. 예는 천지와 어깨를 나란히 하는 것이다. 임금이 명령하면 신하는 공경히 받들고, 아비는 자애롭고 자식은 효도하며, 형은 사랑하고 아우는 공경하고, 남편은 화친하고 아내는 온유하며, 시어미는 자애하고 며느리는 순종하는 것이 곧 예인 것이다"(소공

26년). 또한 예는 일체의 사회 활동의 준칙이다. 따라서 예는 사회 활동 중에서 시비곡직을 가늠하는 표준이며 모든 일의 근본인 셈이다. 예학자 전현(錢玄)은 "예의 범위의 넓기란 오늘날의 '문화'의 개념에 비교될 수 있다."고 했다.

3. 중민사상(重民思想)

예(禮) 못지않게 《좌전》을 꿰뚫고 있는 것이 중민사상(重民思想)이다. 그것은 '시민여자(視民如子)' 또는 '민신지주(民神之主)'라는 말로 대표되는 것으로, 백성을 자식같이 어루만지고, 백성은 신을 모시는 주인이라는 사상이다. 그러므로 옛날의 성왕들은 먼저 백성을 잘 살게 한 다음 그 뒤에 신에게 정성을 드렸던 것이다. 정나라 자산(子産)이 연명(然明)에게 정치하는 법을 물었을 때 연명은 이렇게 대답했다. "백성을 대하기를 자식같이 하고, 백성을 사랑하지 않는 자를 보면 벌을 주기를 매가 새를 쫓듯 해야 한다"(양공 25년). 태사 사은(史嚚)은 말했다. "나는 들었거니와 〈나라가 흥하려 할 때에는 백성에게 의견을 물어서 하고, 나라가 망하려 할 때에는 신에게 복을 빈다.〉고 한다"(양공 32년). 진(陳)나라가 오나라의 협박하에 나라가 존망의 기로에 섰을 때 봉활(逢滑)은 말했다. "나는 듣건대 〈나라가 흥할 때에는 백성을 위하기를 마치 다친 사람 대하듯 하니 이것이 복이요, 나라가 망할 때에는 백성을 알기를 흙이나 지푸라기처럼 하니 이것은 화다.〉라고 한다"(애공 원년). 당시의 위정자들은 민심의 향배를 극히 중요시하여 국가의 흥망, 전쟁의 승패가 인민의 호응이나 지지를 얻느냐 못 얻느냐에 달려 있다고 믿었다.

4. 군자왈(君子曰)

사실(史實)이나 인물을 평가 또는 포폄하는 것을 사론(史論) 혹은 찬(贊)이라 하거니와 《좌전》의 작자는 단순히 사실을 전달하는

데 그치지 않고 인물과 사건에 대한 자기의 견해와 평가를 '군자왈(君子曰)'이라는 형식을 빌려 직접 밝히고 있다. 이 '군자왈'은 50여 곳에 나타나고 있다. 이것은 《사기(史記)》의 '태사공왈(大史公曰)'이나 《자치통감(資治通鑑)》의 '신광왈(臣光曰)'에 해당하는 것이다. 《좌전》의 작자는 여기에 그치지 않고 옛사람의 이야기를 빌리거나 당시의 영향력있거나 권위있는 인사(예컨대 공자)의 말을 빌려서 간접적으로 평론을 진행시키고 있다. '군자왈'의 제1호는 은공 원년에 나온다.

5. 부시언지(賦詩言志)

《좌전》의 또 하나의 특색은 《시(詩)》의 인용이 너무나도 많다는 것이다. 다시 말하면 《좌전》은 《시경》의 '지침서'라 부를 수 있을 만큼 그 내용이 광범하고 자세하다. 《시경》에 실린 305수 중에서 적어도 170수 이상의 시의 편명 또는 부분적인 시구가 인용되고 있고, 그 범위도 국풍(國風)·아(雅)·송(頌)의 세 부분을 모두 망라하고 있다. 이것은 춘추시대가—적어도 《좌전》에 관한 한—'부시언지(賦詩言志)'의 시대였음을 단적으로 보여주는 것이다. 즉 시를 읊어서 자기의 뜻을 전달하고, 시로 말하고 시로 화답하던 낭만의 시대였던 것이다.

단장취의(斷章取義)란 말은 남의 말이나 글귀를 제멋대로 앞뒤를 잘라 버리고 자기가 필요로 하는 부분만 취해 쓴다는 뜻이지만 이 말은 원래 《시경》의 시구를 자기 멋대로 인용하는 데서 유래한 말이다. 양공 8년 진(晉)나라의 범선자(范宣子)가 노나라를 예방했을 때 양공이 베푼 잔치 자리에서 〈표유매(摽有梅)〉를 읊자 노나라의 계무자(季武子)가 그 뜻을 알아차리고 말하기를 "누가 감히 늦게 가겠습니까?"라고 했다. 이 시는 《시경(詩經)》〈소남(召南)·표유매(摽有梅)〉편인데 원래의 뜻은 남녀의 회합에서 처녀가 매실을 던져 빨리 신랑감을 구한다는 내용이다. 사개(士匃 즉 范宣子)가

이 시를 읊은 뜻은 노나라가 제때에 파병해 주기를 바라는 마음에 서였던 것이다. 또 하나 더 예를 들면 노정공(魯定公) 4년 초나라의 신포서(申包胥)가 오나라의 침공을 받고 진(秦)나라로 가서 조정의 담에 기대어 이레 동안 곡을 하면서 구원병을 요청했을 때 진나라 임금이 그를 위해 〈무의(無衣)〉를 읊어 주니 그제야 그는 아홉 번 머리를 땅에 조아리고 나서 앉았다는 기사가 있다. 이 시는 《시경(詩經)》〈진풍(秦風) · 무의(無衣)〉편인데 진나라의 군가로서 그 속에 "왕이 군사를 일으킨다."는 말이 나오므로 진나라 임금은 이것으로 파병의 허가를 암시한 것이다.

공자는 "시를 배우지 아니 하면 사람을 대하여 말을 할 수 없다." [《논어(論語)》〈계씨편(季氏篇)〉]거나 "사람으로서 〈주남(周南)〉과 〈소남(召南)〉의 시를 배우지 않으면 마치 똑바로 담장을 향해 서 있는 것과 같은 것이다." [《논어》〈양화편(陽貨篇)〉]라고 했지만 《시》를 익히고 자유자재로 활용한다는 것은 특히 외교에 있어서 춘추인(春秋人)의 필수 교양에 속하는 문제였다. 양공 29년 오나라 공자 찰(札)이 노나라를 예방했을 때 노나라가 그를 위하여 주나라의 음악과 춤을 연주했는데 그 때 연주한 내용과 순서는 대체로 현재 유전되고 있는 《시경》과 같다. 양공 27년조에는 진(晉)나라 조맹(趙孟)이 정나라를 예방했을 때 정나라 임금이 그를 위하여 베푼 술자리에서 일곱 사람이 각기 시 한 수씩을 읊게 하고 조맹은 일일이 그 시를 강평하는 장면이 나온다.

6. 외교 사령(外交辭令)의 표본

공자는 "《시》 300편을 외운다 하더라도 정치를 위임받아서 처리할 줄 모르고, 사방의 나라로 사자로 가서 자주적으로 전대(專對)를 못한다면 아무리 많이 외운들 무슨 소용이 있겠는가?"[《논어》〈자로편(子路篇)〉]라고 했다. 이것은 외교관이 필수적으로 갖춰야 할 자질을 강조한 말이거니와 《좌전》에서는 외교관 즉 행인(行人)

의 뛰어난 외교 사령의 예문을 풍부히 보여주고 있다. 이것 또한 《좌전》의 한 특색이라 할 수 있다. 그것은 조리가 정연하고 설득력이 있을 뿐만 아니라 문학성도 뛰어난 것이기 때문이다. 예를 들면 전희(展喜)가 제나라 군사를 위로하러 갈 때 노나라 임금은 가서 할 말은 전금(展禽)이한테 들으라고 했는데 그만큼 전금이 외교 사령에 밝았다는 말이다(희공 26년). 그 밖에 왕손만(王孫滿)이 초나라 장왕(莊王)의 구정(九鼎)의 경중의 물음에 답한 말(선공 3년), 진(晉)나라 지앵(知罃)이 초왕의 물음에 답한 말(성공 3년), 자산(子産)이 담장을 헐고 변론한 말(양공 31년) 등이 있다. 위의 여러 예에서 보는 외교적 언사는 조리가 있고, 이치에 맞으며, 나무랄 데 없다. 마치 전국시대의 세객의 유세를 듣는 것만 같다. 외교 사령에 능하고 능하지 못함은 비단 개인의 영욕에 관계될 뿐만 아니라 국가의 안위에도 관계되는 중대사임에 틀림없다. 그러기에 공자는 말했다. "말에 문채가 없으면 멀리 퍼지지 못한다."(양공 25년).

끝으로 이 책은 성어를 근거로 하여 그 고사를 《춘추좌전》에서 뽑아 모은 것이다. 성어의 대부분은 고대로부터 인구에 회자되어 구전되어온, 속담과도 같은 것이기 때문에 그 글자나 차례를 마음대로 바꿀 수 없다. 성어의 주종은 사자성어(四字成語)이며 4자 이하는 극히 적고, 4자 이상도 그리 많지 않다. 성어 중에는 출전에서 그대로 따온 성구(成句), 예를 들면 일고작기(一鼓作氣), 순망치한(脣亡齒寒), 사직위장(師直爲壯), 거기부정(擧棋不定) 과 같은 것이 있는 반면, 원문을 압축, 조정하여 만든 구(句), 예를 들면 호정이가(好整以暇), 탄위관지(嘆爲觀止), 득불상실(得不償失), 제악무진(除惡務盡)과 같은 것도 있다. 또 어떤 것은 두 개의 서로 다른 출전의 문장이나 고사를 묶어서 만든 것도 있다. 예를 들면 결초함환(結草銜環), 기북공군(冀北空群), 민원비등(民怨沸騰) 등과 같은 것이다. 성어를 정확히 이해하기 위해서는 우선 그 성어가 원문에서 갖는 원래의 뜻 즉 고의(古義)를 알아야 하고, 둘째 그 성어가 오늘날 통용되고 있는 지금의 뜻 즉 금의(今義)를 알아야 한다. 성어에서 고의와 금의가 같은 상황이 적지 않다. 그러나 우리가 고・금의 뜻이 다른 상황을 등한시한다면 성어의 참뜻을 그르칠 위험이 있다.

천학비재를 무릅쓰고 부분적이나마 《춘추좌전》의 번역을 시도하였다. 부족하고 잘못된 부분에 대해서는 독자 여러분의 아낌없는 편달을 바라 마지않는다. 요행히 이 한 권의 책으로 위대한 중국의 역사 고전인 《춘추좌전》의 줄거리만이라도 알게 되고, 또 이들 성어를 디딤돌로 삼아 원전에 접근할 수 있는 계기가 된다면 그 이상의 다행이 없겠다.

2004년 가을 수리산(修理山) 기슭에서

월암(月庵) 최종례(崔鍾禮)

차 례

환공(桓公) 2년~15년

장공(莊公) 6년~32년

민공(閔公) 원년~2년

희공(僖公) 4년~33년

문공(文公) 원년~18년

선공(宣公) 2년~15년

성공(成公) 2년~18년

양공(襄公) 2년~31년

소공(昭公) 원년~32년

정공(定公) 4년~15년

애공(哀公) 원년~27년

은공(隱公) 원년~11년

1. 거례발범(擧例發凡)

실례를 분류하고 열거하여 책 전체의 체계를 설명하다. 춘추시 좌구명(左丘明)이 《춘추좌씨전(春秋左氏傳)》을 지을 때 《춘추(春秋)》의 서법을 몇 가지 종류로 귀납하고 거기에 개괄적인 설명을 붙였다. 출처는 진(晉)나라 두예(杜預)의 《춘추좌씨전서(春秋左氏傳序)》이다. 발범기례(發凡起例)라고도 한다.

春秋左氏傳序. 其發凡以言例, 皆經國之常制, 周公之垂法, 史書之舊章. 仲尼從而脩之, 以成一經之通體. 其微顯闡幽, 裁成義類者, 皆擧舊例而發義, 指行事以正襃貶. 諸稱書不書先書故書不言不稱書曰之類, 皆所以起新舊發大義, 謂之變例. 然, 亦有史所不書, 卽以爲義者, 此蓋春秋新意. 故傳不言凡, 曲而暢之也. 其經無義例, 因行事而言, 則傳直言其趣而已, 非例也. 故, 發傳之體有三, 而爲例之情有五.

〈춘추좌씨전서(春秋左氏傳序)〉. 《좌전》에서 '무릇 범(凡)'자로 시작하여 예(例)를 들어 말한 것들은 모두 나라를 다스리는 데 항상 쓰는 방법이고, 주공(周公)이 제정하여 후세에 남긴 법도이며, 사관(史官)이 기록할 때 쓰던 예부터의 문체이다. 중니(仲尼 즉 孔子)께서는 이에 따라 《춘추(春秋)》를 편수하여 경 전체를 꿰뚫는 하나의 체계를 완성했다. 《좌전》이 경에 숨어 있는 것을 드러내고 보이지 않는 것을 밝혀 의례(義例)를 분류, 정리한 것은 모두 구례

(舊例)를 들어 경의 뜻을 말한 것이며, 그 사람의 행동을 가리켜 시비선악을 바로잡은 것이다.

《좌전》에서 '썼다(書)', '안 썼다(不書)', '먼저 썼다(先書)', '그러므로 썼다(故書)', '말하지 않았다(不言)', '칭하지 않았다(不稱)', '써서 말했다(書曰)'라고 칭한 일곱 가지 호칭들은 모두 신구(新舊) 두 예를 들어 대의를 밝힌 것이니 이를 변례(變例)라 한다. 그러나 구사(舊史)에 기록하지 않은 것이라도 공자께서 의리에 맞다고 여기신 것은 대체로 《춘추》의 창의(創意)라 할 수 있으므로 《좌전》에서는 '무릇'이라 하지 않고 대신 자세히 말하여 그 뜻이 통하도록 했다.

경에 특별히 내세울 대의가 없는 예로서 단지 그 사람의 행동만 말한 것은 《좌전》에서도 그 일의 귀추만을 적는데 그쳤으니 그것은 의례에 들지 않는 비례(非例)이기 때문이다.

그러므로 《좌전》을 기술한 체계(體系)에는 세 가지가 있고, 예(例)의 유형에는 다섯 가지가 있다.

2. 춘왕정월(春王正月)

《춘추(春秋)》의 한 구절이다. 춘(春)은 계절명, 왕정월(王正月)은 주왕력(周王曆)으로 정월이란 뜻이다. 주나라는 자(子)의 달(지금의 음력 11월)을 세수(歲首)로 삼고 이전과 같이 봄이라고 불렀기 때문에 주나라와 은나라의 봄은 사실상 지금의 겨울에 해당된다. 《춘추》에서는 달을 기술할 때 매계절의 벽두에 먼저 춘·하·추·동의 사철을 표시하여 예를 들면 하사월(夏四月), 추칠월(秋七月), 동시월(冬十月)과 같이 불렀다. 후에 춘왕정월은 《춘추》를 대신 가리키는 말이 되었다.

3. 자만난도(滋蔓難圖)

덩굴 등이 무성하면 제거하기 어렵다. 악의를 품은 세력이 커지고 나면 처치하기 어렵다.

隱公元年夏, 及莊公卽位, 爲之請制. 公曰. 制巖邑也, 虢叔死焉, 佗邑唯命. 請京, 使居之, 謂之京城大叔. 祭仲曰, 都城過百雉, 國之害也. 先王之制, 大都不過參國之一, 中五之一, 小九之一. 今京不度, 非制也, 君將不堪. 公曰, 姜氏欲之, 焉辟害. 對曰, 姜氏何厭之有. 不如早爲之所, 無使滋蔓. 蔓難圖也. 蔓草猶不可除, 况君之寵弟乎. 公曰, 多行不義, 必自斃, 子姑待之.

은공(隱公) 원년(기원전 722년) 여름, 정(鄭)나라 장공(莊公)이 즉위하자 장공의 어머니 강씨(姜氏)는 아우 공숙단(共叔段)을 위하여 제(制) 땅을 요구했다. 장공은 말했다.

"제(制)는 요해처여서 옛날 괵숙(虢叔)이 여기에서 험지를 믿고 난을 일으켰다가 목숨을 잃은 일이 있습니다. 다른 고을이라면 분부대로 하겠습니다."

강씨가 경(京) 땅을 달라고 하여 공숙단(共叔段)을 그 곳에 살게 하매 사람들은 단(段)을 경성태숙(京城大叔)이라 불렀다. 대부(大夫) 제중(祭仲)이 장공(莊公)에게 말했다.

"지방의 도성이 규모가 100치(雉)(길이 100길, 높이 1길)를 넘는다는 것은 나라의 해악이 됩니다. 선왕(先王)의 법도에 의하면 지방의 도성은 큰 것은 국도(國都)의 삼분지 일을 넘지 못하며, 중간은 오분지 일, 작은 것은 구분지 일로 정해져 있습니다. 현재 경(京)의 도성은 분수를 넘었으니 법도에 어긋납니다. 장차 임금님의 골칫거리가 될 것입니다."

장공은 말했다.

"어머니 강씨가 원한 것이니 해가 된들 어디로 피하겠는가?"

제중이 대답했다.

"강씨에게 어찌 만족이 있겠습니까? 일찌감치 딴 데로 보내는 것이 좋겠습니다. 뻗어나지 않게 하십시오. 세력이 커버리면 처치하기 어렵습니다. 풀도 무성하면 없애 버리기 어려운데 하물며 임금님이 사랑하시는 아우야 말할 나위가 있겠습니까?"

이에 장공은 말했다.

"의롭지 못한 짓을 많이 하면 반드시 스스로 거꾸러지는 법이니 그대는 잠시 기다려 보게."

4. 다행불의(多行不義), 필자폐(必自斃)

나쁜 짓을 많이 하면 반드시 스스로 망한다.

출처는 3항 자만난도(滋蔓難圖) 참조.

5. 황천상견(黃泉相見)

황천(黃泉)은 저승. 저승 즉 지하에서 상봉하다.

隱公元年夏, 大叔完聚, 繕甲兵, 具卒乘, 將襲鄭, 夫人將啓之. 公聞其期曰, 可矣. 命子封帥車二百乘以伐京. 京叛大叔段. 段入於鄢. 公伐諸鄢. 五月辛丑, 大叔出奔共. 書曰, 鄭伯克段于鄢. 段不弟, 故不言弟. 如二君, 故曰克. 稱鄭伯, 譏失敎也. 謂之鄭志. 不言出奔, 難之也. 遂寘姜氏于城潁, 而誓之曰, 不及黃泉, 無相見也. 旣而悔之.

은공 원년(전 722년) 여름, 태숙(大叔)은 성곽을 튼튼히 하고 식량을 비축하며, 무기를 손질하고, 보병과 거병을 두루 갖추어 정나라의 국도를 습격할 준비가 다 되었다. 강씨(姜氏)는 성문을 열어 내응하도록 되어 있었다. 장공은 거사의 날짜를 듣자 말했다.

"이제는 쳐도 된다."

그러고는 자봉(子封)에게 명하여 병거(兵車) 200승(乘)을 거느리고 경(京)을 치게 했다. 경의 사람들은 태숙에게 반기를 들었고 단(段)은 언(鄢)으로 도망가매 장공(莊公)은 그를 언에서 치니 5월 신축날 태숙은 공(共)나라로 도망을 갔다. 《춘추(春秋)》에 "정백이 언에서 단과 싸워 이겼다."고 쓴 것은 단이 아우의 도리를 다하지 못했기 때문에 아우라 하지 않았고, 나라에 임금이 둘이 있어 싸운 것처럼 되었으므로 싸워 이겼다고 했으며, 정백(鄭伯) 즉 정나라 백작이라고 작위만 칭한 것은 그가 아우를 잘 가르치지 못한 것을 나무란 것이다. 《춘추》는 이것을 정백의 속마음이라고 불렀다. 또 단이 도망갔다고 쓰지 않은 것은 그에게만 죄를 덮어씌우기가 매우 난처했기 때문이었다.

마침내 장공은 강씨를 성영(城潁)에 가두고 맹세했다.

"황천에 가기 전에는 절대로 만나지 않겠다."

그러나 얼마 안 가서 그것을 후회했다.

6. 군갱유모(君羹遺母)

임금의 곰국을 어머니에게 갖다 드리다. 부모에게 선물을 드려 공경의 뜻을 표하다.

隱公元年夏, 潁考叔爲潁谷封人, 聞之, 有獻于公. 公賜之食. 食舍肉. 公問之, 對曰, 小人有母, 皆嘗小人之食矣, 未嘗君之羹, 請以遺之. 公曰, 爾有母遺, 緊我獨無. 潁考叔曰, 敢

問, 何謂也 公語之故, 且告之悔. 對曰, 君何患焉. 若闕地及泉, 隧而相見, 其誰曰不然. 公從之. 公入而賦, 大隧之中, 其樂也融融. 姜出而賦, 大隧之外, 其樂也泄泄. 遂爲母子如初.

은공 원년(전 722년) 여름, 이 때 영고숙(潁考叔)이란 사람이 영곡(潁谷)을 지키는 봉인(封人)으로 있었는데 이 소문을 듣고 선물을 갖고 장공(莊公)을 찾아왔다. 장공이 답례로 그에게 음식을 하사했더니 식사할 때 고기는 먹지 않고 남겨 놓았다. 장공이 그 이유를 물으니 그는 대답했다.

“소인에게는 어머니가 계신데 소인이 먹는 음식은 다 먹어 보았지만 임금님의 공국은 드신 적이 없습니다. 그래서 이것을 어머니에게 갖다 드리고자 하오니 허락해 주십시오”

“그대는 선물을 갖다 드릴 어머니가 있지만, 아! 나 혼자 어머니가 없구나!”

“죄송하지만 그게 무슨 말씀입니까?”

그래서 장공은 그 이유를 말하고 덧붙여 그 일을 후회하고 있다는 말까지 했다. 그러자 영고숙이 대답했다.

“임금님께서 걱정하실 게 뭐 있습니까? 만약 땅을 파내려 가다가 샘에 닿거든 그 곳에 굴을 파서 만나 보시면 누가 임금님께서 맹세를 저버렸다고 말하겠습니까?”

장공은 그의 말에 따랐다. 그리고 굴 속에 들어가 읊었다.

큰 굴 속에서
만나는 즐거움이 훈훈하구나

그러자 강씨(姜氏)는 굴에서 나와서 읊었다.

만나고 나오는 큰 굴 밖의
즐거움이 솔솔하구나

이리하여 마침내 모자간의 정이 전과 같이 되었다.

7. 불안기실(不安其室)

결혼한 여자가 외간 남자를 생각하고 과부가 재가(再嫁)를 원하다.

隱公二年春, 莒子取于向, 向姜不安莒而歸. 夏, 莒人入向, 以姜氏還.

은공 2년(전 721년) 봄, 거자(莒子) 즉 거나라 자작이 상(向)나라에서 부인을 맞이하였으나 상강(向姜)이 거나라에서 마음의 안정을 찾을 수가 없어 친정인 상나라로 돌아갔다. 여름에 거나라 사람이 상나라로 들어가서 강씨(姜氏)를 데리고 돌아갔다.

8. 언불유충(言不由衷)

원문은 '신불유중(信不由中)'이며 신(信)은 말이 진실하다, 거짓말을 하지 않다. 충(衷)은 중(中)과 같다. 말이 진심에서 우러나오지 않다. 생각과 말이 다르다. 과장되고 부실한 말을 늘어놓다.

隱公三年夏, 鄭武公莊公, 爲平王卿士. 王貳于虢, 鄭伯怨王. 王曰, 無之. 故周鄭交質, 王子狐爲質於鄭, 鄭公子忽爲質於周. 王崩, 周人將畀虢公政. 四月, 鄭祭足帥師取溫之麥. 秋又取成周之禾. 周鄭交惡. 君子曰, 信不由中, 質無益也.

은공 3년(전 720년) 여름, 정(鄭)나라 무공(武公)과 장공(莊公)은 대를 이어 가며 주(周)나라 평왕(平王)의 경사(卿士)가 되었으나 평왕이 (정백의 전횡을 싫어하여) 괵(虢)나라 임금에게도 정권을 분담시키려 하매 정백(鄭伯) 즉 정나라 백작이 왕을 원망하자 왕은 말했다.

"그런 일이 없소."

이래서 주나라와 정나라는 서로 인질(人質)을 교환하게 되어 왕자 호(狐)는 정나라에 인질로 가고, 정나라 공자 홀(忽)은 주나라에 인질로 갔다. 평왕이 붕어하시니 주나라 사람은 괵공(虢公)에게 정권을 맡기려 했다. 4월에 정나라의 제족(祭足)이 군사를 이끌고 가서 온(溫)나라의 보리를 빼앗고, 가을에는 성주(成周)인 낙양(洛陽)의 곡식을 빼앗아가니 주나라와 정나라의 사이가 나빠졌다.

군자는 이렇게 평한다.

"말이 진심에서 나오지 아니 하면 인질을 교환해 봤자 아무 소용이 없다"

9. 교사음일(驕奢淫逸)

교만하고, 사치스러우며, 방탕하고, 무절제하다. 일(逸)은 일(佚), 일(泆)로도 쓴다.

隱公三年冬, 公子州吁, 嬖人之子也, 有寵而好兵. 公弗禁, 莊姜惡之. 石碏諫曰, 臣聞, 愛子, 敎之以義方, 弗納于邪. 驕奢淫泆, 所自邪也. 四者之來, 寵祿過也.

은공 3년(전 720년) 겨울, 공자 주우(州吁)는 장공(莊公)의 천첩의 배에서 태어난 아들이지만 임금의 특별한 사랑을 받으며 전쟁놀이를 좋아했다. 그러나 장공은 그것을 말리지 않았고 장강(莊姜)은 그를 미워했다. 대부 석작(石碏)은 충간했다.

"신은 듣건대 <아들을 사랑한다면 바른 길을 가르쳐 나쁜 길에 빠지지 않게 해야 한다.>고 합니다. 교만, 사치, 방탕, 무절제는 나쁜 길로 들게 하는 길잡이와도 같습니다. 이 네 가지 나쁜 버릇이 생기는 이유는 총애와 녹봉이 지나치기 때문입니다."

10. 치사이분(治絲而棼)

분(棼)은 어지럽다. 엉킨 실을 풀려다가 도리어 엉키게 하다. 문제 해결의 방법이 틀려 문제를 더욱 복잡하게 만들다.

隱公四年春, 衛州吁弑桓公而立. …… 宋殤公之卽位也, 公子馮出奔鄭, 鄭人欲納之. 及衛州吁立, 將修先君之怨于鄭, 而求寵於諸侯, 以和其民. 使告於宋曰, 君若伐鄭以除君害, 君爲主, 敝邑以賦與陳蔡從, 則衛國之願也. …… 公問於衆仲曰, 衛州吁其成乎. 對曰, 臣聞以德和民, 不聞以亂. 以亂, 猶治絲而棼之也.

은공 4년(전 719년) 봄, 위(衛)나라의 주우(州吁)가 환공(桓公)을 시해하고 자신이 임금의 자리에 올랐다. ……

그에 앞서 송(宋)나라 상공(殤公)이 즉위하자 공자 풍(馮)이 정(鄭)나라로 망명을 했는데 정나라 사람은 그를 옹립하여 돌려 보내고 싶어했다. 그러다가 위나라의 주우가 임금이 되니 그는 선군(先君)의 정나라에 대한 원한을 풀어서 제후들의 환심을 사고 그것으로써 자기 나라 백성의 민심을 수습하려고 했다. 그리하여 그는 사자를 송나라로 보내어 말하게 했다.

"임금님께서 만일 정나라를 쳐서 자신의 해를 제거하고 싶으시다면 임금님께서 우두머리가 되시고, 저희들은 군사를 동원하여 진(陳)나라와 채(蔡)나라와 함께 뒤를 따를 것입니다. 이것이 우리 위나라의 소원입니다."……

이럴 때 노나라 은공이 대부 중중(衆仲)에게 물었다.

"위나라 주우가 성공할까?"
그는 대답했다.
"신은 덕으로써 민심을 수습한다는 말은 들었어도 변란으로써 한다는 말은 듣지 못했습니다. 변란을 수단으로 쓴다는 것은 마치 엉킨 실을 풀려다가 오히려 더욱 엉키게 만드는 것과 같습니다."

11. 중반친리(衆叛親離)

대중이 배반하고 측근들도 떠나다. 민심을 잃어 완전히 고립되다.

隱公四年夏, 夫州吁, 阻兵而安忍, 阻兵無衆, 安忍無親. 衆叛親離, 難以濟矣. 夫兵猶火也, 弗戢, 將自焚也. 夫州吁弑其君, 而虐用其民. 於是乎, 不務令德, 而欲以亂成, 必不免矣.

은공 4년(전 719년) 여름, (대부 중중의 말은 계속된다.)
" 주우(州吁)는 무력을 믿고 잔인한 짓을 태연하게 하지만 무력을 믿으면 대중이 떨어져 나가고, 잔인한 짓을 태연하게 하면 친한 사람들을 잃게 됩니다. 대중이 배반하고 측근들이 떠나가 버리면 성공하기 어렵습니다. 무력이란 마치 불과 같아서 잘 단속하지 않으면 자기 자신이 그 불에 타죽게 됩니다. 주우는 자기 임금을 시해하고 백성을 모질게 부리면서도 곧바로 덕을 닦는 데 힘쓰지 않고 오히려 변란을 일으켜 야망을 달성하려 하고 있으니 반드시 화를 면하지 못할 것입니다."

12. 완화자분(玩火自焚)

불을 가지고 노는 사람은 결국 자기가 타죽는다. 남을 해치는 모험을 하는 사람은 결국 자기가 해를 입는다. 자업자득하다.

출처는 11항 중반친리(衆叛親離) 참조.

13. 대의멸친(大義滅親)

친속이 저지른 범죄에 대하여 사정에 끌리지 않고 국법의 제재를 받게 하다.

隱公四年秋, 州吁未能和其民, 厚問定君於石子, 石子曰, 王覲爲可. 曰, 何以得覲, 曰, 陳桓公方有寵於王, 陳衛方睦, 若朝陳使請, 必可得也. 厚從州吁如陳. 石碏使告于陳曰, 衛國褊小, 老夫耄矣, 無能爲也. 此二人者, 實弑寡君, 敢卽圖之. 陳人執之, 而請涖于衛. 九月, 衛人使右宰醜, 涖殺州吁于濮, 石碏使其宰獳羊肩, 涖殺石厚于陳.

君子曰, 石碏純臣也, 惡州吁, 而厚與焉. 大義滅親, 其是之謂乎.

은공 4년(전 719년) 가을, 주우(州吁)가 백성들의 민심을 얻지 못하자 석후(石厚)가 아버지 석작(石碏)에게 임금의 자리를 굳히는 방법을 물었다. 그러자 석자(石子)는 말했다.

"천자를 찾아뵐 수만 있다면 가능할 거다."

"어떻게 하면 천자를 뵐 수가 있습니까?"

"진(陳)나라 환공(桓公)은 바야흐로 천자의 총애를 받고 있고, 진나라와 위나라는 현재 화목한 사이이니 진나라 환공을 찾아가 부탁을 드린다면 반드시 성사될거야."

이래서 석후는 주우를 따라 진나라로 갔다. 그러자 석작은 사자를 진나라에 보내어 말하게 했다.

"위나라는 작은 나라이고 저는 나이가 너무 많아 아무 일도 할 수가 없습니다. 이 두 사람은 실로 우리 임금님을 시해한 자들이니 이 기회에 바로 죽여 주시기 바랍니다"

진나라 사람이 그들을 잡아서는 직접 와서 처리하도록 위나라에 요청했다. 9월에 위나라 사람은 우재(右宰) 추(醜)를 보내어 주우를 복(濮)에서 죽이게 하고, 석작은 자기의 가령(家令) 누양견(獳羊肩)을 보내어 아들 석후를 진나라에서 죽이게 했다.

군자는 이렇게 평한다.

"석작은 참으로 신하의 귀감이다. 주우를 치기 위하여 아들 석후까지 거기에 끼웠다. 〈대의를 위하여 육친을 죽인다.〉함은 이를 두고 한 말인가!"

14. 불궤불물(不軌不物)

궤(軌)는 법도, 사물의 법칙. 물(物)은 전장제도(典章制度). 일이 법도와 준칙에 맞지 않다. 황당하고 옳지 못한 사물 또는 정당한 용도에 속하지 않는 사물을 가리킨다.

隱公五年春, 公將如棠觀魚者, 臧僖伯諫曰, 凡物不足以講大事, 其材不足以備器用, 則君不擧焉. 君將納民於軌物者也. 故講事以度軌量, 謂之軌, 取材以章物采, 謂之物, 不軌不物, 謂之亂政. 亂政亟行, 所以敗也. 故春蒐, 夏苗. 秋獮. 冬狩. 皆於農隙, 以講事也.

은공 5년(전 718년) 봄, 은공이 어부가 물고기를 잡는 광경을 구경하러 당(棠)으로 갈 준비를 하자 장희백(臧僖伯)이 간했다.

"무릇 사물이 나라의 대사 즉 제사와 전쟁을 배우고 익히는 데 도움이 되거나 그 재료를 가지고 제기(祭器)와 무기를 만드는 데 도움이 되는 경우가 아니면 임금은 함부로 거동하지 않는 법입니다. 임금이란 백성을 이끌어 궤(軌)와 물(物)에 들어오게 하는 사람입니다. 그러므로 나라의 대사를 배우고 익혀 그 행동이 법도에 맞는지를 헤아리는 것을 궤(軌)라 하고 , 재료를 선택하여 제기와 무기를 만드는 것을 물(物)이라고 합니다. 사물이 궤와 물에 맞지 않는 것을 어지러운 정치라 하고, 어지러운 정치를 자주 행하면 나라가 망하는 원인이 됩니다. 그래서 봄에는 수(蒐), 여름에는 묘(苗), 가을에는 선(獮), 겨울에는 수(狩)라는 네 가지 종류의 사냥 행사는 모두 농한기의 틈을 타서 군사연습을 하는 것입니다."

15. 모도불궤(謀圖不軌)

상궤를 이탈하다. 법규를 위반하다. 암암리에 반란을 꾀하다.

출처는 14항 불궤불물(不軌不物) 참조.

16. 동문지역(東門之役)

역(役)은 전쟁, 싸움. 숙원(宿怨)을 가리킨다.

隱公五年四月, 鄭人侵衛牧, 以報東門之役. 衛人以燕師伐鄭, 鄭祭足原繁洩駕, 以三軍軍其前, 使曼伯與子元潛軍軍其後. 燕人畏鄭三軍, 而不虞制人. 六月, 鄭二公子, 以制人敗燕師于北制. (往歲,) 陳蔡方睦於衛, 故宋公陳侯蔡人衛人伐鄭, 圍其東門, 五日而還.

은공 5년(전 718년) 4월, 정나라 사람이 위(衛)나라의 교외를 침입하여 전해의 동문의 전쟁의 앙갚음을 했다. 위나라 사람은 연(燕)나라 군사를 이끌고 정나라를 쳤다. 정나라는 이를 막아 제족(祭足)·원번(原繁)·설가(洩駕)를 시켜 3군을 거느리고 연군의 전방에 포진케 하고, 만백(曼伯)과 자원(子元)을 시켜 제(制) 땅의 군사를 거느리고 몰래 연군의 후방을 치게 했다. 연나라 사람은 전방에 있는 정나라의 3군만을 경계하고 후방의 제군(制軍)은 생각지도 않았다. 6월에 정나라의 두 공자는 제나라 사람을 거느리고 연군을 공격하여 북제(北制)에서 이를 쳐부수었다.

(지난 해에) 진(陳)나라와 채(蔡)나라는 한창 위나라와 사이가 좋았으므로 송공(宋公)·진후(陳侯)·채나라 사람·위나라 사람이 정(鄭)나라를 치기로 하여 정나라 서울의 동문을 포위하고 공격했으나 닷새 만에 그만두고 돌아갔다.

17. 호악부전(怙惡不悛)

원문은 '장악부전(長惡不悛)'이다. 호(怙)는 의지하다, 등에 업다. 악행을 일삼다. 잘못을 저지르고도 뉘우치지 않다.

隱公六年夏，五月庚申，鄭伯侵陳大穫. 往歲，鄭伯請成于陳，陳侯不許. 五父諫曰，親仁善隣，國之寶也. 君其許鄭. 陳侯曰，宋衛實難，鄭何能爲. 遂不許.

君子曰，善不可失，惡不可長，其陳桓公之謂乎. 長惡不悛，從自及也. 雖欲救之，其將能乎. 商書曰，惡之易也，如火之燎于原，不可鄉邇，其猶可撲滅. 周任有言曰，爲國家者，見惡如農夫之務去草焉，芟夷蘊崇之，絶其本根，勿使能殖，則善者信矣.

은공 6년(전 717년) 여름, 5월 경신날에 정백은 진(陳)나라를 침공하여 큰 성과를 거두었다. 지나간 해에 정백이 진나라에 화친을 구한 적이 있는데 진후(陳侯) 즉 진나라 후작은 허락하지 않았다. 그 때 오보(五父)가 간했다.

"선한 사람과 친하게 지내고, 이웃 나라와 사이좋게 지냄은 나라의 중요한 방략이오니 임금님께서는 정나라의 요청을 허락하십시오."

그러나 진후는 말했다.

"오직 송(宋)나라와 위(衛)나라만 두렵지 정나라야 무슨 힘이 있겠는가?"

그러고는 결국 허락하지 않았다.

군자는 이렇게 평한다.

"〈선한 일은 놓쳐선 안 되고 악한 일은 키워서는 안 된다.〉는 말은 아마도 진나라 환공(桓公)을 가리켜 한 말일 것이다. 악을 키우면서 고치지 않으면 곧 이어 화가 자기에게 돌아오는 법이다. 그 때 가서 살려 내려고 한들 무슨 수가 있겠는가? 《상서(商書)》에 이르기를 〈악이 번지는 것은 마치 불길이 벌판에 번지는 것과 같아 가까이 갈 수도 없는데 하물며 다 꺼버릴 수 있으랴?〉고 했고, 또 주임(周任)이 한 말이 있는데 그는 〈국가를 다스리는 자는 악한 일을 보면 농부가 열심히 김을 매듯 해야 한다. 농부는 잡초를 모조리 뽑아 한 쪽에 쌓아 두고, 그 뿌리를 없애 뻗지 못하게 한다. 그와 같이 하면 착한 것이 잘 뻗어 갈 것이다.〉라고 했다."

18. 요원지화(燎原之火)

벌판에 번지는 사나운 불길.

출처는 17항 호악부전(怙惡不悛) 참조.

19. 참초제근(斬草除根)

풀을 벨 때는 뿌리까지 함께 뽑다. 화를 제거할 때에는 화근을 철저히 뿌리뽑아 후환을 남기지 않다.

출처는 17항 호악부전(怙惡不悛) 참조.

20. 절기본근(絶其本根)

본(本)은 초목의 뿌리. 사물의 근원에 비유한다. 뿌리까지 없애다. 문제를 근본적으로 해결함에 비유한다.

출처는 17항 <호악부전(怙惡不悛)> 참조.

21. 호구사방(糊口四方)

호구(糊口)는 입에 풀칠을 하다, 겨우 먹고 살다. 먹고 살기 위해 이곳 저곳을 돌아 다니다.

隱公十一年秋七月, 公會齊侯鄭伯, 伐許.……齊侯以許讓公.……乃與鄭人. 鄭伯使許大夫百里奉許叔以居許東偏, 曰, 天禍許國, 鬼神實不逞于許君, 而假手于我寡人. 寡人唯是一二父兄不能共億, 其敢以許自爲功乎. 寡人有弟, 不能和協, 而使糊其口于四方, 其況能久有許乎.

은공 11년(전 712년) 가을, 7월에 노나라 은공은 제후(齊侯)·정백(鄭伯)과 회합하고 허(許)나라를 쳤다.…… 제후는 허나라를 은공에게 맡기려 했으나……(사양하매) 허나라를 정나라 사람에게 맡겼다.

정백은 허나라 대부 백리(百里)에게 명하여 도망간 장공(莊公)의 아우 허숙(許叔)을 모시고 허나라의 동쪽 변두리에 살게 하고 그에게 타일렀다.

"하늘이 허나라에 화를 내리고 귀신도 확실히 허나라 임금이 마음에 안 들어서 결국 나의 손을 빌어 이 나라를 처리하게 하였다. 그러나 과인은 한두 부형조차 편히 살 수 있게 하지 못하고 있는 몸인데 어찌 허나라를 맡았다고 해서 그것을 내 공이라고 우쭐댈 수 있겠는가? 나에게는 아우가 하나 있으나 서로 화목하지 못해서 나라에서 내쫓아 이곳 저곳에서 입에 풀칠만 하게 하고 있는 처지에 하물며 허나라를 오래도록 점령할 수 있겠는가?."

22. 강심상종(降心相從)

자기의 뜻을 굽히고 남의 뜻에 복종하다.

隱公十一年秋, 若寡人得沒于地, 天其以禮悔禍于許, 無寧茲許公復奉其社稷. 唯我鄭國之有請謁焉, 如舊婚媾, 其能降以相從也. 無滋他族實偪處此, 以與我鄭國爭此土也. 吾子孫其覆亡之不暇, 而況能禋祀許乎. 寡人之使吾子處此, 不唯許國之爲, 亦聊以固吾圉也.

은공 11년(전 712년) 가을, (백리에 대한 정백의 말은 계속된다.) "과인이 수명을 다하고 죽은 뒤에 혹시 하늘이 예의로써 허나라에 화를 내린 것을 후회할 날이 온다면 차라리 허공(許公) 즉 허나라 임금으로 하여금 다시 사직을 받들게 할 것이다. 그 때 가서 만일 우리 정나라에서 무슨 부탁이 있을 때에는 오랫동안 혼인을 맺어온 사돈처럼 자기의 뜻을 굽혀 거역하지 말고 들어주게. 그리고 다른 족속으로 하여금 이곳을 압박해 들어와 살게 하여 그들과 우리 정나라가 이 땅(허나라)을 두고 서로 다투는 일이 절대로 없도록 하게. 나의 자손들은 자기 나라의 멸망을 막느라 여념이 없을 터인데 하물며 어찌 허나라의 제사를 걱정할 처지가 되겠는가? 과인이 그대를 여기에 두는 목적은 단지 허나라를 위해서만이 아니라 또한 우리 나라 국경을 단단히 하기 위함일세."

23. 실핍처차(實逼處此)

실(實)은 확실히. 원래의 뜻은 핍박받아 여기에 살게 되다. 사태가 급하여 부득이 이렇게 하지 않을 수 없다.

출처는 22항 강심상종(降心相從) 참조.

24. 탁덕양력(度德量力)

탁(度)은 계산에 넣다, 고려하다. 자기 자신의 덕행과 능력을 헤아려 살피다.

隱公十一年秋, 乃使公孫獲處許西偏, 曰, 凡而器用財賄, 無寘於許. 我死, 乃亟去之. 吾先君新邑於此, 王室而旣卑矣, 周之子孫日失其序. 夫許大岳之胤也. 天而旣厭周德矣, 吾其能與許爭乎.

君子謂, 鄭莊公, 於是乎有禮. 禮經國家, 定社稷, 序民人, 利後嗣者也. 許無刑而伐之, 服而舍之, 度德而處之, 量力而行之. 相時而動, 無累後人, 可謂知禮矣.

은공 11년(전 712년) 가을, 이래서 정백은 공손획(公孫獲)을 허(許)나라 서쪽 변두리에 있게 하고 그에게 타일렀다.

"무릇 너의 기물과 재물은 아예 안 가지고 가는 게 좋다. 내가 죽거든 바로 그 곳을 떠나라. 우리 선군(先君)께서 도읍을 지금의 신정(新鄭)으로 옮겼을 때 주나라 왕실은 이미 쇠퇴하기 시작했고 우리들 주나라의 자손은 나날이 그 지위를 잃어 가고 있다. 그런데 허나라는 태악(大岳)의 후손인지라 하늘이 이미 주나라의 덕을 싫어하고 있는 터에 우리가 어찌 허나라와 다툴 수 있겠는가?"

군자는 이렇게 평한다.

"정나라 장공(莊公)은 이번 일을 예(禮)에 맞게 처리했다. 예라는 것은 국가를 다스리고 사직을 안정시키며 백성을 질서있게 하고 후손에게 복리를 남기는 것이다. 장공은 허나라가 법도를 어겼기 때문에 쳤으며, 복죄(服罪)하자 용서를 했고, 자신의 덕행을 헤아려서 처신했으며, 자신의 역량을 헤아려서 행동했고, 때를 보아 행동함으로써 후손에게 누를 끼치지 않았으니 예를 알았다고 할 수 있다."

25. 양력이행(量力而行)

자기의 능력을 헤아려서 행동하다.

출처는 24항 탁덕양력(度德量力) 참조.

26. 모천하지대불위(冒天下之大不韙)

모(冒)는 범하다, 상관하지 않다. 위(韙)는 옳다, 바르다. 천하의 대악을 범하다. 온 세상이 비난할 짓을 하다.

隱公十一年秋, 鄭息有違言. 息侯伐鄭. 鄭伯與戰于竟, 息侯大敗而還. 君子是以知息之將亡也. 不度德, 不量力, 不親親, 不徵辭, 不察有罪. 犯五不韙, 而以伐人, 其喪師也, 不亦宜乎.

은공 11년(전 712년) 가을, 정(鄭)나라와 식(息)나라 사이에 (외교상의) 구설이 있어 식후(息侯)가 정나라를 쳤다. 정백(鄭伯)은 식후와 국경에서 싸워 식나라 군사가 대패하여 돌아갔다.

군자는 이런 까닭에 식나라가 장차 망할 줄 알았다.

"자신의 덕을 헤아리지 않았고, 자신의 역량도 헤아리지 않았으며, 친척인 나라와 친하지도 않았고, 말을 가리지 않았으며, 누구의 허물인지를 살피지도 않았다. 이 다섯 가지 잘못을 저지르고서 남의 나라를 쳤으니 군사를 잃어도 당연하지 않은가?"

27. 귀로토구(歸老菟裘)

토구(菟裘)는 노나라의 옛 지명. 춘추시대 노나라 은공(隱公)이 이곳에서 노후를 보내려고 생각했다. 퇴직하여 은거할 자리. 고향으로 돌아가 은거하다.

隱公十一年冬, 羽父請殺桓公, 將以求大宰. 公曰, 爲其少故也, 吾將授之矣. 使營菟裘, 吾將老焉. 羽父懼, 反譖公于桓公, 而請弑之. 公之爲公子也, 與鄭人戰于狐壤止焉. 鄭人囚諸尹氏, 賂尹氏, 而禱於其主鍾巫, 遂與尹氏歸, 而立其主. 十一月, 公祭鍾巫, 齊于社圃, 館于寪氏. 壬辰, 羽父使賊弑公于寪氏, 立桓公, 而討寪氏, 有死者.

은공 11년(전 712년) 겨울, 대부 우보(羽父)가 은공에게 아우되는 환공(桓公)을 죽이자고 제의를 했으니 그것은 그 공으로 태재(大宰)가 되고자 하는 욕심에서였다. 그러나 은공은 대답했다.

"아우가 아직 어리기 때문에 내가 맡아 있는 것이다. 때를 보아 곧 물려줄 생각이다. 토구(菟裘) 땅에 집을 지어 은퇴하면 거기서 노후를 보내고 싶다."

우보는 죄를 받을까 두려워서 오히려 환공에게 은공을 헐뜯는 말을 하고 은공을 시해하자고 제의했다.

은공이 공자로 있을 적에 정나라 사람과 싸우다가 호양(狐壤)에서 포로가 된 일이 있었다. 그때 정나라 사람은 은공을 윤씨(尹氏) 집에 가두었는데 은공은 윤씨에게 뇌물을 주고 윤씨네의 수호신인 종무(鍾巫)에게 기도를 올리게 했다. 그 결과 곧 나라로 돌아올 수 있게 되었는데 그때 윤씨를 데리고 들어와서 집에다 종무를 신으로 모셨다. 그러다가 지금 11월에 은공은 종무에게 제사를 지내려고 사포(社圃)에서 목욕재계하고 위씨(寫氏)네 집에서 잠을 잤다. 임진날에 우보는 자객을 시켜 은공을 위씨 집에서 시해하고 환공을 세우고는 위씨에게 죄를 덮어씌워 그를 치니 억울하게 죽은 사람이 있었다.

환공(桓公) 2년~15년

28. 민불감명(民不堪命)

백성이 폭정에 시달려 견딜 수가 없다.

桓公二年春, 宋殤公立, 十年十一戰, 民不堪命. 孔父嘉爲司馬, 督爲大宰. 故因民之不堪命, 先宣言曰, 司馬則然. 已殺孔父, 而弑殤公, 召莊公于鄭而立之, 以親鄭. 以郜大鼎賂公. 齊陳鄭皆有賂. 故遂相宋公.

환공(桓公) 2년(전 710년) 봄, 송(宋)나라 상공(殤公)이 즉위한 이래 10년에 열 한 차례의 전쟁을 하매 백성들은 임금의 명령을 감당할 수가 없었다. 그때 공보가(孔父嘉)는 사마(司馬)의 직에 있었고 화보독(華父督)은 태재(大宰)의 벼슬에 있었다. 그래서 화보독은 백성들이 임금의 명령을 감내할 수 없음을 이용하여 먼저 선전을 했다.

"사마가 모두 이렇게 만든 것이다."

그는 곧 이어 공보를 죽이고 상공을 시해하고 나서는 장공(莊公)을 정(鄭)나라로부터 불러들여 임금 자리에 앉히고는 정나라의 환심을 사고, 고(郜)나라의 국보인 큰 세발 솥을 우리 노나라 환공에게 뇌물로 바쳤다. 제(齊)·진(陳)·정(鄭)나라에도 모두 뇌물을 돌려 마침내 송나라 임금의 재상이 되었다.

29. 제대비우(齊大非偶)

제나라는 대국이고 정나라는 소국이라 혼인의 짝으로는 안 맞다. 남녀 두 집안이 걸맞지 않아 감히 교제할 수가 없어 혼인을 거절하다.

桓公六年夏. 北戎伐齊. 齊侯使乞師于鄭. 鄭大子忽帥師救齊. 六月大敗戎師, 獲其二帥大良少良, 甲首三百, 以獻於齊. …… 公之未昏於齊也, 齊侯欲以文姜妻鄭大子忽. 大子忽辭. 人問其故. 大子曰, 人各有耦, 齊大, 非吾耦也. 詩云, 自求多福. 在我而已, 大國何爲. 君子曰, 善自爲謀. 及其敗戎師也, 齊侯又請妻之. 固辭. 人問其故. 大子曰, 無事於齊, 吾猶不敢. 今以君命奔齊之急, 而受室以歸, 是以師昏也. 民其謂我何. 遂辭諸鄭伯.

환공 6년(전 706년) 여름, 북융(北戎)이 제나라를 치매 제후(齊侯) 즉 제나라 후작은 정나라에 사자를 보내어 구원병을 요청하자 정나라 태자 홀(忽)이 군사를 이끌고 가서 제나라를 구했다. 6월에 융의 군사를 크게 깨뜨려 두 장수 대량(大良)과 소량(少良)을 사로잡고 무장병의 목 300개를 베어 제나라에 바쳤다. ……

우리나라 환공께서 아직 제나라에 장가들지 않았을 때 제후는 문강(文姜)을 정나라 태자에게 시집보내고 싶었으나 태자 홀이 사양했다. 어떤 사람이 그 까닭을 묻자 태자는 대답했다.

"사람은 제각기 제 배필이 있는 법인데 제나라는 대국이어서 나의 배필이 아니다. 《시(詩)》에 읊었다.

자기 스스로 많은 복을 구할지어다

내 복은 내가 구할 따름이다. 대국이 무슨 소용이 있단 말인가?

군자는 이렇게 평한다.

"그는 자기자신을 위해서는 타산을 잘 했다."

그가 융의 군사를 패배시키자 제후는 다시 그를 사위로 삼자고 청했으나 그는 굳이 사양했다. 어떤 사람이 그 까닭을 물으니 태자는 말했다.

"지난 날 제나라에 공을 세우지 않았을 때에도 내가 감히 맞이하지 않았거늘 이제 임금의 명령으로 제나라의 급난을 구하러 왔다가 아내를 얻어 돌아간다면 이것은 전쟁을 핑계로 혼인한 것이 된다. 백성들이 나를 뭐라 말하겠는가?"

그는 이내 아버지 정백의 명의를 빌려 사절했다.

30. 자구다복(自求多福)

행복은 자기자신의 노력에 달렸다. 흔히 경계하도록 타이르는 말로 쓴다, 이의 출처는 《시경(詩經)》 〈대아(大雅) · 문왕(文王)〉이다.

출처는 29항 제대비우(齊大非偶) 참조.

31. 선자위모(善自爲謀)

자기자신을 위한 타산을 잘 하다.

출처는 29항 제대비우(齊大非偶) 참조.

32. 회벽기죄(懷璧其罪)

옥을 몸에 지니면 화를 부르다. 재능이 있으면 시기와 박해를 받다.

桓公十年秋, 初, 虞叔有玉, 虞公求旃. 弗獻. 旣而悔之曰, 周諺有之, 匹夫無罪, 懷璧其罪. 吾焉用此, 其以賈害也. 乃獻之. 又求其實劍. 叔曰, 是無厭也. 無厭, 將及我. 遂伐虞公. 故虞公出奔共池.

환공 10년(전 702년) 가을. 전에 우숙(虞叔)이 옥을 가지고 있었는데 우공(虞公) 즉 우나라 임금이 그것을 달라고 했으나 바치지 않았다. 이윽고 그는 그것을 후회하고 말했다.

"주나라 속담에 <보통 사람은 지은 죄가 없더라도 벽(璧) 옥을 갖고 있으면 그게 죄가 된다.>는 말이 있다. 내가 구태여 이걸 가져서 뭘 하겠나? 오히려 화를 살 뿐이다."

그러고는 곧 옥을 바쳤다. 그랬더니 이번에는 또 그의 보검을 달라고 했다. 우숙은 말했다.

"형의 욕심은 만족을 모른다. 욕심이 만족을 모르니 다음에는 내 목숨을 요구할 것이다."

곧 우공을 치니 우공은 공지(共池)로 달아났다.

33. 성하지맹(城下之盟)

적군이 도성밑까지 도달한 후 마지못해 맺은 굴욕적인 강화조약. 일반적으로 강요에 의해 맺은 굴욕적인 조약을 뜻한다.

桓公十二年冬, 楚伐絞, 軍其南門. 莫敖屈瑕曰, 絞小而輕, 輕則寡謀. 請無扞采樵者以誘之. 從之. 絞人獲三十人. 明日, 絞人爭出, 驅楚役徒於山中. 楚人坐其北門, 而覆諸山下. 大敗之, 爲城下之盟而還.

환공 12년(전 700년) 겨울, 초나라가 교(絞)나라를 치려고 그 도성의 남문에 군진을 쳤다. 막오(莫敖)의 벼슬에 있는 굴하(屈瑕)가 말했다.

"교나라는 작고 경박하니 꾀가 적다. 호위병 없이 나무꾼을 풀어서 그들을 유인하자."

그대로 했더니 교나라 사람이 초나라의 나무꾼 30명을 잡았다. 그 다음날이 되자 교나라 사람은 서로 다투어 나와 산 속에서 초나라의 일꾼을 몰아붙였다. 초나라 사람은 북문을 지키고 또 산 밑에 복병을 두었다가 교나라 사람을 크게 깨트리고 성하(城下)의 맹세를 맺고 돌아갔다.

34. 지고기양(趾高氣揚)

지(趾)는 다리. 걸음걸이가 높고 의기가 양양하다. 교만하고 자만하다. 자만하여 자신의 처지를 잊다.

桓公十三年春, 楚屈瑕伐羅. 鬪伯比送之還, 謂其御曰, 莫敖必敗. 擧趾高, 心不固矣. 遂見楚子曰, 必濟師. 楚子辭焉. 入告夫人鄧曼. 鄧曼曰, 大夫其非衆之謂. 其謂君撫小民以信, 訓諸司以德, 而威莫敖以刑也. 莫敖狃於蒲騷之役, 將自用也. 必小羅.

환공 13년(전 699년) 봄, 초나라 굴하(屈瑕)가 나(羅)나라를 치러 가는데 투백비(鬪伯比)가 바래다 주고 돌아오면서 자기의 어자(御者)에게 말했다.

"막오(莫敖)는 반드시 패할 것이다. 걸음걸이가 높고 마음이 들떠 있으니 말이다."

그러고는 곧 초자(楚子) 즉 초나라의 자작을 뵙고 말했다.

"반드시 증원군을 보내야 합니다."

그러나 초자는 그의 요청을 거절했다. 그리고 내전으로 들어가 부인 등만(鄧曼)에게 그 이야기를 했더니 등만은 말했다.

"대부 투백비가 말한 뜻은 아마 병력의 다과가 아닐 것입니다. 그가 말한 것은 필시 임금님께서 백성을 신의로써 어루만지시고 벼슬아치들을 덕으로써 가르치시며 막오는 형벌로써 위협하시라는 말이었을 것입니다. 막오는 지난번 포소(蒲騷)의 전쟁에서 이력이 나서 자기 멋대로 하려 할 것입니다. 그는 반드시 나(羅)나라를 얕볼 것입니다."

35. 인진가부(人盡可夫)

남자는 누구나 남편이 될 수 있다. 부녀자가 도무지 정절을 지키지 않다.

桓公十五春, 祭仲專, 鄭伯患之, 使其壻雍糾殺之. 將享諸郊. 雍姬知之, 謂其母曰, 父與夫孰親. 其母曰, 人盡夫也, 父一而已, 胡可比也. 遂告祭仲曰, 雍氏舍其室而將享子於郊, 吾惑之, 以告. 祭仲殺雍糾, 尸諸周氏之汪. 公載以出, 曰, 謀及婦人, 宜其死也.

환공 15년(전 697년) 봄, 제중(祭仲)이 나랏일을 제멋대로 하매 정백(鄭伯)은 그것을 걱정하여 그의 사위인 옹규(雍糾)를 시켜서 죽이게 했다. 그를 교외로 불러 내어 대접을 하려고 하는데 옹규의 아내 옹희(雍姬)가 눈치를 채고 자기 어머니에게 물었다.

"아버지와 남편 중 어느 쪽이 더 가깝습니까?"

"남자는 누구나 남편이 될 수 있지만 아버지는 하나뿐이니 어찌 비교가 된단 말이냐?"

옹희는 곧바로 제중에게 일러 바쳤다.

"옹가는 집을 놓아두고 아버지를 교외로 불러내어 대접하려 하고 있습니다. 저는 그것이 수상쩍어 아버님께 알려 드리는 겁니다."

제중은 옹규를 죽여 그 시체를 주씨(周氏)의 못가에 갖다 버렸다. 정나라 임금은 그 시체를 수레에 싣고 가면서 말했다.

"일을 아내와 모의했으니 죽어도 싸다."

36. 모급부인(謀及婦人)

기밀 대사를 대의가 분명하지 못한 부녀자(흔히 처자)에게 누설하여 그 때문에 일이 실패로 끝나거나 화를 당하다.

출처는 35항 인진가부(人盡可夫) 참조.

장공(莊公) 6년~32년

37. 서제하급(噬臍何及)

입으로 자기의 배꼽을 물어뜯는다면 그것이 어떻게 가능한가? 후회해도 이미 때가 늦다.

莊公六年冬, 楚文王伐申. 過鄧. 鄧祁侯曰, 吾甥也. 止而享之. 騅甥聃甥養甥請殺楚子, 鄧侯弗許. 三甥曰, 亡鄧國者, 必此人也. 若不早圖, 後君噬齊, 其及圖之乎. 圖之, 此爲時矣. 鄧侯曰, 人將不食吾餘. 對曰, 若不從三臣, 抑社稷實不血食, 而君焉取餘. 弗從. 還年, 楚子伐鄧. 十六年, 楚復伐鄧, 滅之.

장공(莊公) 6년(전 688년) 겨울, 초나라 문왕(文王)이 신(申)나라를 치러가는 도중에 등(鄧)나라를 지나가게 되었다. 등나라 기후(祁侯)는 말했다.

"내 생질이시다."

그리고는 그를 머물게 하고 대접을 했다. 추생(騅甥)·담생(聃甥)·양생(養甥)이 초자(楚子)를 죽이자고 청했으나 등후(鄧侯)는 허락하지 않았다. 그러나 세 생질은 말했다.

"등나라를 멸망시킬 자는 반드시 이 사람입니다. 만약 빨리 해치우지 않으면 후군께서 배꼽을 물어뜯으려고 해도 그 때는 이미 늦을 것입니다. 이 사람을 없애버리려면 지금이 바로 그 때입니다."

그러나 등후는 말했다.

"그렇게 한다면 내가 먹다 남은 음식을 아무도 먹지 않을 것이다."

생질들은 대답했다.

"만일 저희들 세 신하가 올리는 말씀을 듣지 않으신다면 아마도 (나라가 없어져) 사직의 신이 제사도 받지 못할 터인데 임금님은 어디서 남은 음식을 얻는단 말입니까?"

그래도 임금은 듣지 않았다. 신나라를 치고 돌아간 해에 초자는 등나라를 쳤고 16년에 초나라는 다시 등나라를 쳐서 멸망시켰다.

38. 급과이대(及瓜而代)

참외가 익을 때 교대하다. 임기가 차서 교대하다.

莊公八年秋, 齊侯使連稱管至父戍葵丘. 瓜時而往, 曰, 及瓜而代. 期戍, 公問不至. 請代, 弗許. 故謀作亂.

장공 8년(전 686년) 가을, 제후(齊侯)가 연칭(連稱)과 관지보(管至父)를 시켜 규구(葵丘)를 지키게 했다. 참외가 한창 익을 무렵에 부임을 하매 임금이 말했다.

"내년 참외가 익을 때 교대시켜 주마."

1년의 수자리 기간이 지났으나 임금의 교대명령이 떨어지지 않았다. 교대를 요청했으나 허락되지 않았다. 그러므로 그들은 반란을 꾸몄다.

39. 육식자비(肉食者鄙)

육식자(肉食者)는 벼슬이 높고 녹봉이 많은 사람. 비(鄙)는 저속하고 식견이 좁다. 고관 대작들은 식견이 좁다. 흔히 집권자에 대한 불만과 분노를 나타낸다.

莊公十年春, 齊師伐我. 公將戰. 曹劌請見. 其鄕人曰, 肉食者謀之, 又何間焉. 劌曰, 肉食者鄙, 未能遠謀. 乃入見, 問何以戰.

장공 10년(전 684년) 봄, 제나라 군사가 우리 노나라를 쳤다. 장공이 나가 싸우려 하는데 대부 조귀(曹劌)가 임금님 뵙기를 청했다. 그 마을 사람이 말했다.

"육식을 하는 귀하신 분들이 하는 일인데 또 무슨 참견인가?"

조귀는 대답했다.

"육식을 하는 분들은 식견이 좁아 멀리 내다볼 줄 모른다네."

그래서 들어가 뵙고 물었다.

"무엇을 믿고 싸울 작정이십니까?"

40. 일고작기(一鼓作氣)

원래의 뜻은 작전 개시시 첫 북을 쳤을 때 사기가 가장 높다는 뜻이다. 단숨에 해치우다. 처음의 기세로 끝장내다.

莊公十年春, 公與之乘, 戰于長勺. 公將鼓之. 劌曰, 未可. 齊人三鼓. 劌曰, 可矣. 齊師敗績. 公將馳之. 劌曰, 未可. 下視其轍, 登軾而望之曰, 可矣. 遂逐齊師. 旣克, 公問其故. 對曰, 夫戰勇氣也. 一鼓作氣, 再而衰, 三而竭. 彼竭我盈, 故克之. 夫大國難測也, 懼有伏焉. 吾視其轍亂, 望其旗靡, 故逐之.

장공 10년(전 684년) 봄, 장공은 조귀(曹劌)와 함께 병거(兵車)를 타고 장작(長勺)에서 싸웠다. 임금이 진격의 북을 치려 하자 조귀는 말했다.

"아직 멀었습니다."

제나라 사람이 세 차례 북을 쳤다. 그제서야 조귀는 말했다.

"이제는 좋습니다."

제나라 군사가 패배를 했다. 임금이 제군을 추격하려 하자 그는 말했다.

"아직 안 됩니다."

그는 병거에서 내려 제군의 수레 바퀴자국을 살펴보고 수레 앞의 가로목[橫木]에 올라서서 적군을 바라보고 말했다.

"이제는 좋습니다."

그래서 곧 제군을 추격했다. 싸움에 이기고 나서 임금이 그 이유를 묻자 그는 대답했다.

"대체 전쟁이란 용기로 싸우는 것입니다. 한 번 북을 치면 용기가 치솟고 두 번째 북을 치면 용기가 쇠퇴하며 세 번째 북을 치면 용기가 탈진해 버립니다. 적의 용기는 탈진하고 아군의 용기는 왕성하니 그래서 우리가 이긴 것입니다. 또 대국은 그 동태를 예측하기 어려운지라 복병이 있을까 두려웠습니다. 제가 살펴보니 그들의 수레 바퀴 자국이 어지러웠고, 바라보니 그들의 깃발이 쓰러져 있었습니다. 그래서 그들을 추격한 것입니다."

41. 재쇠삼갈(再衰三竭)

두 번째 북을 치면 용기가 쇠퇴하고 세 번째 북을 치면 용기가 탈진하다. 기세가 점점 떨어져 다시 일어날 수 없다.

출처는 40항 일고작기(一鼓作氣) 참조.

42. 피갈아영(彼竭我盈)

상대는 힘이 다 빠지고 아군은 사기가 왕성하다. 사물을 비교할 때 상대는 고갈되고 아측은 충만하다.

출처는 40항 일고작기(一鼓作氣) 참조.

43. 철란기미(轍亂旗靡)

철(轍)은 수레의 바퀴자국. 미(靡)는 넘어지다. 수레의 바퀴자국이 어지럽고 군사의 깃발이 넘어지다. 군사가 궤멸하여 도망치다.

출처는 40항 일고작기(一鼓作氣) 참조.

44. 요유인흥(妖由人興)

요망하고 불길한 일은 사람의 바르지 못한 행동으로 말미암다.

莊公十四年夏, 鄭厲公自櫟侵鄭, 及大陵, 獲傅瑕. 傅瑕曰, 苟舍我, 吾請納君. 與之盟而赦之. 六月甲子, 傅瑕殺鄭子及其二子, 而納厲公. 初, 内蛇與外蛇, 鬪於鄭南門中, 内蛇死. 六年而厲公入. 公聞之, 問於申繻曰, 猶有妖乎. 對曰, 人之所忌, 其氣燄以取之. 妖由人興也. 人無釁焉, 妖不自作. 人棄常, 則妖興, 故有妖.

장공 14년(전 680년) 여름, 정나라 여공(厲公)이 역(櫟)으로부터 정나라로 침입해 들어가는 도중에 태릉(大陵)에서 정나라 대부 부하(傅瑕)를 사로잡았다. 그는 말했다.
"저를 놓아 주신다면 환국하실 수 있도록 주선하겠습니다."

여공은 그와 맹세를 맺고 용서해 주었다. 6월 갑자날에 부하는 정자(鄭子 즉 子儀)와 그의 두 아들을 죽이고 여공을 맞이하여 임금으로 세웠다.

처음에 정나라에서 성 안의 뱀과 성 밖의 뱀이 남문 안에서 싸우다가 성 안의 뱀이 죽은 일이 있었는데 그로부터 6년이 지나서 여공이 정나라로 들어가게 되었다. 노나라 장공이 이 일을 듣고 신수(申繻)에게 물었다.

"아직도 그런 요망한 일이 있는가?"

신수가 대답했다.

"사람이 무슨 꺼리는 일이 있으면 그 기운이 불타올라 요망한 것이 됩니다. 요망한 일은 사람 자신으로 말미암는 것입니다. 사람의 마음에 틈이 없다면 요괴한 일은 저절로 일어나지 않습니다. 사람이 상도(常道)를 버리면 요괴한 일이 일어나는 것입니다. 그래서 정나라에 요괴한 일이 있었던 것입니다."

45. 식규무언(息嬀無言)

식규(息嬀)는 말이 없다. 한 여자가 두 남편을 섬겨 말할 낯이 없다. 부녀자가 재난을 당하여 울음을 삼키고 슬퍼하며 원망하다. 후세 사람들은 식규를 도화부인(桃花夫人)이라 불렀다.

莊公十四年夏, 蔡哀侯爲莘故, 繩息嬀以語楚子. 楚子如息, 以食入享, 遂滅息. 以息嬀歸, 生堵敖及成王焉, 未言. 楚子問之. 對曰, 吾一婦人而事二夫, 縱弗能死, 其又奚言.

장공 14년(전 680년) 여름, 채(蔡)나라 애후(哀侯)는 신(莘)의 전쟁에서 포로가 되어 초나라에 잡혀가 있었으므로 초자(楚子)의 면전에서 식규(息嬀)의 아름다움을 극구 찬양했다. 초나라 임금은 식(息)나라로 가서 갖고간 음식으로 잔치를 차려 대접하고 그길로 식나라를 멸망시키고 식규를 데리고 돌아갔다. 식규는 초나라에서 도오(堵敖)와 성왕(成王)을 낳았으나 임금과 말을 한 적이 없었다. 초자가 그 까닭을 묻자 식규는 대답했다.

"저는 한 여자로서 두 남편을 섬겼습니다. 설사 죽지는 못한다 하더라도 또 무슨 말을 할 수 있겠습니까?"

46. 행재낙화(幸災樂禍)(2-1)

남이 당한 재앙을 동정은 고사하고 오히려 기뻐하다. 아래 글은 낙화(樂禍) 부분.

莊公二十年冬, 王子頹享五大夫, 樂及徧舞, 鄭伯聞之, 見虢叔曰, 寡人聞之, 哀樂失時, 殃咎必至. 今, 王子頹歌舞不倦, 樂禍也. 夫司寇行戮, 君爲之不擧, 而況敢樂禍乎. 奸王之位, 禍孰大焉. 臨禍忘憂, 憂必及之. 盍納王乎. 虢公曰, 寡人之願也.

장공 20년(전 674년) 겨울, 왕자 퇴(頹)는 다섯 대부를 불러 대접을 하는데 황제·요·순·우·탕·주무왕 등 6대(代)의 무악을 모두 연주하게 했다. 정백(鄭伯)이 이것을 전해 듣자 괵숙(虢叔)을 보고 말했다.

"내가 듣건대 <슬퍼하고 즐거워할 때를 놓치면 반드시 재난이 온다.>고 합니다. 지금 왕자 퇴는 노래와 춤에 싫증을 느끼지 않으니 이는 남의 화를 즐기고 있는 것입니다. 대체로 사구(司寇)가 형을 집행하는 날에는 임금도 이 때문에 음식을 줄이고 음악도 철폐하는 법이거늘 하물며 화를 즐기다니 언어도단입니다. 왕의 자리를 빼앗는 일보다 더 큰 화가 어디 있겠습니까? 그런 화난을 일으키고도 태연하게 아무 걱정을 하지 않고 있으니 반드시 우환이 오고야 말 것입니다. 어째서 혜왕(惠王)을 복위시키지 않으십니까?"

괵공은 대답했다.

"그게 나의 소원입니다."

47. 이경효우(以儆效尤)

경(儆)은 경고하다. 효(效)는 본받다. 우(尤)는 잘못 또는 과실. 일벌백계하다. 나쁜 사람이나 나쁜 일에 대하여 엄한 조치를 내려 그것을 본받지 못하게 경고하다. 사법부의 포고문 말미에 흔히 쓴다.

莊公二十一年春, 胥命于弭. 夏同伐王城. 鄭伯將王自圉門入, 虢叔自北門入, 殺王子頹及五大夫. 鄭伯享王於闕西辟, 樂備. 王與之武公之略, 自虎牢以東. 原伯曰, 鄭伯效尤, 其亦將有咎. 五月, 鄭厲公卒.

장공 21년(전 673년) 봄, (정백과 괵공이) 미(弭)에서 만나 약속을 하고 여름에 같이 낙양(洛陽)의 왕성(王城)을 공격했다. 정백(鄭伯)은 혜왕(惠王)을 모시고 남문으로부터 쳐들어가고 괵숙(虢叔)은 북문으로부터 쳐들어가 왕자 퇴(頹)와 다섯 대부를 죽였다. 정백은 궁문의 서쪽 성루에서 잔치를 베풀어 왕을 모시고 6대(代)의 무악을 모두 연주하게 했다. 주나라 혜왕은 정나라 무공(武公)이 하사받았다가 잃어버린 호뢰(虎牢) 이동의 땅을 하사했다. 원백(原伯)이 말했다.

"정백은 왕자 퇴의 잘못을 그대로 본받고 있으니 그도 역시 화를 당하겠구나!"

5월에 정나라 여공(厲公)이 세상을 떠났다.

48. 식견이담(息肩弛擔)(2-1)

어깨에 메었던 짐을 내려놓다. 무거운 짐을 부리다. 책임을 벗다. 아래의 글은 이담(弛擔) 부분.

莊公二十二年春, 陳人殺其大子御寇. 陳公子完, 與顓孫奔齊. 顓孫自齊來奔. 齊侯使敬仲爲卿. 辭曰, 羇旅之臣, 幸若獲宥, 及於寬政, 赦其不閑於敎訓, 而免於罪戾, 弛於負擔, 君之惠也. 所獲多矣, 敢辱高位以速官謗. 請以死告. 詩云, 翹翹車乘, 招我以弓. 豈不欲往. 畏我友朋. 使爲工正.

장공 22년(전 672년) 봄, 진(陳)나라 사람이 그들의 태자 어구(御寇)를 죽이매 진나라 공자 완(完)이 전손(顓孫)과 같이 제나라로 도망을 갔고 전손은 다시 제나라에서 우리 노나라로 왔다. 제후(齊侯)가 경중(敬仲)에게 경(卿)의 자리를 주려고 했다. 그러나 경중은 사양하며 말했다.

"떠돌이 신세인 신으로서는 만일 다행히도 관용을 베푸셔서 이 나라에 머무를 수 있고, 배운 바를 익히지 못한 불민을 용서받아서 망명의 죄를 면하고, 어깨의 짐을 내려놓을 수만 있다면 그것은 임금님의 은혜입니다. 그것만으로도 충분한데 어찌 감히 높은 자리를 맡아 관가의 지탄을 자초할 수 있겠습니까? 신은 목숨을 걸고 사양하겠습니다. 《시(詩)》에 읊기를,

높다란 수레를 타시고
활을 예물로 나를 부르시네
내 어찌 가고 싶지 않으랴만
친구들의 비방이 두렵구나

라고 했습니다."

그래서 제후는 경중을 백공을 다스리는 공정(工正)에 임명했다.

49. 복주복야(卜晝卜夜)

원래의 뜻은 '낮에 술 마시는 일은 점을 쳐 보았으나 밤의 일은 점치지 못했다.' 밤낮을 가리지 않고 어떤 일을 벌이다.

莊公二十二年春, 飮桓公酒, 樂. 公曰, 以火繼之. 辭曰, 臣卜其晝, 未卜其夜, 不敢. 君子曰, 酒以成禮, 不繼以淫, 義也. 以君成禮, 弗納於淫, 仁也.

장공 22년(전 672년) 봄, 어느날 경중(敬仲)이 환공(桓公)을 초청하여 술을 대접하는데 환공은 매우 기분이 좋아서 말했다.

"불을 켜놓고 밤새 술을 마시자."

그러나 그는 사양하며 말했다.

"신은 낮에 술 마시는 일은 점을 쳐보고 왔지만 밤의 일은 아직 점을 쳐 보지 못했으므로 사양하겠습니다."

군자는 이렇게 평한다.

"술의 목적은 예를 완성하는 데 있는 것이니 밤새도록 술잔치를 계속하여 도를 넘지 않은 것은 의리에 맞는 일이다. 또 임금을 모시고 예를 완성하는 자리에서 임금이 방종에 빠지지 않게 한 것은 인(仁)의 도리에 맞는 일이다."

50. 난봉화명(鸞鳳和鳴)

난새와 봉황의 우는 소리가 화음을 이루다. 부부간에 서로 화목하다. 흔히 결혼의 축사로 쓴다.

莊公二十二年春, 初, 懿氏卜妻敬仲. 其妻占之, 曰, 吉. 是謂鳳皇于飛, 和鳴鏘鏘. 有嬀之後, 將育于姜. 五世其昌, 並于正卿. 八世之後, 莫之與京. 陳厲公, 蔡出也, 故蔡人殺五父而

立之. 生敬仲. 其少也, 周史有以周易見陳侯者. 陳侯使筮之, 遇觀䷓之否䷋. 曰, 是謂觀國之光, 利用賓于王. 此其代陳有國乎. 不在此, 其在異國. 非此其身, 在其子孫.

장공 22년(전 672년) 봄, 처음에 진(陳)나라 대부 의씨(懿氏)가 경중(敬仲)을 사위로 삼고자 하여 그의 아내가 점을 쳤다. 점치고 나서 말했다.

"길합니다. 이것은 〈봉새와 황새가 날아올라 서로 화목하게 우는 소리가 쟁쟁하다. 규성(嬀姓)의 후손이 강성(姜姓)의 나라에서 자라서 5대에 가서는 번창하여 정경(正卿) 벼슬과 어깨를 나란히 하고 8대 이후에는 아무도 그와 권세를 겨를 사람이 없을 것이다.〉라는 점괘입니다."

진(陳)나라 여공(厲公)은 본시 채(蔡)나라에서 온 부인에게서 태어났다. 그러므로 채나라 사람이 공자 오보(五父 즉 陳佗)를 죽이고 여공을 세웠던 것인데 경중은 그의 아들이다. 경중이 어릴 때 주나라 태사(大史)가 《주역(周易)》을 가지고 진후(陳侯)를 만나러 왔다. 진후가 그에게 시초점(蓍草占)을 치게 했더니 《관(觀)》䷓이 《비(否)》 ䷋로 변하는 점괘가 나왔다. 그 점괘를 풀어서 말했다.

"이것은 〈다른 나라의 풍광을 관광하고 임금의 손님이 되는 것이 이롭다.〉는 점괘입니다. 이분이야말로 장차 진나라를 대신하여 나라를 향유하게 될 것입니다. 그러나 그것은 이 나라가 아니고 다른 나라가 될 것입니다. 뿐만 아니라 이분의 대에 일어나는 게 아니라 이분의 자손 대에 가서야 일어날 것입니다. "

51. 오세기창(五世其昌)

자손 후대가 5대까지 반드시 번창하고 현달하다. 신혼을 축하할 때 쓰는 말이다.

출처는 50항 난봉화명(鸞鳳和鳴) 참조.

52. 막지여경(莫之與京)

경(京)은 크다. 아무도 그와 크기에서 비교할 수 없다. 첫째로 꼽다. 뛰어나다.

출처는 50항 난봉화명(鸞鳳和鳴) 참조.

53. 단영각각(丹楹刻桷)

기둥과 서까래에 붉은 칠을 하다. 화려한 건축에 비유한다.

莊公二十三年秋, 丹桓宮之楹. …… 二十四年春, 刻其桷, 皆非禮也. 禦孫諫曰, 臣聞之, 儉德之共也, 侈惡之大也. 先君有共德, 而君納諸大惡, 無乃不可乎.

장공 23년(전 671년) 가을, 환공(桓公)을 모신 사당의 기둥에 붉은 칠을 했다. ……

24년(전 670년) 봄, 그 사당의 서까래에 조각을 했는데 이것은 모두 예법에 어긋나는 일이었다. 노나라 대부 어손(禦孫)이 간했다. "신은 듣건대 <검약은 덕 중의 큰 덕이요, 사치는 악 중의 큰 악이다.>라고 합니다. 선군께서는 큰 덕을 갖추고 계셨는데 지금 임금님께서는 자기 행동을 큰 악으로 몰고 가시니 그래서야 되겠습니까?"

54. 훼가서난(毁家紓難)

서(紓)는 제거하다. 가산을 모두 털어 국난을 구제하다.

莊公三十年夏，楚公子元歸自伐鄭，而處王宮．鬭射師諫，則執而梏之．秋，申公鬭班殺子元．鬭穀於菟爲令尹，自毁其家，以紓楚國之難．（初，）楚令尹子元欲蠱文夫人，爲館於其宮側，而振萬焉．夫人聞之，泣曰，先君以是舞也，習戎備也．今，令尹不尋諸仇讐，而於未亡人之側，不亦異乎．御人以告子元．子元曰，夫人不忘襲讐，我反忘之．秋，子元以車六百乘伐鄭．

장공 30년(전 664년) 여름, 초나라 공자 원(元)은 정(鄭)나라를 치고 돌아와서는 아예 왕궁에 거처를 정해 버렸다. 투석사(鬭射師)가 그것을 말리자 그를 잡아서 손에 수갑을 채웠다. 가을에 신공투반(申公鬭班)이 자원을 죽였다. 투곡어토(鬭穀於菟)가 영윤이 되자 자기의 가산을 허물어 초나라의 국난을 구했다.

(처음에) 초나라 영윤(令尹) 자원(子元)이 문부인(文夫人 즉 息嬀)을 유혹하려고 부인이 거처하는 궁전 옆에 거처를 마련하여 여기에서 방울을 흔들며 만무(萬舞)의 춤을 추게 했다. 부인이 그 소리를 듣고 울며 말했다.

"선군께서 이 만무를 사용하신 것은 군사 연습을 할 때뿐이었습니다. 그런데 지금 영윤께서는 원수를 갚는 데 이것을 쓰지 않고 오히려 이 남편 없는 미망인(未亡人) 옆에서 그런 짓을 하다니 이상하지 않습니까?"

시녀가 이 말을 자원에게 일러바치니 자원은 말했다.

"부인까지도 원수 갚기를 잊지 않고 있는데 내가 오히려 그걸 잊고 있었구나."

가을에 자원은 전차 600승을 거느리고 정나라를 쳤다.

55. 할비지맹(割臂之盟)

팔을 베어 그 피로써 맹세하다. 남녀가 비밀리에 혼약을 맺다.

莊公三十二年秋, 初, 公築臺, 臨黨氏, 見孟任從之. 閟. 而以夫人言, 許之, 割臂盟公. 生子般焉.

장공 32년(전 662년) 가을, 처음에 장공이 높은 대를 쌓았는데 거기에서 당씨(黨氏)네 집이 내려다보였다. 어느날 맹임(孟任)이라는 그 집의 딸을 보고 바싹 뒤쫓아갔더니 맹임은 집문를 닫고 거절을 했다. 장공이 부인으로 맞이하겠다는 말을 하니 비로소 허락을 했다. 그래서 맹임은 팔을 베어 그 피로써 장공과 맹세를 했다. 이 분이 자반(子般)이라는 아들을 낳았다.

민공(閔公) 원년~22년

56. 연안짐독(宴安酖毒)

향락을 일삼는 것은 독술로 자살하는 것과 같다. 짐(酖)은 짐새의 깃으로 담근 독주로 사람을 죽게 할 수 있다.

閔公元年春, 狄人伐邢. 管敬仲言於齊侯曰, 戎狄豺狼, 不可厭也, 諸夏親暱, 不可棄也. 宴安酖毒, 不可懷也. 詩云, 豈不懷歸, 畏此簡書. 簡書, 同惡相恤之謂也. 請救邢以從簡書. 齊人救邢.

민공(閔公) 원년(전 661년) 봄, 적(狄)의 사람이 형(邢)나라를 쳤다. (형나라가 제나라에 격문을 보내 구원을 청하매) 관경중(管敬仲)이 제후(齊侯)에게 말했다.

"융(戎)과 적(狄)은 승냥이와 이리 떼 같은 것이니 그들의 욕심을 다 채워 줄 수는 없습니다. 중원의 제후들은 가깝고 친한 사이니 위급할 때 포기해서는 안 됩니다. 술 잔치에 빠져 안락을 일삼는 것은 짐새의 독과 같은 것이므로 거기에 젖어도 안 됩니다. 《시(詩)》에 읊었습니다.

> 어찌 돌아가고 싶지 않으리오만
> 간서가 무서워서 못 간다네

간서(簡書)란 같은 재난을 서로 돕자는 것입니다. 부디 형나라를 구하여 간서의 사연에 따르시기를 건의드립니다."

이에 제나라 사람이 형나라를 구했다.

57. 경보불사(慶父不死), 노난미이(魯難未已)

경보는 노나라 장공의 서형인데 연이어 두 임금을 시해했다. 경보가 죽기 전에는 노나라의 난리는 가라앉지 않다. 화근을 없애지 않으면 편안을 얻을 수 없다.

閔公元年冬, 齊仲孫湫來, 省難. 書曰仲孫, 亦嘉之也. 仲孫歸曰, 不去慶父, 魯難未已. 公曰, 若之何而去之. 對曰, 難不已, 將自斃, 君其待之. 公曰, 魯可取乎. 對曰, 不可. 猶秉周禮. 周禮, 所以本也. 臣聞之, 國將亡, 本必先顚, 而後枝葉從之. 魯不棄周禮, 未可動也. (往歲) 八月癸亥, 公薨于路寢. 子般卽位, 次于黨氏. 冬十月己未, 共仲使圉人犖賊子般于黨氏. 成季奔陳. 立閔公.

민공 원년(전 661년) 겨울, 제나라의 중손추(仲孫湫)가 노나라로 와서 소동의 실상을 살펴보았다. 《춘추(春秋)》에 〈중손(仲孫)〉이라 쓴 것은 그를 칭찬한 것이다. 중손이 자기나라로 돌아가 말했다.

"경보(慶父)를 없애기 전에는 노나라의 난리는 가라앉지 않습니다.

제나라 환공(桓公)이 물었다.

"어떻게 하면 그를 제거할 수 있는가?"

"난리가 가라앉지 않으면 그 스스로 거꾸러질 것이니 임금님께서는 그 때까지 기다리십시오."

"노나라는 쳐서 빼앗을 수 있는가?"

"그건 안 됩니다. 노나라는 아직도 주나라의 예법을 견지하고 있습니다. 주나라의 예는 나라를 다스리는 근본입니다. 신이 듣건대 〈나라가 망하려 할 때에는 그 근본이 반드시 먼저 무너지고 그후에 가지와 잎이 따라 무너진다.〉고 합니다. 노나라 가 주례(周禮)를 버리지 않고 있으니 아직은 건드릴 수 없습니다."

(지난 해) 가을 8월, 계해날에 장공이 정전에서 홍거(薨去)했다. 자반(子般)이 즉위하여 당씨(黨氏) 집에서 머물렀다. 겨울 10월 기미날에 공중(共仲 즉 慶父)은 마부 낙(犖)을 시켜 자반을 당씨의 집에서 죽이게 했다. 성계(成季)는 진(陳)나라로 도망가고 민공(閔公)이 즉위했다.

58. 노학승헌(老鶴乘軒)

헌(軒)은 대부가 타는 수레. 위나라의 학이 대부가 타는 수레를 타다. 공이 없는데도 관직을 받다. 하는 일 없이 총애를 받는 사람을 가리킨다. 학을 읊을 때 쓴다.

閔公二年冬十二月, 狄人伐衛. 衛懿公好鶴, 鶴有乘軒者. 將戰, 國人受甲者皆曰, 使鶴, 鶴實有祿位, 余焉能戰.

민공 2년(전 660년) 겨울 12월, 적(狄)의 사람이 위(衛)나라를 쳤다. 위나라 의공(懿公)은 학을 좋아하여 학중에는 대부가 타는 수레를 타는 놈도 있었다. 적과 싸우러 나갈 때 무기를 받은 사람들이 모두 말했다.

"학보고 싸우라고 해라. 학이야말로 높은 녹봉과 관직을 누리고 있다. 우리가 왜 나가 싸운단 말인가?"

희공(僖公) 4년~33년

59. 풍마우불상급(風馬牛不相及)

이의 출처는 《상서(尙書)》 <비서(費誓)>의 '마우기풍(馬牛其風)'이다. 풍(風)은 동물의 암컷과 수컷이 바람이 나서(발정하여) 서로 유인한다는 뜻이다. 한 곳의 말과 소가 바람이 나서 다른 곳의 말과 소를 유인해도 서로 만날 수 없다. 서로 멀리 떨어져 있다. 서로 아무런 관계가 없다.

僖公四年春, 齊侯以諸侯之師侵蔡. 蔡潰, 遂伐楚. 楚子使與師言曰, 君處北海, 寡人處南海, 唯是風馬牛不相及也, 不虞君之涉吾地也, 何故. 管仲對曰, 昔, 召康公命我先君大公曰, 五侯九伯, 女實征之, 以夾輔周室. 賜我先君履, 東至于海, 西至于河, 南至于穆陵, 北至于無棣. 爾貢苞茅不入, 王祭不共, 無以縮酒, 寡人是徵. 昭王南征, 而不復, 寡人是問. 對曰, 貢之不入, 寡君之罪也, 敢不共給. 昭王之不復, 君其問諸水濱.

희공(僖公) 4년(전 656년) 봄, 제후(齊侯)는 제후들의 군사를 거느리고 채(蔡)나라를 침공하고 채나라가 무너지자 그길로 초나라를 쳤다. 초자(楚子)는 제후들의 군진에 사자를 보내어 말했다.

"임금님은 먼 북해에 살고 있고 과인은 남해에 살고 있어 마소의 암수가 바람이 나서 서로 유인해도 만날 수 없는데 임금님이 나의 땅을 밟다니 뜻밖의 일이오, 그 이유가 무엇이오?"

관중(管仲)이 대답했다.

"그 옛날 소(召)나라 강공(康公 즉 召公奭)께서 우리 제나라 시조 강태공(姜大公)에게 말씀하시기를 <오후(五侯)와 구백(九伯)이라도 잘못이 있으면 그대가 이를 정벌하여 주나라 왕실을 도우라.> 고 하셨소. 그리고 우리나라 시조에게 정벌의 범위를 정하시기를 동쪽은 바다에 닿았고 서쪽은 황하(黃河)에 닿았으며 남쪽은 목릉(穆陵)에 닿았고 북쪽은 무체(無棣)에 닿았소. 당신네 나라에서 공물로 바쳐야 할 포모(苞茅 즉 띠다발)가 들어오지 않아 주왕께서 올리는 제사에 차질을 빚고 제사에 쓸 술을 거를 방법이 없어 과인은 이 공물을 거두러 왔소. 그리고 또 주나라 소왕(昭王)께서 남방으로 순수를 나가셨다가 돌아오시지 못했는데 과인은 거기에 대한 해명도 듣고 싶소."

초나라 사자는 대답했다.

"공물을 드리지 못한 것은 과인의 잘못이오. 꼭 보내 올리도록 하겠소. 그러나 주나라 소왕이 돌아가시지 못한 일은 그쪽 임금께서 한수(漢水)의 물가에 가서 물어보시오."

60. 문제수빈(問諸水濱)

한수(漢水)의 물가에 가서 묻다. 자기와는 무관한 일이다. 책임을 질 수 없다. 춘추시 주나라 소왕(昭王)이 남순갔다가 한수에서 배가 가라앉아 익사한 고사를 두고 말한 것이다.

출처는 59항 풍마우불상급(風馬牛不相及) 참조.

61. 서단귀장(筮短龜長)

서(筮)는 시초점(蓍草占), 귀(龜)는 거북점. 시초점은 얕고 거북점은 깊다. 시초점은 거북점만큼 영검하지 못하다.

僖公四年冬, 初, 晉獻公欲以驪姬爲夫人, 卜之, 不吉, 筮之, 吉. 公曰, 從筮. 卜人曰, 筮短龜長, 不如從長. 且其繇曰, 專之渝, 攘公之羭. 一薰一蕕, 十年尙猶有臭. 必不可. 弗聽, 立之. 生奚齊, 其娣生卓子.

희공 4년(전 656년) 겨울, 처음에 진(晉)나라 헌공(獻公)이 여희(驪姬)를 부인으로 삼고자 거북점을 치니 불길하다는 점괘가 나오고 시초점(蓍草占)을 치니 길하다는 점괘가 나왔다. 헌공이 말했다.

"시초점에 따르자."

점치는 복인(卜人)이 말했다.

"시초점은 얕고 거북점은 깊으니 깊은 쪽을 따르심이 좋을 듯합니다. 더욱이 거북점의 점괘에 이르기를 <이것을 오로지 사랑하면 마음이 변하여 임금의 숫양을 빼앗아 가리라. 향기나는 풀과 악취나는 풀을 같이 놓아 두면 10년이 지나도 여전히 악취는 남으리라.> 고 하였으니 절대로 안 됩니다."

그러나 헌공은 그의 말을 듣지 않고 여희를 부인으로 삼았다. 이 분이 해제(奚齊)를 낳았고, 그의 여동생이 탁자(卓子)를 낳았다.

62. 일훈일유(一薰一蕕)

훈(薰)은 향기나는 풀. 유(蕕)는 악취나는 풀. 같은 수량의 향기나는 풀과 악취나는 풀을 한 자리에 놓다. 선과 악이 함께 있으면 형세는 반드시 선이 악에 가리워진다.

출처는 61항 서단귀장(筮短龜長) 참조.

63. 일국삼공(一國三公)

공(公)은 춘추전국시 제후국의 임금의 통칭. 한 나라에 임금이 셋이다. 정권이나 실권이 통일되어 있지 않다.

僖公五年春. 初, 晉侯使士蔿爲二公子築蒲與屈, 不愼, 寘薪焉. 夷吾訴之, 公使讓之. 士蔿稽首而對曰, 臣聞之, 無喪而慼, 憂必讎焉, 無戎而城, 讎必保焉. 寇讎之保, 又何愼焉. 守官廢命不敬, 固讎之保不忠. 失忠與敬, 何以事君. 詩云, 懷德惟寧, 宗子惟城. 君其修德, 而固宗子, 何城如之. 三年將尋師焉, 焉用愼. 退而賦曰, 狐裘尨茸, 一國三公, 吾誰適從.

희공 5년(전 655년) 봄, 처음에 진후(晉侯)는 사위(士蔿)를 시켜 두 공자를 위하여 포(蒲)와 굴(屈)에 성을 쌓게 했더니 조심을 하지 않아 흙속에 땔나무를 섞어 쌓았다. 공자 이오(夷吾)가 이 사실을 임금에게 일러 바치매 임금은 사람을 보내어 사위를 나무라게 했다. 사위는 머리를 조아리고 대답했다.

"신은 듣건대 〈상을 당하지 않았는데도 슬퍼하면 반드시 근심거리가 생기고, 전쟁이 없는데도 성을 쌓으면 반드시 원수의 아성이 된다.〉고 합니다. 원수가 차지할 바에야 무엇 때문에 신중히 하겠습니까? 벼슬 자리에 있으면서 명령을 어김은 불경(不敬)이요, 원수의 아성을 단단히 함은 불충(不忠)인데 불경하고 불충해서야 어찌 임금님을 섬길 수 있겠습니까? 《시(詩)》에 읊었습니다.

임금이 덕을 지니면 나라가 편안하고
공자들은 바로 나라 지키는 성이라네

임금님께서 덕을 닦으시고 그리고 공자님들의 지위를 튼튼히만 하신다면 무슨 성이 이보다 낫겠습니까? 3년 안에 전쟁이 날 것인데 어찌 정성을 들인단 말입니까?"

그리고 물러나와 노래를 읊었다.

> 여우 갖옷 너덜너덜 해졌는데
> 한 나라에 임금이 셋 있으니
> 나는 누구를 따라야만 하는가

64. 무소적종(無所適從)

적(適)은 가다, 도달하다. 누구를 따라야 할지, 어떻게 하면 좋을지 모르다.

출처는 63항 일국삼공(一國三公) 참조.

65. 가도멸괵(假途滅虢)

괵(虢)은 춘추시 제후국의 이름. 우(虞)나라의 길을 빌려 괵(虢)나라를 치다. 먼저 길을 빌려 사용하고 그 후 기회를 보아 이 나라마저 멸망시키는 전략.

僖公五年秋, 晉侯復假道於虞, 以伐虢. 宮之奇諫曰, 虢虞之表也, 虢亡, 虞必從之. 晉不可啓, 寇不可翫. 一之謂甚, 其可再乎. 諺所謂, 輔車相依, 脣亡齒寒者, 其虞虢之謂也.

희공 5년(전 655년) 가을, 진후(晉侯)는 다시 우(虞)나라로부터 길을 빌려 괵(虢)나라를 쳤다. 궁지기(宮之奇)가 간했다.

"괵나라는 우나라의 보호벽입니다. 괵나라가 망하면 우나라도 반드시 따라서 망하게 됩니다. 진(晉)나라의 야심을 키워 주어서는 안 되며 도적은 얕보아서는 안 되는 것입니다. 저번의 한 번도 과분한데 어찌 두 번이나 빌려 줄 수 있습니까? 속담에 이른 바 〈수레의 덧방나무와 찻간은 서로 의지하고, 입술이 없어지면 이가 시리다.> 는 말은 우나라와 괵나라의 관계를 두고 하는 말입니다."

66. 일지위심(一之謂甚), 기가재호(豈可再乎)

한 번도 과분한데 두 번 다시 할 수 있는가?. 잘못된 행위는 반드시 중지해야 하며 두 번 다시 범해서는 안 된다.

출처는 65항 가도멸괵(假途滅虢) 참조.

67. 보거상의(輔車相依)

보(輔)는 옛날 수레의 적재능력을 보강하기 위하여 수레바퀴의 양쪽 변죽에 덧댄 나무 즉 덧방나무. 거(車)는 수레의 몸통 즉 찻간. 수레의 덧방나무와 찻간이 서로 의존하다. 상호 의존하는 밀접한 관계에 있다. 일설에 의하면 보(輔)는 하악골, 차(車)는 잇몸. 이 경우에는 보차상의로 읽어야 한다.

출처는 65항 가도멸괵(假途滅虢) 참조.

68. 보거순치(輔車脣齒)

수레의 덧방나무와 찻간 또는 입술과 이가 서로 밀접하고 서로 의존하는 관계에 있다. 일설에 의하면 보차(輔車)는 하악골과 잇몸.

출처는 65항 가도멸괵(假途滅虢) 참조.

69. 순망치한(脣亡齒寒)

입술이 없으면 이가 시리다. 상호 이해(利害) 관계가 밀접하다.

출처는 65항 가도멸괵(假途滅虢) 참조.

70. 순치상의(脣齒相依)

입술과 이가 서로 의존하다. 관계가 극히 밀접하고 이해(利害) 관계가 같다.

출처는 65항 가도멸괵(假途滅虢) 참조.

71. 순치지방(脣齒之邦)

방(邦)은 국가. 관계가 밀접하고 서로 의존하는 국가 또는 지역.

출처는 65항 가도멸괵(假途滅虢) 참조.

72. 소목윤서(昭穆倫序)

소목(昭穆)은 고대의 종묘 또는 묘지의 배열순서 또는 항렬. 윤서(倫序)는 인륜의 순서. 가족 성원의 장유의 서열을 가리킨다. 소목은 시조를 가운데 놓고 좌소우목(左昭右穆)의 차례로 배열한다.

僖公五年秋, 公曰, 晉吾宗也, 豈害我哉. 對曰, 大伯虞仲, 大王之昭也. 大伯不從, 是以不嗣. 虢仲虢叔, 王季之穆也, 爲文王卿士, 勳在王室, 藏於盟府. 將虢是滅, 何愛於虞. 且虞能親於桓莊乎. 其愛之也, 桓莊之族, 何罪而以爲戮. 不唯偪乎.

親以寵偪, 猶尙害之, 況以國乎.…… 弗聽, 許晉使. 宮之奇以其族行, 曰, 虞不臘矣. 在此行也, 晉不更擧矣. …… 冬十二月丙子朔, 晉滅虢. 虢公醜奔京師. 師還, 館于虞, 遂襲虞, 滅之.

희공 5년(전 655년) 가을, 우(虞)나라 임금은 말했다.

"진(晉)나라는 나의 종친인데 어찌 나를 해치겠는가?"

궁지기(宮之奇)는 대답했다.

"우리의 선조이신 태백(大伯)과 우중(虞仲)은 태왕(大王)의 아드님[昭]이셨습니다. 태백이 태왕의 분부에 따르지 않고 오(吳)나라로 떠났으므로 그 때문에 우중도 천자의 자리를 잇지 않고 (왕계에게 물려주고) 우(虞)나라의 선조가 되셨습니다. 괵중(虢仲)과 괵숙(虢叔)은 왕계(王季)의 아드님[穆]으로 문왕(文王)의 경사(卿士)가 되시어 주왕실에 공훈을 세웠는바 맹부(盟府)에 그 기록이 남아 있습니다. 이러한 괵나라까지 멸망시키려는 진나라가 무엇 때문에 우리 우나라를 불쌍히 여기겠습니까? 설사 진나라가 우리 우나라를 사랑한다 하더라도 환숙(桓叔)과 장백(莊伯)의 후손보다 더 사랑하겠습니까? 만일 환·장의 후손을 사랑했다면 도대체 그들이 무슨 죄가 있길래 몰살을 해야 했겠습니까? 단지 압박했다는 죄밖에 없습니다. 친척이 총애를 믿고 세력을 과시했다고 해서 그들을 해치웠거늘 하물며 다른 나라야 말할 나위가 있겠습니까?"……

그러나 우공(虞公)은 듣지 않고 진나라 사자에게 허락하고 말았다. 궁지기는 그의 일족을 거느리고 떠나면서 말했다.

"우나라는 연말의 납제(臘祭)를 지내지 못할 것이다. 진나라는 이번 출병으로 우나라를 멸망시키고 다시 거병할 필요가 없을 것이다." ……

겨울 12월 병자날 초하루에 진나라는 괵나라를 멸망시켰고 괵공(虢公) 추(醜)는 주나라 서울로 도망갔다. 진나라 군사는 돌아가는 길에 우나라에 머물렀다가 이내 우나라를 습격하여 멸망시켰다.

73. 모괵조우(暮虢朝虞)

괵(虢), 우(虞)는 춘추시의 두 소국. 저녁에 괵(虢)나라, 아침에 우(虞)나라를 멸망시키다. 서로 의존하는 나라나 가족이 잇달아 망하다.

출처는 72항 소목윤서(昭穆倫序) 참조.

74. 면박함벽(面縛銜璧)

면(面)은 면(偭)과 통하며 뒤를 뜻한다. 두 손을 뒤로 묶고 구슬을 입에 물다. 옛사람이 투항하여 죄를 고백하고 처분을 바라던 한 가지 방법.

僖公六年秋, 楚子圍許以救鄭, 諸侯救許, 乃還. 冬, 蔡穆侯將許僖公以見楚子於武城. 許男面縛銜璧, 大夫衰絰, 士輿櫬. 楚子問諸逢伯. 對曰, 昔, 武王克殷, 微子啓如是. 武王親釋其縛, 受其璧, 而祓之, 焚其櫬, 禮而命之, 使復其所. 楚子從之.

희공 6년(전 654년) 가을, 초자(楚子)가 허(許)나라를 포위하여 정(鄭)나라를 구하려 하자 제후들의 연합군이 허나라를 구하매 곧 돌아갔다. 겨울에 채(蔡)나라 목공(穆公)이 허나라의 희공(僖公)을 데리고 무성(武城)에서 초자를 만나 보았다. 허남(許男)은 두 손을 뒤로 묶고 입에 구슬을 물고 (죽은 사람의 시늉을 하고), 대부들은 상복을 입고, 사(士)들은 빈 관을 수레에 싣고 왔다. 초자는 봉백

(逢伯)에게 어찌하면 좋은가를 물으니 그는 대답했다.

"옛날 무왕(武王)이 은(殷)나라를 쳐 이겼을 때 미자계(微子啓)가 이런 모습으로 왔습니다. 무왕께서는 몸소 그 묶은 것을 풀고 구슬을 토해내게 하여 부정(不淨)을 치고 그 관을 불에 태워버리고 예법대로 미자에게 명하여 본래의 지위로 돌아가게 했습니다."

초자는 그의 말에 따랐다.

75. 면박여츤(面縛輿櫬)

면(面)은 면(偭)과 통하며 뒤를 뜻한다. 츤(櫬)은 널, 관. 두 손을 뒤로 묶고, 빈 관을 수레에 싣고, 투항을 표시하여 극형을 자청하다.

출처는 74항 면박함벽(面縛銜璧) 참조.

76. 조불보모(朝不保暮)

원문은 '조불급석(朝不及夕)'으로 '아침이 저녁까지 미치지 못하다.' 아침에 저녁일을 보장할 수 없다. 형세가 급하여 당장을 걱정할 뿐 앞일을 내다볼 겨를이 없다.

僖公七年春, 齊人伐鄭. 孔叔言於鄭伯曰, 諺有之, 曰, 心則不競, 何憚於病. 旣不能强, 又不能弱, 所以斃也. 國危矣, 請下齊以救國. 公曰, 吾知其所由來矣, 姑少待我. 對曰, 朝不及夕, 何以待君. 夏, 鄭殺申侯, 以說于齊, 且用陳轅濤塗之譖也.

희공 7년(전 653년) 봄, 제(齊)나라 사람이 정(鄭)나라를 쳤다. 공숙(孔叔)이 정백(鄭伯)에게 간했다.

"속담에 이런 말이 있습니다. 즉 〈심지가 굳지 못하면 왜 굴욕은 두려워하나?〉 강하게 나갈 수도 없고 그렇다고 약하게 나갈 수도 없다면 망하는 길밖에 없습니다. 나라가 위태로우니 부디 제나라에 굴복하여 나라를 구하시기 바랍니다."

정나라 임금은 말했다.

"나는 제나라가 쳐들어 온 속셈을 알고 있으니 잠시 기다려 보게."

"아침에 저녁일을 보장할 수 없는 위급한 판국에 어떻게 임금님을 기다린단 말씀입니까?"

그 해 여름 정나라는 신후(申侯)를 죽여서 제나라의 비위를 맞췄는바 여기에는 진(陳)나라 원도도(轅濤塗)의 모함도 한몫을 했다.

77. 여취여구(予取予求)

나에게서 취하고 나에게서 구하다. 제 멋대로 취하다. 여기의 '여(予)'는 주어가 아니고 인칭대사가 부사어 구실을 하고 있다.

僖公七年夏, 初, 申侯申出也. 有寵於楚文王. 文王將死, 與之璧使行曰, 唯我知女. 女專利, 而不厭, 予取予求, 不女疵瑕也. 後之人將求多於女, 女必不免. 我死, 女必速行. 無適小國, 將不女容焉. 旣葬, 出奔鄭, 又有寵於厲公. 子文聞其死也曰, 古人有言, 曰, 知臣莫若君, 弗可改也已.

희공 7년(전 653년) 여름, 처음에 신후(申侯)는 신씨(申氏)의 소생으로 초나라 문왕(文王)의 총애를 받았다. 문왕이 죽을 때 그에게 벽(璧) 옥을 주면서 다른 나라로 떠나도록 일렀다.

"너를 아는 사람은 나뿐이다. 너는 재물에 욕심이 많아 만족할 줄을 몰랐다. 너는 나에게서 취하고 나에게서 구하여 제 멋대로 취했지만 나는 너를 나무란 적이 없다. 그러나 내 뒷사람은 너에게 많은 재물을 요구할 것이니 너는 반드시 화를 면치 못할 것이다. 내가 죽거든 빨리 다른 나라로 가거라. 그러나 소국에는 가지 말아라. 그곳은 너를 받아주지 않을 것이다."

문왕의 장사가 끝나자마자 신후는 정(鄭)나라로 도망갔다. 그래서 그는 거기서도 정나라 여공(厲公)의 총애를 받았다. 초나라의 자문(子文)이 그가 죽었다는 소리를 듣고 말했다.

"옛사람이 말하기를 〈신하의 사람됨을 아는 사람은 임금만한 사람이 없다.〉고 했는데 참으로 손댈 데 없는 명언이로구나."

78. 언귀우호(言歸于好)

피차 다시 화해하다. 다시 사이가 좋아지다. 언(言)은 한문의 문어체에서 문장 머리에 쓰는 조사로 뜻이 없다. 흔히 동사 앞에 쓴다.

僖公九年秋, 齊侯盟諸侯于葵丘, 曰, 凡我同盟之人, 旣盟之後, 言歸于好. 宰孔先歸, 遇晉侯, 曰, 可無會也. 齊侯不務德, 而勤遠略. 故北伐山戎, 南伐楚, 西爲此會也. 東略之不知, 西則否矣. 其在亂乎. 君務靖亂, 無勤於行. 晉侯乃還.

희공 9년(전 651년) 가을, 제후(齊侯)가 제후들과 규구(葵丘)에서 회맹을 했다. 그때 맹세한 내용은 이와 같다.

"무릇 우리들 동맹을 맺은 사람은 일단 맹세를 한 이상 서로 다시 사이좋게 지낸다."

그런데 재공(宰孔)은 한 발 먼저 돌아가다가 길에서 진후(晉侯)를 만났다. 재공이 말했다.

"회맹에 가시지 않는 것이 좋습니다. 제후는 덕 닦을 생각은 안

하고 멀리 남의 나라 치는 일에만 신경을 쓰고 있습니다. 그래서 북으로는 산융(山戎)을 쳤고 남으로는 초나라를 쳤으며 서로는 이번 회맹을 가진 것입니다. 동으로 손을 뻗칠지는 알 수 없으나 서방의 정벌은 불가능할 것입니다. 진(晉)나라에 혹시 내란이라도 일어날지 모릅니다. 임금님께서는 변란을 막는 데 힘쓰시고 애써 멀리 회맹에 가실 필요는 없습니다."

이에 진후는 되돌아갔다.

79. 송왕사거(送往事居)

왕(往)은 죽은 사람. 거(居)는 산 사람. 죽은 사람을 잘 장사지내고 산 사람을 잘 섬기다.

僖公九年秋, 初, 獻公使荀息傅奚齊. 公疾, 召之曰, 以是藐諸孤, 辱在大夫, 其若之何. 稽首而對曰, 臣竭其股肱之力, 加之以忠貞. 其濟君之靈也, 不濟則以死繼之. 公曰, 何謂忠貞. 對曰, 公家之利, 知無不爲, 忠也. 送往事居, 耦俱無猜, 貞也.

희공 9년(전 651년) 가을, 처음에 헌공(獻公)이 순식(荀息)을 해제(奚齊)의 스승으로 삼았다. 헌공이 병이 나자 순식을 불러 말했다.

"이 가련한 고아를 대부에게 맡겼는데 그대는 어찌 할 작정인가?"

순식은 머리를 조아리고 대답했다.

"신은 다리와 팔의 힘을 다하고 거기에다 충(忠)과 정(貞)의 마음까지 바쳐 모시겠습니다. 일이 성사되면 그것은 임금님의 영령이 돌보신 것이고 성사 안 되면 신은 죽어서라도 그 뜻을 잇겠습니다."

"무엇을 충과 정이라고 하는가?"

"국가에 이익이 된다는 것을 알면 무엇이든지 하는 것을 충(忠)이라 하고, 돌아가신 임금님을 잘 장사지내고 살아 계신 임금님을 잘 섬겨 양편이 모두 의심을 갖지 않게 하는 것을 정(貞)이라 합니다."

80. 백규지점(白圭之玷)

흰 옥의 티. 규(圭)는 납작하고 긴 홀(笏)같이 생긴 옥기의 일종. 완벽한 사람이나 물건이 가진 조그만 결점. 또한 말을 삼가지 않는 결점에 비유하기도 한다. 이의 출처는 《시경(詩經)》 〈대아(大雅)·억(抑)〉이다.

僖公九年秋, 及里克將殺奚齊, 先告荀息曰, 三怨將作, 秦晉輔之, 子將何如. 荀息曰, 將死之. 里克曰, 無益也. 荀叔曰, 吾與先君言矣, 不可以貳. 能欲復言, 而愛身乎. 雖無益也, 將焉辟之. …… 冬十月, 里克殺奚齊于次. …… 荀息將死之, 人曰, 不如立卓子而輔之. 荀息立公子卓, 以葬. 十一月里克殺公子卓于朝. 荀息死之.

君子曰, 詩所謂, 白圭之玷, 尚可磨也, 斯言之玷, 不可爲也, 荀息有焉.

희공 9년(전 651년) 가을, 이극(里克)이 해제(奚齊)를 죽이려고 계획했을 때 먼저 순식(荀息)을 찾아가 알렸다.

"세 공자의 패거리들이 난동을 부리려 하는데 진(秦)·진(晉) 두 나라가 모두 그들의 편입니다. 당신은 앞으로 어떻게 할 작정이오?"

"나는 죽을 것이오."

"그건 무익한 짓이오."

"나는 돌아가신 임금님과 언약을 했으니 그것을 저버릴 수가 없소. 언약도 지키고 목숨도 부지하려면 그것은 불가능한 일이오. 무익한 짓인 줄 알지만 어떻게 그것을 피한단 말이오? …… ”

겨울 10월에 이극은 해제를 빈소(殯所)에서 죽였다. ……

순식이 죽으려 하자 어떤 사람이 권했다.

“탁자(卓子)를 임금으로 세우고 보필하는 편이 낫지 않겠소?”

그래서 공자 탁을 세우고 나서 헌공(獻公)의 장사를 지냈다. 11월에 이극이 공자 탁을 조정에서 죽이자 순식도 그를 따라 순사(殉死)했다.

군자는 이렇게 평한다.

“《시(詩)》에 읊기를,

흰 옥의 티야 다시 갈면 되지만
말의 흠은 어떻게 할 도리가 없네

라고 했는데 순식이 그 좋은 예다.”

81. 약불호롱(弱不好弄)

약(弱)은 나이 어리다. 어릴 때 놀기(장난)를 좋아하지 않다. 소년이 노숙하다.

僖公九年冬, 晉郤芮使夷吾重賂秦以求入, 曰, 人實有國, 我何愛焉. 入而能民, 土於何有. 從之. 齊隰朋帥師, 會秦師, 納晉惠公. 秦伯謂郤芮曰, 公子誰恃. 對曰, 臣聞, 亡人無黨, 有黨, 必有讎. 夷吾弱不好弄, 能鬭不過, 長亦不改, 不識其他.

희공 9년(전 651년) 겨울, 진(晉)나라 극예(郤芮)가 이오(夷吾)에게 권하여 진(秦)나라에 많은 뇌물을 주고 본국으로 돌아갈 수 있도록 도움을 청하게 했다. 극예는 말했다.

"남이 나라를 차지하고 있는 터에 아까울 게 뭐 있습니까? 나라로 돌아가서 백성의 민심만 얻는다면 그 따위 토지가 뭐 그리 대단합니까?"

이오는 그의 말에 따랐다. 제(齊)나라 습붕(隰朋)이 군사를 거느리고 진(秦)나라 군사와 합류하여 진나라 혜공(惠公)을 자기 나라로 들어가게 했다. 진백(秦伯)이 극예에게 말했다.

"공자 이오는 누구를 믿고 있는가?"

극예는 대답했다.

"신이 듣건대 〈망명한 사람에게는 패거리가 필요없다. 패거리가 있으면 반드시 원수가 생긴다.〉고 합니다. 공자 이오는 어릴 때 놀기를 좋아하지 않았고 싸울 때에도 지나침이 없었으며 그 버릇은 장성해도 달라지지 않았습니다. 그 밖의 일은 잘 모릅니다."

82. 욕가지죄(欲加之罪), 하환무사(何患無辭)

사(辭)는 구실, 핑계. 죄를 씌우려고만 한다면 어찌 구실이 없음을 걱정하랴. 남을 무함하기로 마음만 먹으면 핑계를 찾기는 어렵지 않다.

僖公十年夏四月, 周公忌父王子黨會齊隰朋, 立晉侯. 晉侯殺里克以說. 將殺里克, 公使謂之曰, 微子則不及此. 雖然, 子殺二君與一大夫, 爲子君者, 不亦難乎. 對曰, 不有廢也, 君何以興. 欲加之罪, 其無辭乎. 臣聞命矣. 伏劍而死.

희공 10년(전 650년) 여름 4월, 주공기보(周公忌父)와 왕자 당(黨)이 제(齊)나라의 습붕(隰朋)과 회합하고 진후(晉侯)를 세웠다. 진후는 이극(里克)을 죽이고 (두 임금이 시해된 일의) 핑계를 댔다. 이극을 죽이기 전에 진후는 사람을 시켜 그에게 말하게 했다.

"그대가 아니었더라면 내가 오늘날과 같이 되지는 못했을 것이다. 그러나 그대는 두 임금과 한 사람의 대부를 죽였다. 그대의 임금 노릇하기가 어렵지 않겠는가?"

이극은 대답했다.

"제가 두 임금을 없애지 않았던들 임금님께서 어찌 일어날 수 있었겠습니까? 저에게 죄를 덮어 씌우려 한다면 어찌 구실이 없겠습니까? 신은 명대로 따르겠습니다."

그러고는 칼을 세우고 그 위에 엎어져 죽었다.

83. 폐중언감(幣重言甘)

폐(幣)는 일반적으로 예물. 예물이 후하고 하는 말이 달콤하면 그 뒤에 반드시 사람을 꾀는 계략이 숨어 있다.

僖公十年秋, 丕鄭之如秦也, 言於秦伯曰, 呂甥郤稱冀芮實爲不從, 若重問以召之, 臣出晋君, 君納重耳, 蔑不濟矣. 冬, 秦伯使泠至報問, 且召三子. 郤芮曰, 幣重而言甘, 誘我也. 遂殺丕鄭祁擧及七輿大夫左行共華右行賈華叔堅騅歂累虎特宮山祁, 皆里丕之黨也.

희공 10년(전 650년) 가을, 비정(丕鄭)이 진(秦)나라에 갔을 때 진백(秦伯)을 보고 말했다.

"여생(呂甥) · 극칭(郤稱) · 기예(冀芮) 등이 (진나라에 토지를 바치는 일에) 부동의했습니다. 만일 이쪽에서 많은 선물을 보내주고 부르신다면 그들은 올 것입니다. 신은 나라 안에서 진나라 임금을 몰아낼 것이니 임금님은 중이(重耳)를 진(晉)나라로 들어가게 하십시오. 그러면 만사가 제대로 될 것입니다."

그래서 겨울에 진백은 영지(泠至)를 진나라로 보내 보답의 방문을 하게 한 다음 세 사람을 초청했다. 극예가 말했다.

"예물이 너무 많고 말도 너무 달콤하니 이것은 우리를 꾀는 수작이다."

그리고 바로 비정·기거(祁擧) 그리고 칠여대부(七輿大夫)인 좌행공화(左行共華)·우행가화(右行賈華)·숙견(叔堅)·추천(騅歂)·누호(累虎)·특궁(特宮)·산기(山祁) 등을 죽였다. 모두 이극(里克)과 비정의 패였다.

84. 구재휼린(救災恤隣)

재앙을 구원하고 이웃나라를 구휼하다.

僖公十三年冬, 晉薦饑, 使乞糴于秦. 秦伯謂子桑, 與諸乎. 對曰, 重施而報, 君將何求. 重施而不報, 其民必攜. 攜而討焉, 無衆必敗. 謂百里, 與諸乎. 對曰, 天災流行, 國家代有. 救災恤隣, 道也. 行道, 有福. 丕鄭之子豹在秦, 請伐晉. 秦伯曰, 其君是惡, 其民何罪. 秦於是乎輸粟于晉, 自雍及絳相繼, 命之曰汎舟之役.

희공 13년(전 647년) 겨울, 진(晉)나라는 전해에 이어 작황이 좋지 않아 사람을 진(秦)나라로 보내 양곡의 수출을 요청했다. 진백(秦伯)이 자상(子桑)에게 말했다.

"그들에게 곡식을 주랴?"

자상이 대답했다.

"거듭 은혜를 베풀어 그 보답이 있으면 임금님은 그 위에 무엇을 더 바라겠습니까? 거듭 은혜를 베풀었는데도 보답이 없으면 진나라 백성은 반드시 그 임금에게서 멀어질 것입니다. 민심이 이반한 뒤에 그 나라를 치면 대중의 지원이 없으니 반드시 패할 것입니다.

(부디 양곡을 보내 주십시오.)"

그 다음에 백리(百里 즉 百里奚)에게 물었다.

"그들에게 곡식을 주랴?"

백리는 대답했다.

"천재의 발생은 각국이 돌아가며 겪는 일입니다. 그러므로 재앙을 구하고 이웃 나라를 구휼한다는 것은 정도(正道)에 속합니다. 정도를 행하면 복이 있게 마련입니다."

그 때 진(晉)나라 비정(丕鄭)의 아들 표(豹)가 진나라에 머물러 있었는데 그는 진나라를 칠 것을 제의했다. 진백은 말했다.

"주인이야 밉지만 백성에게 무슨 죄가 있느냐?"

이에 진나라는 곡식을 진나라로 수출했다. 그 곡식을 나르는 선단(船團)이 진나라 도읍인 옹(雍)에서 진나라 도읍인 강(絳)까지 닿았다. 세상에서는 이것을 '범주(汎舟)의 역사'라고 불렀다.

85. 피지부존(皮之不存), 모장언부(毛將焉附)

소도 언덕이 있어야 비빈다. 언부(焉附)의 원문은 '안부(安傅)'다. 가죽이 도무지 없는데 털이 어디에 붙는단 말인가? 기초가 없으면 거기에 의존하는 사물은 존재할 수 없다.

僖公十四年冬, 秦饑, 使乞糴于晉, 晉人弗與. 慶鄭曰, 背施無親, 幸災不仁, 貪愛不祥, 怒鄰不義. 四德皆失, 何以守國. 虢射曰, 皮之不存, 毛將安傅. 慶鄭曰, 棄信背鄰, 患孰恤之. 無信患作, 失援必斃, 是則然矣. 虢射曰, 無損於怨, 而厚於寇, 不如勿與.

희공 14년(전 646년) 겨울, 진(秦)나라에 기근이 들어 진(晉)나라에 사자를 보내 쌀의 수출을 청했으나 진나라 사람은 고개를 저었다. 진나라 대부 경정(慶鄭)이 말했다.

"은혜를 배반하는 것은 친분을 끊는 것이고, 남의 재난을 보고 기뻐하는 것은 사랑하는 도리가 아니며, 제 것을 아끼고 주기 싫어하는 것은 상서롭지 못한 일이고, 이웃나라를 성내게 하는 것은 의롭지 못한 일이다. 이 네 가지 덕을 다 잃어버린다면 어떻게 나라를 지킬 것인가?"

괵석(虢射)은 말했다.

"가죽이 도무지 없는데 털이 어디에 붙는단 말인가?"

경정은 말했다.

"신의를 버리고 이웃을 배반한다면 일단 우환이 있을 때 누가 도와 줄 건가? 신의가 없으면 우환이 생기고 도움을 잃으면 반드시 망하는데 이번의 우리 처사가 바로 그 꼴이오."

괵석이 말했다.

"곡식을 줘 봤자 진나라의 원한이 덜릴 것도 아니고 도리어 적의 힘만 키워 줄 것이니 곡식을 안 주는 것이 상책이오."

86. 행재낙화(幸災樂禍)(2-2)

남이 당한 재앙을 동정은 고사하고 오하려 기뻐하다. 아래의 글은 행재(幸災) 부분.

출처는 85항 피지부존, 모장언부(皮之不存, 毛將焉附) 참조.

87. 외강중건(外强中乾)

겉으로는 강해 보이나 속은 텅 비다. 원래는 외국산 말을 두고 한 말이다.

僖公十五年秋，晉侯謂慶鄭曰，寇深矣，若之何．對曰，君實深之，可若何．公曰，不孫．卜右，慶鄭吉．弗使．步揚御戎，家僕徒爲右．乘小駟，鄭入也．慶鄭曰，古者，大事必乘其産．生其水土，而知其人心，安其教訓，而服習其道，唯所納之，無不如志．今乘異産，而從戎事，及懼而變，將與人易，亂氣狡憤，陰血周作，張脈僨興．外彊中乾．進退不可，周旋不能，君必悔之．弗聽．

희공 15년(전 645년) 가을, 진후(晉侯)가 경정(慶鄭)에게 물었다.

"적이 너무 깊이 들어왔다. 이걸 어찌 할꼬?"

경정이 대답했다.

"임금님께서 스스로 깊이 들어오게 하신건데 이제 어떻게 하겠습니까?"

"무엄하다!"

혜공(惠公)이 거우(車右)가 될 사람을 점치게 했더니 경정이 길하다고 나왔지만 그를 쓰지 않았다. 그래서 보양(步揚)이 임금의 어자가 되고 가복도(家僕徒)가 거우가 되었다. 소사(小駟)라는 말을 썼는데 이 말은 정(鄭)나라에서 들여온 것이었다. 경정이 말했다.

"옛날부터 전쟁터에 나갈 때에는 반드시 국산 말이 수레를 끌었습니다. 그 국토에서 태어나서 그 나라 사람의 마음을 알고 그 가르침에 익숙하여 그 다니는 길도 잘 알아서 오직 부리는 사람의 말을 잘 들어 뜻대로 할 수가 있습니다. 지금 외국산 말을 타시고 싸움에 나가신다면 말이 놀라는 순간 성질이 변하여 부리는 사람의 뜻을 따르려 하지 않고, 숨이 가빠지고 화를 내면서 혈액 순환이 너무 빨라져서 혈맥이 부풀어오르게 됩니다. 저 말은 겉으로는 강해 보이지만 속은 물러 진퇴를 마음대로 할 수가 없고 회전 동작도 못할 것입니다. 반드시 후회하실 것입니다."

그러나 혜공은 그의 말을 듣지 않았다.

88. 대천이지(戴天履地)

하늘을 이고 땅을 밟다. 사람이 하늘과 땅 사이에서 생활함을 나타낸 말이다. 하늘과 땅의 공평함을 감수하고 행동을 삼가며 감히 본분을 뛰어넘어서는 안 된다.

僖公十五年秋, 壬戌, 戰于韓原. 晉戎馬還濘而止. 公號慶鄭. 慶鄭曰, 愎諫違卜, 固敗是求, 又何逃焉. 遂去之. 梁由靡御韓簡, 虢射爲右, 輅秦伯, 將止之. 鄭以救公誤之, 遂失秦伯. 秦獲晉侯以歸. 晉大夫反首拔舍從之. 秦伯使辭焉曰, 二三者, 何其慼也. 寡人之從晉君而西也, 亦晉之妖夢是踐, 豈敢以至. 晉大夫三拜稽首曰, 君履后土而戴皇天. 皇天后土, 實聞君之言, 羣臣敢在下風.

희공 15년(전 645년) 가을, 임술날에 진(秦)·진(晉) 두 나라 군사는 한원(韓原)에서 싸웠다. 진(晉)나라 임금이 탄 전차의 말이 진창에 빠져 나오지를 못하자 혜공(惠公)은 큰 소리로 경정(慶鄭)을 불렀다. 그러나 경정은 말했다.

"충고는 듣지 않고 점괘도 무시하고 스스로 패전을 구해 놓고서 이제 와서 어떻게 빠져나간단 말인가?"

그러고는 그냥 가버렸다. 양유미(梁由靡)가 몰고 괵석(虢射)이 거우가 된 한간(韓簡)의 전차는 진백(秦伯)을 만나 막 그를 생포하려던 참이었는데 경정이 "우리 임금님 살려라"고 고함을 치는 바람에 주춤하는 사이 그만 진백을 놓치고 말았다. 그 결과 도리어 진나라 군사가 혜공을 잡아 돌아가게 되었다. 진나라 대부들은 머리를 풀어헤치고 천막을 걷고서 그 뒤를 따라갔다. 진백은 사람을 시켜서 그러지 못하게 좋은 말로 타일렀다.

"여러분은 어찌 그리 슬퍼하는고? 과인이 그대들의 임금을 따라 서쪽으로 가는 것은 단지 진나라의 그 요망한 꿈이 영험한지 시험해 보기 위한 것이오. 어찌 감히 딴 뜻이 있겠소?."

진나라 대부들은 세 번 절하고 머리를 땅에 조아리면서 말했다.

"임금님은 대지를 밟고 하늘을 이고 계십니다. 하늘의 신과 땅의 신이 분명히 임금님의 지금 하신 말씀을 들었고 신들도 바람부는 아래쪽에서 들었습니다."

89. 황천후토(皇天后土)

황천(皇天)은 하늘. 후토(后土)는 땅. 하늘과 땅을 신령시하여 부르는 말이다.

출처는 88항 대천이지(戴天履地) 참조.

90. 감배하풍(甘拜下風)

하풍(下風)은 바람부는 아래쪽, 하위, 밑에 비유한다. 낮은 위치에서 진심으로 남을 경배하다. 진심으로 탄복하다. 남만 못함을 자인하다.

출처는 88항 대천이지(戴天履地) 참조.

91. 유사무이(有死無二)

필사의 뜻이 있을 뿐 딴 마음이 없다. 죽어도 두 가지 마음을 아니 갖다.

僖公十五年冬十月, 晉陰飴甥會秦伯, 盟于王城. 秦伯曰, 晉國和乎. 對曰, 不和. 小人恥失其君, 而悼喪其親, 不憚徵繕, 以立圉也, 曰, 必報讎, 寧事戎狄. 君子愛其君, 而知其罪, 不憚徵繕, 以待秦命, 曰, 必報德, 有死無二. 以此不和.

희공 15년(전 645년) 겨울 10월, 진(晉)나라 대부 음이생(陰飴甥)이 진백(秦伯)과 회동하고 왕성(王城)에서 맹세하였다. 진백이 물었다.

"진나라는 화목한가?"

이생은 대답했다.

"화목하지 못합니다. 아랫사람들은 임금을 잃은 것을 부끄러워하고 싸움에서 육친을 잃은 것을 슬퍼하며 기꺼이 세금을 내어 무기를 보강하여 태자 어(圉)를 임금으로 세우려 하면서 <반드시 원수를 갚아야 한다. 차라리 융적(戎狄)을 섬길지언정.>이라고 말하고 있고, 윗사람들은 우리 임금을 사랑하고 있으면서도 진(秦)나라에 지은 죄도 알아 기꺼이 세금을 내어 군비를 보강하여 진나라의 처분만을 기다리면서 <반드시 은혜에 보답해야 한다. 죽어도 배반하는 마음을 갖지 말자.>고 말하고 있습니다. 이래서 상하 두 계급이 화목하지 못합니다."

92. 송도퇴익(宋都退鷁)

익새 여섯 마리가 뒤로 날아 송나라 서울을 지나가다. 큰 바람에 비유하거나 사람이 뜻을 이루지 못함에 비유한다.

僖公十六年春, 隕石于宋五, 隕星也. 六鷁退飛, 過宋都, 風也. 周内史叔興聘于宋, 宋襄公問焉曰, 是何祥也. 吉凶焉在. 對曰, 今玆, 魯多大喪, 明年, 齊有亂. 君將得諸侯, 而不終.

退而告人曰，君失問．是陰陽之事，非吉凶所生也．吉凶由人，吾不敢逆君故也．

희공 16년(전 644년) 봄, 《춘추(春秋)》에 <송나라에 하늘에서 돌덩이가 다섯 개 떨어졌다.>고 한 것은 운성(隕星)이 떨어졌다는 말이며, <익새 다섯 마리가 뒤로 날아 송나라 서울을 지나갔다.>는 것은 바람이 세게 불었다는 말이다.

바로 그 때 주나라 내사(內史) 숙흥(叔興)이 송나라를 방문 중에 있었는데 송나라 양공(襄公)이 물었다.

"이것은 무슨 징조인가? 길흉이 어느 나라에 나타날 것인가?"

내사는 대답했다.

"금년에 노(魯)나라가 큰 상(喪)을 여러 번 당할 것이고, 명년에는 제나라에 변란이 있을 것입니다. 임금님께서는 앞으로 제후들을 거느릴 것이지만 오래 가지는 못할 것입니다."

그는 물러 나와서 다른 사람에게 말했다.

"임금님은 엉뚱한 질문을 하셨다. 운석이나 큰 바람은 음양(陰陽)에 관계되는 일이지 길흉에 관한 일이 아니다. 길흉이라는 것은 사람의 마음에서 말미암는 것이다. 그러나 나는 굳이 임금님을 거스르고 싶지 않아서 그렇게만 말씀드린 것이다."

93. 선패유기(善敗由己)

성공과 실패는 자신의 노력 여하에 달려 있다.

僖公二十年秋，隨以漢東諸侯叛楚．冬，楚鬪穀於菟帥師伐隨，取成而還．君子曰，隨之見伐，不量力也．量力而動，其過鮮矣．善敗由己，而由人乎哉．詩曰，豈不夙夜，謂行多露．

희공 20년(전 640년) 가을, 수(隨)나라는 한수(漢水) 이동의 제후들을 믿고 초나라에 반기를 들었다. 겨울에 초나라의 투곡어토(鬪穀於菟)는 군사를 거느리고 수나라를 쳐서 강화를 맺고 돌아갔다.

군자는 이렇게 평한다.

"수나라가 초나라에 정벌당한 것은 자신의 역량을 헤아리지 못했기 때문이다. 자신의 역량을 헤아려서 행동하면 실수가 적은 법이다. 성공과 실패는 자신에게 달린 것이지 어찌 남의 탓인가? 《시(詩)》에 읊기를,

> 어찌 초저녁에 달려가고 싶지 않으리요
> 다만 길에 이슬이 많이 내려서요

라고 했다."

94. 생흘검용(省吃儉用)

원문은 '폄식생용(貶食省用)'으로서 '식량의 소비를 줄이고 비용의 지출을 절약하다'. 절약해서 생활하다. 아껴 먹고 아껴 쓰다.

僖公二十一年夏, 大旱. 公欲焚巫尫. 臧文仲曰, 非旱備也. 脩城郭, 貶食省用, 務穡勸分, 此其務也. 巫尫何爲. 天欲殺之, 則如勿生. 若能爲旱, 焚之滋甚. 公從之. 是歲也, 饑而不害.

희공 21년(전 639년) 여름, 큰 가뭄이 들었다. 희공이 무당과 곱사등이를 불에 태워 죽이려 하자 장문중(臧文仲)이 말했다.

"이것은 가뭄을 막는 방법이 못 됩니다. 오히려 성곽을 수리하고, 식량 소비를 줄이며, 비용을 절약하고, 농사짓기에 힘쓰며, 서로 나누어 먹도록 권하는 일, 이것이 바로 힘써야 할 일들입니다. 무당과

곱사등이가 무엇을 할 수 있겠습니까? 하늘이 그들을 죽일 작정이면 애당초 이 세상에 태어나지 않게 했을 겁니다. 만일 그들에게 가뭄을 일으킬 수 있는 힘이 있다면 불에 태워 죽이면 가뭄은 더욱 기승을 부릴 것입니다."

희공은 그의 말에 따랐다. 이 해는 흉년이 들기는 했지만 큰 피해는 없었다.

95. 전전긍긍(戰戰兢兢)

전전(戰戰)은 두려워서 벌벌 떠는 모양. 긍긍(兢兢)은 조심하고 삼가는 모양. 두려워하고 조심하며 삼가다. 두려워서 벌벌 떨다. 이의 출처는 《시경(詩經)》〈소아(小雅)·소민(小旻)〉이다.

僖公二十二年秋. 邾人以須句故出師. 公卑邾, 不設備而禦之. 臧文仲曰, 國無小, 不可易也. 無備, 雖衆不可恃也. 詩曰, 戰戰兢兢, 如臨深淵, 如履薄冰. 又曰, 敬之敬之. 天惟顯思, 命不易哉. 先王之明德, 猶無不難也, 無不懼也, 況我小國乎. 君其無謂邾小. 蜂蠆有毒, 而況國乎. 弗聽. 八月丁未, 公及邾師戰于升陘, 我師敗績. 邾人獲公胄, 縣諸魚門.

희공 22년(전 638년) 가을, 주(邾)나라 사람이 수구(須句)나라의 일로 군사를 내어 노나라를 공격했다. 희공은 주나라를 얕보고 충분한 준비도 없이 방어하려고 했다. 장문중(臧文仲)이 말했다.

"나라에는 대소의 구별이 없습니다. 얕잡아 보면 안 됩니다. 방비가 없으면 비록 병력이 많더라도 믿을 것이 못 됩니다. 《시(詩)》에 읊기를,

두려워하고 벌벌 떨기를

깊은 못에 임한 듯 하고
살얼음을 밟듯 할지니라

라고 했으며 또 읊었습니다.

공경하고 또 공경할지어다
하늘은 밝은 눈으로 살피시니
천명은 지키기 쉽지 않도다

선왕께서는 그 밝은 덕으로도 어렵지 않게 여기신 일이 없었고 두려워하시지 않은 적이 없었습니다. 하물며 우리나라와 같이 작은 나라야 말해서 무엇하겠습니까? 임금님은 주나라를 작은 나라라고 말씀하지 마십시오. 벌이나 전갈 같은 미물에도 독이 있거늘 하물며 상대는 나라가 아닙니까?"

그러나 희공은 듣지 않았다. 8월 정미날에 희공은 주나라 군사와 승형(升陘)에서 싸워 우리나라 군사가 패했다. 주나라 사람은 희공의 투구를 손에 넣어 이것을 자기나라 어무(魚門)에 걸어놓았다.

96. 여림심연(如臨深淵), 여리박빙(如履薄冰)

마치 깊은 못가에 다다른 듯, 엷은 얼음 위를 걸어가듯 하다. 마음으로 경계하며 매우 조심하고 삼가다. 이의 출처는 《시경(詩經)》 〈소아(小雅) · 소민(小旻)〉이다.

출처는 95항 전전긍긍(戰戰兢兢) 참조.

97. 임심이빙(臨深履冰)

깊은 못가에 다다르고 엷은 얼음을 밟다. 처지가 위험하고 곤란하여 매우 조심하고 삼가야 하다. 이의 출처는 《시경(詩經)》〈소아(小雅)·소민(小旻)〉이다.

출처는 95항 전전긍긍(戰戰兢兢) 참조.

98. 봉채유독(蜂蠆有毒)

벌이나 전갈 같은 미물에도 독이 있다. 위해를 끼칠 수 있는 사람이나 사물에 비유한다. 보잘것없는 미물이지만 경시해서는 안 된다.

출처는 95항 전전긍긍(戰戰兢兢) 참조.

99. 불금이모(不擒二毛)

이모(二毛)는 머리털이 흑백 두 가지 색인 사람 즉 노인. 송양공이 홍수(泓水)의 전쟁에서 인의(仁義)의 군사는 노인을 우대한다는 것을 표방하면서 전장에서 반백의 노인을 잡지 않은 고사를 가리킨다. 후에 이 고사는 세상의 웃음거리가 되었다.

僖公二十二年冬, 十一月己巳朔, 宋公及楚人戰于泓. 宋人旣成列, 楚人未旣濟. 司馬曰, 彼衆我寡, 及其未旣濟也, 請擊之. 公曰, 不可. 旣濟而未成列, 又以告. 公曰, 未可. 旣陳而後擊之, 宋師敗績. 公傷股, 門官殲焉. 國人皆咎公. 公曰, 君子不重傷, 不禽二毛. 古之爲軍也, 不以阻隘也. 寡人雖亡國之餘, 不鼓不成列.

희공 22년(전 638년) 겨울, 11월 기사날 초하루에 송나라 양공(襄公)과 초나라 사람은 홍수(泓水)가에서 싸웠다. 송군은 이미 전열을 가다듬었으나 초군은 아직 강을 건너지 못하고 있었다. 그러자 대사마(大司馬)가 말했다.

"적은 수가 많고 아군은 수가 적으니 저들이 강을 건너기 전에 공격합시다."

양공은 말했다.

"안 된다."

초군이 강을 다 건넜으나 아직 전열을 갖추지 못하고 있을 때 다시 건의했으나 양공은 말했다.

"아직 멀었다."

초군이 대열을 갖춘 후 공격을 가했으나 결과는 송군이 대패하고 양공은 허벅지에 부상을 입고 양공을 좌우에서 호위하던 금군(禁軍)은 다 전사했다. 송나라 사람이 모두 양공을 비난하자 양공은 말했다.

"군자는 부상자를 다시 해치지 않고, 반백의 노인은 잡지 않는 법이다. 옛날에 싸움을 할 때에는 험액한 곳에서는 적을 괴롭히지 않았다. 나는 비록 망국(은나라)의 후손이지만 대열을 갖추지 못한 적에 대하여는 진격의 북을 치지 않는다."

100. 금고제명(金鼓齊鳴)

금(金)은 금정(金鉦 즉 징). 군대의 징과 북이 일제히 울려 퍼지다. 옛날 군사연습이나 작전시 징을 치고 북을 두들겨서 기세를 돋구던 일을 가리킨다.

僖公二十二年冬, 子魚曰, 君未知戰. 勍敵之人, 隘而不列, 天贊我也. 阻而鼓之, 不亦可乎. 猶有懼焉. 且今之勍者, 皆吾敵也. 雖及胡耇, 獲而取之, 何有於二毛. 明恥敎戰, 求殺敵也. 傷未及死, 如何勿重. 若愛重傷, 則如勿傷, 愛其二毛, 則如服焉. 三軍以利用也, 金鼓以聲氣也. 利而用之, 阻隘可也.

聲盛致志, 鼓儳可也.

희공 22년(전 638년) 겨울, 그러나 자어(子魚)는 평하여 말했다. "임금님은 전술을 잘 모르신다. 강한 적이 험액한 곳에서 대열을 갖추지 못한 것은 하늘이 우리를 도운 것이다. 그들을 가로막고 진격의 북을 쳤으면 얼마나 좋았을까? 그래도 꼭 이긴다고 장담은 못했을 것인데 말이다. 그리고 현재 무기를 들고 대항하는 자는 다 우리의 적이다. 설사 노인이라 하더라도 사로잡아서 다 왼쪽 귀를 잘라야지, 반백인지 아닌지를 상관할 게 뭔가? 병사들에게 먼저 치욕이 어떤 것인지를 가르치고 그 다음에 싸우는 법을 가르치는 것은 적을 찾아 죽이는 데 그 목적이 있는 것이다. 부상해도 아직 죽지 않았으면 어찌 다시 해치지 않을 수 있는가? 만약 부상자를 다시 해쳐서는 안 된다면 애당초 부상을 입히지 말았어야 하고, 반백의 노인을 아낀다면 차라리 적에게 항복하는 편이 낫다. 3군을 가지는 목적은 이익이 있을 때 사용하기 위한 것이며, 징과 북의 용도는 소리로 사기를 돋구는 데 있는 것이다. 이익을 위하여 사용할 바엔 험액한 곳에 있는 적이라도 공격하는 것이 옳고, 징소리와 북소리로 이왕에 사기가 돋궈진 바엔 진용을 갖추지 못한 적이라도 공격하는 것이 옳은 일이다."

101. 행장취목(行將就木)

머지 않아 관 속에 들어가다. 수명이 길지 않아 죽을 날이 가깝다.

僖公二十三年冬, 狄人伐廧咎如, 獲其二女叔隗季隗, 納諸公子. 公子取季隗, 生伯儵叔劉, 以叔隗妻趙衰, 生盾. 將適齊, 謂季隗曰, 待我二十五年, 不來而後嫁. 對曰, 我二十五年

矣, 又如是而嫁, 則就木焉. 請待子. 處狄十二年而行.

희공 23년(전 637년) 겨울, 적(狄)의 사람이 장구여(廧咎如)를 치고 잡아온 두 딸 숙외(叔隗)와 계외(季隗)를 공자 중이(重耳)에게 바쳤다. 공자는 동생 계외를 취하여 백조(伯儵)와 숙류(叔劉)를 낳았고, 언니 숙외는 조쇠(趙衰)의 아내가 되어 돈(盾)을 낳았다. 중이가 제(齊)나라로 가려고 할 때 계외에게 말했다.

"나를 25년 동안 기다렸다가 돌아오지 않거든 다른 사람에게 시집을 가시오."

그러자 계외는 말했다.

"저의 지금 나이가 스물다섯입니다. 다시 25년을 더 살면 그 때엔 저는 관 속에 들어갈 나이입니다. 언제까지나 당신을 기다리겠습니다."

그래서 중이는 적의 땅에서 12년을 살다가 떠났다.

102. 지재사방(志在四方)

사방(四方)은 천하. 천하 사방에 뜻을 세우다. 원대한 포부를 가지다.

僖公二十三年冬, 及齊, 齊桓公妻之, 有馬二十乘. 公子安之, 從者以爲不可. 將行, 謀於桑下. 蠶妾在其上, 以告姜氏. 姜氏殺之, 而謂公子曰, 子有四方之志, 其聞之者, 吾殺之矣. 公子曰, 無之. 姜曰, 行也. 懷與安, 實敗名. 公子不可. 姜與子犯謀, 醉而遣之. 醒, 以戈逐子犯.

희공 23년(전 637년) 겨울, 공자 중이(重耳)가 제나라에 당도하니 제나라 환공(桓公)은 그에게 딸을 아내로 삼아주고 말 80필을 주었다. 공자는 그 생활에 만족하여 주저앉으려고 하매 종자(從者)들은 이래서는 안 되겠다고 여겨 장차 떠나기로 하고 뽕나무 밑에서 의논을 했다. 바로 그때 누에치는 계집종이 나무 위에서 그것을 엿듣고 안주인 강씨(姜氏)에게 일러바쳤다. 강씨는 그 계집을 죽이고 공자에게 말했다.

"당신은 원대한 포부를 가지신 분입니다. 그것을 알아차린 사람을 제가 죽였습니다."

공자는 말했다.

"그런 마음이 없소."

"떠나셔야 합니다. 처자의 미련을 버리지 못하고 안일한 생활만을 탐낸다면 틀림없이 명성을 망치고야 말 것입니다."

그러나 공자는 말을 듣지 않았다. 강씨는 자범(子犯)과 짜고 공자를 술에 취하게 만들어 떠나 보냈다. 공자는 술에서 깨어나자 창을 들고 자범을 좇아가며 아쉬워했다.

103. 수손반벽(受飧反璧)

손(飧)은 만찬 즉 준비된 음식. 반(反)은 되돌려주다. 벽(璧)은 구술, 보옥. 음식은 받고 구슬은 되돌려 보내다. 욕심이 없다는 것을 보이다.

僖公二十三年冬, 及曹, 曹共公聞其駢脅, 欲觀其裸. 浴, 薄而觀之. 僖負羈之妻曰, 吾觀晉公子之從者, 皆足以相國. 若以相夫子, 必反其國. 反其國, 必得志於諸侯. 得志於諸侯, 而誅無禮, 曹其首也. 子盍蚤自貳焉. 乃饋盤飧, 寘璧焉. 公子受飧反璧.

희공 23년(전 637년) 겨울, 중이(重耳)는 조(曹)나라에 당도했다.

조나라 공공(共公)은 공자의 갈비뼈가 통뼈로 되어 있다는 소문을 듣고 발가벗은 모습을 보고싶어 그가 목욕을 할 때 발을 쳐놓고 훔쳐 보았다. 조나라 대부 희부기(僖負羈)의 아내가 남편에게 말했다.

"제가 진(晉)나라 공자의 종자(從者) 분들을 보니 모두 일국의 재상감입니다. 만일 그들이 공자를 돕는다면 반드시 본국으로 돌아갈 수 있을 것입니다. 공자가 본국으로 돌아가면 반드시 제후들을 지배하게 될 것입니다. 제후들을 지배하게 되면 지난날 무례한 짓을 한 자를 따질 것인데 그렇게 되면 조나라가 맨 먼저 당할 것입니다. 당신은 어째서 일찌감치 그분에게 호의를 보여 주지 않습니까?"

그래서 희부기는 그릇에 저녁밥을 담아 보내면서 그 속에 구슬을 묻어 두었다. 공자는 음식만 받고 구슬은 되돌려 보냈다.

104. 자녀옥백(子女玉帛)

자녀(子女)는 나이 어린 남녀노비. 옥백(玉帛)은 옥과 비단.

僖公二十三年冬, 及楚, 楚子饗之曰, 公子若反晉國, 則何以報不穀. 對曰, 子女玉帛, 則君有之, 羽毛齒革, 則君地生焉. 其波及晉國者, 君之餘也. 其何以報君. 曰, 雖然, 何以報我. 對曰, 若以君之靈得反晉國, 晉楚治兵, 遇于中原, 其辟君三舍. 若不獲命, 其左執鞭弭, 右屬櫜鞬, 以與君周旋.

희공 23년(전 637년) 겨울, (중이가) 초(楚)나라에 당도하니 초자(楚子)가 잔치를 벌여서 대접하고 말했다.

"공자가 만약 진(晉)나라로 돌아가게 된다면 나에게 무엇으로 보답하겠소?"

"남녀노비와 옥과 비단은 응당 임금님이 갖고 계실 테고, 깃털과 상아와 가죽은 초나라의 특산품인데 진나라에 흘러 들어온 것들은 모두 임금님이 쓰시고 남은 것들 입니다. 보답할 마땅한 물건이 없습니다."

"그래도 꼭 무엇을 보답받고 싶소."

"제가 만일 임금님의 은혜로 돌아갈 수 있게 되어, 진·초 두 나라가 군사를 이끌고 중원(中原)에서 만나 싸우게 된다면 저는 90리를 물러나서 임금님의 호의에 보답하겠습니다. 그래도 임금님께서 퇴각 명령을 내리시지 않는다면 그 때에는 왼손에 채찍과 활을 들고 오른편에는 화살 주머니를 차고 임금님과 한판 승부를 겨루어 보겠습니다."

105. 퇴피삼사(退避三舍)

전쟁에서 90리를 물러나 충돌을 피하다. 옛날 군대는 30리를 행군하고 하룻밤을 묵었는데 1숙(宿)을 1사(舍)라고 했다. 주도권을 양보하여 승부를 가리지 않다. 앞날을 깊이 헤아려 양보하다.

출처는 104항 자녀옥백(子女玉帛) 참조.

106. 진진지호(秦晉之好)

춘추시 진(秦)·진(晉) 양국은 여러 대에 걸쳐 서로 혼인 관계를 맺어 왔다. 후에 진진지호(秦晉之好)라고 하면 두 성간의 혼인을 뜻하게 되었다.

僖公二十三年冬. 乃送諸秦. 秦伯納女五人, 懷嬴與焉. 奉匜沃盥, 旣而揮之. 怒曰, 秦晉匹也, 何以卑我. 公子懼, 降服而囚.

희공 23년(전 637년) 겨울, 이에 초왕은 중이(重耳)를 진(秦)나라로 보내 주었다. 진백(秦伯)은 중이에게 공녀 다섯을 아내로 붙여 주었다. 그 중에는 자어(子圉)가 진나라에 있을 때 아내로 취한 회영(懷嬴)도 끼어 있었다. 하루는 회영이 손대야를 들고 공자에게 손 씻을 물을 부어 주는데 중이가 다 씻고 나서(수건으로 닦지 않고) 손을 털자 물이 튀었다. 회영이 화를 내며 말했다.

"우리 진나라와 당신네 진나라는 동등한 제후국인데 왜 나를 업신여기는 것입니까?"

이 말에 공자는 두려워서 웃통을 벗고 죄인처럼 빌었다.

107. 유력시시(唯力是視)

'유(唯)~시(是)~'형식은 도치문으로 말뜻을 강조하는 작용을 한다. 오직 역량의 대소만을 보다. 자기의 역량을 바탕으로 해서 최선을 다해 노력하다.

僖公二十四年春, 呂郤畏偪, 將焚公宮而弑晉侯. 寺人披請見. 公使讓之, 且辭焉曰, 蒲城之役, 君命一宿, 女卽至. 其後余從狄君, 以田渭濱, 女爲惠公來求殺余. 命女三宿, 女中宿至. 雖有君命, 何其速也. 夫袪猶在. 女其行乎. 對曰, 臣謂, 君之入也, 其知之矣. 若猶未也, 又將及難. 君命無二, 古之制也. 除君之惡, 唯力是視. 蒲人狄人, 余何有焉. 今, 君卽位, 其無蒲狄乎. 齊桓公置射鉤, 而使管仲相. 君若易之, 何辱命焉. 行者甚衆, 豈唯刑臣, 公見之, 以難告.

희공 24년(전 636년) 봄, 여생(呂甥)과 극예(郤芮) 등이 벌을 받을까 겁이 나서 궁전을 불태워 진후(晉侯)를 시해하려 했다. 시인(寺人) 피(披)가 그것을 알고 문공(文公) 뵙기를 청했다. 문공은 사람을 시켜 그를 꾸짖고 또 알현을 사절하게 했다.

"전번 포성(蒲城)의 싸움에서 임금은 하룻밤을 지내고 공격하라고 일렀는데도 너는 당일로 왔다. 그 후 내가 적(狄)의 임금을 따라 위수(渭水)가에서 사냥을 했을 때 너는 혜공(惠公)의 명령으로 나를 찾아 죽이러 왔는데 사흘 밤을 지내고 가라고 명령했는데도 두 밤만 자고 왔다. 아무리 임금의 명령이라 하더라도 오는 것이 너무 빠르지 않는가? 그 때 잘린 옷소매가 아직도 내 곁에 있다. 썩 떠나지 못할까!"

그러자 피(披)는 대답했다.

"신은 임금님이 본국으로 돌아오실 때에는 임금의 도리를 잘 알고 오신 줄 알았습니다. 만일 아직도 모르고 계신다면 앞으로도 화를 면하기 어려울 것입니다. 임금의 명령에 두 마음을 품지 않는다는 것은 예로부터의 법도입니다. 임금을 해치는 자를 제거하기 위해서는 신하로서 오직 있는 힘을 다해야 할 뿐입니다. 그때 임금님은 한낱 포인(蒲人)이나 적인(狄人)에 불과했는데 제 안중에 들어오기나 했겠습니까? 이제 임금님께서 즉위하셨지만 포나 적에서와 같은 일이 다시 없다고 누가 장담하겠습니까? 제(齊)나라 환공(桓公)은 자기의 허리띠를 쏘아 맞힌 일을 접어두고 관중(管仲)을 재상으로 썼습니다. 임금님이 환공과 다르시다면 어찌 떠나라는 명령이 필요하겠습니까? 떠날 사람은 아주 많습니다. 어찌 신뿐이겠습니까?"

이 말에 문공은 피를 만나 보았고 그는 그 자리에서 여생과 극예의 음모를 고해 바쳤다.

108. 기설지복(羈紲之僕)

말굴레와 말고삐를 가지고 임금을 모시는 종복. 임금을 수행하는 신하라는 뜻의 자겸사(自謙辭).

僖公二十四年春, 初, 晉侯之豎頭須, 守藏者也. 其出也, 竊藏以逃, 盡用以求納之. 及入, 求見. 公辭焉以沐. 謂僕人曰, 沐則心覆, 心覆則圖反, 宜吾不得見也. 居者爲社稷之守, 行者爲羈紲之僕, 其亦可也, 何必罪居者. 國君而讎匹夫, 懼者其衆矣. 僕人以告, 公遽見之.

희공 24년(전 636년) 봄, 처음에 진후(晉侯)가 공자로 있을 적에 두수(頭須)라는 어린 종이 창고지기로 있었는데 공자가 망명하자 그는 창고의 재물을 훔쳐 도망가 그것을 다 써서 공자의 환국이 이루어지도록 팔방으로 힘을 썼다. 문공(文公)이 즉위하자 이 두수가 뵙기를 청했으나 문공은 머리를 감고 있는 중이라면서 면회를 사절했다. 그러자 두수는 알자(謁者)를 보고 말했다.

"머리를 감으면 심장이 거꾸로 되고 심장이 거꾸로 되면 생각하는 것도 틀리게 마련이니 내가 만나 뵐 수 없는 것도 당연하겠지. 그러나 나라 안에 남았던 사람들은 사직을 지킨 사람들이요, 외국으로 따라간 사람들은 말굴레와 말고삐를 등에 지고 다녔던 종복들이니 다 훌륭한 사람들인데 어찌하여 국내에 남았던 사람들만 처벌하는가? 나라의 임금이 되어 가지고 보통 사람을 원수로 취급한다면 두려워 아니 할 사람이 누가 있겠는가?"

알자가 이것을 보고하자 문공은 금방 그를 만나 보았다.

109. 탐천지공(貪天之功), 이위기임(以爲己任)

하늘의 공로를 탐내어 자기의 공로로 생각하다. 개인이나 집단의 공로를 자기의 공로로 치부하다.

僖公二十四年春, 晉侯賞從亡者, 介之推不言祿, 祿亦不及. 推曰, 獻公之子九人, 唯君在矣. 惠懷無親, 外内棄之. 天未絕

晉, 必將有主. 主晉祀者, 非君而誰. 天實置之, 而二三子以爲己力, 不亦誣乎. 竊人之財, 猶謂之盜, 況貪天之功, 以爲己力乎. 下義其罪, 上賞其姦, 上下相蒙, 難與處矣.

희공 24년(전 636년) 봄, 진후(晉侯)는 함께 망명했던 사람들을 포상했는데 개지추(介之推)는 공을 신고하지도 않았고 상도 그에게 돌아오지 않았다. 개지추는 말했다.

"헌공(獻公)의 아드님 아홉 분 가운데 오직 현재의 임금님만 남으셨다. 혜공(惠公)과 회공(懷公)은 도와주는 사람도 없었고 국내외에서 버림받다시피 했다. 그래도 진(晉)나라가 망하지 않은 것은 이 나라에 현명한 주인을 앉혀 주려는 하늘의 뜻이 있었기 때문이며, 진나라의 제사를 받들 사람은 현재의 임금님이 아니면 또 누가 있단 말인가? 그것은 참으로 하늘의 힘으로 그렇게 된 것이다. 그런데도 몇몇 사람들은 마치 자기의 힘으로 그렇게 된 양 여기고 있으니 이건 사람을 속이는 짓이 아닌가? 남의 재물을 훔치는 것을 도적이라 하거니와 하물며 하늘의 공을 빼앗아 자기의 공로로 치부하다니 말이 되는가? 아랫사람은 자기가 지은 죄를 옳다고 여기고 윗사람은 그 간사한 자를 칭찬하여 상하가 서로 속이고 속고 있으니 그들과 같이 살아가기가 어렵구나."

110. 우이효지(尤而效之)

우(尤)는 원망하다, 탓하다. 남의 나쁜 짓을 탓하면서 도리어 자기가 그것을 본받다.

僖公二十四年春, 其母曰, 盍亦求之, 以死誰懟. 對曰, 尤而效之, 罪又甚焉. 且出怨言, 不食其食. 其母曰, 亦使知之若何. 對曰, 言身之文也. 身將隱, 焉用文之. 是求顯也. 其母

曰, 能如是乎. 與女偕隱. 遂隱而死.

희공 24년(전 636년) 봄, 그러자 개지추(介之推)의 어머니가 말했다.

"너도 상을 달라고 해보지 왜 않느냐? 이대로 죽으면 그 누구를 원망하겠느냐?"

"남의 잘못을 탓하면서 자기가 그것을 본받는다면 죄가 더 큽니다. 또 저는 이미 조정을 원망하는 말까지 했으니 결코 임금님의 녹을 받아 먹을 수가 없습니다."

"그러면 임금님한테 네 마음이라도 알리는 게 어떠냐?"

"말이라는 것은 몸을 꾸미는 치장입니다. 장차 몸을 숨기려는 사람이 어찌 말로써 몸을 꾸미겠습니까? 그렇게 하는 것은 출세를 원하기 때문입니다."

"너가 정 그렇다면 나도 너와 같이 숨겠다."

그 길로 모자는 어디론가 가서 숨어서 살다 죽었다.

111. 체화증영(棣華增映)

체화(棣華)는 팥배나무로 형제를 가리킨다. 증영(增映)은 찬란하다. 형제간에 우애하니 더욱 찬란하다. 이의 출처는 《시경(詩經)》 〈소아(小雅) · 상체(常棣)〉이다.

僖公二十四年春, 鄭之入滑也, 滑人聽命. 師還, 又卽衛. 鄭公子士洩堵兪彌, 帥師伐滑. 王使伯服游孫伯如鄭請滑. 鄭伯怨惠王之入而不與厲公爵也, 又怨襄王之與衛滑也. 故不聽王命, 而執二子. 王怒, 將以狄伐鄭. 富辰諫曰, 不可. 臣聞之, 大上以德撫民, 其次親親以相及也. 昔, 周公弔二叔之不咸, 故封建親戚, 以蕃屛周. 管蔡郕霍魯衛毛聃郜雍曹滕畢原酆郇,文之昭也. 邘晉應韓, 武之穆也. 凡蔣邢茅胙祭, 周公之胤也. 召穆公思周德之不類, 故糾合宗族于成周, 而作詩曰, 常棣之華, 鄂不韡韡. 凡今之人, 莫如兄弟. 其四章曰, 兄弟鬩于牆, 外禦其侮. 如是則, 兄弟雖有小忿, 不廢懿親.

희공 24년(전 636년) 봄, 정나라가 활(滑)나라로 쳐들어가 활나라 사람을 항복시켰으나 정나라 군사가 철수하자 다시 위(衛)나라에 붙었다. 그래서 정나라 공자 사(士)와 설도유미(洩堵兪彌)가 군사를 거느리고 활을 치자 천자 양왕(襄王)은 백복(伯服)과 유손백(游孫伯)을 정나라로 보내 활나라를 위해 중재를 서게 했다. 그러나 정백(鄭伯)은 이전에 혜왕(惠王)이 (정나라의 선군 여공의 도움으로 서울로 들어가서 사례를 할 때 여공이 갖고 싶어하던) 술잔을 주지 않은 일을 원망하고, 또 현재의 양왕이 걸핏하면 위나라와 활나라를 편드는 일을 못마땅하게 여기던 터라 천자의 명령을 듣지 않고 두 사람을 잡아 가두었다. 천자는 화가 나서 적(狄)의 군사를 거느리고 정나라를 치려고 하매 부진(富辰)이 간했다.

"아니 됩니다. 신은 듣건대 <최상의 방책은 덕으로써 백성을 어루만지는 것이고 차선의 방책은 친척과 친하게 지내고 차차 먼 나라와 사귀는 것이다.>고 합니다. 옛날 주공(周公)은 관숙(管叔)과 채숙(蔡叔)의 두 형제가 완실과 화목하지 못했다가 유종의 미를 거두지 못한 것을 슬퍼하시어 그래서 친척을 제후로 책봉하여 주왕실의 울타리로 삼았던 것입니다. 관(管)·채(蔡)·성(郕)·곽(霍)·노(魯)·위(衛)·모(毛)·담(聃)·고(郜)·옹(雍)·조(曹)·등(滕)·필(畢)·원(原)·풍(酆)·순(郇) 등 열여섯 나라는 문왕(文王)의 아드님[昭]을 봉한 나라이고, 우(邘)·진(晉)·응(應)·한(韓) 등 네 나라는 무왕(武王)의 아드님[穆]을 봉한 나라이며, 범(凡)·장(蔣)·형(邢)·모(茅)·조(胙)·제(祭) 등 여섯 나라는 주공의 후손이 세운 나라입니다. 그후 소(召)의 목공(穆公)은 주왕실의 덕이 쇠미해가는 것을 걱정하여 종족을 낙양의 성주(成周)에 불러 모아 시를 지었습니다.

산앵두꽃 활짝 피어 눈부시게 아름답구나
무릇 요즘 사람에겐 형제보다 좋은 건 없네

그 시의 제4장에는 이렇게 읊었습니다.

집안에선 형제끼리 싸우다가도
밖에선 원수를 함께 막아낸다네

이와 같이 형제간에는 비록 사소한 원망이 있다 하더라도 종친의 끈끈한 정을 버려서는 안 되는 것입니다. 지금 천자님께서 조그만 화를 참지 못하시고 정나라와 등을 돌리신다면 어떻게 되겠습니까?"

112. 혁장어모(鬩牆禦侮)

혁장(鬩牆)은 울타리 안에서 싸우다. 형제가 집안에서는 싸우다가도 밖으로부터의 모욕에 대해서는 하나로 뭉쳐 싸우다. 이의 출처는 《시경(詩經)》 〈소아(小雅) · 상체(常棣)〉이다.

출처는 111항 체화증영(棣華增映) 참조.

113. 형제혁장(兄弟鬩牆)

형제가 울타리 안에서 싸우다. 내부 분쟁이 있다. 형제간의 불화에 비유한다.

이의 출처는 《시경(詩經)》 〈소아(小雅) · 상체(常棣)〉이다.

출처는 111항 체화증영(棣華增映) 참조.

114. 자이이척(自詒伊慼)

이(詒)는 남기다. 내 스스로 이 근심을 남기다. 스스로 걱정거리를 찾다. 스스로 화를 자초하다. 이의 출처는 《시경(詩經)》 〈소아(小雅)·소명(小明)〉이다.

僖公二十四年秋, 鄭子華之弟子臧出奔宋, 好聚鷸冠. 鄭伯聞而惡之, 使盜誘之. 八月, 盜殺之于陳宋之間.

君子曰, 服之不衷, 身之災也. 詩曰, 彼己之子, 不稱其服. 子臧之服, 不稱也夫. 詩曰, 自詒伊慼, 其子臧之謂矣. 夏書曰, 地平天成, 稱也.

희공 24년(전 636년) 가을, 정나라 자화(子華)의 아우 자장(子臧)은 도망가서 송나라에 있었는데 도요새 털로 만든 관(冠) 모으기를 좋아했다. 정백(鄭伯)이 이 소문을 듣고 그를 미워하여 자객을 시켜 그를 유인해 내게 하여 8월에 진(陳)·송(宋) 두 나라 국경에서 그를 죽이게 했다.

군자는 이렇게 평한다.

"어울리지 않는 옷을 입으면 몸의 재앙을 부른다. 《시》에 읊기를,

> 저기 저 사람아 입은 옷이 어울리지 않네

라고 했는데 자장의 옷차림이야 말로 어울리지 않았다. 《시》에 읊기를,

> 내 스스로 이 걱정 끼쳤네

라고 했는데 그건 자장을 두고 말한 것이다. 《하서(夏書)》에 이르

기를 <땅은 평평하고 하늘은 둥글다.>고 한 것은 상하가 잘 어울린다는 말이다."

115. 실여현경(室如縣罄)

경(罄)은 경(磬)과 통하며, 옛날 돌이나 옥으로 만든 타악기로서 그 모양이 곱자[曲尺]와 같다. 현(縣)은 현(懸)과 통한다. 마치 걸어 놓은 경쇠 모양 집안에 가진 것이 하나도 없다. 사방이 텅비어 아무것도 없다. 지극히 가난하다. 원래는 국고가 텅빈 상태를 가리킨다.

僖公二十六年夏, 齊孝公伐我北鄙, 衛人伐齊, 洮之盟故也. 公使展喜犒師, 使受命于展禽. 齊侯未入竟, 展喜從之曰, 寡君聞君親擧玉趾, 將辱於敝邑, 使下臣犒執事. 齊侯曰, 魯人恐乎. 對曰, 小人恐矣, 君子則否. 齊侯曰, 室如縣罄, 野無靑草, 何恃而不恐. 對曰, 恃先王之命. 昔, 周公大公股肱周室, 夾輔成王. 成王勞之, 而賜之盟曰, 世世子孫, 無相害也. 載在盟府, 大師職之.

희공 26년(전 634년) 여름, 제나라 효공(孝公)이 우리 노나라의 북쪽 변방을 쳤다. 그러자 위(衛)나라 사람이 제나라를 쳤는데 이것은 위나라가 조(洮)에서 맺은 맹약을 이행하기 위해서였다. 희공은 전희(展喜)에게 명하여 제나라 군대를 위로하게 하고 또 가서 할 말은 전금(展禽)한테서 지시받게 했다. 전희는 제후(齊侯)가 아직 노나라 땅에 들어오기 전에 따라가서 말했다. .

"저희 나라 임금께서는 임금님이 친히 옥보를 옮기시어 저희 나라로 납시려고 하신다는 것을 들으시고 소신을 시켜 집사(執事)를 대접하게 했습니다."

제후는 말했다.

"노나라 사람은 두려워하고 있는가?"

"소인배들은 두려워하고 있으나 군자들은 그렇지 않습니다."

"집집마다 걸어놓은 경쇠처럼 속이 텅 비어 가진 것이 아무것도 없고, 들판에는 푸른 풀 한 포기 없는데 무엇을 믿고 두려워하지 않는단 말이냐?"

"선왕의 명령을 믿고 있습니다. 옛날 노나라의 시조이신 주공(周公)과 제나라의 시조이신 태공(大公)께서는 주왕실의 손발이 되어 성왕(成王)을 좌우에서 보필했습니다. 성왕께서 두 분을 위로하시고 맹세를 하사하시기를 〈대대 손손 양가는 서로 해치지 말아라.〉고 하셨습니다. 그 말씀을 기록한 문서는 지금 맹부(盟府)에 보관되어 있으며 태공께서 태사(大師)로 계시면서 그것을 다루었습니다."

116. 유시무공(有恃無恐)

시(恃)는 믿다, 의지하다. 믿는 데가 있어 대담하게 행동하고 조금도 거리낌이 없다. 원래는 좋은 뜻으로 썼으나 지금은 나쁜 뜻으로 쓴다.

출처는 115항 실여현경(室如縣罄) 참조.

117. 간난험조(艱難險阻)

전진 도로상에서 겪거나 혹은 겪은 온갖 위험과 고초. 곤란하고 위험할수록 더욱 전진하다.

僖公二十八年春, 楚子入居于申, 使申叔去穀, 使子玉去宋曰, 無從晉師. 晉侯在外十九年矣, 而果得晉國. 險阻艱難, 備

嘗之矣，民之情僞，盡知之矣．天假之年，而除其害，天之所置，其可廢乎．軍志曰，允當則歸．又曰，知難而退．又曰，有德不可敵．此三志者，晉之謂矣．子玉使伯棼請戰曰，非敢必有功也，願以間執讒慝之口．王怒，少與之師，唯西廣東宮與若敖之六卒實從之．

희공 28년(전 632년) 봄, 초자(楚子)는 (송나라에서) 초나라의 신(申) 땅으로 회군하여, 신숙(申叔)은 제나라의 곡(穀)에서, 자옥(子玉)은 송나라 서울에서 각각 물러나게 하면서 말했다.

"진(晉)나라 군사를 쫓지 말라. 진후(晉侯)는 외국에서 19년을 망명하다가 종내 진나라를 차지했다. 그는 온갖 위험과 고초를 다 맛보아서 인심의 안팎을 다 알고 있다. 하늘이 그의 명을 늘려주고 그를 해치는 자를 제거해 주었다. 하늘이 점찍은 사람을 인간의 힘으로 없앨 수가 있겠는가? 《군지(軍志)》에 말하기를 〈피아의 수가 맞먹을 때는 회군하라.〉고 했고, 또 말하기를 〈이기기 어렵다고 생각되면 퇴군하라.〉고 했으며, 또 말하기를 〈덕이 있는 자는 상대하지 말라.〉고 했다. 이 세 가지는 진나라를 두고 한 말이다."

그러나 자옥은 백분(伯棼)을 초왕에게 보내 싸우기를 청했다.

"굳이 공을 세우겠다는 뜻은 아닙니다만 저를 헐뜯는 자의 입을 이 기회에 막아 주고 싶습니다."

초나라 성왕(成王)은 화를 내고 군사를 많이 내어주지 않았다. 즉 서광(西廣)과 동궁(東宮)의 두 군과 약오씨(若敖氏)의 친병 600명만이 그의 지휘하에 들어갔다.

118. 천가지년(天假之年)

가(假)는 급(給)과 같고 지(之)는 대사로서 그. 하늘이 그의 명을 연장하다. 수명이 길다. 흔히 가설에 사용한다.

출처는 117항 간난험조(艱難險阻) 참조.

119. 천불가년(天不假年)

하늘이 더 살 시간을 주지 않다. 수명이 짧다. 요절한 사람을 애석해 하다.

출처는 117항 간난험조(艱難險阻) 참조.

120. 지난이퇴(知難而退)

원래는 작전시 불리한 상황을 만나면 기회를 보아 기동하되 필요하면 물러서고 자신없는 싸움은 하지 않는다는 뜻이다. 곤란한 것을 보고 위축되어 앞으로 나아가지 못하다.

출처는 117항 간난험조(艱難險阻) 참조.

121. 일언이정(一言而定)

말 한마디로 사태를 수습하거나 안정시키다.

僖公二十八年春, 子玉使宛春告於晉師曰, 請復衛侯而封曹, 臣亦釋宋之圍. 子犯曰, 子玉無禮哉. 君取一, 臣取二, 不可失矣. 先軫曰, 子與之. 定人之謂禮. 楚一言而定三國, 我一言而亡之, 我則無禮, 何以戰乎. 不許楚言, 是棄宋也. 救而棄之, 謂諸侯何. 楚有三施, 我有三怨. 怨讎已多, 將何以戰. 不如私許復曹衛以攜之, 執宛春以怒楚, 旣戰而後圖之. 公說, 乃拘宛春於衛, 且私許復曹衛, 曹衛告絶於楚.

희공 28년(전 632년) 봄, 이에 자옥(子玉)은 완춘(宛春)을 진(晉)나라 진영에 보내 제의하게 했다.

"위후(衛侯)를 복위시키고 조(曹)나라의 봉토를 돌려 주시기를 청합니다. 그러면 저도 송나라의 포위를 풀겠습니다."

진나라 자범(子犯)은 화가 나서 말했다.

"자옥은 무례하다! 임금된 사람은 한 가지만 얻고 신하된 자는 두 가지를 얻으려 하다니. 이 기회를 놓치지 말고 쳐야 합니다."

그러자 선진(先軫)이 말했다.

"허락하는 게 좋겠습니다. 남의 나라를 안정시키는 것을 예라고 합니다. 지금 초나라는 말 한마디로 세 나라를 안정시키는 데 반해 우리측은 말 한마디로 세 나라를 망치려 하고 있습니다. 그렇게 되면 우리측이 무례한 입장에 서게 되니 그래서야 어떻게 싸울 수가 있겠습니까? 초나라의 요구를 들어주지 않으면 송나라를 버리는 꼴이 되고 구하러 왔다가 도리어 버린다면 제후들에게 뭐라고 변명하겠습니까? 초나라로서는 세 나라에 은혜를 베풀고 우리측은 세 나라의 원망을 사게 되니 원수가 많으면 장차 어떻게 싸우겠습니까? 이 마당에는 비밀리에 조나라와 위나라를 원상 회복시켜 주어서 초나라와 손을 끊게 하고, 완춘을 잡아서 초나라의 약을 올려 우선 싸움으로 끌어들인 다음 조·위 두 나라 문제는 그 뒤에 논의하는 것이 상책입니다."

진나라 문공(文公)은 이 말을 듣고 기뻐하여 곧 완춘을 위나라에서 잡아 가두고, 초나라 몰래 조나라와 위나라를 용서하니 과연 조·위 두 나라는 초나라에 단교(斷交)를 통고했다.

122. 사직위장(師直爲壯)

사(師)는 군사, 출병. 출병 이유가 정당하면 사기가 높고 전투력이 강하다.

僖公二十八年春，子玉怒，從晉師．晉師退．軍吏曰，以君辟臣，辱也，且楚師老矣，何故退．子犯曰，師直爲壯，曲爲老，豈在久乎．微楚之惠，不及此．退三舍辟之，所以報也．背惠食言，以亢其讎，我曲楚直．其衆素飽，不可爲老．我退而楚還，我將何求．若其不還，君退臣犯，曲在彼矣．退三舍．楚衆欲止，子玉不可．

희공 28년(전 632년) 봄, 화가 난 자옥(子玉)은 곧 진군(晉軍)을 추격했다. 그러자 진군은 퇴각을 했다. 진나라의 한 사관이 불평을 했다.

"임금의 군사가 신하의 군사를 피한다는 것은 수치입니다. 게다가 초군은 지쳐 있는데 무슨 이유로 퇴각을 합니까?"

자범(子犯)이 설명했다.

"군사는 출병 이유가 정당하면 사기가 드높고 정당하지 못하면 지치는 법이다. 어찌 싸움터에 오래 나와 있었다고 해서 그 군사가 지쳤다고 하겠는가? 만일 초나라의 은혜가 없었더라면 우리 임금님이 오늘날같이 되지는 못했을 것이다. 우리 군사가 90리를 후퇴해서 초군을 피하는 것은 옛날에 입은 은혜를 갚자는 것이다. 만일 우리가 은혜를 배반하고 약속을 지키지 않음으로써 그들의 원한을 격발시킨다면 우리측의 명분은 굽은 것이 되고 초나라측은 곧은 것이 된다. 초군은 평소에 사기가 충만하니 그들이 지쳐 있다고 말할 수는 없다. 우리측이 후퇴를 하고 초군이 돌아간다면 우리는 그 이상 무엇을 바라겠는가? 만약 그들이 돌아가지 않고 임금의 군사는 후퇴했는데도 신하의 군사는 추격하는 잘못을 저지른다면 굽은 명분은 저편이 져야 하는 것이다."

이에 진군은 90리를 물러섰다. 초나라 병사들은 전진을 멈추고 싶었지만 자옥이 안 된다고 했다.

123. 표리산하(表裏山河)

산하(山河)는 태행산(太行山)과 황하(黃河). 일반적으로 높은 산과 큰 강을 가리킨다. 한편으로는 산에 의지하고 한편으로는 강에 의지하다. 지세가 험준하여 방어하기 쉽다.

僖公二十八年夏, 四月戊辰, 晉侯宋公齊國歸父崔夭秦小子慭次于城濮. 楚師背酅而舍, 晉侯患之. 聽輿人之誦, 曰, 原田每每, 舍其舊而新是謀. 公疑焉. 子犯曰, 戰也. 戰而捷, 必得諸侯. 若其不捷, 表裏山河, 必無害也. 公曰, 若楚惠何. 欒貞子曰, 漢陽諸姬, 楚實盡之. 思小惠, 而忘大恥, 不如戰也.

희공 28년(전 632년) 여름, 4월 무진날에 진후(晉侯)·송공(宋公)·제(齊)나라의 국귀보(國歸父)·최요(崔夭)·진(秦)나라 공자 은(慭) 등은 성복(城濮)에 진지를 잡았고 초나라 군사는 휴(酅)라는 험한 언덕을 등지고 진을 쳤다. 진후가 이 일을 걱정하고 있는데 관노(官奴)들이 부르는 노랫소리가 들려 왔다.

들과 밭에 풀이 우부룩하네
묵은 뿌리랑 뽑아 버리고
새로운 씨앗을 뿌려야 겠네

문공(文公)은 망설였다. 그러자 자범(子犯)이 말했다.

"싸워야 합니다. 싸워서 이기면 반드시 제후들이 복종할 것입니다. 만일 이기지 못 한다 하더라도 우리 진나라는 밖으로 황하가 있고 안으로는 험한 산이 가로막고 있어 반드시 손해는 보지 않을 것입니다."

진후가 말했다.

"초나라한테서 받은 은혜는 어떻게 할꼬?"

그러자 난정자(欒貞子)가 말했다.

"한수(漢水) 이북의 희성(姬姓)의 나라들은 초나라가 모두 병탄했습니다. 지난 날의 조그만 은혜만 생각하시고 큰 수치는 잊으실 작정이십니까? 싸우는 수밖에 없습니다."

124. 막여독야(莫予毒也)

여(予)는 여(余)로도 쓴다. 아무도 나를 해칠 사람이 없다. 적대적인 사물이 없어져서 안전감을 얻다. 아무도 나를 어떻게 할 사람이 없다.

僖公二十八年夏, 旣敗, 王使謂之曰, 大夫若入, 其若申息之老何. 子西孫伯曰, 得臣將死, 二臣止之曰, 君其將以爲戮. 及連穀而死. 晉侯聞之, 而後喜可知也, 曰, 莫余毒也已. 蔿呂臣實爲令尹, 奉己而已, 不在民矣.

희공 28년(전 632년) 여름, 싸움에 지고 나자 초왕(楚王)은 사람을 보내 자옥(子玉)에게 말하게 했다.

"대부가 만약 나라로 돌아온다면 신(申)과 식(息) 땅의 어르신네를 어떻게 대할 작정인가?"

자서(子西)와 손백(孫伯)이 거기에 대답했다.

"득신(得臣)이 자결하려 했는데 저희들 두 사람이 죽지 못하게 말리고 <임금님께서 벌을 내려 주실 것입니다.>라고 했습니다."

자옥은 연곡(連穀)까지 와서 자살했다. 진후(晉侯)는 이 소식을 듣고 만면에 희색을 띠며 기뻐했다. 그리고 말했다.

"이제 나를 해칠 자가 없다. 위여신(蔿呂臣)이 초나라의 영윤(令尹)이 되겠지만 그는 자기 한몸 간수하기 바빠서 백성 따위를 돌볼 겨를이 없을 것이다."

125. 인막여독(人莫予毒)

아무도 나를 해칠 수 없다. 분별없이 스스로 잘난 체하다. 안하무인. 거리낌이 없다. 여(予)는 아(我)와 같다.

출처는 124항 막여독야(莫余毒也) 참조.

126. 부족위훈(不足爲訓)

모범이나 준칙으로 삼을 만하지 못하다. 어떤 표현이나 방법에 결함이 있어 본받을 가치가 없다.

僖公二十八年冬, 會于溫, 討不服也. …… 是會也, 晉侯召王, 以諸侯見, 且使王狩. 仲尼曰, 以臣召君, 不可爲訓. 故書曰, 天王狩于河陽, 言非其地也, 且明德也.

희공 28년(전 632년) 겨울, 온(溫)에 제후를 소집한 것은 진(晉)나라에 불복하는 나라를 치기 위해서였다. …… 이 온의 회합에 진후(晉侯)는 천자를 초청하여 제후들을 거느리고 배알을 하고 또 천자에게 권하여 사냥을 하시게 했다. 중니(仲尼 즉 孔子)께서는 말씀하셨다.

“신하의 신분으로 임금을 오시라고 부르는 것은 세상의 모범이 될 수 없다.”

그러므로 《춘추》에는 “천자께서 하양(河陽)에서 사냥을 하셨다.”고 썼다. 이것은 하양이 너무 멀어 천자께서 사냥하실 장소가 아니라는 것을 말하고 또 한편으로는 (진후의 비례를 숨기고). 그가 천자를 위하여 충성을 다한 공덕을 밝힌 것이다.

127. 북문쇄약(北門鎖鑰)

북문의 자물쇠와 열쇠. 북방의 전략의 요충지 또는 그곳을 지키는 사람. 지금은 어느 부문 또는 어느 단위의 요직을 가리킨다.

僖公三十二年冬, 晉文公卒. 庚辰將殯于曲沃. 出絳, 柩有聲如牛. 卜偃使大夫拜曰, 君命大事, 將有西師過軼我, 擊之, 必大捷焉. 杞子自鄭使告于秦曰, 鄭人使我掌其北門之管. 若潛師以來, 國可得也. 穆公訪諸蹇叔. 蹇叔曰, 勞師以襲遠, 非所聞也. 師勞力竭, 遠主備之, 無乃不可乎. 師之所爲, 鄭必知之. 勤而無所, 必有悖心. 且行千里, 其誰不知.

희공 32년(전 628년) 겨울, 진(晉)나라 문공(文公)이 세상을 떠났다. 경진날에 옛 서울인 곡옥(曲沃)의 조묘에 안치하려고 강(絳)을 떠나는데 영구 속에서 소 우는 소리 같은 것이 들렸다. 그러자 복언(卜偃)이 대부들에게 절을 하게 하고 말했다.

"돌아가신 임금님께서 대사에 관해 말씀하고 계십니다. <장차 서방의 군사가 우리 나라를 무단 통과할 것이니 이것을 치면 반드시 대승할 것이다.>고 하십니다."

한편 정(鄭)나라에서 진(秦)나라의 수비군을 맡고 있는 기자(杞子)가 정나라에서 사람을 보내 진나라에 보고했다.

"정나라 사람이 저에게 북문의 열쇠 관리를 맡겼습니다. 만약에 은밀하게 군사를 거느리고 오신다면 정나라를 점령할 수가 있습니다."

목공(穆公)은 이 일을 건숙(蹇叔)에게 의논했다. 건숙이 말했다.

"군사를 지치게 만들어 먼 나라를 덮친다는 말은 처음 듣습니다. 우리 군사는 지쳐서 힘이 빠지고, 먼 데 있는 나라는 미리 대비하고 기다린다면 승산이 없는 것이 아니겠습니까? 우리 군사가 취하는 행동은 정나라가 반드시 알 것입니다. 고생하고 보람이 없다면 반드시 배반하는 마음이 생깁니다. 게다가 갈 길이 천 리나 되는데 누가 그것을 모르겠습니까?"

128. 묘목이공(墓木已拱)

공(拱)은 두 팔을 벌려 껴안다. 아름. 무덤에 심은 나무가 자라서 한 아름이나 되다. 남에게 악담을 퍼부을 때 쓰거나 사람이 죽은 지 오래 됨에 비유한다.

僖公三十二年冬, 公辭焉. 召孟明西乞白乙, 使出師于東門之外. 蹇叔哭之曰, 孟子, 吾見師之出, 而不見其入也. 公使謂之曰, 爾何知. 中壽, 爾墓之木拱矣. 蹇叔之子與師. 哭而送之曰, 晉人禦師, 必於殽. 殽有二陵焉, 其南陵, 夏后皐之墓也. 其北陵, 文王之所辟風雨也. 必死是間, 余收爾骨焉. 秦師遂東.

희공 32년(전 628년) 겨울, 그러나 목공(穆公)은 그의 말을 물리치고 맹명(孟明)·서걸(西乞)·백을(白乙)을 불러 군사를 동문 밖으로 출동하게 했다. 건숙(蹇叔)은 곡을 하며 말했다.

"맹명아! 나는 우리 군사가 출동하는 것은 보겠지만 귀환하는 것은 보지 못하겠구나."

그러자 목공은 사람을 시켜 그에게 말하게 했다.

"그대가 무엇을 안단 말인가? 중수(中壽)를 했더라면 그대의 무덤 위의 나무가 벌써 한 아름은 되었을 게다."

건숙의 아들도 출정하는 군사에 끼어 있었다. 그는 곡을 하며 아들을 보내면서 말했다.

"진(晉)나라 사람이 우리 군사를 막아 싸운다면 그곳은 반드시 효산(殽山)이 될 것이다. 효산에는 두 언덕이 있으니 남쪽 언덕은 하(夏)나라 임금 고(皐)의 무덤이고, 북쪽 언덕은 주(周)나라 문왕(文王)이 비바람을 피하셨던 곳이다. 너는 반드시 그 중간에서 죽을 것이다. 거기에서 너의 뼈를 거두어 주마."

진(秦)나라 군사는 곧 동쪽을 향해 출발했다.

129. 여병말마(厲兵秣馬)

여(厲)는 여(礪)와 같다. 갈다. 말(秣)은 여물을 먹이다. 무기를 갈고 말에 먹이를 먹이다. 전쟁 준비를 하다. 만반의 준비를 하다.

僖公三十三年春, 秦師……及滑, 鄭商人弦高將市於周, 遇之, 以乘韋先, 牛十二犒師……且使遽告于鄭. 鄭穆公使視客館, 則束載, 厲兵秣馬矣. 使皇武子辭焉曰, 吾子淹久於敝邑, 唯是脯資餼牽竭矣, 爲吾子之將行也, 鄭之有原圃, 猶秦之有具囿也, 吾子取其麋鹿, 以閑敝邑若何. 杞子奔齊, 逢孫楊孫奔宋.

희공 33년(전 627년) 봄, 진군(秦軍)이…… 활(滑)에 도착했다. 그 때 정(鄭)나라 상인 현고(弦高)라는 자가 주나라로 장사하러 가던 도중에 진군을 만나 기미를 채고 우선 무두질한 쇠가죽 넉 장을 헌납하고 이어 소 열두 마리로 군사를 위로하고……그리고는 역마를 보내 정나라에 알렸다. 정나라 목공(穆公)은 사람을 시켜 진(秦)나라의 대부들이 묵고 있는 객사를 살펴보게 했더니 그들은 이미 짐을 꾸려놓고 무기를 손질하고 말에 먹이를 먹이고 있었다. 그래서 목공은 황무자(皇武子)를 보내 떠나게 했다.

"여러분들이 오랫동안 우리나라에 머무르는 통에 이제 말린 고기 · 양식 · 생육 · 가축 등이 동이 났소. 이 때문에 여러분들께서 떠나 주셔야 되겠는데 진나라에 구유(具囿)동산이 있듯이 우리 정나라에는 원포(原圃) 동산이 있소. 그러니 여러분들은 (오늘부터) 원포에서 고라니와 사슴을 잡아먹으면서 우리나라에 좀 쉴 틈을 주시는게 어떻겠소?"

이 말을 듣고 기자(杞子)는 제(齊)나라로 도망가고 봉손(逢孫)과 양손(楊孫)은 송(宋)나라로 도망갔다.

130. 종적이환(縱敵貽患)

원문은 '종적환생(縱敵患生)'으로 '적을 놓아주면 화가 된다.' 이(貽)는 남기다.

僖公三十三年春, 晉原軫曰, 秦違蹇叔, 而以貪勤民, 天奉我也. 奉不可失, 敵不可縱. 縱敵患生, 違天不祥. 必伐秦師. 欒枝曰, 未報秦施, 而伐其師, 其爲死君乎. 先軫曰, 秦不哀吾喪, 而伐吾同姓, 秦則無禮, 何施之爲. 吾聞之, 一日縱敵, 數世之患也. 謀及子孫, 可謂死君乎.

희공 33년(전 627년) 봄, 진(晉)나라의 원진(原軫)이 말했다.

"진(秦)나라는 건숙(蹇叔)의 말을 듣지 않고 탐욕을 부려 백성을 괴롭히고 있다. 이건 하늘이 우리에게 준 기회다. 하늘이 내린 은혜는 놓칠 수 없고 적을 그냥 놓아줄 수는 없다. 적을 놓아주면 화가 되고 하늘을 어기면 불길하니 반드시 진군을 쳐야 한다."

그러자 난지(欒枝)가 말했다.

"진나라의 은혜를 갚기도 전에 그 나라의 군사를 친다는 것은 돌아가신 임금님을 욕되게 하는 일이 아닌가?"

선진(先軫 즉 原軫)은 말했다.

"진나라는 우리나라가 상을 당했을 때 슬퍼하지 않았고 도리어 우리나라와 동성인 활(滑)나라를 쳤다. 진나라는 무례한 짓을 했는데 그게 무슨 은혜가 된단 말인가? 나는 듣건대 <하루 적을 놓아주면 수대(數代)의 화가 된다.>고 한다. 자손 후대를 위하여 싸우자는 것이지 돌아가신 임금님을 욕되게 하는 것이 아니다."

131. 불이일생엄대덕(不以一眚掩大德)

생(眚)은 과실, 잘못. 덕(德)은 공덕. 한 번 잘못을 했다고 해서 이전의 큰 공적을 말살해 버리지 않다.

僖公三十三年夏, 四月辛巳, 敗秦師于殽, 獲百里孟明視西乞術白乙丙以歸. 遂墨以葬文公. 晉於是始墨. 文嬴請三帥曰, 彼實構吾二君, 寡君若得而食之, 不厭, 君何辱討焉. 使歸就戮于秦, 以逞寡君之志若何. 公許之. ……秦伯素服郊次, 鄉師而哭曰, 孤違蹇叔以辱二三子, 孤之罪也. 不替孟明曰, 孤之過也. 大夫何罪. 且吾不以一眚掩大德.

희공 33년(전 627년) 여름, 4월 신사날에 진(晉)나라는 진군(秦軍)을 효(殽)에서 깨뜨리고 백리맹명시(百里孟明視)·서걸술(西乞術)·백을병(白乙丙) 등 세 장수를 생포하고 돌아갔다. 이에 진(晉)나라 양공(襄公)은 검게 물들인 상복을 입은 채로 문공(文公)의 장사를 지냈다. 진나라에서는 이 때부터 검은 상복을 입는 풍속이 생겼다. 그런데 문영(文嬴, 즉 文公夫人)이 양공에게 진나라의 세 장수를 풀어줄 것을 청했다.

"저 세 사람이 진(秦)·진(晉) 두 나라의 임금이 싸우도록 일을 꾸민 사람들입니다. 친정 아버님이신 진나라 임금님이 손에 넣기만 한다면 생으로 먹어도 시원치 않을 것입니다. 무엇 때문에 당신이 번거롭게 죽인단 말입니까? 그들을 진나라로 돌려 보내 진나라에서 죽게 하여 내 아버님의 비위를 맞춰 드리는 게 어떻겠습니까?"

양공은 대비(大妃)의 청을 허락하고 (세 사람을 석방했다.)……
진백(秦伯)은 흰 상복을 입고 교외의 여막(廬幕)에서 자고 패군을 맞이하여 곡하면서 말했다.
"내가 건숙(蹇叔)의 말을 안 들었다가 여러분을 욕보였으니 나의 죄요."
그리고 맹명의 직책을 바꾸지 않고 그대로 두면서 말했다.
"나의 잘못이오. 대부가 무슨 죄가 있소? 그리고 나는 한 번 잘못했다고 해서 그전의 큰 공적을 덮어버리지 않을 것이오."

132. 이일생엄대덕(以一眚掩大德)

한 번 잘못을 했다고 해서 이전의 큰 공덕을 말살해 버리다.

출처는 131항 불이일생엄대덕(不以一眚掩大德) 참조.

133. 상경여빈(相敬如賓)

공경하는 태도가 마치 손님을 대하듯 하다. 부부가 서로 존경하고 평등하게 대하다.

僖公三十三年秋, 狄伐晉, 及箕. 八月戊子, 晉侯敗狄于箕. 郤缺獲白狄子.…… 初, 臼季使過冀, 見冀缺耨, 其妻饁之, 敬相待如賓. 與之歸, 言諸文公曰, 敬德之聚也. 能敬必有德. 德以治民, 君請用之. 臣聞之, 出門如賓, 承事如祭, 仁之則也.

희공 33년(전 627년) 가을, 적(狄)나라가 진(晉)나라를 쳐 기(箕)까지 진출했다. 8월 무자날에 진후(晉侯)는 적을 기 땅에서 쳐부수고 극결(郤缺)은 백적(白狄)의 임금을 사로잡았다. …… 처음에 구계(臼季)가 사신이 되어 기(冀) 땅을 지나다가 기결(冀缺)이 밭에서 김을 매고 그의 아내가 밥을 날라다 주는 것을 보았다. 서로 공경하는 태도가 마치 손님을 대하는 것과 같았다. 구계가 데리고 돌아가 문공(文公)에게 말했다.

"공경은 백덕이 모여서 이루어지는 것으로 공경할 수 있는 사람은 반드시 덕이 있고 덕은 백성을 다스리는 데 필요한 것이니 임금님께서 이 사람을 등용하시기 바랍니다. 신은 듣건대 〈문밖에 나가면 사람을 손님같이 여기고 일을 맡아서는 제사를 받드는 것처럼 하는 것이 인(仁)의 준칙이다.〉라고 합니다."

134. 불유봉비(不遺葑菲)

봉(葑)은 순무. 비(菲)는 무. 순무와 무를 뽑을 때에는 뿌리가 좋지 않다고 해서 잎과 줄기까지 다 버려서는 안 된다. 한 가지라도 취할 점이 있는 인재는 모두 임명하여 누락되는 사람이 없도록 하다. 이의 출처는 《시경(詩經)》 〈패풍(邶風)·곡풍(谷風)〉이다.

僖公三十三年秋, 公曰, 其父有罪, 可乎. 對曰, 舜之罪也, 殛鯤, 其擧也, 興禹. 管敬仲桓之賊也, 實相以濟. 康誥曰, 父不慈, 子不祗, 兄不友, 弟不共, 不相及也. 詩曰, 采葑采菲, 無以下體. 君取節焉可也. 文公以爲下軍大夫.

희공 33년(전 627년) 가을, 문공(文公)은 말했다.

"그의 아비 극예(郤芮)는 나를 죽이려 했던 원수다. 그래도 써서 괜찮을까?"

그러자 구계(臼季)는 대답했다.

"순(舜)임금이 벌을 줄 때에는 곤(鯤)을 벌을 주어 죽이고, 인재를 등용할 때에는 곤의 아들인 우(禹)를 썼습니다. 관경중(管敬仲)

은 제나라 환공(桓公)을 죽이려고 한 원수였는데도 그를 재상으로 임명하여 패자(霸者)가 되는 데 성공했습니다. 〈강고(康誥)〉에 이르기를 〈아비가 자식을 사랑하지 않고, 자식이 어버이를 공경하지 않으며, 형이 아우와 우애하지 않고, 아우가 형을 받들지 않더라도 그 죄는 당사자에서 그치고 부자와 형제까지 미치지 않는다.〉고 하였고, 《시》에 읊었습니다.

순무를 뽑고 무를 뽑을 때에는
밑동만 보고 캐서는 안 되는 것이니.

임금님께서는 그 사람의 장점만 취하시면 됩니다."

이 말에 문공은 극결(郤缺)을 하군대부(下軍大夫)로 임명했다.

문공(文公) 원년~18년

135. 봉목시성(蜂目豺聲)

눈은 벌 눈같이 튀어나왔고 음성은 늑대 우는 소리와 같다. 악인의 생김새에 목소리가 흉악하고 잔인하다.

文公元年秋, 初, 楚子將以商臣爲大子, 訪諸令尹子上. 子上曰, 君之齒未也, 而又多愛, 黜乃亂也. 楚國之擧, 恒在少者. 且是人也, 蜂目而豺聲, 忍人也, 不可立也. 弗聽.

문공(文公) 원년(전 626년) 가을, 처음에 초자(楚子)가 상신(商臣)을 태자로 삼으려고 영윤(令尹) 자상(子上)에게 상의했다. 그러자 자상은 말했다.

"임금님은 아직 나이가 젊으시고 또 총애하는 처첩도 많으시니 만일 상신을 태자로 삼았다가 뒤에 내치시면 변란이 일어날 것입니다. 우리 초나라의 태자를 세우는 관례는 언제나 나이 어린 분을 세우게 되어 있습니다. 더구나 이 분은 눈이 벌의 눈을 닮았고 음성은 늑대 소리와 같고 성질이 잔인하므로 태자로 삼아서는 안 됩니다."

그러나 성왕(成王)은 듣지 않고 상신을 태자로 삼았다.

136. 제하분주(濟河焚舟)

황하를 건너서 타고간 배를 불사르다. 필사의 각오로 전투에 임하고 어떠한 퇴로도 남기지 않다. '파부침주(破釜沉舟)'(즉 밥솥을 부수고 배를 침몰시키다.)와 같다.

文公三年夏, 秦伯伐晉, 濟河焚舟, 取王官及郊, 晉人不出. 遂自茅津濟, 封殽尸而還. 遂霸西戎, 用孟明也.

문공 3년(전 624년) 여름, 진백(秦伯)이 진(晉)나라를 쳤다. 황하를 건너자 타고간 배를 불에 태우고 진(晉)나라 땅 왕관(王官)과 교(郊)를 빼앗았다. 그러나 진나라 사람이 나와서 싸우려 하지 않아 결국 모진(茅津)에서 황하를 건너 지난번 효(殽)의 싸움에서 전사한 장병들의 시체를 거두어 무덤을 쌓고 돌아갔다. 이리하여 진나라 목공(穆公)은 서융(西戎)의 패자(霸者)가 되었다. 그것은 맹명(孟明)을 등용했기 때문이었다.

137. 숙야비해(夙夜匪懈)

해(懈)는 해(解)와 통한다. 비(匪)는 비(非), 불(不)과 같다. 아침저녁으로 일을 게을리하지 않다. 이의 출처는 《시경(詩經)》 <대아(大雅) · 증민(烝民)>이다.

文公三年夏, 君子是以知秦穆之爲君也. 擧人之周也, 與人之壹也. 孟明之臣也, 其不解也, 能懼思也. 子桑之忠也, 其知人也, 能擧善也. 詩曰, 于以采蘩. 于沼于沚, 于以用之. 公侯之事. 秦穆有焉. 夙夜匪解, 以事一人, 孟明有焉. 詒厥孫謀, 以燕翼子, 子桑有焉.

문공 3년(전 624년) 여름, 군자는 이로써 진(秦)나라 목공(穆公)의 사람됨을 알 수 있다.

"그는 임금으로서 인재를 등용하는 데 빈틈이 없고 사람을 한번 쓰면 끝내 바꾸지 않았다. 맹명(孟明)은 신하로서 자기 일을 게을리하지 않았으며 실패하고 나서 조심할 줄 알았다. 자상(子桑)은 충성스러웠으며 사람을 보는 눈이 있어 좋은 사람을 천거했다. 《시》에 읊기를,

> 어디에서 다북쑥을 뜯지요
> 연못가나 모래톱에서 뜯지
> 그걸 어디에다 쓰지요
> 임금님의 제사에 쓸 거예요

라고 했는데 진나라 목공이 그 좋은 예다. 또,

> 아침 저녁으로 쉬지 않고 일하여
> 오직 한 분만을 섬기네

라고 했는데 맹명이 그 좋은 예다.

> 훌륭한 계책 남기시어
> 자자 손손 보호하시니

라고 했는데 자상이 그 좋은 예다."

138. 동구적개(同仇敵愾)

동구(同仇)는 공동으로 원수에 대항하다. 적개(敵愾)는 원한이 있는 사람에게 저항하다. 흔히 적에 대한 분개심을 가리킨다. 극도의 원한을 가지고 공동으로 적에 대항하다. 이의 출처는 《시경(詩經)》 <진풍(秦風) · 무의(無衣)>이다.

文公四年秋, 衛甯武子來聘, 公與之宴, 爲賦湛露及彤弓. 不辭, 又不答賦. 使行人私焉. 對曰, 臣以爲肄業及之也. 昔, 諸

侯朝正於王, 王宴樂之, 於是乎賦湛露, 則天子當陽, 諸侯用命也. 諸侯敵王所愾, 而獻其功. 王於是乎賜之彤弓一彤矢百玈弓十玈矢千, 以覺報宴. 今, 陪臣來繼舊好, 君辱貺之, 其敢于大禮, 以自取戾.

문공 4년(전 623년) 가을, 위(衛)나라의 영무자(甯武子)가 노나라를 예방했다. 문공은 그를 위하여 잔치를 베풀고 악공을 시켜 <잠로(湛露)>와 <동궁(彤弓)>의 두 시를 읊게 했다. 영무자는 이것을 강평하지도 않고 또 화답하는 시도 읊지 않았다. 문공은 행인(行人 즉 외교직)을 시켜 몰래 그 이유를 물어보게 했더니 무자는 대답했다.

"신은 다만 연습삼아 이 두 시편을 읊는 줄 알았습니다. 옛날 제후들이 정월에 천자를 찾아뵈면 천자께서는 잔치를 베풀어 대접했는데 그 자리에서 <잠로(湛露)>를 읊었던 것입니다. 시의 뜻은 천자는 태양에 해당하고 제후는 천자의 명령을 시행하는 존재라는 것입니다. 그래서 제후가 천자께서 원망하시는 원수를 토벌하여 그 전공을 바치면 그 때에 천자께서는 제후에게 붉은 활 한 자루, 붉은 화살 100대, 검은 활 열 자루, 검은 화살 1,000대를 하사하셔서 공로에 보답하는 잔치의 표지로 삼았던 것입니다. 지금 배신(陪臣)이 찾아뵙고 과거의 우호관계를 이어가는 마당에 임금님께서 황공스럽게도 잔치를 차려 주셨는데 신이 어찌 중요한 예(禮)를 범하여 스스로 죄를 짓겠습니까?"

139. 화이불실(華而不實)

꽃만 피우고 열매는 맺지 못하다. 겉만 번지르르하고 실속이 없다. 빛좋은 개살구.

文公五年冬，晉陽處父聘於衛，反過甯，甯嬴從之．及溫而還．其妻問之．嬴曰，以剛．商書曰，沈漸剛克，高明柔克．夫子壹之，其不沒乎．天爲剛德，猶不干時，況在人乎．且華而不實，怨之所聚也．犯而聚怨，不可以定身．余懼不獲其利而離其難，是以去之．

문공 5년(전 622년) 겨울, 진(晉)나라의 양처보(陽處父)가 위나라를 예방하고 돌아 가다가 영(甯) 땅을 지나가게 되었다. 영영(甯嬴)이라는 자가 양처보를 따라갔다가 온(溫)까지 가서 되돌아갔다. 그의 아내가 그 까닭을 물었더니 영은 대답했다.

"그 분의 성질이 너무 강하기 때문입니다. 《상서(商書)》에 이르기를 〈너무 강한 성격은 강한 면을 억눌러 가라앉혀야 하고, 너무 온순한 성격은 온순한 면을 끌어올려 북돋우어 주어야 한다.〉고 했는데 그 어른은 강성(剛性) 일변도이니 어찌 제 수명을 다할 수가 있겠습니까? 하늘은 강한 덕을 지니고 있지만 네 계절의 차례를 어기지 않는데 하물며 인간이야 말할 것 있겠습니까? 게다가 겉만 번지르르하고 실속이 없으니 남의 원망만 모을 뿐입니다. 남을 능멸하여 원망을 모으고 있으니 몸을 온전하게 보전할 방도가 있겠습니까? 나는 그분에게서 아무런 이득도 얻지 못하고 도리어 화에 말려들까 두려웠습니다. 그래서 떠나온 것입니다."

140. 삼량순진(三良殉秦)

폭군의 잔포를 책망하고 현량한 신하의 품덕을 칭송하다. 훌륭한 신하의 죽음에 비유하다. 또하나의 출처로 《시경(詩經)》 〈진풍(秦風)·황조(黃鳥)〉가 있다.

文公六年夏，秦伯任好卒．以子車氏之三子奄息仲行鍼虎爲

殉，皆秦之良也．國人哀之，爲之賦黃鳥．

君子曰，秦穆之不爲盟主也，宜哉．死而棄民．先王違世，猶詒之法，而況奪之善人乎．詩曰，人之云亡，邦國殄瘁．無善人之謂．

문공 6년(전 621년) 여름, 진백(秦伯) 임호(任好)가 세상을 떠나자 대부 자거씨(子車氏)의 세 아들 엄식(奄息)·중행(仲行)·겸호(鍼虎)를 순장(殉葬)했는데 이 세 사람은 모두 진나라의 둘도 없는 어진 신하였다. 진나라 사람은 그들의 죽음을 슬퍼하여 세 사람을 위하여 〈황조(黃鳥)〉의 시를 지었다.

군자는 이렇게 평한다.

"진나라 목공(穆公)이 맹주가 되지 못한 것은 무리가 아니다. 자기가 죽으면서 백성까지 버렸다. 선왕은 세상을 떠나면서 백성들에게 좋은 법도까지 선물로 남겼는데 하물며 나라의 훌륭한 인물을 빼앗아 가다니 말이 되는가? 《시》에 이르기를,

어진 사람이 죽고 없으니
나라가 병들어 무너지네

라고 했는데 인재가 없어진다는 것을 말한 것이다".

141. 인지운망(人之云亡), 방국진췌(邦國殄瘁)

인(人)은 어진 사람, 착한 사람. 운(云)은 조사. 망(亡)은 죽고 없다. 어진 사람이 죽고 없으니 나라가 곤경에 빠져들다. 이 사람의 죽음을 한탄하다. 그후로 세상에 어진 사람이 얼마 없다. 이의 출처는 《시경(詩經)》 〈대아(大雅)·첨앙(瞻卬)〉이다.

출처는 140항 삼량순진(三良殉秦) 참조.

142. 언유재이(言猶在耳)

말이 아직도 귀에 쟁쟁하다. 남이 한 말을 똑똑하게 기억하다.

文公七年夏，穆嬴日抱大子，以啼于朝曰，先君何罪．其嗣亦何罪．舍適嗣不立，而外求君，將焉寘此．出朝，則抱以適趙氏，頓首於宣子曰，先君奉此子也，而屬諸子曰，此子也才，吾受子之賜，不才，吾唯子之怨．今，君雖終，言猶在耳．而棄之若何．宣子與諸大夫皆患穆嬴，且畏偪，乃背先蔑而立靈公，以禦秦師．

문공 7년(전 620년) 여름, 목영(穆嬴 즉 襄公夫人)은 날마다 태자를 안고 조정에 나와서 울며 말했다.

"선군이 무슨 죄가 있으며 또 그분의 아들은 무슨 죄가 있습니까? 적자를 버리고 외국에서 임금을 맞이하려 하다니 장차 이 아들은 어디에 둘 작정입니까?"

그리고 조정을 나가서는 태자를 안고 조씨(趙氏)집으로 가 선자(宣子)에게 머리를 조아리고 말했다.

"선군께서는 이 아들을 당신에게 맡기면서 말씀하시기를 <이 아들이 재목이 된다면 그것은 그대의 덕분이요, 만약 재목이 못 된다면 오직 그대를 원망하겠소.>라고 하셨습니다. 지금 임금님은 돌아가시고 안 계시지만 그 때 하신 말씀은 아직도 귀에 쟁쟁합니다. 그런데도 이 아이를 버리시면 어떻게 합니까?"

선자와 여러 대부들은 목영 때문에 골머리를 앓고 또 일부 도당이 들고 일어날까 두려워서 선멸(先蔑)을 배신하여 영공(靈公)을 세우고 공자 옹(雍)을 호위하고 오는 진군(秦軍)을 막아내기로 했다.

143. 선성탈인(先聲奪人)

원문은 '선인유탈인지심(先人有奪人之心)'으로 '남보다 먼저 선수를 쳐서 주도권을 장악하면 적의 싸울 의지를 꺾을 수 있다.' 먼저 소리를 질러서 적의 사기를 꺾어 놓다. 인(人)대신에 기(氣)를 쓰기도 한다.

文公七年夏, 箕鄭居守. 趙盾將中軍, 先克佐之, 荀林父佐上軍, 先蔑將下軍, 先都佐之. 步招御戎, 戎津爲右. 及菫陰. 宣子曰, 我若受秦, 秦則賓也, 不受, 寇也. 旣不受矣, 而復緩師, 秦將生心. 先人有奪人之心, 軍之善謀也. 逐寇如追逃, 軍之善政也. 訓卒利兵, 秣馬蓐食, 潛師夜起.

문공 7년(전 620년) 여름, 기정(箕鄭)은 뒤에 남아 서울을 지키고 조돈(趙盾)이 중군의 원수, 선극(先克)이 그 부장, 순림보(荀林父)는 상군의 부장, 선멸(先蔑)은 하군의 대장, 선도(先都)가 그 부장이 되었다. 그리고 보초(步招)가 원수의 어자, 융진(戎津)이 거우(車右)가 되었다. 근음(菫陰)에 도착하자 선자(宣子)가 말했다.

"공자 옹(雍)을 받아들인다면 진군(秦軍)은 우리의 손님이지만 받아들이지 않는다면 우리의 적이다. 우리가 이왕에 안 받기로 한 이상 군사 행동까지 느리게 한다면 진나라가 딴 마음을 가질 것이다. 적보다 먼저 선수를 쳐서 혼을 빼놓는 것이 계획의 상책이요, 적을 격퇴할 때에는 도망가는 사람을 쫓듯이 하는 것이 작전의 묘책이다."

그리고는 병사들에게 훈시를 하여 병기를 손질하고 말에 먹이를 먹이고 아침 일찍 잠자리에서 식사를 마치고 어둠을 틈타 밤에 출동했다.

144. 말마욕식(秣馬蓐食)

말(秣)은 여물을 먹이다. 욕식(蓐食)은 포식 즉 푸짐한 식사를 하다. 배불리 먹다. 말에 먹이를 주고, 병사들에게 푸짐한 아침 식사를 시키다. 전투를 위하여 일찌감치 준비를 함을 가리킨다.

출처는 143항 선성탈인(先聲奪人) 참조.

145. 동일하일(冬日夏日)

하나는 부드럽고 인자하고, 다른 하나는 엄숙하고 위엄찬, 두 개의 확연히 다른 처세 태도.

文公七年夏, 狄侵我西鄙, 公使告於晉. 趙宣子使因賈季問酆舒, 且讓之. 酆舒問於賈季曰, 趙衰趙盾孰賢. 對曰, 趙衰冬日之日也, 趙盾夏日之日也.

문공 7년(전 620년) 여름, 적(狄)나라 사람이 우리 노나라의 서쪽 변방을 침범하매 문공은 이 사실을 진(晉)나라에 알렸다. 조선자(趙宣子)는 사람을 시켜 적나라에 도망가 있는 가계(賈季)의 힘을 빌려 적의 재상 풍서(酆舒)를 방문하고 문책하게 했다. 그 때 풍서는 가계에게 물었다.

"조쇠(趙衰)와 그의 아들 조돈(趙盾)은 누가 더 어진 사람이오?"

가계가 대답했다.

"조쇠는 겨울날의 태양, 조돈은 여름날의 태양이라고나 할까요?".

146. 동일가애(冬日可愛)

겨울의 태양은 사람에게 따뜻하고 친절한 느낌을 준다. 사람됨이 수월하고 인자하여 친밀감을 느끼게 하다.

출처는 145항 동일하일(冬日夏日) 참조.

147. 증책(贈策)

이별할 때 주는 선물 또는 고명한 계책에 비유한다. '요조불용(繞朝不用)'이라 할 때에는 '재능이 있는 사람이 등용되지 못하다.'

文公十三年夏, 晉人患秦之用士會也, 夏, 六卿相見於諸浮. 趙宣子曰, 隨會在秦, 賈季在狄, 難日至矣, 苦之何 ……郤成子曰, 賈季亂, 且罪大, 不如隨會. 能賤而有恥, 柔而不犯. 其知足使也. 且無罪. 乃使魏壽餘僞以魏叛者, 以誘士會.……壽餘曰, 請東人之能與夫二三有司言者, 吾與之先. 使士會. 士會辭 …… 秦伯曰, 若背其言, 所不歸爾帑者, 有如河. 乃行. 繞朝贈之以策曰, 子無謂秦無人, 吾謀適不用也.

문공 13년(전 614년) 여름, 진나라 사람은 진(秦)나라가 사회(士會)를 이용할까봐 걱정하여 여름에 육경(六卿)이 제부(諸浮)에 모여 의논을 했다. 조선자(趙宣子 즉 盾)가 말했다.

"수회(隨會 즉 士會)는 진(秦)나라에 있고, 가계(賈季)는 적(狄)나라에 있어서 그 때문에 어려운 문제가 날마다 일어나니 이 일을 어찌하면 좋겠소?"……

극성자(郤成子)가 말했다.

"가계(賈季)는 난을 일으킨 자요 또 죄도 크니 수회(隨會)를 불러들이는 게 좋겠습니다. 수회는 천한 일도 할 수 있고 부끄러워할 줄 알며 유순하지만 속내는 강골입니다. 그의 지모는 충분히 써먹을 수 있고 또 원래 아무 죄도 없습니다."

그래서 위수여(魏壽餘)에게 명하여 거짓으로 위(魏) 땅을 근거로 하여 반란하는 것처럼 꾸미게 하여 (진나라로 가서) 사회를 유인하기로 했다. ……수여가 진백(秦伯)에게 건의했다.

"동국(東國) 출신으로 위(魏)의 관리들과 얘기하며 말발이 설 수 있는 사람을 내어 주십시오. 제가 그 사람과 같이 먼저 황하를 건너가겠습니다."

진백은 사회를 보내려고 했으나 사회가 사양하매 진백(秦伯)은 말했다.

"진(晉)나라가 만일 약속을 어긴다 해도 내가 그대의 처자를 돌려 보내주지 않는다면 저 황하의 신한테 벌을 받을 것이오,"

막 떠나려 할 때 진나라의 요조(繞朝)가 말 채찍을 사회에게 선사하면서 말했다.

"진나라에 인물이 없다고 말하지 마시오. 어쩌다가 나의 계책이 채택되지 못했을 따름이니까."

148. 무이부가(無以復加)

원문은 '무이가언(無以加焉)'으로 '더 이상 보탤 수 없다.' 이미 극한점에 도달하다. 흔히 나쁜 뜻으로 쓰인다.

文公十七年夏, 晋侯蒐于黃父, 遂復合諸侯于扈, 平宋也. …… 於是, 晋侯不見鄭伯, 以爲貳於楚也. 鄭子家使執訊而與之書, 以告趙宣子曰, ……雖我小國, 則蔑以過之矣. 今, 大國曰, 爾未逞吾志. 敝邑有亡, 無以加焉. 古人有言, 曰, 畏首畏尾, 身其餘幾. 又曰, 鹿死不擇音. 小國之事大國也, 德則其人也, 不德則其鹿也. 鋌而走險, 急何能擇. 命之罔極, 亦知亡

矣. 將悉敝賦, 以待於鯈, 唯執事命之.

문공 17년(전 610년) 여름, 진후(晉侯)가 황보(黃父)에서 군사연습을 하고 곧 이어 다시 제후들을 호(扈)에 집합시킨 것은 송나라를 평정하기 위해서였다.……이때 진후는 정백(鄭伯)을 만나 보지 않았는데 그것은 정백이 초나라와 내통하고 있다고 여겼기 때문이었다. 그러자 정나라의 자가(子家)는 집신(執訊 즉 외교사령 담당관)을 진나라에 보내면서 그 편에 편지를 써서 조선자(趙宣子)에게 말했다.

"……우리나라는 비록 소국이기는 하지만 이보다 더 잘 할 수 없을 만큼 귀국을 섬겼습니다. 그런데도 지금 대국인 귀국에서는 우리더러 <너희들은 아직도 내 마음에 흡족하지 못하다.>고 말하고 있습니다. 이래서야 우리나라는 오직 망할 날만 기다릴뿐 더 보탤 방법이 없습니다. 옛사람의 말에 <머리도 두렵고 꼬리도 두렵다면 몸 중에서 걱정 안 되는 곳이 얼마나 되는가?>라고 했고, 또 이르기를 <사슴이 죽을 때에는 나무 그늘을 고를 겨를이 없다.>고 했습니다. 소국이 대국을 섬기는데 대국이 덕을 베풀면 소국도 사람의 도리를 지킬 것이지만 덕을 베풀지 않을 때에는 사슴과 같을 것입니다. 궁지에 몰린 사슴이 위험을 무릅쓰고 달릴 때에는 사정이 다급한데 무슨 선택을 할 수 있겠습니까? 귀국의 명령에 한이 없다면 우리도 망한다는 각오를 할 수밖에 없습니다. 우리는 있는 군사를 다 긁어모아 조(鯈) 땅에서 기다릴 것이니 오직 집사(執事)님의 처분만 기다리겠습니다."

149. 외수외미(畏首畏尾)

앞도 두렵고 뒤도 두렵다. 나약하고 겁이 많으며 의심이 많다.

출처는 148항 무이부가(無以復加) 참조.

150. 신기여기(身其餘幾)

몸 중에 두렵지 않은 곳이 얼마나 되는가? 이 세상에 살 날이 많지 않다. 오래 살지 못하다.

출처는 148항 무이부가(無以復加) 참조.

151. 녹사불택음(鹿死不擇音)

음(音)은 음(蔭)과 통한다. 그늘진 시원한 곳을 가리킨다. 사슴이 죽을 때에는 시원한 나무 그늘을 고를 겨를이 없다. 위급한 상황에서는 일시적인 편안만 구할 뿐 뒷일을 깊이 생각할 여유가 없다.

출처는 148항 무이부가(無以復加) 참조.

152. 정이주험(鋌而走險)

정(鋌)은 빨리 달리다. 궁지에 몰려 위험을 무릅쓰다. 지혜가 막혀 궁지에 빠지다. 사태가 급하여 할수없이 잘못된 길로 치닫다.

출처는 148항 무이부가(無以復加) 참조.

153. 추류악물(醜類惡物)

추악한 무리.

文公十八年冬, 莒紀公生大子僕, 又生季佗. 愛季佗, 而黜僕, 且多行無禮於國. 僕因國人以弒紀公, 以其寶玉來奔, 納諸宣公. 公命與之邑曰, 今日必授. 季文子使司寇出諸竟曰, 今日必達. 公問其故. 季文子使大史克對曰,……昔, 帝鴻氏有不才子, 掩義隱賊, 好行凶德, 醜類惡物. 頑嚚不友, 是與比周, 天下之民, 謂之渾敦.

문공 18년(전 609년) 겨울, 거(莒)나라 기공(紀公)에게는 태자(大子) 복(僕)이 있었는데 거기에 또 계타(季佗)가 태어났다. 기공은 계타를 사랑하고 태자를 물리쳤다. 그 위에 그는 백성들에게 무례한 짓을 많이 했다. 태자 복은 나라 사람의 힘을 업고 기공을 시해하고 나라의 보옥을 가지고 노나라로 도망와서 그것을 우리 선공(宣公)에게 바쳤다. 선공은 그에게 영유할 읍을 주라고 명령하면서 말했다.

"오늘 안으로 반드시 주어라."

그러나 계문자(季文子)는 사구(司寇)에게 명하여 그를 국경 밖으로 내보내게 하면서 말했다.

"오늘 안으로 반드시 집행하라."

선공이 그 까닭을 물으니 계문자는 태사(大史) 극(克)으로 하여금 대답을 올리게 했다.

"……옛날 제홍씨(帝鴻氏)에게 못난 아들이 있어서 정의를 엄폐하고 도둑을 감싸 주며, 흉악한 일 하기를 좋아하고, 추악한 악물과 우매하고 간사한 자들만을 가까이 하니 세상 사람들은 그를 혼돈(渾敦)이라 불렀습니다"

154. 도올도철(檮杌饕餮)

도올(檮杌)과 도철(饕餮)은 고대 전설상의 흉악한 맹수. 흉악하고 사나운 사람에 비유한다.

文公十八年冬, 顓頊氏有不才子, 不可教訓, 不知話言, 告之則頑, 舍之則嚚, 傲很明德, 以亂天常, 天下之民, 謂之檮杌. ……縉雲氏有不才子, 貪于飲食, 冒于貨賄, 侵欲崇侈, 不可盈厭, 聚斂積實, 不知紀極, 不分孤寡, 不恤窮匱, 天下之民, 以比三凶, 謂之饕餮.

문공 18년(전 609년) 겨울, (태사 극의 말은 계속된다.)
"전욱씨(顓頊氏)에게 못난 아들이 있었습니다. 가르쳐도 안 되고, 좋은 말을 모르며, 타이르면 거부하고, 내버려 두면 불측한 말을 지껄이며, 큰 덕 지닌 사람을 경멸하고, 하늘의 도를 어지럽히니 세상 사람들이 그를 도올(檮杌)이라 불렀습니다.……그리고 진운씨(縉雲氏)에게 못난 아들이 있었습니다. 음식을 탐내고, 재물을 탐내며, 욕심 많고 사치를 좋아하고, 만족할 줄 모르며, 재물과 곡식을 쌓아도 한도가 없고, 고아나 과부에게 베풀 줄 모르며, 가난한 사람을 규휼할 줄 모르니 세상 사람들이 앞에 말한 삼흉(三凶) 즉 혼돈·궁기·도올과 함께 그를 도철(饕餮)이라 불렀습니다."

155. 투제사예(投諸四裔)

예(裔)는 먼 변방. 사방의 먼 변방으로 내쫓다.

文公十八年冬, 舜臣堯, 賓于四門, 流四凶族, 渾敦窮奇檮杌饕餮, 投諸四裔, 以禦魑魅. 是以, 堯崩而天下如一, 同心戴舜, 以爲天子, 以其擧十六相去四凶也.

문공 18년(전 609년) 겨울, (태사 극의 말은 계속된다.)
"순(舜)임금이 요(堯)임금의 신하가 되자 사방의 성문을 열어 놓고 천하의 인재를 맞이하고 혼돈(渾敦)·궁기(窮奇)·도올(檮杌)·도철(饕餮) 등 네 흉악한 무리를 먼 변방으로 내쫓고 그들에게 산중의 요괴인 이매(魑魅)를 막는 임무를 맡겼습니다. 그래서 요임금이 세상을 떠났을 때 천하는 하나같이 합심하여 순임금을 추대하여 천자로 모셨던 것입니다. 그렇게 된 것은 순임금이 열여섯 사람의 어진 신하를 등용하고 네 흉악한 무리를 제거했기 때문입니다."

선공(宣公) 2년~15년

156. 살적치과(殺敵致果)

용감하게 적을 죽이고 전공을 세우다.

宣公二年春, 鄭公子歸生受命于楚, 伐宋. 宋華元樂呂御之. 二月壬子, 戰于大棘. 宋師敗績. 囚華元, 獲樂呂及甲車四百六十乘俘二百五十人馘百. 狂狡輅鄭人, 鄭人入于井. 倒戟而出之, 獲狂狡.

君子曰, 失禮違命, 宜其爲禽也. 戎昭果毅以聽之, 之謂禮. 殺敵爲果, 致果爲毅. 易之, 戮也.

선공(宣公) 2년(전 607년) 봄, 정나라 공자 귀생(歸生)이 초나라의 명령을 받고 송나라를 쳤다. 송나라에서는 화원(華元)과 악려(樂呂)가 정나라 군사를 막아 싸웠다. 2월 임자날에 대극(大棘)의 싸움에서 송나라 군사가 대패했다. 정나라측은 화원을 사로잡고 악려를 죽이고 병거(兵車) 460승, 포로 250명, 적의 왼쪽 귀 100개를 얻는 전과를 올렸다. 그 싸움에서 송나라 대부 광교(狂狡)가 정나라 사람을 맞아 싸우다가 정나라 사람이 우물 안에 빠졌기에 광교가 창을 거꾸로 넣어 끌어올려 주었더니 나온 정나라 사람은 오히려 그 창으로 광교를 사로잡았다.

군자는 이렇게 평한다.

"군의 관례를 무시하고 군령을 어겼으니 그가 사로잡힌 것은 당연한 일이다. 군대에서는 윗사람은 과(果)와 의(毅)가 무엇인지를 확실히 알리고 아랫사람은 그 명령을 기억하고 실천하는 것이 군의 법도이다. 적을 죽이는 것을 과(果)라 하고, 과를 실천하는 것을 의(毅)라 한다, 이 법도를 어기면 벌을 받아야 한다.".

157. 치과위의(致果爲毅)

치(致)는 달성하다, 실천하다. 과(果)는 과감. 의(毅)는 의지가 굳다. 과감하게 적을 죽이는 행위를 실천하는 것을 의(毅) 즉 의지가 굳다고 한다.

출처는 156항 살적치과(殺敵致果) 참조.

158. 각자위정(各自爲政)

정(政)은 사무. 각자가 자기 주장에 따라 일을 처리하다. 항상 비유로서 쓰며 전체를 고려하지 않거나, 통일되어 있지 않거나, 협조되지 않은 것을 가리킨다.

宣公二年春, 將戰, 華元殺羊食士, 其御羊斟不與. 及戰曰, 疇昔之羊, 子爲政, 今日之事, 我爲政. 與入鄭師, 故敗.
君子謂, 羊斟非人也, 以其私憾敗國殄民. 於是, 刑孰大焉. 詩所謂人之無良者, 其羊斟之謂乎. 殘民以逞.

선공 2년(전 607년) 봄, 싸움을 앞두고 화원(華元)은 양을 잡아 병사들에게 먹였는데 그의 병거를 모는 양짐(羊斟)에게는 몫이 돌아가지 않았다. 싸움이 시작되자 양짐은 말했다.
"어제의 양고기는 당신이 마음대로 처분했지만 오늘의 싸움은 내가 멋대로 처리하겠소."

그러고는 화원을 태운 채 정군(鄭軍) 진영 속으로 달려 들어갔다. 그래서 송군이 패한 것이다.

군자는 이렇게 평한다.

"양짐은 사람이 아니다. 그는 자기의 개인 감정으로 나라를 망치고 백성에게 해를 끼쳤다. 형법의 규정상 이보다 더 큰 죄악이 있겠는가? 《시》에 읊기를,

'좋지 못한 사람'

이라고 했는데 그것은 양짐을 두고 한 말이다. 그는 백성을 해치고 개인의 분풀이를 했다."

159. 우사우사(于思于思)

수염이 더부룩하다. 수염 텁석부리. 노쇠한 모양.

宣公二年春, 宋人以兵車百乘文馬百駟, 以贖華元于鄭. 半入, 華元逃歸. 立于門外, 告而入. 見叔牂曰, 子之馬然也. 對曰, 非馬也, 其人也. 旣合而來奔.

宋城, 華元爲植巡功. 城者謳曰, 睅其目, 皤其腹, 棄甲而復. 于思于思, 棄甲復來. 使其驂乘謂之曰, 牛則有皮, 犀兕尙多, 棄甲則那. 役人曰, 從其有皮, 丹漆若何. 華元曰, 去之. 夫其口衆, 我寡.

선공 2년(전 607년) 봄, 송나라 사람이 병거(兵車) 100승과 털에 무늬가 있는 말 400필을 몸값으로 정나라에 주고 대신 화원(華元)을 돌려 받기로 했다. 그 교환물이 절반쯤 들어갔을 때 화원은 도망쳐 돌아갔다. 송나라 성문에 이르러서는 일단 문밖에 서서 자기의 이름을 대고 성안으로 들어갔다. 화원은 수문장인 숙장(叔牂 즉 羊

斟)을 보자 말했다.

"그대의 말이 말을 안 들었던 게요."

그러자 숙장은 대답했다.

"말이 아니라 말을 부린 사람 때문입니다."

대답을 마치자 그는 우리 노나라로 도망을 왔다.

전쟁이 끝나고 송나라가 성을 쌓을 때 화원이 감독관이 되어 공사장을 순시했다. 그 때 성을 쌓는 인부들이 노래를 불렀다.

> 왕방울 눈에 배불뚝이가
> 갑옷 버리고 돌아왔네
> 수염 텁석부리가
> 갑옷 버리고 돌아왔네

그러자 화원은 배승자를 시켜 인부들에게 말하게 했다.

"소가 있으면 가죽이 있고, 나라에는 아직도 무소와 외뿔소가 많이 있는데 갑옷 한벌 버린 것 가지고 뭐 그리 야단이오?"

인부들은 대답했다.

"가죽은 있다손 치더라도 붉은 옻칠은 어떻게 하지?"

화원은 어자(御者)를 보고 말했다.

"어서 가자. 저들의 입은 많고 우리 입은 적다."

160. 기갑예병(棄甲曳兵)

갑옷을 버리고 병기를 질질 끌다. 싸움에 패하여 낭패를 보고 도망가다.

출처는 159항 우사우사(于思于思) 참조.

161. 인수무과(人誰無過)

잘못이 없는 사람이 누가 있는가? 누구나 잘못을 저지르다.

宣公二年夏, 晉靈公不君, 厚斂以彫牆, 從臺上彈人, 而觀其辟丸也. 宰夫胹熊蹯不熟, 殺之, 寘諸畚, 使婦人載以過朝. 趙盾士季見其手, 問其故而患之. 將諫, 士季曰, 諫而不入, 則莫之繼也. 會請先. 不入, 則子繼之. 三進及溜, 而後視之曰, 吾知所過矣, 將改之. 稽首而對曰, 人誰無過, 過而能改, 善莫大焉. 詩曰, 靡不有初, 鮮克有終. 夫如是, 則能補過者鮮矣. 君能有終, 則社稷之固也, 豈惟羣臣賴之.

선공 2년(전 607년) 여름, 진(晉)나라 영공(靈公)은 임금 노릇을 잘 하지 못했다. 세금을 무겁게 거두어 담장에까지 조각을 하고 높은 누대 위에서 탄궁(彈弓)으로 사람들을 쏘아 그 피하는 모습을 보고 흥겨워하곤 했다. 어느날 요리사가 곰의 발바닥을 삶았는데 덜 삶았다고 그를 죽여 삼태기에 담아 궁녀를 시켜 그것을 이고 조정을 지나가게 했다. 그 때 조돈(趙盾)과 사계(士季)가 삼태기 밖으로 나온 죽은 사람의 손을 보고 그 영문을 알고는 걱정을 했다. 조돈이 임금을 간하려 하자 사계가 말했다.

"어른께서 간했다가 받아 들여지지 않으면 뒤를 이어 충간할 사람이 없습니다. 그러니 제가 먼저 간해 보겠습니다. 안 되면 그 때엔 어르신의 차례입니다."

사계가 세 차례 나아가 처마 밑 물받이까지 가서 엎드려 말하니 그제야 영공은 뒤돌아보고 말했다.

"나는 내가 저지른 잘못을 알고 있으니 앞으로 고치겠소."

사계는 땅에 머리를 조아리고 말했다.

"사람은 누구나 잘못을 저지르는 법입니다. 잘못하고 나서 그것을 고칠 수만 있다면 그보다 더 좋은 일이 없습니다. 《시》에 읊었습니다.

손대는 사람이야 많지만
끝까지 해내는 이 드무네

진실로 잘못을 고칠 수 있는 사람은 적습니다. 만일 임금님께서 개과 천선 하실 수 있다면 그야말로 사직은 반석과 같이 튼튼해질 것입니다. 어찌 저희들 신하들만의 복이겠습니까?"

162. 미불유초(靡不有初), 선극유종(鮮克有終)

미(靡)는 없다. 극(克)은 잘, 능히. 누구든지 일을 시작은 하지만 끝을 맺는 사람은 매우 드물다. 이의 출처는 《시경(詩經)》 〈대아(大雅)·탕(蕩)〉이다.

출처는 161항 인수무과(人誰無過) 참조.

163. 유초선종(有初鮮終)

시작은 있으나 끝맺기는 드물다. 일을 하는데 시작도 좋고 끝도 좋기가 매우 어렵다. 이의 출처는 《시경(詩經)》 〈대아(大雅)·탕(蕩)〉이다.

출처는 161항 인수무과(人誰無過) 참조.

164. 서예지회(鉏麑之悔)

서예(鉏麑)는 춘추시 진(晉)나라의 대력사(大力士). 서(鉏)는 성(姓). 자기의 행동이 잘못되었음을 깨닫고 뉘우치다.

宣公二年夏，(靈公) 猶不改. 宣子驟諫. 公患之，使鉏麑賊之. 晨往，寢門闢矣，盛服將朝. 尙早，坐而假寐. 麑退歎而言曰，不忘恭敬，民之主也. 賊民之主，不忠，棄君之命，不信. 有一於此，不如死也. 觸槐而死.

선공 2년(전 607년) 여름, (그러나 영공은) 여전히 그의 잘못을 고치지 않았다. 조선자(趙宣子)가 자주 충간을 하니 영공은 그것이 싫어서 서예(鉏麑)를 시켜 조돈(趙盾)을 죽이게 했다. 서예가 아침 일찍 조돈의 집으로 가니 침실의 문이 활짝 열려 있었다. 그 때 조돈은 조복을 잘 차려 입고 조정에 나갈 준비를 마치고, 시간이 아직 일러 자리에 앉은 채 말뚝잠을 자고 있었다. 서예는 물러나와 탄복하며 혼잣말로 말했다.

"공경심을 잊지 않는 이야말로 백성의 주인이다. 백성의 주인을 죽이는 것은 불충이요, 그렇다고 임금님의 명령을 저버리는 것은 불신이다. 두 가지 모두 범할 수 없으니 내가 취할 길은 오직 하나, 죽음뿐이다."

그렇게 말하고는 조씨집 느티나무에 부딪쳐 죽었다.

165. 예상아인(翳桑餓人)

예상(翳桑)은 지명. 예상의 굶주린 이. 은혜를 알고 갚으려 하는 사람.

宣公二年秋九月，晉侯飮趙盾酒，伏甲將攻之. 其右提彌明知之，趨登曰，臣侍君宴，過三爵非禮也. 遂扶以下. 公嗾夫獒焉，明搏而殺之. 盾曰，棄人用犬，雖猛何爲. 鬪且出. 提彌明死之.

初，宣子田于首山，舍于翳桑，見靈輒餓，問其病，曰，不食三日矣. 食之, 舍其半. 問之, 曰, 宦三年矣, 未知母之存否. 今近焉, 請以遺之. 使盡之, 而爲之簞食與肉, 寘諸橐以與之. 旣而與爲公介, 倒戟以禦公徒, 而免之. 問何故. 對曰, 翳桑之餓人也. 問其名居, 不告而退, 遂自亡也.

선공 2년(전 607년) 가을 9월, 진후(晉侯)는 조돈(趙盾)을 불러 술대접을 하고 무장병을 숨겨 두었다가 그를 죽이려 했다. 조돈의 거우(車右) 시미명(提彌明)이 그 기미를 채고 당상에 뛰어올라 말했다.

"신하가 임금님을 모신 술자리에서 석 잔 이상 마시는 것은 예의에 어긋나는 일입니다."

이에 조돈을 겯부축해서 당하로 내려왔다. 그러자 영공(靈公)은 큰 개를 소리로 부추겨서 그들에게 덤벼들게 했지만 시미명은 손으로 때려 죽였다.

조돈은 말했다.

"인재는 버리고 개를 쓰다니! 아무리 사나운들 무슨 소용이 있으랴?".

조돈은 복병과 싸우면서 빠져 나왔고 시미명은 죽었다.

처음에 조선자(趙宣子)가 수산(首山)에 사냥을 나갔을 때 예상(翳桑)에서 숙박을 한 적이 있었다. 그 때 영첩(靈輒)이란 자가 굶어서 넘어져 있는 것을 보고 무슨 병이냐고 물었더니 그는 대답했다.

"사흘 동안 아무것도 먹지 못했습니다."

밥을 먹였더니 절반을 먹지 않고 남겼다. 그 까닭을 물었더니 대답했다.

"3년간이나 남의집 머슴살이를 하느라고 어머니의 안부도 모르고 지냈습니다. 지금 여기서는 집이 가까우니 이걸 어머니께 갖다 드리고 싶습니다."

조선자는 남은 밥을 마저 먹게 하고 그를 위해 한 소쿠리의 밥과 고기를 전대에 담아서 주었다. 그후 이 영첩이 진후의 경호병이 되어 있었는데 지금 조돈의 위험을 보고 창을 거꾸로 하여 복병을 막아서 조선자가 화를 면할 수 있게 했다. 조돈이 그 까닭을 묻자 그는 대답했다.

"저는 예상에서 굶주리던 사람입니다."

그의 이름과 거처를 물어도 대답하지 않고 물러가 그길로 혼자 도망을 쳤다.

166. 동호직필(董狐直筆)

동호(董狐)는 춘추시 진(晉)나라의 사관(史官). 동호가 사실(史實)을 사실대로 기록하다. 붓을 잡고 사실대로 쓰는 정직한 사가를 가리킨다.

宣公二年秋, 乙丑, 趙穿殺靈公於桃園. 宣子未出山而復. 大史書曰, 趙盾弑其君, 以示於朝. 宣子曰, 不然. 對曰, 子爲正卿, 亡不越竟, 反不討賊, 非子而誰. 宣子曰, 嗚呼. 詩曰, 我之懷矣, 自詒伊慼. 其我之謂矣. 孔子曰, 董狐古之良史也, 書法不隱. 趙宣子古之良大夫也, 爲法受惡. 惜也, 越竟乃免.

선공 2년(전 607년) 가을, 을축날에 조천(趙穿)이 영공(靈公)을 도원(桃園)에서 죽이니 조선자(趙宣子)는 망명을 가다가 그 소식을 듣고 국경의 산을 넘지 않고 되돌아 갔다. 태사(大史) 동호(董狐)는 사책(史策)에 "조돈(趙盾)이 임금을 시해했다."고 써서 조정에 공포했다. 조선자가 항의했다.

"그건 그렇지 않소."

태사는 말했다.

"당신은 정경(正卿)의 자리에 있으면서 망명하다가 국경을 넘지 않았고, 되돌아 와서는 범인을 토벌하지 않았으니 당신이 죽이지 않았다면 누가 죽였단 말씀이오?"

그러자 조선자는 탄식을 하며 말했다.

"아아! 《시》에 읊기를,

내 가슴에 품었던 생각 때문에
내 스스로 이 슬픔 남겼네

라고 했는데 그것은 나를 두고 한 말이었구나!"

공자(孔子)께서 말씀하셨다.

"동호는 옛날의 훌륭한 사관이었다. 법대로 써서 숨기지 않았다. 조선자는 옛날의 훌륭한 대부이었다. 국법을 위하여 악명을 받아들였다. 아까운 것은 그가 국경을 넘었더라면 책임을 면할 수 있었을 것인데."

167. 문정경중(問鼎輕重)

정(鼎)은 하(夏)나라 우왕(禹王)이 주조한 아홉 개의 세발솥(鼎). 하(夏)·상(商)·주(周) 3대에 걸쳐 대대로 전해온 국보. 구정(九鼎)의 무게를 묻다. 천하를 탈취하려고 망상하다.

宣公三年春，楚子伐陸渾之戎，遂至於雒，觀兵于周疆．定王使王孫滿勞楚子．楚子問鼎之大小輕重焉．對曰，在德不在鼎．昔，夏之方有德也，遠方圖物，貢金九牧，鑄鼎象物，百物而爲之備，使民知神姦．故民入川澤山林，不逢不若．魑魅罔兩，莫能逢之．用能協于上下，以承天休．桀有昏德，鼎遷于商，載祀六百．商紂暴虐，鼎遷於周．德之休明，雖小重也，其姦回昏

亂，雖大輕也.

선공 3년(전 606년) 봄, 초자(楚子)가 육혼(陸渾)의 융(戎)을 정벌하고 그길로 낙수(雒水)가에 이르러 주나라의 경내에서 관병식을 가졌다. 주나라 정왕(定王)은 왕손만(王孫滿)을 사절로 보내 초자를 위로케 했다. 그 때 초자는 구정(九鼎)의 크기와 무게를 물었다. 왕손만은 대답했다.

"(구정의 크기와 무게는) 그것을 가지는 군왕의 덕으로 결정되는 것이지 구정 자체에 있는 것이 아닙니다. 옛날 하(夏)나라 왕의 덕이 한창일 때 먼 곳에 있는 나라들이 그 지방의 풍물을 그림으로 그려 바치고, 구주(九州)의 목(牧)을 통하여 금(즉 동)을 바쳤으므로 하나라 왕은 그 금으로 아홉 개의 세발솥을 주조하여 각 지방의 풍물을 새겨 넣었습니다. 온갖 것을 다 그 속에 그려 넣어 백성들이 신선과 악마를 분간할 수 있도록 했습니다. 그 덕택으로 백성들은 연못이나 산림에 들어가도 좋지 못한 것을 만나지 않았고, 이매망량(魑魅罔兩)과 같은 산천의 괴물도 만나지 않고 피할 수 있었습니다. 그래서 하나라는 상하가 화합할 수 있었으므로 하늘의 복을 받았던 것입니다. 그러나 걸왕(桀王)이 악덕하여 구정은 상(商)나라로 넘어가 600년을 머물렀습니다. 그러다가 주왕(紂王)이 포학하여 구정은 주나라로 넘어온 것입니다. 임금의 덕이 아름답고 밝으면 구정이 비록 적다 하더라도 무겁고, 덕이 간사하고 어지러우면 비록 크다 하더라도 가벼운 것입니다."

168. 문정지심(問鼎之心)

정(鼎)은 하(夏)나라 우왕(禹王)이 주조한 아홉 개의 세발솥. 하(夏)·상(商)·주(周) 3대가 대대로 전해온 국보. 정권을 탈취하려는 야심이 있다. 시합 또는 경기에서 우두머리를 차지하려는 웅대한 포부가 있다.

출처는 167항 문정경중(問鼎輕重) 참조.

169. 이매망량(魑魅魍魎)

이매(魑魅)는 고대 전설상의 산중의 괴물이고 망량(魍魎)은 수중의 괴물. 망량(罔兩)이라고도 쓴다. 사람을 해치는 온갖 귀신. 각양각색의 나쁜 사람.

출처는 167항 문정경중(問鼎輕重) 참조.

170. 연길몽란(燕姞夢蘭)

연길(燕姞)은 정나라 문공(文公)의 첩. 총애를 받다. 아들을 배다. 국향(國香)이라 할 때에는 난초와 그 향기를 뜻한다.

宣公三年冬, 鄭穆公卒.
初, 鄭文公有賤妾, 曰燕姞. 夢天使與己蘭曰, 余爲伯儵. 余而祖也. 以是爲而子. 以蘭有國香, 人服媚之如是. 旣而文公見之, 與之蘭而御之. 辭曰, 妾不才, 幸而有子, 將不信, 敢徵蘭乎. 公曰, 諾. 生穆公, 名之曰蘭.

선공 3년(전 606년) 겨울, 정나라 목공(穆公)이 세상을 떠났다.
처음에 정나라 문공(文公)에게 천첩이 있었는데 이름을 연길(燕姞)이라 불렀다. 어느날 밤 꿈에 천사가 그에게 난(蘭)을 주면서 말했다.
“나는 백조(伯儵)라고 하는 너의 조상이다. 이 난으로써 너에게 아들을 점지해 주리라. 난은 나라에서 가장 향기로운 꽃이니 사람들이 난을 차고 좋아하듯이 너를 사랑하리라."

그 뒤 얼마 안 되어 문공이 연길을 보고 그에게 난을 주면서 시침을 들게 했다. 연길은 미리 말했다.

"첩은 재주가 없으므로 요행히 아들을 둔다 하더라도 사람들은 그 사실을 믿지 않을 것이니 감히 이 난을 신표(信標)로 삼아도 좋겠습니까?"

문공은 말했다.

"좋다."

이래서 목공을 낳으니 이름을 난이라고 지었다.

171. 길인천상(吉人天相)(2-1)

길인(吉人)은 좋은 사람, 선한 사람. 상(相)은 돕다. 착한 사람은 반드시 하늘이 굽어본다. 흔히 위난을 당한 사람을 위로하거나 전화위복한 사람을 축하할 때 사용한다. 아래의 글은 길인(吉人) 부분.

宣公三年冬, (初,) 公逐羣公子, 公子蘭奔晉, 從晉文公伐鄭. 石癸曰, 吾聞, 姬姞耦, 其子孫必蕃. 姞吉人也, 后稷之元妃也. 今, 公子蘭姞甥也. 天或啓之, 必將爲君, 其後必蕃. 先納之, 可以亢寵. 與孔將鉏侯宣多納之, 盟于大宮而立之, 以與晉平. 穆公有疾, 曰, 蘭死, 吾其死乎. 吾所以生也. 刈蘭而卒.

선공 3년(전 606년) 겨울, (처음에) 정나라 문공(文公)이 뭇 공자를 몰아내자 공자 난(蘭)은 진(晉)나라로 도망갔다가 진나라 문공(文公)이 정나라를 칠 때 따라 들어갔다. 정나라 대부 석계(石癸)가 말했다.

"내가 듣건대 <희성(姬姓)과 길성(姞姓)이 결혼하여 짝이 되면 그 자손이 반드시 번창한다.>고 한다. '길(姞)'은 '복이 많은 사람' 이란 뜻으로 주나라 시조 후직(后稷)의 정부인이었다. 지금의 공자 난은 길씨의 외손이다. 하늘이 혹 그분을 돕는다면 반드시 임금이 될 것이고 그 후손도 반드시 번창할 것이다. 우리가 먼저 그분을 맞아들인다면 각별한 총애를 받을 수 있으리라."

그래서 공장서(孔將鉏)・후선다(侯宣多) 등과 함께 난(蘭)을 맞아들여 종묘에서 맹세하고 태자로 세우고 진나라와 강화를 맺었다 (이 분이 목공이다). 그후 목공이 병이 났을 때 말했다.

"난이 죽으면 나도 죽을 것이다. 난은 나의 생명이니까."

난초를 베니 과연 목공이 세상을 떠났다.

172. 식지대동(食指大動)

식지(食指)는 집게손가락. 집게손가락이 맛있는 음식을 가리키다. 별미를 맛볼 징조. 음식에 욕심을 내다.

宣公四年春, 楚人獻黿於鄭靈公. 公子宋與子家將見. 子公之食指動, 以示子家曰, 他日, 我如此, 必嘗異味. 及入, 宰夫將解黿, 相視而笑. 公問之, 子家以告. 及食大夫黿, 召子公而弗與也. 子公怒, 染指於鼎, 嘗之而出. 公怒, 欲殺子公. 子公與子家謀先. 子家曰, 畜老猶憚殺之, 而況君乎. 反譖子家. 子家懼而從之. 夏弒靈公.

선공 4년(전 605년) 봄, 초나라 사람이 큰 자라를 정나라 영공(靈公)에게 바쳤다. 공자송(公子宋)과 자가(子家)가 함께 임금을 뵈러 조정에 들어갈 때 자공(子公 즉 子宋)의 집게손가락이 저절로 움직였다. 자공은 그것을 자가에게 보이면서 말했다.

"지난날 내 집게손가락이 이렇게 움직이면 반드시 별미의 음식을 맛보았다네."

궁중에 들어가니 과연 요리사가 큰 자라를 막 가르려는 참이었다. 두 사람은 서로 보고 웃었다. 영공이 알고 영문을 묻자 자가가 집게손가락 이야기를 했다. 대부들에게 자라 고기를 대접할 차례가 되었을 때 영공은 자공을 불러 놓고 일부러 고기를 주지 않았다. 자공은 화가 나서 자라를 삶은 솥에 손가락을 담갔다가 그 손가락을 빨면서 나갔다. 영공은 노하여 자공을 죽이려 했다.

자공은 자가에게 선수를 치자고 제의했으나 자가는 말리면서 말했다.

"집에서 기르는 가축도 늙으면 죽이기를 꺼려 하는데 하물며 임금을 죽일 수가 있단 말인가?"

그러자 자공은 오히려 자가를 모함하겠다고 하매 자가는 두려워서 하는 수 없이 그의 말에 따랐다. 그 해 여름에 그들은 영공을 시해했다.

173. 염지수연(染指垂涎)

염지(染指)는 손가락을 담가 맛을 보다. 수연(垂涎)은 군침을 흘리다. 자기 분수 밖의 정당하지 못한 이익이나 장점을 취하다.

출처는 172항 식지대동(食指大動) 참조.

174. 낭자야심(狼子野心)

이리 새끼는 잔인한 본성을 갖고 있다. 흉악한 사람은 나쁜 성질을 고치기 어렵다.

宣公四年夏, 初, 楚司馬子良生子越椒. 子文曰, 必殺之. 是子也, 熊虎之狀, 而豺狼之聲, 弗殺, 必滅若敖氏矣. 諺曰, 狼子野心. 是乃狼也, 其可畜乎. 子良不可. 子文以爲大慼. 及將死, 聚其族曰, 椒也知政, 乃速行矣, 無及於難. 且泣曰, 鬼猶求食, 若敖氏之鬼, 不其餒而.

선공 4년(전 605년) 여름, 처음에 초나라 사마(司馬) 자량(子良)이 자월초(子越椒)를 낳았다. 그러자 형되는 영윤(令尹) 자문(子文)이 말했다.

"반드시 죽여 없애라. 이 아이는 곰과 범의 형상을 하고 있고 승냥이와 이리의 소리를 내니 이걸 죽이지 않으면 반드시 우리 약오씨(若敖氏)를 멸족시킬 것이다. 속담에 말하기를 <이리 새끼는 본성이 잔인하다.>고 한다. 이 아이는 바로 이리와 같으니 그걸 기를 수가 있겠는가?"

그러나 자량은 그럴 수 없다고 했다. 자문은 큰 근심거리로 여겼다. 자문은 죽을 때 일족을 모아 놓고 .말했다.

"초(椒)가 정권을 잡거든 다들 속히 외국으로 떠나 화를 당하지 말라."

그리고 울며 말했다.

"만약 귀신도 먹을 것이 필요하다면 우리 약오씨의 귀신은 앞으로 굶주리지 않겠는가?"

175. 약오지귀(若敖之鬼)

약오(若敖)는 복성(複姓)으로 춘추시 초나라 무왕의 조상. 자손이 끊겨 후손이 없음에 비유한다.

출처는 174항 낭자야심(狼子野心) 참조.

176. 혜전탈우(蹊田奪牛)

혜(蹊)는 밟다. 소를 끌고 밭을 밟으면 밭주인이 소를 빼앗다. 죄는 가벼운데 벌이 과중하여 법률상의 합리성을 초과하다.

宣公十一年冬, 楚子爲陳夏氏亂故, 伐陳. 謂陳人, 無動. 將討於少西氏. 遂入陳, 殺夏徵舒, 轘諸栗門. 因縣陳. 陳侯在晉.

申叔時使於齊反, 復命而退. 王使讓之曰, 夏徵舒爲不道, 弑其君, 寡人以諸侯討而戮之. 諸侯縣公皆慶寡人, 女獨不慶寡人, 何故. 對曰, 猶可辭乎. 王曰, 可哉. 曰, 夏徵舒弑其君, 其罪大矣, 討而戮之, 君之義也. 抑人亦有言, 曰, 牽牛以蹊人之田, 而田主奪之牛. 牽牛以蹊者, 信有罪矣, 而奪之牛, 罰已重矣. 諸侯之從楚也, 曰, 討有罪也. 今縣陳, 貪其富也. 以討召諸侯, 而以貪歸之, 無乃不可乎.

선공 11년(전 598년) 겨울, 초자(楚子)는 진(陳)나라 하씨(夏氏)의 난을 이유로 진나라를 쳤다. 그는 진나라 사람에게 말했다.

"놀라지 말라. 소서씨(少西氏)를 징벌하러 왔다."

바로 진나라로 들어가 하징서(夏徵舒)를 죽이고 그 시체를 율문(栗門)에서 거열형(車裂刑)에 부쳤다. 이어 진나라를 멸망시키고는 진나라를 초나라의 현(縣)으로 삼았다. 그 당시 진후(陳侯)는 진(晉)나라에 가고 없었다.

신숙시(申叔時)는 제(齊)나라에 사자로 갔다 돌아가 초왕에게 복명만 하고 물러났다. 초왕은 사람을 시켜 문책했다.

"하징서가 무도하여 자기 임금을 죽였기에 과인이 제후들을 거느리고 가서 그를 쳐 죽였다. 다른 나라의 제후나 현공(縣公)들은 다 경하의 말을 했는데 그대 혼자만 경하하지 않는 이유가 뭐요?"

"해명을 해도 되겠습니까?"

"말해 보시오?"

"하징서가 자기 임금을 죽인 것은 그 죄가 크고 그를 쳐죽인 것은 임금님의 의로운 행동이십니다. 그러나 사람들의 하는 말에 <소를 끌고 남의 밭을 밟으면 밭주인은 그 소를 빼앗는다.>는 말이 있습니다. 소를 끌고 남의 밭을 밟은 사람은 확실히 죄가 있지만 그렇다고 해서 소를 빼앗는다는 것은 벌이 너무 중합니다. 제후들이 초나라를 따라올 때에는 <죄있는 자를 친다.>고 하셨습니다. 그런데 이제 진나라를 우리나라의 현(縣)으로 삼으신 것은 남의 재물을 탐낸 것입니다. 죄있는 자를 친다는 이유로 제후들을 불러내 놓고 남의 재물을 빼앗고 끝낸다는 것은 잘못하시는 일이 아니겠습니까?".

177. 육단견양(肉袒牽羊)

육단(肉袒)은 살을 드러내다, 웃옷을 벗다. 견양(牽羊)은 군사를 대접하고 위로한다는 뜻이다. 웃옷을 벗어 사죄하고 처벌을 감수할 용의가 있음을 표시하고, 양을 끌고 간 것은 군사를 위로하겠다는 뜻이다. 고대의 투항의식의 일종.

宣公十二年春, 楚子圍鄭, 旬有七日. 鄭人卜行成, 不吉. 卜臨于大宮, 且巷出車, 吉. 國人大臨, 守陴者皆哭. 楚子退師. 鄭人修城. 進復圍之, 三月克之. 入自皇門, 至于逵路. 鄭伯肉袒牽羊以逆, 曰, 孤不天, 不能事君, 使君懷怒以及敝邑, 孤之罪也, 敢不唯命是聽. 其俘諸江南, 以實海濱, 亦唯命. 其翦以賜諸侯, 使臣妾之, 亦唯命.

선공 12년(전 597년) 봄, 초자(楚子)는 정나라를 포위하여 공격한 지 17일이나 되었다. 정나라 사람은 강화를 맺을 것을 거북점을 쳐 보니 불길(不吉)하다고 나왔다. 그래서 선조의 사당에서 곡을 하고 도성의 광장에 병거(兵車)를 집결시켜 최후의 일전에 대비하면 어떤가를 점치니 길(吉)하다고 나왔다. 그래서 정나라 사람은 모두 조묘에 모여 크게 곡을 하고 성가퀴(성 위에 낮게 쌓은 담)를 지키는 병사들도 모두 곡을 했다. 초자는 그것을 보고 군사를 후퇴시켰다. 그러자 정나라 사람이 재빨리 성을 수리하매 초군은 진격하여 다시 포위하여 석 달 만에 이를 함락시켰다. 초군이 황문(皇門)으로 입성하여 도성의 광장에 이르니 정백은 웃통을 벗은 채 양을 끌고 초왕을 맞이하면서 말했다.

"고(孤)는 하늘에게 버림을 받아 임금님을 제대로 섬기지 못하여 임금님께서 화를 내시고 저희 나라까지 납시게 하였으니 이것은 고(孤)의 죄입니다. 어찌 분부대로 따르지 않겠습니까? 설사 이 몸을 잡아다가 강남으로 옮겨 바닷가에 버리신다 하더라도 저는 분부대로 따를 것입니다. 또 설사 정나라를 쪼개어 다른 제후들에게 하사하시고, 저희 백성들을 노비로 만드신다 하더라도 저는 역시 분부대로 따를 것입니다."

178. 유명시종(唯命是從)

'유(唯)~시(是)~'는 고한어에서 목적어를 전치하는 일종의 고정형식이다, 유(唯)는 오직, 단지. 시(是)는 조사. 종(從)은 순종하다, 복종하다. 일체의 명령에 따르다. 절대 복종하다.

출처는 177항 육단견양(肉袒牽羊) 참조.

179. 전모후경(前茅後勁)

고대 행군시 모정(旄旌, 쇠꼬리 털로 만든 깃발)을 들고 전방을 정찰하는 초병과 뒤를 지키는 정예병. 모(茅)는 모(旄)와 통한다. 행군 태세가 주도면밀하다. 시문의 앞 뒤가 모두 기운이 생동하고 날쌔고 힘이 있다.

宣公十二年夏六月, 晉師救鄭.……及河, 聞鄭旣及楚平, 桓子欲還曰, 無及於鄭, 而勦民, 焉用之. 楚歸而動, 不後. 隨武子曰, 善.……昔歲入陳, 今茲入鄭, 民不罷勞, 君無怨讟, 政有經矣. 荊尸而擧, 商農工賈不敗其業, 而卒乘輯睦, 事不奸矣. 蔿敖爲宰, 擇楚國之令典. 軍行, 右轅, 左追蓐, 前茅慮無, 中權, 後勁. 百官象物而動, 軍政不戒而備, 能用典矣.

선공 12년(전 597년) 여름 6월, 진(晉)나라 군사가 정나라를 구하러 나섰다.…… 황하(黃河)까지 가서 정나라가 이미 초나라와 화평을 맺었다는 소식을 들었다. 환자(桓子 즉 荀林父)는 회군할 생각으로 말했다.

"정나라를 구하지도 못하고 백성만 수고롭게 할 바에야 출병해서 무슨 소용이 있겠소? 초군이 돌아가고 난 뒤에 행동해도 늦지 않다."

수무자(隨武子 즉 士會)는 말했다.

"맞습니다.……(초나라는) 작년에 진(陳)나라를 치고 금년에는 정나라를 쳤는데도 백성들이 괴롭다 하지 않고 초왕을 원망하고 비방하는 사람도 없습니다. 그것은 정치가 잘 되고 있다는 증거입니다. 형시(荊尸)라는 초나라의 독특한 진법(陣法)으로 편성하여 출병해도 상업・농업・공업이 차질없이 굴러가고 있고, 보병과 거병(車兵)은 서로 화목하여 서로의 일에 간섭하지 않습니다. 위오(蔿敖)가 초나라의 영윤(令尹)이 되자 초나라의 실정에 맞는 새로운 병전(兵典)을 만들었습니다. 거기에 의하면 군사가 진군할 때에는 우군(右軍)은 주장의 수레의 끌채를 보고 진퇴를 하고, 좌군(左軍)

은 풀을 베어 모아 숙영할 준비를 하며, 전군(前軍)은 앞에서 모정(旄旌)을 들고 적정의 유무를 살피고, 중군(中軍)은 가운데에서 작전의 계획을 세우며, 후군(後軍)은 정예병으로 구성하여 후방을 지킵니다. 각급 장교들은 각기 자기를 상징하는 깃발을 가지고 지시하고 행동하므로 일일이 명령을 내리지 않아도 각자의 소임을 다하게 돼 있으니 초나라야 말로 새로운 병전을 실전에 잘 운용하고 있다고 할 수 있습니다."

180. 명렬전모(名列前茅)

전모(前茅)는 춘추시 초나라 군대가 행군시 앞에서 적정을 만나면 소의 꼬리털로 만든 모정(旄旌)을 들어 경고하는 초병. 모(茅)는 모(旄)와 통한다. 이름이 맨 앞줄에 끼이다. 으뜸으로 꼽히다. 흔히 시험이나 시합에서 성적이 일등을 차지함에 비유한다.

출처는 179항 전모후경(前茅後勁) 참조.

181. 정군경무(整軍經武)

군사를 정돈하고 군비를 기획하다.

宣公十二年夏, 德立刑行, 政成事時, 典從禮順, 若之何敵之. 見可而進, 知難而退, 軍之善政也. 兼弱攻昧, 武之善經也. 子姑整軍而經武乎. 猶有弱而昧者, 何必楚. 仲虺有言, 曰, 取亂侮亡. 兼弱也. 汋曰, 於鑠王師, 遵養時晦. 耆昧也.

선공 12년(전 597년) 여름, (수무자의 말은 계속된다.)
"초나라는 덕이 서 있고 형벌이 엄하며, 정치가 잘 되고 일이 제

때에 되며, 군령이 지켜지고 예의가 바른데 어떻게 이 나라를 대적할 수 있겠습니까? 싸울 수 있으면 진격하고, 어렵다고 판단되면 물러난다는 것은 용병의 정석이요, 약한 나라를 겸병하고 어리석은 나라를 공격한다는 것은 방략의 원칙입니다. 원수께서는 잠시 군대를 정비하고 군비를 점검하시는 게 어떻습니까? 약하고 혼매한 나라는 다른데도 있는데 하필이면 초나라입니까? 은(殷)나라의 중훼(仲虺)가 남긴 말에 <어지러운 나라는 취하고, 무너지는 나라는 모욕을 주라.>는 말이 있는데 이는 약한 나라는 겸병한다는 말입니다. 《시(詩)》 <주송(周頌) · 작(汋)>에 읊었습니다.

아아 용맹한 왕의 군사여
군사를 거느리고 이 혼매한 임금을 토벌했도다

이것은 혼매한 나라를 쳐서 취했다는 말입니다."

182. 필로남루(篳路藍縷)

필로(篳路)는 섶나무 수레. 남루(藍縷)는 낡고 해진 옷. 섶나무 수레를 타고 누더기를 걸치다. 창업의 어려움을 나타낸 말이다.

宣公十二年夏, 晉師在敖鄗之間. 鄭皇戌使如晉師曰, 鄭之從楚, 社稷之故也, 未有貳心. 楚師驟勝而驕, 其師老矣, 而不設備. 子擊之, 鄭師爲承, 楚師必敗. 彘子曰, 敗楚服鄭, 於此在矣. 必許之. 欒武子曰, 楚自克庸以來, 其君無日不討國人而訓之, 于民生之不易, 禍至之無日, 戒懼之不可以怠. 在軍, 無日不討軍實而申儆之, 于勝之不可保, 紂之百克而卒無後. 訓之以若敖蚡冒篳路藍縷以啓山林. 箴之曰, 民生在勤, 勤則不匱. 不可謂驕. 先大夫子犯有言. 曰, 師直爲壯, 曲爲老. 我則不德, 而徼怨于楚. 我曲楚直, 不可謂老.

선공 12년(전 597년) 여름, 진(晉)나라 군사는 오산(敖山)과 호산(鄗山)의 중간에 진을 치고 있었다. 그 때 정나라의 황술(皇戌)이 사자가 되어 진군 진영으로 가서 말했다.

"초군은 연전연승하여 교만을 부리고 그 군사는 지쳐 있으며 경비도 허술합니다. 장군께서 초군을 치고 정군이 뒤를 이어 공격하면 반드시 이길 수 있습니다."

체자(彘子)는 말했다.

"초나라를 패배시키고 정나라를 복종시키는 기회는 이 일전에 달려 있습니다. 꼭 정나라 사자의 말을 들으십시오."

그러나 난무자(欒武子)는 말리면서 말했다.

"초나라는 14년 전 용(庸)나라를 쳐 이긴 이래 초나라 임금은 매일같이 나라 사람을 단속하여 가르치기를 <민생 문제는 쉽지 않고, 화는 언제 닥칠지 모르니 경계심을 늦춰서는 안 된다.>고 했습니다. 군중에서는 매일같이 장병을 단속하여 정중하게 훈계하기를 <승리는 언제까지나 오래 유지될 수 있는 것이 아니다. 은(殷)나라 주왕(紂王)은 백 번 승리했다가도 마지막에 나라를 잃고 후손도 끊어지고 말았다.>고 했습니다. 또 그는 초나라의 선조인 약오(若敖)와 분모(蚡冒)가 섶나무 수레를 타고 낡고 해진 옷을 걸친 채 산림을 개척했던 이야기를 그들에게 들려주고, 잠언(箴言)으로써 권고하기를 <백성이 잘 살려면 부지런해야 하고 부지런하면 궁핍하지 않는 법이다.>고 했답니다. 그러니 초나라가 교만을 부린다고 할 수는 없습니다. 우리의 선대부 자범(子犯)께서 하신 말씀 가운데 <군사는 출병의 명분이 정당하면 씩씩하고, 명분이 정당하지 못하면 지치는 법이다.>고 하신 것이 있습니다. 우리 진나라는 부도덕하여 초나라의 원망을 사고 있으니 우리가 굽고, 초나라는 곧은 것입니다. 그러니 초군이 지쳐 있다고 할 수는 없습니다."

183. 민생재근(民生在勤), 근즉불궤(勤則不匱)

백성이 잘 살려면 부지런해야 하고 부지런하면 궁핍하지 않다.

출처는 182항 필로남루(篳路藍縷) 참조.

184. 지과위무(止戈爲武)

지(止)와 과(戈) 두 자를 조합하면 무(武)자가 된다. 무력을 사용하지 않고 폭동을 진압해야만 그것이 진정한 무공이다.

宣公十二年夏, 丙辰, 楚重至於邲, 遂次于衡雍. 潘黨曰, 君盍築武軍而收晉尸, 以爲京觀. 臣聞, 克敵必示子孫, 以無忘武功. 楚子曰, 非爾所知也. 夫文, 止戈爲武. 武王克商作頌曰, 載戢干戈, 載櫜弓矢. 我求懿德, 肆于時夏, 允王保之.……夫武, 禁暴, 戢兵, 保大, 定功, 安民, 和衆, 豊財者也, 故使子孫無忘其章.

선공 12년(전 597년) 여름, 병진날에 초나라의 군수품이 필(邲)에 도착했으므로 곧 형옹(衡雍)으로 진군하여 주둔했다. 이 때 반당(潘黨)이 초왕에게 말했다.

"여기에다 큰 봉분을 쌓아 진나라 전사자의 시체를 거두어 묻고 그 위에 거대한 경관(京觀)을 만들면 어떻겠습니까? 신이 듣건대 <적을 이기면 반드시 자손에게 기념물을 남겨 무공을 잊지 않게 한다.>고 합니다."

그러자 초자(楚子)는 말했다.

"그건 임자가 잘 모르고 하는 말이다. 대체 글자의 모양을 보면 '창[戈]을 멈춘다[止].'는 것이 무(武)자인 것이다. 주나라 무왕(武王)은 상(商)나라를 쳐서 이기자 <주송(周頌)>이라는 노래를 지어 불렀다.

방패와 창 모두 거두어 들이고
활과 화살은 활집에 집어넣었도다
내 오직 아름다운 덕을 닦아
좋은 정치 널리 이 중국 땅에 베푸니
왕자로서 천하를 보유할 수 있었네

……즉 무(武)라는 것은 강포를 억제하고, 무기를 거두어 들이며, 천하를 보전하고, 성공을 다지며, 백성을 편안하게 하고, 대중을 화합시키며, 재물을 풍족하게 하는 등 일곱 가지 덕이 있는 것이다. 그러므로 자손으로 하여금 그 빛나는 공업을 잊지 않게 하는 것이다.“

185. 곤수유투(困獸猶鬪)

궁지에 몰린 짐승이 마지막 발악을 하다. 궁지에 빠진 사람이 출구가 없을 때 목숨을 걸고 저항하다.

宣公十二年秋, 晉師歸, 桓子請死, 晉侯欲許之. 士貞子諫曰, 不可. 城濮之役, 晉師三日穀, 文公猶有憂色. 左右曰, 有喜而憂, 如有憂而喜乎. 公曰, 得臣猶在, 憂未歇也. 困獸猶鬪, 況國相乎. 及楚殺子玉, 公喜而後可知也. 曰, 莫余毒也已. 是晉再克, 而楚再敗也. 楚是以再世不競.

선공 12년(전 597년) 가을, 진(晉)나라 군사가 본국으로 돌아갔다. 환자(桓子 즉 荀林父)가 패전의 죄를 죽음으로 갚으려 하자 진후(晉侯)는 허가하려고 하였다. 사정자(士貞子)가 간했다.
“안 됩니다. 성복(城濮)의 전쟁에서 우리 진군이 승리하여 사흘 동안이나 초군의 식량을 먹었지만 문공(文公)께서는 오히려 근심하는 안색을 보였습니다. 좌우의 신하들이 〈기쁜 일이 있는데도 근심하시니 만일 걱정거리가 있다면 기뻐하시겠습니까?〉하고 물으니 문공께서 말씀하시기를 〈초나라에 아직 득신(得臣)이란 자가 건재하고 있으니 내 근심이 가시지 않는구나. 짐승도 곤경에 빠지면 오히려 죽을 힘을 다하여 싸우는 법이거늘 하물며 한 나라의 재상임에야 다시 말할 것 있느냐?〉고 하셨습니다. 초나라가 자옥(子玉)을 죽이자 그제서야 문공은 만면에 희색을 띄웠습니다. 그리고는 〈이제 나를 해칠 자가 없어졌구나!〉라고 하셨습니다. 이것은 말하자면 우리 진나라는 두 번 이기고, 초나라는 두 번 진 꼴이 된 것입니다. 초나라는 그 일로 그 후 2대 동안 힘을 쓰지 못했습니다."

186. 진사진충(進思盡忠), 퇴사보과(退思補過)

조정에 나가서는 충성을 다하여 임금을 보좌할 것을 생각하고, 물러나와서는 자기를 반성하고 잘못을 고치기에 힘쓰다. 옛날 신하가 이것을 임금을 받드는 신조로 삼았다.

宣公十二年秋, 今, 天或者大警晉也. 而又殺林父以重楚勝, 其無乃久不競乎. 林父之事君也, 進思盡忠, 退思補過, 社稷之衛也, 若之何殺之. 夫其敗也, 如日月之食焉, 何損於明. 晉侯使復其位.

선공 12년(전 597년) 가을, (사정자의 말은 계속된다.)

"지금 하늘은 혹 우리 진나라에 엄한 경고를 주고 있는지도 모릅니다. 그런데 임보(林父)를 죽여서 초나라에 또 한 번의 승리를 안겨 준다면 앞으로 오랫동안 우리가 힘을 못쓰게 될 것이 아니겠습니까? 임보가 임금님을 섬기는 것을 보면 조정에 나가서는 충성을 다할 것을 생각하고, 물러나와서는 자기를 반성하고 잘못을 고치기에 마음을 쓰니 사직의 수호자입니다. 그런데 왜 그를 죽이려 하십니까? 이 번의 패배는 일식(日蝕)이나 월식과 같은 일시적인 현상으로 그 본래의 빛이 덜어지는 것이 아닙니다."

이 말에 진후(晉侯)는 임보를 원래의 직위에 복귀시켰다.

187. 하어복질(河魚腹疾)

물고기는 먼저 뱃속부터 썩기 시작하므로 설사 또는 배탈을 가리킨다.

宣公十二年冬, 楚子伐蕭, 宋華椒以蔡人救蕭. 蕭人囚熊相宜僚及公子丙. 王曰, 勿殺, 吾退. 蕭人殺之. 王怒, 遂圍蕭, 蕭潰. 申公巫臣曰, 師人多寒. 王巡三軍, 拊而勉之, 三軍之士, 皆如挾纊. 遂傅於蕭. 還無社與司馬卯言, 號申叔展. 叔展曰, 有麥麴乎. 曰, 無. 有山鞠窮乎. 曰, 無. 河魚腹疾奈何. 曰, 目於眢井而拯之. 若爲茅絰, 哭井則己. 明日蕭潰. 申叔視其井, 則茅絰存焉, 號而出之.

선공 12년(전 597년) 겨울, 초자(楚子)는 소(蕭)나라를 쳤다. 송나라의 화초(華椒)가 채(蔡)나라 사람을 거느리고 소나라를 구했다. 소나라 사람이 초나라의 웅상의료(熊相宜僚)와 공자병(公子丙)을 잡아 가두매 초왕이 말했다.

"죽이지 말라. 내가 물러가리다."

그러나 소나라 사람은 그들을 죽여버렸다. 초왕은 노하여 곧바로 소나라를 포위하니 소나라는 궤멸했다. (때가 한 겨울인지라) 초나라의 신공무신(申公巫臣)이 말했다.

"병사들이 엄청 추위를 타고 있습니다."

초왕은 3군을 순시하여 그들을 위로하고 격려하니 3군의 병사들이 모두 솜옷을 입은 것같이 느꼈다. 그래서 바로 소나라 국도에 육박할 수 있었다. 소나라 대부 환무사(還無社)가 공성군의 사마묘(司馬卯)에게 말하여 친구인 초나라 대부 신숙전(申叔展)을 큰 소리로 불러내게 했다. 그 때 숙전은 은어(隱語)로 말을 했다.

"술 누룩은 있소?"

"없소."

"그러면 천궁(川芎 즉 미나리과의 다년초)은 있소?"

"없소."

"배탈이 나면 어떻게 하겠소?"

"마른 우물을 찾아보면 나를 구할 수 있을 걸세."

"그러면 새끼를 걸어 놓으시오. 우물에 대고 곡하는 소리가 나거든 난 줄 아시오."

그 다음날 소나라는 궤멸했다. 신숙전이 마른 우물을 찾아보니 과연 새끼가 걸려 있는지라 곡을 하여 그를 살려 냈다.

188. 정소송롱(鄭昭宋聾)

정나라는 눈이 밝고 송나라는 귀가 먹다. 상황이 서로 다르다.

宣公十四年夏. 楚子使申舟聘于齊曰, 無假道于宋. 亦使公子馮聘于晉, 不假道于鄭. 申舟以孟諸之役惡宋. 曰, 鄭昭宋聾, 晉使不害, 我則必死. 王曰, 殺女, 我伐之. 見犀而行. 及宋, 宋人止之. 華元曰, 過我而不假道, 鄙我也. 鄙我亡也. 殺其使者, 必伐我. 伐我亦亡也. 亡一也. 乃殺之. 楚子聞之, 投袂而起. 屨及於窒皇, 劍及於寢門之外, 車及于蒲胥之市. 秋九月, 楚子圍宋.

선공 14년(전 595년) 여름, 초자(楚子)는 신주(申舟)를 시켜 제(齊)나라를 예방케 하며 일렀다.

"송(宋)나라를 통과할 때 송나라에 길을 빌린다는 인사를 하지 말라."

또 공자 풍(馮)을 시켜 진(晉)나라를 예방케 하고 정(鄭)나라를 통과할 때 역시 길을 빌린다는 인사를 하지 않게 했다. 신주는 송나라 맹제(孟諸)에서 사냥했을 때 송공(宋公)의 미움을 산 적이 있었기 때문에 큰 마음먹고 말했다.

"정나라는 눈치가 빠르고 송나라는 귀먹은 나라이오니 진나라로 가는 사자는 해를 입지 않겠지만 저는 반드시 죽을 것입니다."

그러자 초왕은 대답했다.

"임자를 죽인다면 내가 송나라를 칠 것이다."

신주는 아들 서(犀)를 초왕에게 보이고 떠났다. 송나라에 이르니 송나라 사람이 그를 붙잡았다. 화원(華元)이 말했다.

"우리나라 땅을 지나면서 길을 빌린다는 인사를 하지 않는 것은 우리나라를 속국(屬國) 취급을 하는 것이다. 속국 취급을 당한다는 것은 우리나라가 망한 것이나 다름없다. 우리가 이 사자를 죽인다면 초나라는 반드시 우리를 칠 것이다. 초나라가 우리를 치면 우리는 역시 망하고 말 것이니 망하기는 매일반이다."

이렇게 말하고 곧 신주를 죽였다. 초자는 이 소식을 듣자 소매를 뿌리치고 일어나 그대로 달려나가는 바람에 (수행원이) 신발은 앞뜰에서 신기고, 칼은 침문 밖에서 채우고, 수레에는 포서(蒲胥)시장까지 가서야 태울 수 있었다. 가을 9월에 초자는 송나라를 포위했다.

189. 투몌이기(投袂而起)

소매를 뿌리치고 일어서다. 분연히 일어나서 즉시 행동하다. 격분한 모양을 나타낸다.

출처는 188항 정소송롱(鄭昭宋聾) 참조.

190. 구급검급(屨及劍及)

구(屨)는 옛날의 삼・칡 등으로 만든 신. 일반적으로 신발을 가리킨다. 급(及)은 따라잡다, 쫓아가다. 행동이 결단력이 있고 신속하다. 번개같다.

출처는 188항 정소송롱(鄭昭宋聾) 참조.

191. 편장막급(鞭長莫及)

원문은 ‘편장불급마복(鞭長不及馬腹)’으로 ’아무리 긴 채찍이라도 말의 배까지는 닿지 않다.‘ 역량이 미치지 못하여 한스럽다.

宣公十五年春, 宋人使樂嬰齊告急于晉. 晉侯欲救之, 伯宗曰, 不可. 古人有言, 曰, 雖鞭之長, 不及馬腹. 天方授楚, 未可與爭. 雖晉之强, 能違天乎. 諺曰, 高下在心. 川澤納汚, 山藪藏疾, 瑾瑜匿瑕, 國君含垢, 天之道也, 君其待之. 乃止.

선공 15년(전 594년) 봄, 송나라 사람이 악영제(樂嬰齊)를 시켜 급한 사정을 진(晉)나라에 알렸다. 진후(晉侯)가 송나라를 구원하려 하자 백종(伯宗)이 말리며 말했다.

“안 됩니다. 옛 사람이 한 말에 〈채찍이 아무리 길다 할지라도 말의 배까지는 닿지 않는다.〉고 한 것이 있습니다. 지금 천운이 초나라에 있는데 상대해서 다툴 수는 없습니다. 우리 진나라가 강하다고 할지라도 하늘의 뜻을 거스를 수야 있겠습니까? 속담에 말하기를 <높고 낮음은 내 마음에 달렸다.>고 합니다. 내와 못은 더러운 것을 마다하지 않고, 산과 숲은 독충도 감싸주며, 아름다운 옥에도 티가 있게 마련이고, 나라의 임금은 치욕을 참을 줄 알아야 합니다. 이것은 하늘의 도리인 것입니다. 그러니 임금님께서는 잠시만 기다리시기 바랍니다."

이에 진후는 송나라의 구원을 그만두었다.

192. 고하재심(高下在心)

고하(高下)는 상하, 고저. 원래의 뜻은 당시의 상황을 보아 적절한 조치를 취하다. 대권을 장악하고 마음대로 조종하다. 높고 낮고를 뜻대로 하다. 이 말은 부정적인 뜻을 띠고 있다.

출처는 191항 편장막급(鞭長莫及) 참조.

193. 장구납오(藏垢納汚)

더럽고 불결한 것을 감싸고 수용하다. 원래는 윗사람이 도량이 넓어 자기의 존엄을 해치는 언행까지도 능히 용납함을 뜻한다. 후에 나쁜 사람이나 나쁜 일을 포용함에 비유한다.

출처는 191항 편장막급(鞭長莫及) 참조.

194. 납오장질(納汚藏疾)

더럽고 불결한 것을 수용하다. 나쁜 사람이나 나쁜 일을 포용함에 비유한다.

출처는 191항 편장막급(鞭長莫及) 참조.

195. 익하함구(匿瑕含垢)

하(瑕)는 결점이나 과실에 비유한다. 함구(含垢)는 더러운 것을 포용하다. 사람이 도량이 크고 관대하며 포용심이 풍부함에 비유한다.

출처는 191항 편장막급(鞭長莫及) 참조.

196. 함구납오(含垢納汚)

함구(含垢)는 치욕을 용인하다. 납오(納汚)는 더러운 것을 용납하다. 원래는 나라의 임금은 마땅히 포용력이 있어야 한다는 뜻이다. 후에 나쁜 사람이나 나쁜 일을 포용함에 비유한다.

출처는 191항 편장막급(鞭長莫及) 참조.

197. 인욕함구(忍辱含垢)

구(垢)는 치욕. 치욕을 참다.

출처는 191항 편장막급(鞭長莫及) 참조.

198. 불욕사명(不辱使命)

사명을 욕되지 않게 하다. 맡은 임무를 원만히 완수하다.

宣公十五年春，使解揚如宋，使無降楚，曰，晉師悉起，將至矣．鄭人囚而獻諸楚．楚子厚賂之，使反其言．不許．三而許之，登諸樓車，使呼宋人而告之．遂致其君命．

선공 15년(전 594년) 봄, 그래서 진후는 해양(解揚)을 송나라로 보내 송나라가 초나라에 항복하지 말고 버티도록 격려하고 이렇게 말하게 했다.

"진나라 군사가 총동원하여 곧 도착한다!"

그러나 정나라 사람이 도중에서 그를 잡아 초나라측에 넘겼다. 초자(楚子)는 해양에게 많은 뇌물을 주어 말을 거꾸로 바꾸도록 했으나 듣지 않았다. 세 차례 권유를 해서야 비로소 응낙을 하매 그를 높은 누거(樓車)에 태워 성안의 송나라 사람에게 말하게 했다. 그러자 해양은 진나라 임금이 시킨 명령을 바른 대로 말하고 말았다.

199. 축실반경(築室反耕)

반(反)은 반(返)으로도 쓴다. 돌아가다. 집을 지어 병사를 분산시켜 농사를 짓게 하다. 원래는 둔병으로 하여금 밭을 개간케 하여 장기 주둔할 계획을 세운다는 뜻이다. 은퇴하여 고향으로 돌아가 다시는 국사에 관여하지 않다.

宣公十五年夏五月， 楚師將去宋， 申犀稽首於王之馬前曰，毋畏知死，而不敢廢王命，王棄言焉．王不能答．申叔時僕曰，築室反耕者，宋必聽命．從之．

선공 15년(전 594년) 여름 5월, 초군이 송나라에서 떠나려 하자 신서(申犀)가 초왕의 말 앞에 머리를 조아리고 말했다.

"신의 아비 무외(毋畏)는 죽을 줄 미리 알았으나 감히 왕명을 저

버리지 않았는데도 대왕께서는 그 약속을 버리시는 겁니까?"

초왕은 대답할 말이 없었다. 초왕의 어자인 신숙시(申叔時)가 진언했다.

"우리가 교외에 집을 짓고 밭이라도 갈기 시작하면 송나라는 반드시 복종할 것입니다."

초왕은 그의 말에 따랐다.

200. 역자이식(易子而食)

역(易)은 교환하다. 자식을 서로 바꾸어 잡아먹고 허기를 면하다. 큰 재해를 만나거나 포위를 당하여 사람들이 먹을 것이 없어 굶주리는 참상을 가리킨다.

宣公十五年夏, 宋人懼, 使華元夜入楚師. 登子反之牀, 起之曰, 寡君使元以病告曰, 敝邑易子而食, 析骸以爨. 雖然, 城下之盟, 有以國斃, 不服從也. 去我三十里, 唯命是聽. 子反懼, 與之盟, 而告王, 退三十里. 宋及楚平, 華元爲質. 盟曰, 我無爾詐, 爾無我虞.

선공 15년(전 594년) 여름, 송나라 사람은 이 소문을 듣고 두려워하여 화원(華元)을 시켜 밤에 몰래 초군 진영으로 가서 담판하게 했다. 화원은 영윤 자반(子反)이 자고 있는 침대로 올라가서 깨워 일으켰다.

"과군은 저 화원을 사자로 보내 송나라의 괴로운 사정을 말씀드리게 했습니다. 우리나라 사람들은 지금 자식을 서로 바꾸어 잡아먹고, 땔감도 없어 해골을 쪼개어 밥을 짓고 있는 형편입니다. 그렇지만 성 밑의 강화조약만은 나라가 망하는 한이 있더라도 맺을 수는 없습니다. 초군이 30리만 물러나 준다면 그 때는 하라는 대로 무엇이든지 다 하겠습니다."

자반은 갑작스런 일에 두려워서 그렇게 하기로 약속하고, 초왕에게 보고하고 30리를 물러났다. 그리하여 송나라는 초나라와 강화를 맺고, 화원은 인질이 되어 초나라로 갔다. 그 때 맹세한 내용은 이와 같다.

"우리는 당신네를 속이지 않을 것이니 당신네도 우리를 속이지 말라."

201. 역자석해(易子析骸)

석해(析骸)는 해골을 분해하다. 서로 자식을 바꾸어 잡아먹고 허기를 면하고, 해골을 쪼개어 땔감으로 써서 밥을 짓다. 큰 재해를 만나거나 포위를 당하여 사람들이 양식이 떨어지고 땔감도 없는 참담한 상황을 가리킨다.

출처는 200항 역자이식(易子而食) 참조.

202. 석골이찬(析骸而爨)

석(析)은 쪼개다. 찬(爨)은 불을 피워 밥을 짓다. 죽은 사람의 해골을 쪼개어 불을 피워 밥을 짓다. 전란이나 큰 재해를 만났을 때 백성들이 겪는 비참한 생활상을 가리킨다.

출처는 200항 역자이식(易子而食) 참조.

203. 석해역자(析骸易子)

죽은 사람의 해골을 쪼개어 땔감으로 쓰고 자기의 친 자식을 서로 바꾸어 잡아먹다. 전란이나 큰 재해를 만났을 때 백성들이 겪는 비참한 생활상.

출처는 200항 역자이식(易子而食) 참조.

204. 아무이사(我無爾詐), 이무아우(爾無我虞)

사(詐), 우(虞)는 속이다, 기만하다. 나는 너를 속이지 않고, 너는 나를 속이지 않는다.

출처는 200항 역자이식(易子而食) 참조.

205. 이우아사(爾虞我詐)

이(爾)는 너. 우(虞), 사(詐)는 속이다. 너는 나를 속이고, 나는 너를 속이다. 서로 믿지 못하여 속임수를 쓰다.

출처는 200항 <역자이식(易子而食)> 참조.

206. 결초함환(結草銜環)

두 개의 고사로 이루어진 성어. 결초(結草) 부분은 좌전 선공 15년조에서 유래하고, 함환(銜環) 부분은 동한(東漢)의 양보(楊寶)가 어릴 때 상처입은 참새 한 마리를 치료하여 주었더니 훗날 누런 옷을 입은 동자가 되어 흰 옥고리 네 개를 물고 와서 은혜에 보답했다는 고사에서 유래한다. 성심 성의껏 은혜에 보답하다.

宣公十五年秋七月, 秦桓公伐晉, 次于輔氏.……及雒, 魏顆敗秦師于輔氏, 獲杜回, 秦之力人也. 初, 魏武子有嬖妾, 無子. 武子疾, 命顆曰, 必嫁是. 疾病則曰, 必以爲殉. 及卒, 顆

嫁之, 曰, 疾病則亂, 吾從其治也. 及輔氏之役, 顆見老人結草以亢杜回. 杜回躓而顚, 故獲之. 夜夢之, 曰, 余而所嫁婦人之父也. 爾用先人之治命, 余是以報.

선공 15년(전 954년). 가을 7월, 진(秦)나라 환공(桓公)이 진(晉)나라를 치고 보씨(輔氏)에서 주둔했다.……낙(雒)땅에 도달하자 위과(魏顆)가 보씨에서 진군(秦軍)을 쳐부수고 두회(杜回)를 사로잡았다. 그는 진나라의 역사(力士)였다.

처음에 위과의 아버지 위무자(魏武子)에게 애첩이 있었는데 아들은 없었다. 무자가 병이 들자 위과에게 유언을 했다.

"내가 죽거든 반드시 저 여자를 개가시켜라."

병이 위독해지자 말을 고쳤다.

"내가 죽거든 저 여자를 반드시 순장(殉葬)하라."

그가 죽자 위과는 그 여자를 개가시키고 말했다.

"병이 위독할 때는 정신이 어지러워지는 법이니 나는 아버지가 정신이 맑을 때 하신 말씀을 따른 것이다."

보씨의 전쟁에서 위과는 한 노인이 풀을 엮어 두회를 막는 것을 보았다. 두회는 거기에 걸려 넘어졌고 그래서 사로잡힌 것이었다. 그 날 밤 위과의 꿈에 그 노인이 나타나 말했다.

"나는 그대가 개가시킨 여자의 아비다. 그대가 죽은 부친의 옳은 유언을 좇아 주었기에 내가 그 은혜에 보답한 것이다.".

성공(成公) 2년~18년

207. 무능위력(無能爲力)

원문은 '무능위역(無能爲役)'으로 '남의 심부름하기에도 부족하다.'는 뜻이다. 무능해서 아무 일도 못하다. 겸사말로 재간이나 능력이 남에게 떨어지다.

成公二年夏, 孫桓子還於新築, 不入, 遂如晉, 乞師. 臧宣叔亦如晉, 乞師. 皆主郤獻子. 晉侯許之七百乘. 郤子曰, 此城濮之賦也. 有先君之明與先大夫之肅, 故捷. 克於先大夫, 無能爲役, 請八百乘. 許之. 郤克將中軍, 士燮佐上軍, 欒書將下軍, 韓厥爲司馬, 以救魯衛.

성공(成公) 2년(전 589년) 여름, 위나라의 손환자(孫桓子)는 신축(新築)에서 돌아갔으나 서울로 들어가지 않고 그길로 바로 진(晉)나라로 가서 원군을 청했다. 그 무렵에 노나라의 장선숙(臧宣叔)도 진나라에 가서 원군을 청했으므로 둘다 진나라의 극헌자(郤獻子)에게 매달렸다. 진후(晉侯)는 청을 받아들여 그에게 병거 700승을 허락하니 극헌자가 말했다.

"이 병력은 지난번 성복(城濮)의 전쟁에서 사용한 병력입니다. 그 때는 선군의 영명하심과 선대부들의 민첩함이 있었기 때문에 우리 군이 승리할 수 있었던 것입니다. 그러나 저 극(克)은 저 선대부들의 발꿈치에도 못 미치는 무능한 사람입니다. 그러니 800승을 내주십시오."

임금은 이를 허락했다. 이래서 극극(郤克)이 중군원수, 사섭(士燮)이 상군부장, 난서(欒書)가 하군대장, 한궐(韓厥)이 사마(司馬)가 되어 노·위 두 나라를 구하러 나섰다.

208. 여용가고(餘勇可賈)

아직도 용기가 남아 있어 남에게 팔 수 있다. 기개가 호매하고 투지가 왕성하다. 아직도 여력이 있어 다른 일도 할 수 있다.

成公二年夏, 師從齊師于莘. 六月壬申, 師至于靡笄之下. 齊侯使請戰曰, 子以君師辱於敝邑, 不腆敝賦, 詰朝請見. 對曰, 晉與魯衛, 兄弟也. 來告曰, 大國朝夕釋憾於敝邑之地. 寡君不忍, 使羣臣請於大國, 無令輿師淹於君地. 能進不能退, 君無所辱命. 齊侯曰, 大夫之許, 寡人之願也. 若其不許, 亦將見也. 齊高固入晉師, 桀石以投人, 禽之而乘其車, 繫桑本焉, 以徇齊壘曰, 欲勇者, 賈余餘勇.

성공 2년(전 589년) 여름, 진(晉)·노(魯)·위(衛)의 연합군은 제군(齊軍)을 몰아 신(莘)까지 진입하고 6월 임신날에는 미계산(靡笄山) 기슭에 도달했다. 제후(齊侯)는 사람을 시켜 싸움을 청하게 했다.

"극씨(郤氏)는 진나라 군사를 이끌고 우리나라까지 오시느라 수고가 많았소. 빈약한 우리 군사이기는 하지만 내일 이른 아침에 한 판 겨뤄 보기를 청하는 바요."

극극(郤克)은 대답했다.

"진나라와 노·위 두 나라는 형제간입니다. 두 나라에서 사람이 와서 말하기를 <제나라가 조석으로 와서 우리 땅에서 분풀이를 하고 있습니다.>하기에 과군은 참지 못하시고 저희들 뭇 신하에게 제나라로 가서 (노·위 두 나라에서 손을 떼시도록) 부탁드리게 하시면서, 군사가 제나라 국토 안에 오래 머무르게 하지 않도록 분부하셨습니다. 앞으로 나갈 수는 있어도 뒤로 물러설 수는 없습니다. 일부러 사자를 보내실 것까지는 없습니다."

제후는 말했다.

"대부의 허락이야말로 과인이 바라던 바요. 만약 대부가 허락하지 않았더라도 우리가 나가 싸우려던 참이었소."

제나라의 고고(高固)는 진나라의 군진으로 돌진하여 큰 돌을 들어올려 진나라 병사에게 던져 그를 사로잡고, 그의 병거까지 빼앗아 타고는 근처에 있는 뽕나무를 뿌리째 뽑아 수레 뒤에 매달고 제군의 보루를 한 바퀴 돌면서 외쳤다.

"용기가 필요한 사람 없소? 내 남은 용기를 팔겠소."

209. 멸차조식(滅此朝食)

먼저 이 적을 해치우고 나서 아침을 먹다. 투지가 대단하다. 지체없이 전투에 참가하여 적을 소멸하다.

成公二年夏, 癸酉, 師陳于鞍. 邴夏御齊侯, 逢丑父爲右. 晉解張御郤克, 鄭丘緩爲右. 齊侯曰, 余姑翦滅此而朝食. 不介馬而馳之. 郤克傷於矢, 流血及屨, 未絶鼓音曰, 余病矣.

성공 2년(전 589년) 여름, 계유날에 양군은 안(鞍)에 진을 쳤다. 그 때 병하(邴夏)가 제후(齊侯)의 어자(御者)가 되고 봉축보(逢丑父)가 거우(車右)가 되었으며, 진나라 쪽에서는 해장(解張)이 극극(郤克)의 어자가 되고 정구완(鄭丘緩)이 거우가 되었다. 제후는 말했다.

"내 잠시 이놈들을 해치우고 나서 아침을 먹겠다."

그러고는 말에 갑옷도 입히지 않고 말을 달려 진군을 추격해 갔다. 극극은 싸움의 초기에 화살을 맞아 부상하여 흐르는 피가 신발을 적시었으나 진격을 독촉하는 북만은 멈추지 않고 치면서 말했다.

"나는 아파서 못 견디겠다."

210. 배수계수(拜手稽首)

배수(拜手)는 옛날 사람이 꿇어앉아 절하는 인사법으로 양손을 공수(拱手)하고 머리를 숙여 손에 댄다. 계수(稽首)는 꿇어앉아 절할 때 머리를 땅에 대고 잠시 그대로 땅 위에 머무른다. 고대의 융숭한 궤배례(跪拜禮 즉 꿇어앉아 하는 절)의 일종. 배수(拜手)는 공수(空手) 또는 그냥 배(拜)라고도 한다.

成公二年夏, 逢丑父與公易位. 將及華泉, 驂絓於木而止. 丑父寢於轏中, 蛇出於其下, 以肱擊之, 傷而匿之. 故不能推車而及. 韓厥執縶馬前, 再拜稽首, 奉觴加璧以進曰, 寡君使羣臣爲魯衛請曰, 無令輿師陷入君地. 下臣不幸屬當戎行, 無所逃隱, 且懼奔辟而忝兩君, 臣辱戎士. 敢告不敏, 攝官承乏. 丑父使公下如華泉取飮. 鄭周父御佐車, 宛茷爲右, 載齊侯以免.

성공 2년(전 589년) 여름, 그 사이에 제후(齊侯)의 거우(車右)인 봉축보(逢丑父)는 임금과 자리를 바꾸어 타고 화천(華泉)이란 우물까지 왔을 때 곁마[驂馬]가 나무에 걸려 그만 멈추고 말았다. 축보는 전날밤 잔거(棧車) 안에서 잤는데 수레 밑에서 나온 뱀 한 마리를 팔로 치다가 다쳤으나 그것을 감추고 있었다. 그래서 멈춰 선 수레를 밀 수가 없어서 결국 한궐(韓厥)에게 따라잡히고 말았다. 한궐은 말고삐를 손에 들고 제후의 말 앞으로 나아가 꿇어앉아 재배하고 머리를 땅에 조아리고 나서 술잔과 구슬을 바치면서 말했다.

"과군께서는 저희들 뭇 신하를 내보내시면서 노·위 두 나라를 돕되 <군대가 제나라 국토 안으로 들어가는 일이 없도록 하라.>고 분부하셨습니다. 그러나 신은 불행히도 전차의 길이 겹쳐 도망갈 수도 숨을 수도 없고, 한 편으로는 너무 피해 달아나기만 하다가는 두 분 임금님을 욕보이게 될까 두려워서 부득이 임금님의 군사와 싸우지 않을 수 없었습니다. 감히 신의 불민을 보고드리고, 일손이 부족하므로 신이 대신 동행을 해드리겠습니다."

(제후를 가장한) 축보는 임금 보고 내려서 화천의 물을 길어오라고 명령했다. 내려간 제후는 근처에 대기하고 있던 예비 병거(兵車)를 타고 위기를 모면했다. 이 수레의 어자는 정주보(鄭周父), 거우는 완패(宛茷)였다.

211. 수합여신(收合餘燼)

여신(餘燼)은 타다 남은 재. 싸우다 남은 병력에 비유한다. 남은 병력을 거두어 모으다.

成公二年夏, 晉師從齊師, 入自丘輿. 擊馬陘. 齊侯使賓媚人賂以紀甗玉磬與地. 不可, 則聽客之所爲. 賓媚人致賂. 晉人不可曰, 必以蕭同叔子爲質, 而使齊之封內盡東其畝. 對曰, 蕭同叔子非他, 寡君之母也. 若以匹敵, 則亦晉君之母也. 吾子布大命於諸侯, 而曰必質其母以爲信, 其若王命何.……今, 吾子疆理諸侯, 而曰盡東其畝而已. 唯吾子戎車是利, 無顧土宜, 其無乃非先王之命也乎.……吾子惠徼齊國之福, 不泯其社稷, 使繼舊好, 唯是先君之敝器土地, 不敢愛. 子又不許, 請收合餘燼, 背城借一. 敝邑之幸, 亦云從也, 況其不幸, 敢不唯命是聽.

성공 2년(전 589년) 여름, 진군(晉軍)은 제군(齊軍)을 쫓아 구여(丘輿)로부터 제나라 영토 안으로 쳐들어가 마형(馬陘)을 공격했다. 제후(齊侯)는 빈미인(賓媚人)을 사신으로 보내 기(紀)나라 전래의 찜솥과 제나라의 옥경(玉磬)과 토지를 뇌물로 주고 강화를 청하게 하고, 그것으로 안 된다면 진군측이 하자는 대로 받아들이게 했다. 빈미인이 뇌물을 가지고 교섭에 나섰으나 진나라 사람은 듣지 않고 말했다.

"반드시 소(蕭)나라 임금 동숙(同叔)의 따님을 볼모로 내놓고, 제나라 안의 전답의 두렁은 모조리 동서를 향하도록 내야 한다."

빈미인은 대답했다.

"소나라 임금 동숙의 따님은 다른 분이 아니라 우리 나라 임금님의 어머님이십니다. 양국이 대등하다고 친다면 그분은 진나라 임금님의 어머님에 해당합니다. 어르신은 제후들에게 중대한 명령을 내리시면서 반드시 제후의 모친을 볼모로 내어 신의의 표지로 삼으라고 하신다면 맹주로서 제후를 지도하시라는 천자의 명은 어떻게 되겠습니까?……지금 어르신은 제후의 토지의 경계를 정하시면서 전답의 두렁은 모자리 동서를 향하도록 내라고 하신다면 어르신의 병거가 쳐들어 올 때 편리할 뿐 토지의 특성은 전혀 고려하지 않는 것이니 그렇게 되면 선왕의 명을 어기는 것이 되지 않겠습니까?……어르신께서 너그러이 제나라의 복을 빌어주시고, 사직을 없애지 않으시며, 옛날의 우호관계를 그대로 계속해 주신다면 조상 전래의 보물과 토지를 아낌없이 헌상하겠습니다. 그래도 용서하지 않으신다면 그 때엔 타다 남은 재와도 같은 남은 병사들을 긁어 모아 성을 베개삼아 최후의 일전을 벌이기를 청합니다. 우리 나라가 요행히 이긴다 해도 어르신의 뜻에 따를 것인데 하물며 졌을 경우야 말할 것도 없습니다. 뭣이든지 분부대로 따르겠습니다."

212. 배성일전(背城一戰)

성벽을 등지고 일전을 빌리다. 적과 생사를 건 결전을 벌이다. 마지막 대책을 채택하다.

출처는 211항 수합여신(收合餘燼) 참조.

213. 상중지약(桑中之約)

상중(桑中)은 옛 지명으로 남녀가 몰래 만나는 장소를 가리킨다. 남녀가 서로 약속하고 몰래 만나다. 이의 출처는 《시경(詩經)》 <용풍(鄘風) · 상중(桑中)>이다.

成公二年秋, 王遣夏姬歸. 將行, 謂送者曰, 不得尸, 吾不反矣. 巫臣聘諸鄭, 鄭伯許之. 及共王卽位, 將爲陽橋之役, 使屈巫聘於齊, 且告師期. 巫臣盡室而行. 申叔跪從其父, 將適郢, 遇之曰, 異哉. 夫子有三軍之懼, 而又有桑中之喜, 宜將竊妻以逃者也. 及鄭, 使介反幣, 而以夏姬行.

성공 2년(전 589년) 가을, 초왕은 하희(夏姬)를 정나라로 돌아가게 했다. 하희는 떠날 때 보내는 사람에게 말했다.

"남편 양로(襄老)의 시체를 건네받기 전에는 다시는 초나라로 오지 않을 것이오." 무신(巫臣)이 정나라를 보고 하희(夏姬)를 아내로 맞이하겠다고 청하니 정백(鄭伯)은 이를 허락했다. 때마침 초나라 공왕(共王)이 즉위하여 양교(陽橋)의 전쟁을 일으키기 위하여 굴무(屈巫)를 사신으로 보내 제나라를 예방하고 또 출병의 시기를 알리도록 했다. 그러자 무신은 가산을 모조리 챙겨서 여행을 떠났다. 그 때 신숙궤(申叔跪)가 아버지를 따라 영(郢)으로 가는 도중에 무신을 만나자 말했다.

"이게 웬 일이오. 선생은 3군에 관한 중대한 사명을 띠고 삼가는 줄 알았는데 이제 보니 상중(桑中)에서 몰래 만나는 기쁨까지 생각하고 계십니다그려. 아마 남의 아내라도 훔쳐서 도망갈 작정인가 봅니다."

무신은 정나라에 도착하자 부사(副使)로 하여금 예물을 가지고 초나라로 돌아가게 하고 자기는 하희를 데리고 다른 나라로 도망갔다.

214. 제제다사(濟濟多士)

제제(濟濟)는 많은 모양. 재능이 있는 사람이 많다. 든든한 인재가 수두룩하다. 이의 출처는 《시경(詩經)》 〈대아(大雅)·문왕(文王)〉이다.

成公二年秋, 公卽位, 受盟於晉, 會晉伐齊. 衛人不行使于楚, 而亦受盟於晉, 從於伐齊. 故楚令尹子重爲陽橋之役, 以救齊. 將起師, 子重曰, 君弱, 羣臣不如先大夫, 師衆而後可. 詩曰, 濟濟多士, 文王以寧. 夫文王猶用衆, 況吾儕乎. 且先君莊王屬之曰, 無德以及遠方, 莫如惠恤其民, 而善用之. 乃大戶已責, 逮鰥救乏, 赦罪悉師, 王卒盡行.

성공 2년(전 589년) 가을, 성공이 즉위하자 노나라는 진(晉)나라와 동맹을 맺고 진나라와 회합하여 제나라를 쳤다. 위나라 사람도 초나라에 사자를 보내지 않고 역시 진나라를 맹주로 받들고 제나라 정벌에 따라 나섰다. 그래서 초나라 영윤(令尹) 자중(子重)은 양교(陽橋)의 전쟁을 일으켜 제나라를 구원하기로 했다. 군사를 출병할 즈음에 자중은 말했다.

"우리나라는 임금님이 아직 어리시고 뭇 신하도 선대부들만 못하니 병력이 많아야만 이길 수 있다. 《시》에 읊었다.

> 든든한 인재 많고 많으니
> 문왕은 이로써 나라를 안정시켰네

문왕 같은 어진 임금도 다중(多衆)을 사용하셨는데 하물며 우리와 같은 사람들이야 말할 나위가 있겠는가? 또한 선군 장왕(莊王)께서 유언하시기를 〈덕으로 먼 곳까지 교화할 수 없을 때에는 가까운 백성에게 혜택과 도움을 베풀어서 잘 써먹는 것이 좋다.〉고 하셨다."

이에 전국적인 호구조사를 실시하여 밀린 세금을 면제해 주고, 늙고 외로운 사람에게 혜택을 주며, 가난한 사람을 구제하고, 죄인을 용서하여, 최대한의 병사를 모으고, 왕의 친위병까지 다 동원하여 출발했다.

215. 무은무원(無恩無怨)

원문은 '무원무덕(無怨無德)'이다. 피차 원망할 것도 없고 은혜를 베푼 것도 없다.

成公三年夏, 晉人歸楚公子穀臣與連尹襄老之尸于楚, 以求知罃. 於是, 荀首佐中軍矣, 故楚人許之. 王送知罃曰, 子其怨我乎. 對曰, 二國治戎, 臣不才, 不勝其任, 以爲俘馘. 執事不以釁鼓, 使歸卽戮, 君之惠也. 臣實不才, 又誰敢怨. 王曰, 然則德我乎. 對曰, 二國圖其社稷, 而求紓其民, 各懲其忿, 以相宥也, 兩釋累囚, 以成其好. 二國有好, 臣不與及, 其誰敢德. 王曰, 子歸何以報我. 對曰, 臣不任受怨, 君亦不任受德, 無怨無德, 不知所報.

성공 3년(전 588년) 여름, 잔(晉)나라 사람은 초나라 공자 곡신(穀臣)의 신병과 연윤(連尹) 양로(襄老)의 시체를 초나라에 돌려주는 대신 지앵(知罃)을 돌려 달라고 했다. 그 때 지앵의 아버지 순수(荀首)가 중군부장(中軍副將)으로 있었기 때문에 초나라 사람도 이 교환을 받아 들였다. 초왕은 지앵을 돌려 보낼 때 물었다.

"그대는 나를 원망하고 있는가?"

지앵은 대답했다.

"두 나라가 전쟁을 하는데 신이 무능하여 직분을 다하지 못하고 포로가 되었습니다. 그런데도 집사(執事)께서는 신을 죽여서 그 피를 북에 바르는 일도 하지 않으시고 본국에 돌아가 벌을 받게 해주시니 이는 임금님의 은혜입니다. 신이야 말로 못난 사람인데 누구를 원망하겠습니까?"

"그렇다면 나한테 은혜를 입었다고 생각하는가?"

"두 나라가 서로 자국의 이익을 생각하고 백성의 고통을 덜어주기 위하여 일시적인 분노를 억누르고 상호 용서한다는 취지에서 쌍방이 포로를 석방하여 우호를 맺으려 하고 있습니다. 이것은 두 나라가 우의를 두텁게 하는 일로서 신과는 상관이 없는 일입니다. 그러니 누구에게 고맙다고 해야 하겠습니까?"

"본국에 돌아간다면 내게 무엇으로 보답할 것인가?"

"신은 임금님을 원망한 일이 없고, 임금님도 신에게 은혜를 베푸신 일이 없습니다. 피차 원망할 것도 없고, 은혜를 베푼 것도 없는데 무엇을 보답해야 하는지 모르겠습니다."

216. 비아족류(非我族類), 기심필이(其心必異)

한 겨레가 아니면 반드시 마음도 다르다. 한 겨레가 아니면 믿지 말라. 옛날 다른 민족을 배척할 때 썼던 말이다.

成公四年秋, 公至自晉, 欲求成于楚而叛晉. 季文子曰, 不可. 晉雖無道, 未可叛也. 國大臣睦, 而邇於我, 諸侯聽焉, 未可以貳. 史佚之志有之, 曰, 非我族類, 其心必異. 楚雖大, 非吾族也, 其肯字我乎. 公乃止.

성공 4년(전 587년) 가을, 성공은 진(晉)나라로부터 돌아오자 초나라와 우호관계를 맺고 진나라를 배반하려 했다. 계문자(季文子)가 간했다.

"안 됩니다. 진나라가 비록 무도하기는 하나 아직 배반할 수는 없습니다. 나라는 크고 신하들은 화목하며, 우리나라와 지리적으로 가깝고 다른 제후들도 잘 복종하고 있으니 두 가지 마음을 가지고 대할 수는 없습니다. 주나라 태사 사일(史佚)이 쓴 《지(志)》에 이르기를 〈같은 피붙이가 아니면 반드시 마음도 다르다.〉고 했습니다. 초나라는 비록 크기는 하나 우리와 같은 겨레가 아닌데 그 나라가 우리나라를 진심으로 좋아하겠습니까?"

이 말에 성공은 그 생각을 그만두었다.

217. 인각유능유불능(人各有能有不能)(2-1)

사람은 누구나 각기 할 수 있는 일과 할 수 없는 일이 있다. 사람의 재능과 식견 그리고 능력에는 각기 장단점이 있어 일률적이기를 강요할 수는 없다.

成公五年春, 原屛放諸齊. 嬰曰, 我在, 故欒氏不作. 我亡, 吾二昆其憂哉. 且人各有能有不能, 舍我何害. 弗聽. 嬰夢天使謂己, 祭余, 余福女. 使問諸士貞伯. 貞伯曰, 不識也. 旣而告其人曰, 神福仁, 而禍淫. 淫而無罰, 福也. 祭, 其得亡乎. 祭之, 之明日而亡. (往歲冬,) 晉趙嬰通于趙莊姬.

성공 5년(전 586년) 봄, 진나라의 조동(趙同 일명 原同)과 조괄(趙括 일명 屛括)이 아우 조영(趙嬰)을 제(齊)나라로 추방했다. 그때 조영이 말했다.

"내가 있기 때문에 난씨(欒氏)가 난리를 일으키지 못하는 겁니다. 내가 가고 없으면 아마 두 형님에게 우환이 닥칠 겁니다. 게다가 사람에게는 각기 할 수 있는 일과 할 수 없는 일이 있는 법, 나를 용서해 준다고 해서 무슨 해가 되겠습니까?"

그러나 두 형은 용서하지 않았다. 조영이 꿈에 천사를 보았는데 천사가 말했다.

"내게 제사를 지내주면 너에게 복을 주리라."

사람을 시켜 사정백(士貞伯)에게 물어보게 했더니 정백은 말했다.

"모르겠다."

이윽고 정백은 자기의 측근에게 알렸다.

"신(神)은 자비로운 사람에게 복을 내리고 음란한 사람에게는 화를 내리는 법이다. 음란한 짓을 하고서도 벌을 받지 않는다면 그건 복이라고 할 수 있다. 제사를 지낸다고 어찌 화를 면할 수 있을 것인가?"

조영은 천사에게 제사를 지내고 그 다음날 제나라로 망명했다.

(지난 해 겨울) 진나라의 조영은 조카며느리인 조장희(趙莊姬)와 간통을 했다. 장희는 조돈(趙盾)의 아들 조삭(趙朔)의 아내이자 진나라 성공(成公)의 딸이었다.

218. 삼인성중(三人成衆)

원래의 뜻은 세 사람이 다수를 이루다. 사람이 적다고 겁먹어서는 안 되다. 사람이 적다고 경시해서는 안 되다.

成公六年冬, 乃遂還. 於是, 軍帥之欲戰者衆. 或謂欒武子

曰, 聖人與衆同欲, 是以濟事, 子盍從衆. 子爲大政, 將酌於民者也. 子之佐十一人, 其不欲戰者, 三人而已. 欲戰者可謂衆矣. 尙書曰, 三人占, 從二人, 衆故也. 武子曰, 善鈞從衆. 夫善, 衆之主也. 三卿爲主, 可謂衆矣. 從之, 不亦可乎.

성공 6년(전 585년) 겨울, 이리하여 진군(晉軍)은 곧 채(蔡)나라에서 철군했다. 그 때 장수 중에는 싸우기를 원하는 사람이 많았다. 어떤 사람이 난무자(欒武子)에게 말했다.

"성인은 대중과 소원을 함께 하기 때문에 일을 성사시킨다고 합니다. 원수(元帥)께서는 어찌 대중의 의사를 따르려 하지 않습니까? 원수께서는 재상으로서 백성의 의견을 물어서 일을 처리해야 할 분입니다. 장군의 보좌관은 모두 열한 사람인데 그 중에서 싸우지 않겠다는 분은 세 사람뿐입니다. 싸우겠다는 사람이 다수라고 할 수 있습니다. 《상서(尙書)》에도 〈세 사람이 점을 치면 두 사람의 점괘를 좇는다.〉고 했는데 그것은 다수이기 때문입니다."

그러자 난무자는 대답했다.

"모두가 좋은 의견일 때 다수(多數)를 따르는 법이다. 좋은 의견이 다수를 결정하는 주요인이 된다. 지금의 경우에는 철군을 주장하는 지(知)·범(范)·한(韓) 등 세 경(卿)의 의견이 주요인이 되니 다수라고 할 수 있다. 그분들의 의견을 따르는 것이 좋지 않겠는가?"

219. 호천부조(昊天不弔)

호천(昊天)은 가없는 하늘. 하늘이 돕지 않다. 하늘이 불쌍히 여기지 않다. 원문은 '부조호천(不弔昊天)'으로 도치문이다. 이의 출처는 《시경(詩經)》 〈소아(小雅)·절남산(節南山)〉이다.

成公七年春, 吳伐郯, 郯成. 季文子曰, 中國不振旅, 蠻夷入伐, 而莫之或恤. 無弔者也夫. 詩曰, 不弔昊天, 亂靡有定. 其此之謂乎. 有上不弔, 其誰不受亂. 吾亡無日矣.

君子曰, 知懼如是, 斯不亡矣.

성공 7년(전 584년) 봄, 오(吳)나라가 담(郯)나라를 치니 담나라는 강화를 했다. 우리 노나라의 계문자(季文子)는 이 일을 두고 말했다.

"중원의 각국이 군사를 정비하지 않고 있다가 오나라 같은 만이(蠻夷)가 중원으로 쳐들어와 설쳐도 누구 하나 구할 사람이 없으니 이것은 맹주(盟主)가 없기 때문이다. 《시》에 읊기를,

하늘이 굽어 살피시지 않으니
나라의 어지러움 가라앉지 않네

라고 했는데 그것은 이런 경우를 두고 한 말이다. 윗자리에 있는 사람이 불쌍히 여기지 않으니 그 누가 난리를 겪지 않겠는가? 우리가 망할 날도 얼마 남지 않았구나!"

그러자 군자는 이렇게 평한다.

"계문자만큼 두려워하고 삼갈 줄 안다면 망하지는 않을 것이다."

220. 국망무일(國亡無日)

나라의 멸망이 눈앞에 있다. 원문은 '오망무일(吾亡無日)'로 '우리가 망할 날도 얼마 남지 않았다.'는 뜻이다.

출처는 219항 호천부조(昊天不弔) 참조.

221. 피우분명(疲于奔命)

명령을 받들기 위해 분주히 다니느라 지치다. 명령을 받드느라 바빠서 숨돌릴 새도 없다.

成公七年秋, 楚圍宋之役, 師還, 子重請取於申呂以爲賞田. 王許之. 申公巫臣曰, 不可.……王乃止. 子重是以怨巫臣. 子反欲取夏姬, 巫臣止之, 遂取而行, 子反亦怨之. 及共王卽位, 子重子反殺巫臣之族子閻子蕩及清尹弗忌及襄老之子黑要, 而分其室. 子重取子閻之室, 使沈尹與王子罷分子蕩之室, 子反取黑要與清尹之室. 巫臣自晉遺二子書曰, 爾以讒慝貪惏事君, 而多殺不辜. 余必使爾罷於奔命以死.

성공 7년(전 584년) 가을, (11년 전) 초나라가 송나라를 포위해서 싸웠던 전쟁에서 군사가 돌아가자 자중(子重)은 신(申)·여(呂) 두 고을의 땅을 떼어 자기의 상전(賞田)으로 줄 것을 요청하매 초왕은 허가했다. 그러자 신공무신(申公巫臣)이 말했다.

"안 됩니다. ……"

이 말을 듣고 왕은 중지했다. 자중은 이 때문에 무신을 원망했다. 또 자반(子反)은 하희(夏姬)를 차지하고 싶었는데 무신이 말렸고 곧 자신이 차지하여 외국으로 가버렸기 때문에 자반도 무신을 원망했다. 그렇기 때문에 초나라의 공왕(共王)이 즉위하자 자중과 자반은 무신의 일족인 자염(子閻)·자탕(子蕩)·청윤(淸尹) 불기(弗忌) 및 양로(襄老)의 아들 흑요(黑要) 등을 죽이고 그들의 재산을 나누어 가졌다. 자중은 자염의 가산을 차지하고 심윤(沈尹)과 왕자 파(罷)에게는 자탕의 가산을 나누어 갖게 했으며, 자반은 흑요와 청윤의 가산을 차지했다. 이 소식을 들은 무신은 진(晉)나라에서 자중·자반 두 사람에게 편지를 보냈다.

"너희들은 모함과 탐욕으로 임금을 섬기고 죄없는 사람을 많이 죽였다. 나는 반드시 너희들이 임금의 명령을 받드느라 바삐 돌아다니다가 지쳐서 죽게 만드리라."

222. 이삼기덕(二三其德)

이삼(二三)은 한결같지 않다. 덕(德)은 지조, 심지. 심지가 한결같지 않고 이랬다 저랬다 하다. 언행이 변덕스럽기 짝이 없다. 이의 출처는 《시경(詩經)》 〈위풍(衛風)·맹(氓)〉이다.

成公八年春, 晉侯使韓穿來言汶陽之田歸之于齊. 季文子餞之, 私焉曰, 大國制義, 以爲盟主, 是以, 諸侯懷德畏討, 無有貳心. 謂汶陽之田, 敝邑之舊也. 而用師於齊, 使歸諸敝邑. 今, 有二命, 曰, 歸諸齊. 信以行義, 義以成命, 小國所望而懷也. 信不可知, 義無所立, 四方諸侯, 其誰不解體. 詩曰, 女也不爽, 士貳其行. 士也罔極, 二三其德. 七年之中, 一與一奪, 二三孰甚焉. 士之二三, 猶喪妃耦, 而況霸主.

성공 8년(전 583년) 봄, 진후(晉侯)가 한천(韓穿)을 우리나라로 보내 문양(汶陽)의 땅을 제나라에 돌려주라는 지시를 해왔다. 계문자(季文子)는 한천을 위해 송별연을 베풀고 사적인 의견을 말했다.

"대국인 진나라는 의리에 맞게 일을 처리했기 때문에 맹주가 되었습니다. 그렇기 때문에 제후들은 그 은덕에 따르고 토벌이 무서워 딴 마음을 품지 않고 있습니다. 문양의 땅으로 말할 것 같으면 그 땅은 예부터 우리 노나라의 땅입니다. 그것을 진나라가 제나라에 군사를 출동시켜 우리나라에 돌려 주도록 한 것입니다. 그런데 이제 와서 다시 명을 내려 〈그것을 제나라에 돌려 주라.〉고 하십니다. 신뢰(信賴)는 정의(正義)를 행하는 데 필요하고 정의는 명령을 세우는 데 필요한 것입니다. 그래야만 소국은 희망을 품고 대국을 따르는 것입니다. 만약 신뢰를 믿을 수가 없고 정의가 존재하지 않는다면 사방의 제후들이 그 누가 떨어져 나가지 않겠습니까? 《시》에 읊었습니다.

여자는 아내로서 잘못한 일 없건만
사나이의 행실은 고르지 않네
사나이의 마음은 줏대가 없어
이랬다 저랬다 변덕이 심하네

7년 사이에 한 번 주고 한 번 빼앗다니 앞뒤의 변덕이 이보다 심할 수가 있겠습니까? 남자도 변덕이 심하면 제 짝을 잃고 마는데 하물며 패주(霸主)야 말할 나위가 있겠습니까?"

223. 종선여류(從善如流)

남의 좋은 충고나 건의를 받아들이는 품이 마치 물이 낮은 데로 흘러가듯 신속하고 자연스럽다.

成公八年春, 晉欒書侵蔡, 遂侵楚, 獲申驪. 楚師之還也, 晉侵沈, 獲沈子揖初, 從知范韓也. 君子曰, 從善如流, 宜哉. 詩曰, 愷悌君子, 遐不作人. 求善也夫. 作人斯有功績矣.

성공 8년(전 583년) 봄, 진(晉)나라의 난서(欒書)가 채나라를 침공하고 그 길로 초나라를 침공하여 신려(申驪)를 사로잡았다. 이에 앞서 초군이 요각(繞角)에서 회군할 때 진나라는 심(沈)나라를 침공하여 심자(沈子) 읍초(揖初)를 사로잡은 일이 있었다. (이러한 공을 세울 수 있었던 것은) 지(知)·범(范)·한(韓) 등 세 사람의 의견을 들었기 때문이었다.

군자는 이렇게 평한다.

“〈충고를 받아들이기를 물흐르듯 순순히 한다.〉더니 과연 맞는 말이다. 《시》에 읊었다.

사람 좋은 우리 님은
어찌 인재를 등용하지 않으리요

이는 선한 사람을 찾아 쓴다는 말이다. 인재를 잘 기용하면 보람이 있게 마련이다.”

224. 남관초수(南冠楚囚)

남관(南冠)은 춘추시 초나라 사람이 쓰던 모자. 포로가 된 초나라 죄수. 일반적으로 죄수나 전쟁포로를 가리킨다.

成公九年秋, 晉侯觀于軍府, 見鍾儀. 問之曰, 南冠而縶者誰也. 有司對曰, 鄭人所獻楚囚也. 使稅之. 召而弔之. 再拜稽首. 問其族. 對曰, 泠人也. 公曰, 能樂乎. 對曰, 先人之職官也, 敢有二事. 使與之琴, 操南音. 公曰, 君王何如. 對曰, 非小人之得知也. 固問之. 對曰, 其爲大子也, 師保奉之, 以朝于嬰齊, 而夕于側也. 不知其他. 公語范文子, 文子曰, 楚囚君子也.

성공 9년(전 582년) 가을, 진후(晉侯)가 무기고를 돌아보다가 종의(鍾儀)를 보고 담당관에게 물었다.
“저 남쪽 나라의 모자를 쓰고 있는 죄수는 누구냐?”
“정나라 사람이 보내온 초나라의 죄수입니다.”
진나라 임금은 그를 풀어주게 하고 불러서 위로하니 그는 두 번 절하고 머리를 땅에 조아렸다. 임금이 그의 가문을 물었다.
“악관의 집안입니다.”

"음악을 할 줄 아는가?"
"선대 때부터 맡아온 직분인데 어찌 다른 일을 배우겠습니까?"
그에게 금(琴)을 내어주게 했더니 남방의 음악을 탔다.
"초왕은 어떤 사람인고?"
'소인이 알 수 있는 일이 아닙니다."
임금이 굳이 물었다.
"저의 임금님께서 태자로 계셨을 적에 사(師)와 보(保)가 태자를 받들어 모시고 아침에는 영윤(令尹) 영제(嬰齊), 저녁에는 사마(司馬) 측(側)을 찾아가서 가르침을 받았습니다. 그 밖의 일은 알지 못합니다."
진나라 임금이 범문자(范文子)에게 이야기했더니 문자는 말했다.
"저 초나라 포로는 군자입니다."

225. 이비불우(以備不虞)

우(虞)는 예측하다, 예상하다. 사전에 준비를 했다가 예기치 못한 일의 발생을 막다. 만일의 사태에 대비하다.

成公九年冬, 君子曰, 恃陋而不備, 罪之大者也, 備豫不虞, 善之大者也. 莒恃其陋, 而不修城郭, 浹辰之間而楚克其三都. 無備也夫. 詩曰, 雖有絲麻, 無棄菅蒯, 雖有姬姜, 無棄蕉萃. 凡百君子, 莫不代匱. 言備之不可以已也.

성공 9년(전 582년) 겨울, 군자는 이렇게 평한다.
"나라가 구석진 곳에 있음을 믿고 방비를 허술히 한 것은 죄 중의 큰 죄요, 뜻밖의 일에 미리 대비하는 것은 선 중의 큰 선이다. 거(莒)나라는 그 구석진 위치를 믿고 성곽을 손질하지 않았다가 불과 12일 사이에 초나라가 세 도읍을 함락시켰다. 방비를 소홀히 했기 때문이다. 《시》에 읊었다.

생사와 삼이 있다고 우쭐대고
왕골과 기령풀 버리지 말라
희·강 같은 미녀만 사랑하다가
늙은 마누라 버리지 말라
군자라면 누구나 다
모자랄 경우에 대비하네

이것은 예비를 소홀히 해서는 안 된다는 것을 말한 것이다."

226. 병입고황(病入膏肓)

고대 의학에서 심장 끝의 지방을 고(膏), 심장과 횡격막 사이를 황(肓)이라 불렀다. 약이 미칠 수 없는 곳을 말한다. 병이 위중하여 고칠 방법이 없다. 사태가 심각하여 도저히 만회할 수 없다.

成公十年夏, 公疾病, 求醫于秦. 秦伯使醫緩爲之. 未至, 公夢疾爲二豎子曰, 彼良醫也, 懼傷我, 焉逃之. 其一曰, 居肓之上膏之下, 若我何. 醫至, 曰, 疾不可爲也. 在肓之上膏之下, 攻之不可. 達之不及, 藥不至焉, 不可爲也. 公曰, 良醫也. 厚爲之禮, 而歸之.

성공 10년(전 581년) 여름, 진(晉)나라 경공(景公)의 병이 위독해지자 의사를 진(秦)나라에 부탁했다. 진백(秦伯)은 의완(醫緩)을 보내 병을 다스리게 했다. 의사가 도착하기 전에 경공이 꿈을 꾸니 병이 두 아이로 변하여 서로 얘기를 하고 있었다.

"그 사람은 용한 의사라던데 우리가 다칠까 걱정이야. 어디로 도망가지?"

"황(肓)의 위쪽과 고(膏)의 아래쪽에 가 있으면 우리를 어찌 하겠어?"

의사가 와서 보고 말했다.

"이 병은 고칠 수가 없습니다. 병의 뿌리가 황의 위쪽과 고의 아래쪽에 있어서 뜸질을 할 수도 없고, 침을 찔러도 닿지 않으며, 약을 써도 미치지 못하니 손을 쓸 수가 없습니다."

경공은 말했다.

"용한 의사로다."

그리고 후하게 예물을 주어서 돌려보냈다.

227. 이수위열(二豎爲烈)

이수(二豎)는 두 아이. 위열(爲烈)은 포학하게 굴다. 병마에 시달림에 비유한다.

출처는 226항 병입고황(病入膏肓) 참조.

228. 간성지장(干城之將)

간성(干城)은 방패와 성벽. 둘다 방어 작용을 하니 방어, 보위를 가리킨다. 나라를 지키는 장군 재목. 이의 출처는 《시경(詩經)》 <주남(周南) · 토저(兎罝)>이다.

成公十二年秋, 晉郤至如楚聘, 且涖盟. 楚子享之, 子反相, 爲地室而縣焉. 郤至將登, 金奏作於下, 驚而走出. ……賓曰, 若讓之以一矢, 禍之大者, 其何福之爲. 世之治也, 諸侯閒於天子之事, 則相朝也, 於是乎有享宴之禮. 享以訓共儉, 宴以示慈惠. 共儉以行禮, 而慈惠以布政, 政以禮成. 民是以息, 百官承事，朝而不夕．此公侯之所以扞城其民也．故詩曰，赳赳武夫，公侯干城．

성공 12년(전 579년) 가을, 진(晉)나라의 극지(郤至)가 초나라로 가서 예방하고 맹약에 입회했다. 초자(楚子)가 연회를 베풀고 자반(子反)이 도우미가 되어 지하실을 만들어 거기에 악기를 걸어 놓았다. 극지가 연회장으로 가려고 당상으로 오르려는데 갑자기 지하실에서 종치는 음악 소리가 들리는지라 깜짝 놀라 집 밖으로 달려 나갔다.……손님인 극지가 말했다.

"만약 서로 만나 화살 한 대로 대접을 한다면 그것은 가장 큰 화인데 어찌 복이라고 할 수 있겠습니까? 세상이 태평할 때에는 제후들은 천자께서 명하신 일을 보다가 틈이 나면 서로 찾아보는 것입니다. 그 때 향연(享宴)의 예를 행합니다. 향례(享禮)는 검약을 가르치는 간소한 의식이며, 연례(宴禮)는 자혜를 보이는 은근한 의식입니다.

검약은 예를 행하는 수단이고, 자혜는 정치를 베푸는 수단이며, 정치는 예를 완성하는 수단인 것입니다. 그래야만 백성도 편히 쉴 수 있고 백관도 열심히 일하되 아침에는 출근하더라도 저녁에는 나가지 않아도 되는 것입니다. 이것이 제후가 백성의 방패가 되고 성이 되는 길인 것입니다. 그러기에 《시》에 읊기를,

> 늠름하고 용맹한 무사는
> 제후의 방패요 성이라네

라고 했습니다."

229. 인령성로(引領成勞)

인령(引領)은 목을 길게 빼다. 사람을 애타게 그리워하다가 심신

이 지치다. 간절히 바라다.

成公十三年夏四月戊午, 晉侯使呂相絶秦, 曰,……及君之嗣也, 我君景公引領西望曰, 庶撫我乎. 君亦不惠稱盟, 利吾有狄難, 入我河縣, 焚我箕郜, 芟夷我農功, 虔劉我邊垂, 我是以有輔氏之聚.

성공 13년(전 578년) 여름 4월, 무오날에 진후(晉侯)는 여상(呂相)을 보내 진(秦)나라와 외교관계를 단절하게 하고 그 이유를 대주었다.

"……임금님(桓公)께서 대를 이으시게 되자 우리 경공(景公)은 목을 길게 빼고 서쪽을 바라보며 <우리와 친해 주시기 바랍니다.>하고 바랐던 것입니다. 그러나 임금님께서는 역시 화평의 맹약을 맺어주지 않으시고 도리어 우리나라가 적(狄)나라 사람과 난리를 치르고 있는 틈을 타 우리의 하현(河縣)을 침공하고, 우리의 기(箕)·고(郜) 두 읍을 불태워 버리고, 우리의 농작물을 베어 약탈해 갔으며, 국경지대의 우리 백성을 도살하였습니다. 우리는 그 일 때문에 보씨(輔氏)의 전쟁을 일으켰던 것입니다."

230. 유리시도(唯利是圖)

'유(唯)~시(是)~'는 고대 한어에서 목적어를 전치하는 일종의 고정 격식. 도(圖)는 탐내다. 오직 이익만을 꾀하고 다른 것은 상관하지 않다. 원문은 '유리시시(唯利是視)'이다. 유(唯)는 유(惟)로도 쓴다.

成公十三年夏, 楚人惡君之二三其德也, 亦來告我曰, 秦背令狐之盟, 而來求盟于我, 昭告昊天上帝秦三公楚三王, 曰,

余雖與晉出入，余唯利是視．不穀惡其無成德，是用宣之，以懲不壹．諸侯備聞此言，斯是用痛心疾首，暱就寡人．寡人帥以聽命，唯好是求．

성공 13년(전 578년) 여름, (여상의 말은 계속된다.)

"그리고 초나라 사람도 임금님의 변덕스러움을 미워하여 우리에게 와서 알려 주었습니다. <진(秦)나라는 당신네 나라와 맺은 영호(令狐)의 맹약을 저버리고 우리 초나라와 맹약을 맺자고 청해 왔소. 그 사연인즉 '황천 상제와 진(秦)나라의 세 임금 그리고 초나라의 세 왕의 영전에 분명히 맹세하노니 우리가 비록 진나라와 왕래를 하고 있기는 하지만 우리는 오직 이익을 취하는 것이 목적입니다.' 라고 했소. 불곡(不穀)은 진나라 임금의 부덕을 미워하여 이것을 공포하여 그의 언행이 한결같지 않음을 징계하는 바이오.> 다른 제후들이 모두 이 이야기를 전해 듣고는 이 때문에 마음도 아프고 머리도 아파서 너도나도 과인을 따르고 있는 형편입니다. 과인이 지금 제후들을 거느리고 와서 임금님의 분부를 듣는 이유는 오직 우호관계를 원하기 때문입니다."

231. 통심질수(痛心疾首)

질수(疾首)는 두통. 상심과 통한이 뼈에 사무치다,

출처는 230항 유리시도(唯利是圖) 참조.

232. 완이성장(婉而成章)

완(婉)은 완곡하다, 에두르다. 완곡하게 말했으나 문장에 조리가 있다. 문장이 미묘함을 형용한다.

成公十四年秋，宣伯如齊，逆女．稱族尊君命也．……九月僑如以夫人婦姜氏至自齊．舍族尊夫人也．故君子曰，春秋之稱，微而顯，志而晦，婉而成章，盡而不汗，懲惡而勸善，非聖人，誰能脩之．

성공 14년(전 577년) 가을, 선백(宣伯)이 제나라로 가서 제나라 공녀(公女)를 맞이했다. 《춘추(春秋)》에 (선백이라 하지 않고) 숙손(叔孫)이라는 족명을 쓴 것은 임금의 명령을 존중했기 때문이다.……9월에 교여(僑如)가 부인 부강씨(婦姜氏)를 모시고 제나라에서 돌아왔다. 《춘추(春秋)》에 (교여라는 이름만 쓰고) 숙손이라는 족명을 쓰지 않은 것은 부인을 높여서 돋보이게 하기 위한 것이다.

그러므로 군자는 이렇게 평한다.

"《춘추(春秋)》의 기술 요령은 말수는 적지만 그 뜻은 분명하고, 사실(史實)을 적었으되 의미심장하며, 에둘러서 말했으나 문장에 조리가 있고, 기탄없이 적었으나 왜곡하지 않았으며, 악을 징계하고 선을 권장했다. 성인이 아닌 다음에야 누가 이와같이 지을 수가 있겠는가?"

233. 징악권선(懲惡勸善)

악을 징계하고 선을 권장하다.

출처는 232항 완이성장(婉而成章) 참조.

234. 도증주인(盜憎主人)

도둑은 실물한 사람을 미워하다. 간사한 사람이 정직한 사람을 원망하다.

成公十五年冬, 晉三郤害伯宗, 譖而殺之, 及欒弗忌, 伯州犁奔楚. 韓獻子曰, 郤氏其不免乎. 善人天地之紀也. 而驟絶之, 不亡何待. 初, 伯宗每朝, 其妻必戒之曰, 盜憎主人, 民惡其上. 子好直言, 必及於難.

성공 15년(전 576년) 겨울, 진(晉)나라의 삼극(三郤), 즉 극기(郤錡)·극주(郤犨)·극지(郤至)는 백종(伯宗)을 질투하여 모함하여 죽이고 난불기(欒弗忌)까지 연루시켰다. 백종의 아들 백주리(伯州犁)는 초나라로 도망갔다. 그 일을 두고 한헌자(韓獻子)는 말했다.

"극씨네는 화를 면치 못할 것이다. 선인은 하늘과 땅을 잇는 벼리다. 그런데 그것을 자주 끊어서야 망하지 않고 무엇을 바란단 말인가?"

처음에 백종은 조정으로 들어갈 때마다 그의 아내가 꼭 경고를 했다.

"도적은 실물한 사람을 미워하고 백성은 윗사람을 싫어하는 법입니다. 당신은 바른 말 하기를 좋아하니 반드시 화를 당하고야 말 것입니다."

235 직언고화(直言賈禍)

고(賈)는 불러들이다. 말을 거리낌없이 하면 이따금 화를 부르다.

출처는 234항 도증주인(盜憎主人) 참조.

236. 화목상처(和睦相處)

서로 다투지 않고 화목하게 지내다. 피차 융화하여 사이좋게 지내다.

成公十六年夏, 鄭人聞有晉師, 使告于楚, 姚句耳與往. 楚子救鄭.……過申, 子反入見申叔時曰, 師其何如. 對曰, 德刑詳義禮信, 戰之器也. 德以施惠, 刑以正邪, 詳以事神, 義以建利, 禮以順時, 信以守物. 民生厚而德正, 用利而事節, 時順而物成, 上下和睦, 周旋不逆, 求無不具, 各知其極. 故詩曰, 立我烝民, 莫匪爾極.

성공 16년(전 575년) 여름, 정나라 사람은 진군(晉軍)이 공격해 온다는 소식을 듣고 초나라에 알리는 사자를 보냈는데 그 때 요구이(姚句耳)도 같이 갔다. 초자(楚子)는 정나라를 구하기로 했다.……초군이 신(申)을 지나갈 때 자반(子反)은 잠시 들러 신숙시(申叔時)를 만나 보고 물었다.

"이번 작전은 어떻게 될까요?"

"덕(德)·형(刑)·상(詳)·의(義)·예(禮)·신(信)의 여섯 가지는 전쟁에 이기는 수단입니다. 덕으로 혜택을 베풀고, 형으로 나쁜 것을 바로잡으며, 지극 정성으로 신을 섬기고, 정의로 이익을 남기며, 예로 때를 맞추고, 신의로 사물을 지키는 것입니다. 백성들의 생활이 넉넉해지면 도덕이 바로서고, 나라에 이익이 될 때 백성을 부리면 일에 절도가 집히며, 농사철을 방해하지 않으면 물산이 풍부해집니다. 이렇게 하면 상하가 서로 화목하고 하는 일에 차질이 없으며 필요한 것은 무엇이든지 마련할 수 있고 사람마다 자기 분수를 지키게 됩니다. 그러므로 《시》에 읊기를,

우리들 뭇 백성 먹여 살리시니

당신의 은덕이 아님이 없네

라고 했습니다."

237. 내우외환(內憂外患)

내부와 외부에 다 걱정과 환난이 있다. 흔히 동시에 일어나는 국내의 동란과 외래의 침략을 가리킨다. 또 개인이 내부의 혼란과 외부의 압력을 동시에 만남에 비유한다.

成公十六年夏六月, 晉楚遇於鄢陵. 范文子不欲戰. 郤至曰, 韓之戰, 惠公不振旅, 箕之役, 先軫不反命, 邲之師, 荀伯不復從, 皆晉之恥也. 子亦見先君之事矣. 今, 我辟楚, 又益恥也. 文子曰, 吾先君之亟戰也有故. 秦狄齊楚皆彊, 不盡力, 子孫將弱. 今三彊服矣, 敵楚而已. 惟聖人能內外無患. 自非聖人, 外寧必有內憂, 盍釋楚以爲外懼乎.

성공 16년(전 575년) 여름 6월, 진군(晉軍)과 초군이 언릉(鄢陵)에서 조우했다. 범문자(范文子)는 싸움을 피하려 했다. 그러자 극지(郤至)가 말했다.

"한(韓)의 전쟁에서 혜공(惠公)은 참패하여 개선하지 못했고, 기(箕)의 전쟁에서는 선진(先軫)이 전사하여 복명을 하지 못했으며, 필(邲)의 전쟁에서는 순백(荀伯)이 속수무책으로 참패했습니다. 모두 진나라의 수치입니다. 장군도 그 때의 일을 잘 기억하고 계실 겁니다. 지금 우리가 초군을 피한다면 수치를 덧씌우는 꼴이 됩니다.

문자는 말했다.

"우리의 선군께서 자주 싸우신 데는 그만한 이유가 있었습니다. 그 당시에는 진(秦)·적(狄)·제(齊)·초(楚) 등의 나라는 모두 강

적이라 우리가 있는 힘을 다해 싸우지 않으면 자손들이 설 땅이 없어지지 않을까 두려웠던 것입니다. 그런데 지금은 진·적·제의 세 강국은 이미 복종했고 남은 적은 초나라뿐입니다. 오직 성인만이 안팎으로 우환없이 지낼 수 있습니다. 성인이 아닌 우리는 밖이 편안하면 반드시 안에 근심이 있게 마련입니다. 초나라를 그대로 두어 우리의 외부의 위협으로 삼는 것이 어떻겠습니까?"

238. 심효진상(甚囂塵上)

효(囂)는 시끄럽고 소란하다. 진상(塵上)은 먼지가 일다. 원래는 군영 내에서 왁자지껄하고 먼지가 흩날리고 바쁘고 두서없는 상태를 가리켰다. 몹시 시끄럽고 소란하다. 흔히 반대 세력이 날뛰거나 판을 치는 상태를 나타낸다. 또한 헛소문이 널리 퍼져 의론이 분분함을 가리키기도 한다.

成公十六年夏, 楚子登巢車, 以望晉軍. 子重使大宰伯州犁侍于王後. 王曰, 騁而左右何也. 曰, 召軍吏也. 皆聚於中軍矣. 曰, 合謀也. 張幕矣. 曰, 虔卜於先君也. 徹幕矣. 曰, 將發令也. 甚囂, 且塵上矣. 曰, 將塞井夷竈而爲行也. 皆乘矣, 左右執兵而下矣. 曰, 聽誓也. 戰乎. 曰, 未可知也. 乘而左右皆下矣. 曰, 戰禱也.

성공 16년(전 575년) 여름, 초자(楚子)는 망보는 누거(樓車)에 올라 진군(晉軍)을 바라보았다. 자중(子重)이 진나라에서 도망간 백주리(伯州犁)에게 왕의 뒤에서 시중을 들게 했다. 왕이 말했다.

"전차들이 좌우로 달리고 있다. 무엇하는 건가?"

백주리가 대답했다.

"사관들을 소집하고 있는 것입니다."

"모두 중군(中軍)에 모였다."
"작전회의를 하려는 것입니다."
"장막을 쳤다."
"선군의 영전에서 싸움의 승패를 점치려는 것입니다."
"장막을 거뒀다."
"이제 명령을 내릴 차례입니다."
"아주 떠들썩하고 먼지도 일고 있다."
"우물을 메우고 부뚜막을 부수고 떠날 준비를 하는 것입니다."
"모두 전차에 올라탔다. 전차의 좌우(左右)가 무기를 가진 채 내렸다."
"선전포고를 듣고 있는 중입니다."
"이제 싸움을 시작하려나 보지?"
"아직 모르겠습니다."
"전차에 올라탔다가 또 수레의 좌우가 모두 내렸다."
"기도를 올리고 있는 중입니다."

239. 사천칠찰(射穿七札)

춘추시 초나라의 명궁수 양유기(養由基)가 활을 쏘아 갑옷 일곱 벌을 꿰뚫은 고사에서 유래한다. 활쏘는 재능이 뛰어나다. 활쏘는 힘이 남다르다.

成公十六年夏癸巳, 潘尫之黨與養由基蹲甲, 而射之, 徹七札焉. 以示王曰, 君有二臣如此, 何憂於戰. 王怒曰, 大辱國. 詰朝爾射, 死藝. 呂錡夢, 射月中之, 退入於泥. 占之, 曰, 姬姓日也, 異姓月也, 必楚王也. 射而中之, 退入於泥, 亦必死矣. 及戰, 射共王中目. 王召養由基, 與之兩矢, 使射呂錡, 中項伏弢. 以一矢復命.

성공 16년(전 575년) 여름, 계사날에 초나라의 반왕(潘尫)의 아들 당(黨)이 양유기(養由基)와 함께 갑옷을 포개 놓고 활을 쏘아 일곱 벌을 꿰뚫었다. 그것을 초왕에게 보이며 말했다.

"임금님께서는 이같이 활을 잘 쏘는 두 신하를 두셨는데 싸움은 아무 염려 마십시오."

그러나 초왕은 노하여 꾸짖었다.

"정말 망신스럽구나! 내일 아침에 활을 쏘았다가는 너희들은 그 재주 때문에 죽으리라."

진(晉)나라 여기(呂錡)가 꿈을 꾸니 달을 쏘아 맞히고 물러서다가 진흙탕에 빠졌다. 그 꿈을 점치게 했더니 점장이는 말했다.

"희성(姬姓)은 해요, 이성(異姓)은 달이니 달은 틀림없이 초왕일 것입니다. 쏘아 맞히고 물러나다가 진흙탕에 빠지니 쏜 사람도 반드시 죽을 점괘입니다."

싸움이 시작되자 그는 초나라 공왕(共王)을 쏘아 눈을 맞혔다. 초왕은 양유기를 불러 화살 두 개를 주며 여기를 쏘게 했다. 여기는 목을 맞아 수레 안의 활주머니에 엎어져 죽었다. 양유기는 남은 화살 한 개를 가지고 왕에게 복명했다.

240. 호정이가(好整以暇)

정(整)은 매우 정연하다, 질서가 있다. 가(暇)는 한가하다, 여유가 있다. 질서정연하면서도 여유작작하다. 흔히 분란스럽고 황망한 경우에 쓴다.

成公十六年夏, 欒鍼見子重之旌, 請曰, 楚人謂, 夫旌子重之麾也, 彼其子重也. 日, 臣之使於楚也, 子重問晉國之勇, 臣對曰, 好以衆整. 曰, 又何如. 臣對曰, 好以暇. 今兩國治戎, 行人不使, 不可謂整, 臨事而食言, 不可謂暇. 請攝飮焉. 公許

之. 使行人執榼承飮造于子重.

성공 16년(전 575년) 여름, 진여공(晉厲公)의 거우(車右)를 맡은 난겸(欒鍼)은 초나라 자중(子重)의 깃발을 보자 임금에게 청했다.

"초나라 사람이 저 깃발은 자중의 기(旗)라 하오니 저 사람이 자중이 틀림없습니다. 전에 신이 초나라에 사신으로 갔을 적에 자중이 진나라의 무용(武勇)을 묻기에 신은 〈질서정연함을 좋아합니다.〉고 대답하자 그는 〈그 밖에 또 어떤 것이 있느냐?〉고 묻기에 신은 〈여유가 넉넉함을 좋아합니다.〉고 대답했습니다. 지금 두 나라가 전쟁을 하고 있지만 사자(使者) 하나 보내지 못한대서야 군기가 서 있다고 말할 수 없고, 싸움이 급하다고 해서 전에 한 말을 안 지킨다면 여유가 있다고 말할 수는 없습니다. 신이 사람을 시켜 자중에게 술 한 잔을 권하고자 하오니 허락해 주십시오."

임금은 이를 허락했다. 이에 난겸은 행인(行人)을 시켜 술통을 들고 술잔을 받들어 자중에게 가게 했다.

241. 정출다문(政出多門)(2-1)

정령이 여러 사람에게서 나오다. 권력이나 정세가 통일되어 있지 않다.

成公十六年秋, 宣伯使告郤犨曰, 魯之有季孟, 猶晉之有欒范也, 政令於是乎成. 今, 其謀曰, 晉政多門, 不可從也. 寧事齊楚, 有亡而已, 蔑從晉矣. 若欲得志於魯, 請止行父而殺之, 我斃蔑也, 而事晉蔑有貳矣. 魯不貳, 小國必睦. 不然, 歸必叛矣.

성공 16년(전 575년) 가을, 노나라 선백(宣伯)이 사람을 보내 진

(晉)나라의 극주(郤犨)에게 말했다.

"노나라에 계씨(季氏)와 맹씨(孟氏)가 있는 것은 마치 진나라에 난씨(欒氏)와 범씨(范氏)가 있는 것과 같아서 정치는 이 두 사람 손에서 결정됩니다. 그런데 지금 그들이 서로 상의하여 말하기를 <진나라의 정치는 많은 권세가가 쥐고 있으니 누구를 따라야 할지 모르겠다. 차라리 제나라나 초나라를 섬기다가 망하는 게 낫지 진나라를 따르지는 말아야 한다.>고 했습니다. 만약 노나라를 뜻대로 하고 싶다면 지금 그 쪽에 가 있는 행보(行父 즉 季文子)를 잡아서 죽이십시오. 나는 (국내에 남아 있는) 멸(蔑 즉 孟獻子)을 죽이고 진나라를 섬겨 두 마음을 갖지 않을 것입니다. 노나라가 딴 마음을 갖지 않는다면 다른 소국들은 반드시 복종할 것입니다. 그렇지 않으면 행보는 귀국하면 반드시 진나라를 배반할 것입니다."

242. 시료불급(始料不及)

일의 추이를 처음에는 예상치 못하다.

成公十八年春王正月庚申, 晉欒書中行偃使程滑弑厲公, 葬之于翼東門之外, 以車一乘. 使荀罃士魴逆周子于京師, 而立之, 生十四年矣. 大夫逆于清原. 周子曰, 孤始願不及此, 雖及此, 豈非天乎. 抑人之求君, 使出命也. 立而不從, 將安用君. 二三子用我今日, 否亦今日. 共而從君, 神之所福也. 對曰, 羣臣之願也, 敢不唯命是聽.

성공 18년(전 573년) 봄, 주나라 역(曆)으로 정월 경신날에 진(晉)나라의 난서(欒書)와 중행언(中行偃)은 정활(程滑)을 시켜 여공(厲公)을 시해하게 하여 익(翼)의 동문 밖에 장사지냈는데 수레는 한 승(乘)만 같이 묻었다. 그리고 순앵(荀罃)과 사방(士魴)을 사자로 보내 주자(周子 즉 孫周)를 주나라 서울에서 맞이하게 하여 임금으로 세우니 때에 나이 열네 살이었다. 그 때 주자는 말했다.

"나는 애당초 일이 이렇게 될 줄은 생각지도 못했소. 이렇게 된 것도 하늘의 뜻일 것이오. 도대체 사람들이 임금을 원하는 이유는 명령을 발포하는 창구로 삼는 데 있다고 생각하오. 임금을 세우고도 복종하지 않는다면 임금이 무슨 소용이 있겠소? 여러분이 나를 임금으로 모시는 것도 오늘에 달렸고 버리는 것도 오늘에 달렸소. (일단 세운 이상은) 공손히 임금에 복종하는 것이 신(神)의 복을 받는 길이오."

이 말에 대부들은 대답했다.

"그것은 저희들 뭇신하들이 원하는 바입니다. 어찌 감히 명을 따르지 않겠습니까?"

243. 불변숙맥(不辨菽麥)

콩과 보리도 구별하지 못하다. 우매무지하다. 숙맥이다. 실생활에 대한 지식이 모자라다.

成公十八年春庚午, 盟而入, 館于伯子同氏. 辛巳, 朝于武宮. 逐不臣者七人. 周子有兄, 而無慧, 不能辨菽麥, 故不可立.

성공 18년(전 573년) 봄, 경오날에 주자(周子)는 군신간의 의(義)를 맹세하고 국도(國都)로 들어가서 백자동(伯子同)의 집에서 묵었다. 신사날에 무공(武公)의 사당에 참배하고 신하답지 못한 일곱 사람을 추방했다. 이 주자에게는 형이 있었으나 바보와 같아서 콩과 보리도 구별하지 못했다. 그래서 그를 임금으로 삼을 수가 없었다.

양공(襄公) 2년~31년

244. 비이인임(非異人任)

이인(異人)은 남, 타인. 남의 책임이 아니다. 책임은 마땅히 내가 져야 한다.

襄公二年夏，鄭成公疾，子駟請息肩於晉. 公曰，楚君以鄭故，親集矢於其目. 非異人任，寡人也. 若背之，是棄力與言，其誰暱我. 免寡人，唯二三子.

양공(襄公) 2년(전 571년) 여름, 정나라 성공(成公)이 병이 났다. 자사(子駟)가 진(晉)나라에 붙어서 초나라의 부담을 덜자고 제의했으나 성공은 말했다.

"초나라 임금은 우리 정나라 일로 싸우다가 자기 눈에 화살을 맞았다. 남을 돕다가 그런 것이 아니라 나 때문이었다. 만일 초나라를 배반한다면 남의 수고와 나의 언약을 저버리는 결과가 되니 그 누가 우리를 따를 것인가? 내가 그런 잘못을 저지르지 못하게 말릴 사람은 바로 여러분들 뿐이다."

245. 식견이담(息肩弛擔)(2-2)

어깨에 메었던 짐을 내려 놓다. 무거운 짐을 부리다. 책임을 벗다. 아래의 글은 식견(息肩) 부분.

출처는 244항 비이인임(非異人任) 참조.

246. 득불상실(得不償失)

얻은 것보다 잃은 것이 많다. 원문은 '소확불여소망(所獲不如所亡)'이다. 수지가 맞지 않다.

襄公三年春, 楚子重伐吳. 爲簡之師, 克鳩茲, 至于衡山. 使鄧廖帥組甲三百被練三千, 以侵吳. 吳人要而擊之, 獲鄧廖. 其能免者, 組甲八十被練三百而已. 子重歸, 旣飮至三日, 吳人伐楚, 取駕. 駕良邑也, 鄧廖亦楚之良也.

君子謂, 子重於是役也, 所獲不如所亡. 楚人以是咎子重. 子重病之, 遂遇心疾而卒.

양공 3년(전 570년) 봄, 초나라의 자중(子重)이 오나라를 쳤다. 정예 병력을 골라 구자(鳩茲)에서 이기고 형산(衡山)까지 와서는 등료(鄧廖)를 주장으로 하여 조갑(組甲)을 입은 거병 300명과 피련(被練)을 입은 보병 3천 명으로 오나라로 쳐들어가게 했다. 그러나 오나라 사람이 도중에서 기다렸다가 이를 맞아 공격하여 등료를 사로잡았다. 그 때 용하게 죽음을 면한 사람은 거병 80명과 보병 300명 뿐이었다. 자중은 먼저 돌아가 종묘에서 승전주(勝戰酒)를 마신 지 사흘이 지났을 때 오나라 사람이 초나라를 쳐서 가(駕)를 점령했다. 가읍은 초나라에서도 일류에 속하는 도읍이요, 등료 또한 초나라에서 걸출한 인물이었다.

그래서 군자는 이렇게 평한다.

"자중이 이 싸움에서 얻은 것은 잃은 것만 못했다."

초나라 사람이 이것을 이유로 자중을 꾸짖으니 자중은 그것이 부담이 되어 결국 화병이 나서 죽었다.

247. 기해거자(祁奚擧子)

기해(祁奚)는 춘추시 진(晉)나라 사람이며 도공(悼公)시 중군위(中軍尉)직을 떠났다. 거(擧)는 천거하다. 기해가 자기 아들을 천거하다. 훌륭한 인재를 추천함에 친족을 피하지 않고 공명정대하다.

襄公三年夏, 祁奚請老. 晉侯問嗣焉. 稱解狐, 其讎也. 將立之而卒. 又問焉. 對曰, 午也可. 於是, 羊舌職死矣. 晉侯曰, 孰可以代之. 對曰, 赤也可. 於是, 使祁午爲中軍尉, 羊舌赤佐之.

君子謂, 祁奚於是能擧善矣. 稱其讎, 不爲諂, 立其子, 不爲比, 擧其偏, 不爲黨.

양공 3년(전 570년) 여름, 진나라의 기해(祁奚)가 은퇴를 청원하기에 진후(晉侯)가 후임자를 물었다. 그러자 해호(解狐)를 추천했다. 해호는 기해와 원수지간이었다. 그러나 막상 임명하려는 계제에 해호가 죽었기 때문에 또 누가 좋은가고 물었다. 기해는 대답했다.

"제 자식놈 오(午)가 좋겠습니다."

또 그때 양설직(羊舌職)이 죽었다. 진후가 기해에게 물었다.

"누가 후임으로 적합한가?"

기해는 대답했다.

"그의 아들 적(赤)이 좋겠습니다."

그래서 기오(祁午)를 중군위(中軍尉)로, 양설적(羊舌赤)을 중군위보(中軍尉補)로 임명했다.

군자는 이렇게 평한다.

"기해는 정말 훌륭한 사람을 추천했다. 원수를 추천했지만 그것이 아첨한 것이 아니었고, 자기 자식을 내세웠지만 편애한 것이 아니었으며, 지기 부하의 아들을 천거했지만 편파적인 것이 아니었다."

248. 주자박방(周諮博訪)

두루 탐방하고 자문하여 세밀하고 철저하게 조사하다.

襄公四年夏, 穆叔如晉, 報知武子之聘也. 晉侯享之, 金奏肆夏之三, 不拜. 工歌文王之三, 又不拜. 歌鹿鳴之三, 三拜. 韓獻子使行人子原問之. ……對曰, 三夏, 天子所以享元侯也, 使臣弗敢與聞. 文王, 兩君相見之樂也, 使臣不敢及. ……皇皇者華, 君敎使臣, 曰, 必諮於周. 臣聞之, 訪問於善爲咨, 咨親爲詢, 咨禮爲度, 咨事爲諏, 咨難爲謀. 臣獲五善, 敢不重拜.

양공 4년(전 569년) 여름, 노나라의 목숙(穆叔 즉 叔孫豹)이 진나라에 간 것은 지무자(知武子)가 예방한 데에 대한 답례였다. 진후(晉侯)가 그에게 연회를 베푼 자리에서 <사하(肆夏)>의 세 곡을 종(鐘)으로 연주했는데도 그는 감사의 절을 하지 않았고, 악공이 <문왕(文王)>의 세 편을 노래불렀는데도 역시 감사의 절을 하지 않더니 <녹명(鹿鳴)>의 세 편을 노래부르자 한 편마다 절을 했다. 한헌자(韓獻子)가 행인(行人)인 자원(子原)을 시켜 그 이유를 물어보게 했다.……그러자 목숙은 대답했다.

"<사하>의 세 곡은 천자가 제후의 패자(霸者)를 대접하는 음악이니 사신이 감히 들을 것이 아니며, <문왕>의 노래는 임금끼리 서로 만날 때 부르는 음악이니 신이 감히 참견할 수 없습니다.…… <녹명>의 셋째 편인 <황황자화(皇皇者華)>에는 임금님께서 신에게 <반드시 두루 여러 사람에게 물어서 하라.>는 가르침이 담겨 있습니다. 신이 듣건대 <옳은 식자에게 물어서 하는 것을 자(咨)라 하고, 이런 마음가짐으로 친척의 일을 묻는 것을 순(詢)이라 하며, 예의에 대하여 묻는 것을 도(度)라 하고, 정치에 관한 일을 묻는 것을 추(諏)라 하며, 재난이나 어려운 일에 대하여 묻는 것을 모(謀)라 한다.>고 합니다. 지금 신은 이 다섯 가지 좋은 교훈을 배웠으니 어찌 감히 거듭 절을 하지 않을 수가 있겠습니까?"

249. 소안무조(少安毋躁)

무(毋)는 무(無)로도 쓴다. 하지 마라. 조금 진정하고 서둘지 마라. 흔히 조급히 굴지 말고 인내심을 가지라고 권고할 때 쓴다.

襄公七年冬, 衛孫文子來聘, 且拜武子之言, 而尋孫桓子之盟. 公登亦登, 叔孫穆子相, 趨進曰, 諸侯之會, 寡君未嘗後衛君. 今, 吾子不後寡君, 寡君未知所過. 吾子其少安. 孫子無辭, 亦無悛容. 穆叔曰, 孫子必亡. 爲臣而君, 過而不悛, 亡之本也. 詩曰, 退食自公, 委蛇委蛇, 謂從者也. 衡而委蛇, 必折.

양공 7년(전 566년) 겨울, 위나라의 손문자(孫文子 즉 林父)가 노나라를 예방하고 겸하여 계무자(季武子)가 위나라에 가서 한 해명에 감사를 표하고 손환자(孫桓子 즉 良夫)와 맺은 맹약을 다졌다. 노나라 양공이 연회장으로 가는 계단을 오를 때 손문자도 따라 오르는지라 도우미 역을 맡은 숙손목자(叔孫穆子)가 잰 걸음으로 가서 말했다.

"제후들의 회합에서 과군은 여태까지 위나라 임금님의 뒷자리를 차지한 적이 없습니다. 지금 당신은 과군보다 한 계단 떨어져 가야 하는데도 그렇게 하지 않으니 과군은 자기가 무엇을 잘못했나 하고 궁금해 하십니다. 좀 천천히 가십시오."

그러나 손문자는 아무 대꾸도 하지 않았고 또 뉘우치는 기색도 없었다. 목숙(穆叔 즉 叔孫穆子)은 말했다.

"손자(孫子)는 반드시 망할 것이다. 신하된 몸으로 임금처럼 행동하고 잘못하고도 뉘우치지 않으니 그것은 몸을 망치는 근본이다.

《시(詩)》에 읊기를,

퇴근하여 저녁 먹으러 가는 모습
어슬렁어슬렁 여유가 있네

라고 했는데 이것은 순종하는 사람을 가리킨 말이다. 제멋대로 하면서 여유만만하면 반드시 꺾이고 말 것이다."

250. 하청난사(河淸難俟)

원문은 '사하지청(俟河之淸)'이다. 하(河)는 황하. 사(俟)는 기다리다. 전하는 말에 황하는 천년에 한번 맑아지니 기다리기 매우 어렵다. 시간이 너무 길어서 소원이 이루어지기 어렵다.

襄公八年冬, 楚子囊伐鄭, 討其侵蔡也. 子駟子國子耳欲從楚, 子孔子蟜子展欲待晉. 子駟曰, 周詩有之, 曰, 俟河之淸, 人壽幾何. 兆云詢多, 職競作羅. 謀之多族, 民之多違, 事滋無成. 民急矣, 姑從楚以紓吾民. 晉師至, 吾又從之. 敬共幣帛, 以待來者, 小國之道也.

양공 8년(전 565년) 겨울, 초나라 자낭(子囊)이 정나라를 쳐서 채나라를 침략한 일을 문책했다. 정나라의 자사(子駟)·자국(子國)·자이(子耳)는 초나라에 붙자고 했고, 자공(子孔)·자교(子蟜)·자전(子展)은 진(晉)나라의 구원을 기다리자고 했다. 자사는 말했다.
"《주시(周詩)》에 이렇게 읊었소.

황하의 물 맑기를 기다리다니
사람의 목숨이 얼마나 된다고

점치는 일 너무 많으면
자승자박이나 다름없네

일을 하는 데 의견을 말하는 사람이 너무 많고 따라오는 백성이 너무 적으면 성사되기가 더욱 어렵소. 지금은 백성들이 위급하니 우선 초나라에 붙어서 백성들의 고통을 덜어주고 진나라 군사가 오면 오는 대로 또 진나라에 붙읍시다. 공손히 예물을 갖추어 오는 자를 기다리는 것이 소국이 취할 길이오."

251. 모부공다(謀夫孔多)

공(孔)은 매우, 대단히. 의견을 내놓는 사람이 너무 많다. 사공이 너무 많다.

襄公八年冬, 子展曰……舍之聞之, 杖莫如信. 完守以老楚, 杖信以待晉, 不亦可乎. 子駟曰, 詩云, 謀夫孔多, 是用不集. 發言盈庭, 誰敢執其咎. 如匪行邁謀, 是用不得于道. 請從楚, 騑也受其咎. 乃及楚平.

양공 8년(전 565년) 겨울, 자전(子展)은 말했다.
"……나 사지(舍之 즉 子展)는 듣건대 <의지하는 데에는 신뢰가 제일이다.>고 하오. 우리가 끝까지 버티어 초군을 지치게 하고 신뢰를 가지고 진군(晉軍)을 기다리는 것도 좋지 않겠소?"
그러자 자사(子駟)가 다시 말했다.
"《시(詩)》에 읊었소.

모사가 많고 또 많아
오히려 되는 일이 하나도 없네
발언하는 이 조정에 가득하건만
일이 잘못되면 그 책임 누가 지나

마치 길 가는 이 붙잡고 의논하는 것 같아
옳은 길 가기는 이미 글렀네.

초나라에 붙읍시다. 나 비(騑 즉 子駟)가 책임지겠소.“
그래서 초나라와 강화를 맺기로 했다.

252. 실색폐부(悉索敝賦)

실(悉)은 모조리, 깡그리. 폐(敝)는 겸사로 변변치 못하다. 부(賦)는 원래 논밭의 구실을 가리키지만 고대에는 논밭의 조세를 기준하여 징병했으므로 병력이란 뜻이 파생하였다. 갖고 있는 병력을 총동원하다. 모든 역량을 긁어 모으다.

襄公八年冬, 使王子伯駢告于晉曰, 君命敝邑, 修而車賦, 儆而師徒, 以討亂略. 蔡人不從, 敝邑之人, 不敢寧處. 悉索敝賦, 以討于蔡, 獲司馬燮, 獻于邢丘. 今, 楚來討曰, 女何故稱兵于蔡. 焚我郊保, 馮陵我城郭. 敝邑之衆, 夫婦男女不遑啓處, 以相救也.……民知窮困, 而受盟于楚. 孤也與其二三臣, 不能禁止. 不敢不告.

양공 8년(전 565년) 겨울, 정(鄭)나라는 왕자 백병(伯駢)을 사자로 삼아 진(晉)나라에 가서 고하게 했다.

“임금님께서는 평소 저희나라에 명하시기를 <병거와 무기를 잘 손질하고 군사를 잘 훈련시켰다가 국경을 범하는 자를 쳐라.>고 하셨습니다. 채나라 사람이 순종하지 않아 저희나라 사람들이 안심하고 살 수가 없어서 저희나라의 변변치 않은 군사를 다 긁어모아 채나라를 쳐 사마섭(司馬燮)을 사로잡아서 형구(刑丘)의 회맹 때 바쳤던 것입니다.

그런데 지금 초나라 사람이 와서 <무엇 때문에 채나라를 쳤느냐?>고 추궁하고, 우리나라 교외의 보루를 불태우고 우리나라의 성곽을 침범하니 저희나라 백성은 부부남녀를 막론하고 편안히 살면서 서로 도울 겨를이 없습니다.……백성들은 올 데 갈 데 없음을 알고 초나라에 복종의 맹세를 하고 말았습니다만 고(孤)와 고의 신하들은 그것을 막지 못했습니다. 고하지 않을 수가 없어서 이렇게 고하는 바입니다."

253. 불황녕처(不遑寧處)

황(遑)은 한가, 여가. 편안하고 조용하게 살 겨를이 없다. 일이 많거나 사정이 위급하여 바빠서 쉴 사이가 없다. 이의 출처는 《시경(詩經)》 <소남(召南)·은기뢰서(殷其雷序)>이다.

출처는 252항 실색폐부(悉索敝賦) 참조.

254. 취미상투(臭味相投)

취미(臭味)는 성미, 기질. 투(投)는 잘 어울리다. 성격과 지향, 사상과 태도가 잘 어울리다. (나쁜 뜻으로) 한 통속이 되다. 배짱이 맞다. (좋은 뜻으로) 의기 투합하다. 같은 취미로 잘 어울리다.

襄公八年冬, 晉范宣子來聘, 且拜公之辱, 告將用師于鄭. 公享之. 宣子賦摽有梅. 季武子曰, 誰敢哉. 今譬於草木, 寡君在君, 君之臭味也. 歡以承命, 何時之有. 武子賦角弓. 賓將出, 武子賦彤弓. 宣子曰, 城濮之役, 我先君文公獻功于衡雍, 受彤弓于襄王, 以爲子孫藏. 匄也, 先君受官之嗣也, 敢不承命.

양공 8년(전 565년) 겨울, 진나라의 범선자(范宣子 즉 士匄)가 노나라를 내방하여 양공이 진나라를 방문한 수고에 대해 감사하고 장차 정나라에 출병할 예정임을 알려 왔다. 양공이 그를 위해 연회를 베풀었는데 범선자는 〈표유매(摽有梅)〉를 읊었다. 계무자(季武子)는 그 뜻을 알아차리고 말했다.

"누가 감히 늦게 가겠습니까? 지금 초목을 가지고 비유를 한다면 과군은 진나라 임금님이 (초목으로서) 내뿜는 냄새와도 같은 존재이십니다. 기꺼이 명령을 받들어 지체없이 파병할 것입니다."

그리고 계무자는 〈각궁(角弓)〉을 읊었다. 또 손님이 물러나려고 할 때에는 다시 〈동궁(彤弓)〉을 읊었다. 선자가 말했다.

"성복(城濮)의 전쟁이 끝난 뒤 우리나라 선군 문공(文公)께서는 그 승리를 형옹(衡雍)에서 천자님께 바치고 양왕(襄王)으로부터 붉은 활을 하사받아 자손들의 보물로 삼았습니다. 저 개(匄)는 선군을 모신 벼슬아치의 후손입니다. 시에 담긴 마음을 고맙게 받겠습니다."

255. 군자노심(君子勞心), 소인노력(小人勞力)

일을 할 때 군자는 머리를 쓰고 소인은 육체를 쓰다.

襄公九年冬十月, 諸侯伐鄭.……甲戌, 師于氾. 令於諸侯曰, 修器備, 盛餱糧, 歸老幼, 居疾于虎牢, 肆眚, 圍鄭. 鄭人恐, 乃行成. 中行獻子曰, 遂圍之, 以待楚人之救也, 而與之戰. 不然, 無成. 知武子曰, 許之盟而還師, 以敝楚人. 吾三分四軍, 與諸侯之銳以逆來者, 於我未病, 楚不能矣. 猶愈於戰. 暴骨以逞, 不可以爭. 大勞未艾. 君子勞心, 小人勞力, 先王之制也. 諸侯皆不欲戰, 乃許鄭成.

양공 9년(전 564년) 겨울 10월, 제후들이 정(鄭)나라를 쳤다. ……갑술날에 연합군은 범수(氾水)가에 주둔했다. 진후(晉侯)는 제후들에게 명령했다.

"무기를 손질하고, 군량을 비축하며, 노약자를 돌려보내고, 병자는 호뢰(虎牢)에 모으며, 조그만 죄를 용서하고, 정나라를 포위하라."

정나라 사람은 이 소식을 듣고 두려워하여 곧 강화를 제의했다. 중행헌자(中行獻子 즉 荀偃)가 말했다.

"이대로 정나라를 포위하여 초나라 사람이 구원하러 오는 것을 기다렸다가 초군과 싸웁시다. 그렇지 않으면 진정한 강화는 없을 것이오."

그러나 지무자(知武子 즉 知罃)는 말했다.

"정나라에 맹약을 허락하고 일단 회군합시다. 그래서 초군을 유인하여 그들을 지치게 만듭시다. 우리는 4군을 셋으로 나누어 제후들의 정예부대와 함께 교대로 돌아가며 초군을 맞이하면 아군은 지치지 않고 초군은 견디지 못할 것이니 이 방법이 지금 당장 싸우는 것보다 더 낫소. 굳이 시체를 들판에 늘어놓아야 속이 풀린다면 그런 방법으로는 적과 승리를 다툴 수는 없소. 진짜 큰 수고는 아직 남았소. <윗사람은 머리를 쓰고 아랫사람은 힘을 쓴다.>는 것은 선왕의 가르침인 것이오."

제후들도 모두 싸우기를 원하지 않아서 결국 정나라에 강화를 허락했다.

256. 구혈미건(口血未乾)

구혈(口血)은 옛날 각국의 임금 사이에 맹약을 맺을 때 가축의 피를 마시거나 입술에 발라 성의를 표시했는데 이것을 '삽혈위맹(歃血爲盟)'이라 불렀다. 입술에 바른 피가 아직 마르지 않다. 맹약을 맺은 지 얼마 안 되다. 흔히 맹약을 배반한 상대방을 질책할 때 사용한다.

襄公九年冬, 楚子伐鄭. 子駟將及楚平. 子孔子蟜曰, 與大國盟, 口血未乾而背之, 可乎. 子駟子展曰, 吾盟固云唯彊是從. 今, 楚師至, 晉不我救, 則楚彊矣. 盟誓之言, 豈敢背之. 且要盟無質, 神弗臨也. 所臨唯信. 信者, 言之瑞也, 善之主也. 是故, 臨之. 明神不蠲要盟, 背之可也. 乃及楚平.

양공 9년(전 564년) 겨울, 초자(楚子)가 정(鄭)나라를 쳤다. 정나라의 자사(子駟)는 초나라와 강화를 맺으려 했다. 그러자 자공(子孔)과 자교(子蟜)가 말했다.

"대국인 진나라와 맹세해 놓고 입의 피가 마르기도 전에 배반해도 좋을까요?"

자사와 자전(子展)이 말했다.

"우리들의 맹세는 본래 <강한 나라에만 복종한다.>는 것이었다. 지금 초나라 군사가 쳐들어왔는데도 진나라는 우리를 도와주지 않으니 말하자면 초나라가 강한 셈이오. 맹세한 말을 어찌 감히 배반하겠소? 더구나 억지로 맺은 맹세는 진실성이 없기 때문에 신(神)도 굽어보지 않을 것이며, 신이 굽어보는 것은 진심에 입각한 맹약뿐이요. 믿음이란 말의 신표요, 선행의 기본이기 때문에 신이 보살피는 것이다. 신은 강제로 맺은 맹약을 부정하게 여기는 것이니 배반해도 괜찮다."

이에 초나라와 강화를 맺었다.

257. 불령지도(不逞之徒)

불령(不逞)은 뜻을 이루지 못하다. 뜻을 이루지 못하여 제멋대로 나쁜 짓을 하는 사람. 못된 놈. 분별없는 놈.

襄公十年秋, 諸侯伐鄭.……己酉, 師于牛首. 初, 子駟與尉止有爭. 將禦諸侯之師, 而黜其車. 尉止獲, 又與之爭. 子駟抑尉止曰, 爾車非禮也. 遂弗使獻. 初, 子駟爲田洫, 司氏堵氏侯氏子師氏, 皆喪田焉. 故五族聚羣不逞之人, 因公子之徒以作亂. 於是, 子駟當國, 子國爲司馬, 子耳爲司空, 子孔爲司徒.

양공 10년(전 563년) 가을, 제후들이 정(鄭)나라를 쳤다.……기유날에 연합군은 우수(牛首)에 주둔했다. 처음에 정나라 자사(子駟)와 위지(尉止)가 다툰 일이 있었다. 그래서 정나라가 제후들의 연합군을 막아 싸우려는 마당에 자사는 위지의 병거의 대수를 줄여서 출전하게 했고, 또 위지가 포로를 잡았음에도 그와 공로를 다투어 자사는 위지를 눌러 말했다.

"그대의 병거는 신분에 비해 너무 화려하다."

그리고 결국 위지가 잡은 포로를 조정에 헌납하지 못하게 훼방을 놓았다.

처음에 자사가 전지(田地)의 구획정리를 했을 때 사씨(司氏)·도씨(堵氏)·후씨(侯氏)·자사씨(子師氏) 등 네 가문이 손해를 본 일이 있었다. 그래서 이 네 씨족에 위지를 합한 다섯 가문이 앞장서서 불평 불만을 품은 사람을 모아, (전에 자사가 죽인) 공자들의 패거리를 끌어들여 난을 일으켰다. 이 때 자사가 국정을 장악하고 있었고, 자국(子國)이 사마(司馬), 자이(子耳)가 사공(司空), 자공(子孔)이 사도(司徒)로 있었다.

258. 중노난범(衆怒難犯), 전욕난성(專欲難成)

전욕(專欲)은 개인적 욕망. 대중의 분노는 거스르기 어렵고 개인의 욕망은 자기의 고집대로 채우기 어렵다. 다수인의 염원은 거스를 수 없다.

襄公十年冬, 子孔當國, 爲載書, 以位序聽政辟. 大夫諸司門子弗順, 將誅之. 子産止之, 請爲之焚書. 子孔不可曰, 爲書以定國, 衆怒而焚之, 是衆爲政也, 國不亦難乎. 子産曰, 衆怒難犯, 專欲難成. 合二難以安國, 危之道也. 不如焚書以安衆, 子得所欲, 衆亦得安, 不亦可乎.

양공 10년(전 563년) 겨울, 이에 자공(子孔)이 실권을 쥐자 서약문을 만들었다. 거기에 의하면 모든 관리는 직위와 서열에 따라 집정의 법령만 집행할 뿐 국정의 참여는 허용되지 않았다. 그래서 대부·주무관리·대부의 자제들이 불만을 터뜨리자 자공은 이들을 죽이려 들었다. 자산(子産)은 그것을 말리고 서약문을 불에 태워버리도록 건의했다. 그러나 자공은 듣지 않고 말했다.

"서약문을 만들어 나라를 안정시키려고 하는데 대중이 노한다고 해서 불에 태워버린다면 그건 대중이 정치를 하자는 말이나 다름없소. 그래서야 나라가 잘 다스려지겠소?"

그러나 자산은 말했다.

"대중이 화를 내면 거스르기 어렵고 권력을 독점하려는 욕심도 통하기 어렵습니다. 이 두 가지 어려움을 다 같이 안고 나라를 다스린다는 것은 위험한 일입니다. 서약문을 불에 태우고 대중을 안심시키는 것이 가장 좋은 방법입니다. 당신은 원하던 집정 자리를 차지했고 대중의 불평도 잠재운다면 이보다 더 좋은 일이 어디 있겠습니까?"

259. 전욕난성(專欲難成)

전욕(專欲)은 개인적 욕망. 자기 욕망만 고려하고 남의 의견을 듣지 않으면 성사되기 어렵다. 권력을 독점하려는 욕망은 만족시키기 어렵다.

출처는 258항 중노난범, 전욕난성(衆怒難犯, 專欲難成) 참조.

260. 필문규두(篳門閨竇)

사립문과 지게문. 집이 매우 초라하다. 가난한 집에 비유한다. 규(閨)는 규(圭)로도 쓴다.

襄公十年冬, 王叔陳生與伯輿爭政, 王右伯輿, 王叔陳生怒而出奔, 及河. 王復之, 殺史狡以說焉, 不入, 遂處之. 晉侯使士匄平王室, 王叔與伯輿訟焉. 王叔之宰與伯輿之大夫瑕禽, 坐獄於王庭, 士匄聽之. 王叔之宰曰, 篳門閨竇之人而皆陵其上, 其難爲上矣.

양공 10년(전 563년) 겨울, 주나라의 두 경사(卿士)인 왕숙 진생(陳生)과 백여(伯輿)가 정권을 다투는데 천자가 백여 편을 드매 왕숙 진생이 화가 나서 달아나 황하까지 왔다. 천자는 그를 복직시키려고 사관(史官) 교(狡)를 죽여 설득해 보았으나 그는 주나라로 들어가지 않고 그대로 눌러 앉았다. 진후(晉侯)는 사개(士匄)를 보내 왕실의 분규를 수습하게 했는데 왕숙과 백여는 그에게 소송을 제기했다. 왕숙의 가령(家令)과 백여의 대부인 하금(瑕禽)이 주나라 조정에서 시비 곡직을 따지고 사개가 재판을 보게 되었다. 왕숙의 가령이 말했다.

"백여와 같은 사립문과 허술한 지게문을 드나드는 천한 사람들이 모두 윗사람을 능멸하니 윗사람이 처신하기가 어렵습니다.".

261. 정이회성(政以賄成)

회(賄)는 뇌물. 뇌물을 가지고 정치를 하다. 정치가 몹시 부패하다.

襄公十年冬, 瑕禽曰, 昔, 平王東遷, 吾七姓從王, 牲用備具. 王賴之, 而賜之騂旄之盟曰, 世世無失職. 若篳門閨竇, 其能來東底乎. 且王何賴焉. 今自王叔之相也, 政以賄成, 而刑放於寵. 官之師旅, 不勝其富, 吾能無篳門閨竇乎. 唯大國圖之. 下而無直, 則何謂正矣. 范宣子曰, 天子所右, 寡君亦右之, 所左亦左之. 使王叔氏與伯輿合要, 王叔氏不能擧其契. 王叔奔晉.

양공 10년(전 563년) 겨울, (왕숙과 백여의 재판은 계속된다.) 그러자 하금(瑕禽)은 말했다.

"옛날 평왕(平王)께서 동쪽으로 천도하셨을 적에 우리들 일곱 성바지가 천자님을 따라와 제사에 쓰는 희생은 도맡아서 대드렸던 것입니다. 천자께서는 그분들을 의지하시고 붉은 소의 맹세[騂旄之盟]를 하사하시면서 <집안 대대로 이 관직을 잃지 않게 하리라.>고 말씀하셨습니다. 만약 그 때 가난한 집에 사는 천한 사람이었다면 어떻게 천자님을 따라 동방에 와서 살 수 있었겠습니까? 또 천자께서는 어떻게 그분들을 의지하셨겠습니까? 지금 왕숙이 재상이 된 후로는 정치가 뇌물로써 이루어지고, 법은 총신들이 마음대로 주무르며, 많은 벼슬아치들은 치부한 재물이 너무 많아 어찌 할 바를 모르고 있습니다. 그러니 정치를 할 줄 모르는 우리들이야 사립문과 지게문의 신세를 면할 수가 있겠습니까? 오직 공평하신 대국에서는 잘 처리해 주시리라 믿습니다. 아랫사람이라고 해서 하는 말까지 정직하지 않다고 해 버린다면 그 재판이 어찌 공정하다고 할 수 있겠습니까?

이에 범선자(范宣子)는 말했다.

"천자께서 미시는[右] 분을 우리 임금님도 미시고, 천자께서 미시지 않는[左] 분은 우리 임금님도 미시지 않을 따름이오."

그러고는 왕숙과 백여 편으로 하여금 증거물을 대조 검증하게 했던바 왕숙은 그 서류를 내놓지 못하여 진(晉)나라로 달아나고 말았다.

262. 거안사위(居安思危)

편안한 처지에 있을 때 닥칠 수 있는 위난을 생각하다.

襄公十一年冬, 鄭人賂晉侯, 以師悝師觸師蠲廣車軘車淳十五乘甲兵備凡兵車百乘歌鐘二肆及其鎛磬女樂二八. 晉侯以樂之半賜魏絳曰, 子教寡人, 和諸戎狄, 以正諸華. 八年之中, 九合諸侯, 如樂之和, 無所不諧. 請與子樂之. 辭曰, ……書曰, 居安思危. 思則有備, 有備無患. 敢以此規. 公曰, 子之教敢不承命. 抑微子, 寡人無以待戎, 不能濟河. 夫賞國之典也. 藏在盟府, 不可廢也. 子其受之. 魏絳於是乎始有金石之樂, 禮也.

양공 11년(전 562년) 겨울, 정(鄭)나라 사람이 진후(晉侯)에게 선물을 보냈는데 그 품목을 보면 악사인 사리(師悝)·사촉(師觸)·사견(師蠲), 광거(廣車)와 돈거(軘車) 각 15승으로 갑옷과 무기를 갖춰 두 벌, 일반 병거 100승, 편종(編鐘) 두 시렁과 거기에 부속된 대종(大鐘)과 경쇠 그리고 여악공 16명이었다. 진후는 악대의 절반을 위강(魏絳)에게 내어 주면서 말했다.

"나는 그대의 가르침에 따라 여러 융(戎)·적(狄)의 부족들과 화친을 맺고 중원의 제후들을 바로잡을 수 있었소. 8년 사이에 아홉 차례나 제후들을 소집했지만 화목하기가 마치 음악처럼 화기애애하였소. 나는 그대와 함께 이 음악의 즐거움을 나누고 싶소."

그러나 위강은 사양하고 대답했다.

"…… 《서(書)》에 이르기를 〈편안할 때 위태로울 것을 생각하라.〉고 했습니다. 생각하고 헤아리면 대비가 있게 마련이고 대비가 있으면 걱정이 없습니다. 신은 이것으로 삼가 임금님을 충간하는 바입니다."

이 말을 듣고 진후는 말했다.

"그대의 가르침을 내 어찌 받아들이지 않겠소. 만일 그대가 아니었더라면 나는 융적을 그렇게 다룰 수도 없었을 것이고, 황하를 건널 수도 없었을 것이오. 무릇 공이 있는 사람에게 상을 준다는 것은 나라의 법도이며 그 기록이 맹부(盟府)에 보관되어 있으니 폐기할 수도 없소. 그러니 부디 내가 주는 상을 받으시오."

이에 위강은 비로소 금석(金石)의 악기를 보유하게 되었으니 그것은 예의에 어긋난 일이 아니었다.

263. 유비무환(有備無患)

사전에 방비하면 우환이 없다. 이의 출처는 《상서(尙書)》〈열명중(說命中)〉이다.

출처는 262항 거안사위(居安思危) 참조.

264. 조민뇌지(兆民賴之)

이의 출처는 《상서(尙書)》〈여형(呂刑)〉이다. '일인유경, 조민뢰지(一人有慶, 兆民賴之)'로 '한 사람이 좋은 일을 하면 만 백성이 그 덕을 본다.'는 뜻이다. 백성이 모두 그를 우러러보고 의지하여 살아가다. 현명하고 어진 사람을 칭송하는 말.

襄公十三年夏, 荀罃士魴卒. 晉侯蒐于綿上, 以治兵. 使士匄將中軍, 辭曰, 伯游長. 昔, 臣習於知伯. 是以佐之, 非能賢也. 請從伯游. 荀偃將中軍, 士匄佐之. 使韓起將上軍, 辭以趙武. 又使欒黶, 辭曰, 臣不如韓起, 韓起願上趙武. 君其聽之. 使趙武將上軍, 韓起佐之, 欒黶將下軍, 魏絳佐之. ……

君子曰, 讓禮之主也. 范宣子讓, 其下皆讓. 欒黶爲汰, 弗敢違也. 晉國以平, 數世賴之, 刑善也夫. 一人刑善, 百姓休和. 可不務乎. 書曰, 一人有慶, 兆民賴之, 其寧惟永. 其是之謂乎.

양공 13년(전 560년) 여름, 진나라의 순앵(荀罃)과 사방(士魴)이 세상을 떠났다. 진후(晉侯)는 면상(綿上)에서 군사 연습을 실시하고 사개(士匄)를 중군 원수로 임명하니 그는 사양하여 말했다.

"백유(伯游 즉 荀偃)가 연상입니다. 지난날 신은 지백(知伯 즉 荀罃)에게서 배운 일이 있는 인연으로 부장(副將)으로 기용된 적이 있습니다만 신이 유능해서 그리 된 것이 아닙니다. 백유 밑에 있게 해 주십시오."

그래서 순언(荀偃)이 중군 원수가 되고 사개는 그 부장이 되었다. 그리고 한기(韓起)를 상군 대장으로 임명하니 사양하며 조무(趙武)를 추천했다. 다시 난염(欒黶)을 임명하니 사양하여 말했다.

"신은 한기보다 못합니다. 그러나 한기는 조무를 윗자리에 놓기를 원하고 있습니다. 그의 원을 들어주십시오."

그래서 조무를 상군 대장, 한기를 부장, 난염을 하군 대장, 위강(魏絳)을 부장으로 삼았다……

군자는 이렇게 평한다.

"겸양은 예의 근본이다. 범선자(范宣子 즉 士匃)가 사양을 하니 그 밑의 사람들이 줄줄이 사양을 했다. 난염 같은 독단적인 사람도 나서지를 못했다. 진나라는 이로 말미암아 평화로웠고 여러 대에 걸쳐 그 덕을 보았으니 그것은 범선자가 좋은 본을 보였기 때문이다. 한 사람이 좋은 본을 보이니 모든 백성이 화락했다. 어찌 여기에 힘쓰지 않을 수 있으랴? 《서(書)》에 이르기를 〈한 사람이 좋은 일을 하면 만 백성이 그 덕을 보고 나라의 안녕은 무궁하리라.〉고 했는데 이것은 진나라의 이 일을 두고 한 말이다."

265. 형극만도(荊棘滿途)

길 위에 온통 가시덤불이다. 전진하는 도로상에 장애물이 많아 곤란이 첩첩이 쌓이다.

襄公十四年春，將執戎子駒支，范宣子親數諸朝曰，來姜戎氏. 昔，秦人迫逐乃祖吾離于瓜州，乃祖吾離被苫蓋，蒙荊棘，以來歸我先君. 我先君惠公有不腆之田，與女剖分食之. 今，諸侯之事我寡君，不如昔者，蓋言語漏洩，則職女之由. 詰朝之事，爾無與焉. 與，將執女

양공 14년(전 559년) 봄, 진나라의 범선자(范宣子)는 융자(戎子) 구지(駒支)를 잡을 작정으로 몸소 그를 조정에서 꾸짖었다.

"이리 오라 강윤씨(姜戎氏)!. 옛날 진(秦)나라 사람이 너의 할아버지 오리(吾離)를 과주(瓜州)에서 내쫓았을 때 너의 할아버지 오리는 거적을 걸치고 가시덤불을 머리에 쓰고 우리 선군을 찾아와 의지했다. 우리 선군 혜공(惠公)께서는 그리 넉넉하지 못한 토지를 나누어주고 먹고 살게 하셨다. 그런데 지금 제후들이 과군을 모시는 것이 옛날과 같지 않으니 이는 필시 우리의 비밀이 너희 입에서

새났기 때문이다. 내일 아침의 제후의 회합에 너는 참가하지 마라. 참가하면 너를 잡아 가둘 것이다."

266. 기각지세(掎角之勢)

사슴의 뿔을 붙잡은 형세. 전투 중 병력을 나누어 적을 견제하거나 협공하는 형세. 서로 떠받치거나 지지함에 비유한다.

襄公十四年春, 對曰,……昔, 文公與秦伐鄭, 秦人竊與鄭盟, 而舍戍焉. 於是乎有殽之師. 晉禦其上, 戎亢其下. 秦師不復, 我諸戎實然. 譬如捕鹿, 晉人角之, 諸戎掎之, 與晉踣之. 戎何以不免. 自是以來, 晉之百役, 與我諸戎相繼于時, 以從執政, 猶殽志也. 豈敢離逖.

양공 14년(전 559년) 봄, 융자(戎子)는 대답했다.

"……지난 날 진나라 문공(文公)께서 진(秦)나라와 같이 정나라를 치셨을 때 진나라 사람이 몰래 정나라와 맹약을 맺고 정나라에 수비병을 두고 갔습니다. 그래서 효(殽)의 전쟁이 일어났던 것입니다. 이 싸움에서 진(晉)나라 군사는 앞에서 막고 우리 융족(戎族)은 뒤에서 지켰습니다. 진군(秦軍)이 살아 돌아가지 못했던 것은 모두 우리 융족이 잘 싸운 덕택이었습니다. 그 일을 사슴 잡는 일에 비유한다면 진나라 사람은 뿔을 잡고 융족은 뒷다리를 잡아당겨 진나라 사람과 함께 사슴을 넘어뜨린 격입니다. 그런데 융족이 이제 와서 왜 책망을 받아야 합니까? 그 이후 지금까지 진나라에 싸움이 있을 때마다 빠짐없이 우리 융족이 행동을 같이하여 진나라 집정(執政)님의 지시에 따랐던 것은 효에서 싸웠던 그 마음에 변함이 없었기 때문입니다. 어찌 감히 배반을 하겠습니까?"

267. 마수시첨(馬首是瞻)

시(是)는 지시대사로서 목적어와 술어 사이에 사용되며 전치목적어 '마수(馬首)'를 다시 가리킨다. 원래는 옛날 전쟁할 때 병사가 장군의 말머리를 보고 행동 방향을 결정하던 일을 가리킨다. 지휘에 복종하거나 다른 사람의 의도를 살펴서 행동하다.

襄公十四年夏, 鄭司馬子蟜帥鄭師以進, 師皆從之. 至于棫林, 不獲成焉. 荀偃令曰, 鷄鳴而駕, 塞井夷竈, 唯余馬首是瞻. 欒黶曰, 晉國之命未是有也. 余馬首欲東. 乃歸, 下軍從之. 左史謂魏莊子曰, 不待中行伯乎. 莊子曰, 夫子命從帥. 欒伯吾帥也, 吾將從之. 從帥所以待夫子也. 伯游曰, 吾令實過, 悔之何及, 多遺秦禽. 乃命大還. 晉人謂之, 遷延之役.

양공 14년(전 559년) 여름, 정나라 사마(司馬) 자교(子蟜)가 정나라 군사를 이끌고 앞장서 진격하니 다른 군사도 모두 그 뒤를 따라 역림(棫林)까지 갔으나 진(秦)나라는 화평을 청하지 않았다. 진군(晉軍)의 원수 순언(荀偃)은 명령을 내렸다.

"내일 새벽에 닭이 울면 병거(兵車)에 말을 매고, 우물을 묻고, 부뚜막을 헐어 없애고, 오직 나의 말머리가 어느 쪽을 향하는가를 보라.".

그러나 난염(欒黶)은 말했다.

"진나라의 명령에 이런 명령은 일찍이 없었다. 나의 말머리는 동쪽을 향하고 싶어한다."

하고는 돌아가니 하군(下軍)이 그를 따라 돌아갔다. 좌사(左史)가 하군 부장인 위장자(魏莊子 즉 魏絳)에게 말했다.

"중행백(中行伯 즉 荀偃)을 기다리지 않아도 됩니까?"

위장자는 대답했다.

"그 어른은 주장(主將)을 따르라고 명령하셨소. 난백(欒伯 즉 欒

黶)은 나의 주장이니 나는 그분의 명령을 따르겠소. 주장을 따르는 것이 그 어른을 기다리는 길이오."

이에 백유(伯游 즉 荀偃)는 뉘우쳐 말했다.

"내 명령은 정말 잘못되었다. 이제 후회한들 무슨 소용이 있겠는가? 싸워 봤자 진(秦)나라에 포로만 잔뜩 안겨줄 뿐이다."

그러고는 곧 명령을 내려 전군이 철군하고 말았다. 진나라 사람은 이것을 '미루적거린 전쟁[遷延之役]'이라 불렀다.

268. 마수욕동(馬首欲東)

돌아가다.

출처는 267항 마수시첨(馬首是瞻) 참조.

269. 감당유애(甘棠遺愛)

감당(甘棠)은 팥배나무. 팥배나무가 인애를 남기다. 떠나고 없거나 작고한, 청렴하고 현명한 관리에 대한 깊은 그리움. 관리가 남긴 공적의 전고(典故)를 칭송하는 말. 이의 출처는 《시경(詩經)》 〈소남(召南)·감당(甘棠)〉이다.

襄公十四年夏, 士鞅奔秦.……秦伯問於士鞅曰, 晉大夫其誰先亡. 對曰, 其欒氏乎. 秦伯曰, 以其汰乎. 對曰, 然. 欒黶汰虐已甚, 猶可以免, 其在盈乎. 秦伯曰, 何故. 對曰, 武子之德在民, 如周人之思召公焉. 愛其甘棠, 況其子乎. 欒黶死, 盈之善未能及人, 武子所施沒矣, 而黶之怨實章, 將於是乎在.

양공 14년(전 559년) 여름, 이에 사앙(士鞅)은 진(秦)나라로 도망갔다.……진백(秦伯)이 사앙에게 물었다.

"진나라의 대부들 중에서 누가 먼저 망할 건가?"

사앙이 대답했다.

"그건 난씨(欒氏)일까 합니다."

"그가 오만하기 때문인가?"

"그렇습니다. .난염(欒黶)은 아주 오만하고 포악하나 그래도 그는 화를 면할 것입니다. 망하는 것은 아들 난영(欒盈)의 대에 가서일 것입니다."

"그건 왜 그런가?"

"난무자(欒武子 즉 欒書)가 베푼 은덕이 백성들에게 숭앙받는 것은 마치 주나라 사람이 소공(召公)을 그리워하는 것과 같습니다. 소공과 연고가 있다고 해서 팥배나무까지 사랑하였거늘 하물며 그의 아들이 망할 리가 있겠습니까? 그러나 난염이 죽고난 뒤 난영의 좋은 점이 사람들에게 채 알려지지 못하고, 난무자가 베푼 은혜도 잊혀질 무렵이 되면 난염에 대한 원망이 확실히 나타날 것입니다. 그 때가 돼서야 난영이 망하게 될 것입니다."

270. 호구고수(狐裘羔袖)

호구(狐裘)는 여우 가죽으로 안을 댄 저고리. 고(羔)는 새끼 양, 여기서는 새끼 양의 가죽. 여우의 가죽으로 만든 갖옷에 새끼 양의 가죽으로 소매를 달다. 전체적으로는 괜찮으나 국부적으로는 약간 모자란 데가 있다.

襄公十四年夏四月己未, 子展奔齊, 公如鄄, 使子行請於孫子, 孫子又殺之. 公出奔齊.……齊人以郲寄衛侯. 及其復也, 以郲糧歸. 右宰穀從而逃歸. 衛人將殺之. 辭曰, 余不說初矣. 余狐裘而羔袖. 乃赦之.

양공 14년(전 559년) 여름 4월, 기미날에 위나라의 자전(子展)은 제나라로 도망갔고 헌공(獻公)은 견(鄄)으로 가서 거기서 자행(子行)을 보내 손자(孫子)를 무마하려 했으나 손자는 그마저 죽여버렸다. 그래서 헌공은 제(齊)나라로 도망을 갔다.……

제나라 사람은 내(郲) 땅을 내주어 위후(衛侯)가 몸붙이게 해주었다. 그런데 헌공은 복위가 되어 본국으로 돌아갈 때 내에 있던 양곡을 가지고 가버렸다. 우재(右宰) 곡(穀)은 위나라 임금을 따라 제나라까지 갔다가 도망쳐 본국으로 돌아갔다. 위나라 사람이 죽이려 하자 그는 변명을 했다.

"처음부터 좋아서 수행한 것이 아닙니다. 나는 말하자면 여우 가죽의 갖옷에 싸구려 새끼 양의 가죽으로 소매를 단 격입니다."

그래서 그를 용서했다.

271. 전만후추(前挽後推)

앞에서 당기고 뒤에서 밀다. 앞으로 나아가지 않을 수 없다.

襄公十四年夏, 衛侯在郲, 臧紇如齊, 唁衛侯. 衛侯與之言, 虐. 退而告其人曰, 衛侯其不得入矣. 其言糞土也. 亡而不變, 何以復國. 子展子鮮聞之, 見臧紇, 與之言, 道. 臧孫說, 謂其人曰, 衛君必入. 夫二子者, 或輓之, 或推之, 欲無入得乎.

양공 14년(전 559년) 여름, 위후(衛侯)가 내(郲) 땅에 있을 때 노(魯)나라의 장흘(臧紇 즉 臧武仲)이 제나라에 가서 위나라 임금을 위문하고 말을 나누었는데 위후의 말이 표독스러웠다. 장흘이 물러나와 자기 측근에게 말했다.

"위후는 본국으로 못 돌아갈 것이다. 하는 말이 썩은 흙처럼 하찮다. 국외에 망명하고서도 조금도 변한 것이 없으니 어떻게 임금의 자리를 다시 차지할 수 있겠는가?"

위나라의 자전(子展)과 자선(子鮮)이 이 말을 전해 듣고 장흘을 찾아가 말을 나누었는데 그들이 하는 말은 사리에 맞았다. 장흘은 기뻐서 자기 측근에게 말했다.

"위나라 임금은 꼭 본국으로 돌아갈 수 있을 것이다. 저 두 사람이 앞에서 당기고 뒤에서 밀고 하니 돌아가지 않을래야 않을 수 있겠는가?"

272. 봉약신명(奉若神明)

어떤 사람이나 사물을 신처럼 모시다. 지극히 존숭하다.

襄公十四年夏, 師曠侍於晉侯. 晉侯曰, 衛人出其君, 不亦甚乎. 對曰, 或者其君實甚. 良君將賞善, 而刑淫, 養民如子, 蓋之如天, 容之如地. 民奉其君, 愛之如父母, 仰之如日月, 敬之如神明, 畏之如雷霆, 其可出乎. 夫君神之主而民之望也.

양공 14년(전 559년) 여름, 사광(師曠)이 진후(晉侯)를 곁에서 모시고 있는데 진후가 말했다.

"위나라 사람이 자기네 임금을 내쫓았다고 하는데 그건 너무 심하지 않은가?"

사광은 대답했다.

"그 임금님이 너무 심하셨겠지요. 좋은 임금은 착한 사람에게 상을 주고 악한 사람은 벌을 주며, 백성 기르기를 자식같이 하고, 덮어주기를 하늘과 같이 하며, 받아들이기를 땅과 같이 합니다. 한편 백성은 임금을 받들기를 부모처럼 사랑하고, 해와 달처럼 우러러보며, 신처럼 공경하고, 우레처럼 두려워합니다. 이런 임금을 어찌 내쫓을 수 있겠습니까? 임금이란 자리는 신을 제사지내는 제주인 동시에 백성의 희망인 것입니다.”.

273. 불탐위보(不貪爲寶)

욕심부리지 않는 것을 보배로 삼다. 청렴결백하고 품덕이 고상한 사람을 찬양하다.

襄公十五年冬, 宋人或得玉, 獻諸子罕. 子罕弗受. 獻玉者曰, 以示玉人, 玉人以爲寶也. 故敢獻之. 子罕曰, 我以不貪爲寶, 爾以玉爲寶. 若以與我, 皆喪寶也, 不若人有其寶. 稽首而告曰, 小人懷璧, 不可以越鄕. 納此以請死也. 子罕寘諸其里, 使玉人爲之攻之, 富而後使復其所.

양공 15년(전 558년) 겨울, 송(宋)나라의 어떤 사람이 옥을 입수하여 그것을 자한(子罕)에게 바쳤으나 자한은 받지 않았다. 옥 바친 사람이 말했다.

“이것을 옥장이에게 보였더니 옥장이는 대단한 보배라고 했습니다. 그래서 삼가 바치는 것입니다.”

자한은 대답했다.

“나는 욕심부리지 않는 것을 보배로 삼고 그대는 옥을 보배로 삼는 사람일세. 만약 그 옥을 나에게 준다면 두 사람이 다 보배를 잃게 되니 그보다는 각자가 자기의 보배를 간직하는 것이 좋겠네.”

옥 바친 사람은 머리를 조아리며 말을 했다.

“미천한 사람이 옥을 지니면 마을을 지나갈 수가 없습니다. 이것을 드리는 것은 목숨을 부지하기 위해서입니다.”

그래서 자한은 이 사람을 자기 마을에 있게 하고 옥장이를 시켜 그 옥을 잘 다듬게 한 다음 그것을 팔아서 많은 돈을 마련한 후 그를 그의 고향으로 돌려보냈다.

274. 침점침괴(寢苫枕塊)

점(苫)은 거적자리. 거적자리에서 잠자고 흙덩이를 베개로 삼다. 옛날 부모의 상중(喪中)에 지키던 예절.

襄公十七年冬, 齊晏桓子卒. 晏嬰粗縗斬, 苴絰帶, 杖, 菅屨, 食鬻, 居倚廬, 寢苫, 枕草. 其老曰, 非大夫之禮也. 曰, 唯卿爲大夫.

양공 17년(전 556년) 겨울, 제나라의 안환자(晏桓子)가 세상을 떠났다. 안영(晏嬰)은 굵은 삼베옷을 입고, 머리와 허리에 삼으로 꼰 띠를 두르고, 죽장을 짚으며, 엄짚신을 신고, 죽을 먹으며, 초막에서 지내면서, 거적자리에서 잠자고, 풀을 베개삼아 상주 노릇을 했다. 그의 가령(家令)이 말했다.

"그것은 대부(大夫)가 지킬 예절이 아닙니다."

그러자 안영은 대답했다.

"오직 경(卿)만이 대부가 될 수 있는 것이오.".

275. 유여교일(有如皦日)

교일(皦日)은 밝은 태양. 서사(誓詞)에 많이 쓰이며 진심을 나타낸다. 태양에 대고 맹세하다. 이의 출처는 《시경(詩經)》 〈왕풍(王風)·대거(大車)〉이다.

襄公十八年冬十一月丁卯朔, 入平陰, 遂從齊師. 夙沙衛連大車以塞隧, 而殿. 殖綽郭最曰, 子殿國師, 齊之辱也. 子姑先乎. 乃代之殿. 衛殺馬於隘以塞道. 晉州綽及之, 射殖綽, 中肩, 兩矢夾脰. 曰, 止, 將爲三軍獲, 不止, 將取其衷. 顧曰, 爲私誓. 州綽曰, 有如日. 乃弛弓而自後縛之. 其右具丙亦舍

兵, 而縛郭最, 皆衿甲面縛, 坐于中軍之鼓下.

양공 18년(전 555년) 겨울 11월, 정묘날 초하루에 진군(晉軍)은 평음(平陰)으로 들어가 곧바로 도망가는 제군(齊軍)을 추격했다. 제나라의 숙사위(夙沙衛)는 큰 수레를 연결하여 산중 소로를 막고 제군의 후위를 맡았다. 식작(殖綽)과 곽최(郭最)가 말했다.

"임금님의 측근인 자네가 국군의 후미를 지킨다는 것은 우리 제나라의 수치다. 빨리 앞으로 가게."

그리고 그들이 대신 후위를 맡았다. 숙사위는 말을 죽여 좁은 길목을 막아 놓고 떠났는데 곧 진(晉)나라의 주작(州綽)이 뒤쫓아와서 식작을 쏘아 어깨를 맞혔는데 두 화살이 목을 끼고 박혔다. 주작이 말했다.

"수레를 멈춘다면 그대를 잡아 3군의 포로로 우대할 것이다. 멈추지 않는다면 이번에는 두 화살의 한가운데를 쏠 것이다."

식작은 뒤돌아보고 말했다.

"맹세를 하겠는가?"

"저 태양에 대고 맹세한다."

이에 주작은 활줄을 늦추고 식작을 뒤에서 묶고 그의 거우(車右)인 구병(具丙)도 들었던 무기를 내려놓고 곽최를 묶었다. 두 사람 모두 갑옷을 입은 채로 두 손을 뒤로 묶여 진나라 중군의 수레에 실린 전고(戰鼓)밑에 앉혀졌다.

276. 남풍불경(南風不競)

풍(風)은 음악, 경(競)은 강하다. 남방의 음악은 가락이 힘차지 못하다. 원래는 초나라 군사의 사기가 떨치지 못하고 전투력이 없음에 비유했다. 경쟁력이 세지 못하고 기회를 놓치거나 세력이 약하다.

襄公十八年冬, 晉人聞有楚師. 師曠曰, 不害. 吾驟歌北風, 又歌南風, 南風不競, 多死聲. 楚必無功. 董叔曰, 天道多在西北. 南師不時, 必無功. 叔向曰, 在其君之德也.

양공 18년(전 555년) 겨울, 진(晉)나라 사람은 초군(楚軍)이 출병했다는 소식을 들어 알았다. 그때 사광(師曠)은 말했다.

"해가 될 게 없다. 나는 자주 북방의 노래를 부르고 또 남방의 노래도 부르지만 남방의 노래는 활기가 없고 죽어가는 소리가 많으니 초나라는 반드시 성공하지 못할 것이다."

동숙(董叔)은 말했다.

"세성(歲星)이 서북방에 있으니 남방에서 출동하는 군사는 천시에 맞지 않아 반드시 실패할 것이다."

또 숙향(叔向)은 말했다.

"(전쟁의 성패는) 그 나라 임금의 덕에 달린 것이다.".

277. 염자재자(念玆在玆)

자(玆)는 차(此)와 같다. 이의 출처는 《상서(尙書)》 <대우모(大禹謨)>이다. 순(舜)임금이 우(禹)에게 양위했을 때 우는 사양하고 그 자리에 고요(皐陶)를 천거하면서 한 말이다. 앞의 자(玆)는 덕(德)을 가리키고, 뒤의 자(玆)는 고요(皐陶)를 가리킨다. 덕을 생각함은 바로 고요이다. 후에 어떤 일을 마음에 새겨 자나 깨나 잊지 않는다는 뜻으로 변했다.

襄公二十一年春, 邾庶其以漆閭丘來奔, 季武子以公姑姊妻之, 皆有賜於其從者. 於是, 魯多盜. 季孫謂臧武仲曰, 子盍詰盜. 武仲曰, 不可詰也. 紇又不能. 季孫曰, 我有四封, 而詰其盜, 何故不可. 子爲司寇, 將盜是務去, 若之何不能. 武仲曰,

子召外盜, 而大禮焉, 何以止吾盜. 子爲正卿, 而來外盜, 使紇去之, 將何以能.……夫上之所爲, 民之所歸也. 上所不爲而民或爲之, 是以加刑罰焉, 而莫敢不懲. 若上之所爲而民亦爲之, 乃其所也, 又可禁乎. 夏書曰, 念兹在兹, 釋兹在兹, 名言兹在兹, 允出兹在兹, 惟帝念功, 將謂由己壹也. 信由己壹, 而後, 功可念也.

양공 21년(전 552년) 봄, 주(邾)나라의 서기(庶其)가 칠(漆)과 여구(閭丘)의 두 도읍을 가지고 노나라로 도망을 왔다. 계무자(季武子 즉 季孫叔)는 양공의 고모를 그의 처로 삼아주고 그 수행원에게도 모두 상을 주었다. 이 무렵 노나라에는 도둑이 많았다. 계손(季孫)이 장무중(臧武仲)을 보고 말했다.

"당신은 왜 도둑을 단속하지 않소?"

장무중은 대답했다.

"단속할 수 없습니다. 또 나 흘(紇)에게는 능력이 없습니다."

"이 나라에는 사방에 관문이 있어 도둑을 단속하고 있다. 왜 할 수 없다는 건가, 당신은 사구(司寇)로서 도둑을 잡아 없애는 것이 임무가 아닌가, 어째서 할 수 없다는 거요?"

"어르신께서 밖의 도둑을 불러들여 크게 예우를 했는데 어떻게 나라 안의 도둑을 막을 수가 있겠습니까? 어르신은 재상의 몸으로 외국의 도둑을 불러들이면서 나 흘보고 도둑을 없애라 하니 어떻게 그게 가능하겠습니까?……윗사람이 하는 짓은 백성의 모범이 되는 것입니다. 윗사람이 하지 않는 짓을 하는 백성이 있다면 그것은 형벌을 가하여 응징하면 되지만, 윗사람이 하는 짓을 백성도 따라 한다면 그것은 당연한 일인데 어떻게 금한단 말입니까? 《하서(夏書)》에 이르기를 〈덕을 생각함은 바로 고요(皐陶)이고, 덕을 버림도 바로 이 사람이며, 덕을 선양함도 바로 이 사람이고, 진심으로 덕을 추진함도 바로 이 사람입니다. 임금님께서는 그의 공적을 기념하소서.〉

라고 했습니다. 이 말은 아마 자기의 언행을 한결같이 해야 한다는 것을 말한 것입니다. 자기의 진심이 한결같아야만 공로를 기념할 수 있을 것입니다."

278. 적불상능(積不相能)

적(積)은 오랫동안. 능(能)은 화목하다, 우호적이다. 오랫동안 서로 화목하지 못하다.

襄公二十一年夏, 欒桓子娶於范宣子, 生懷子. 范鞅以其亡也, 怨欒氏. 故與欒盈爲公族大夫, 而不相能. 桓子卒, 欒祁與其老州賓通, 幾亡室矣. 懷子患之. 祁懼其討也, 愬諸宣子曰, 盈將爲亂, 以范氏爲死桓主而專政矣.

양공 21년(전 552년) 여름, 난환자(欒桓子 즉 欒黶)는 범선자(范宣子 즉 士匄)의 딸을 아내로 취하여 회자(懷子 즉 欒盈)를 낳았다. 사개의 아들 범앙(范鞅)은 전에 (난염 때문에 진나라로) 망명했던 일로 난씨를 원망하고 있었다. 그래서 난영(欒盈)과는 함께 공족대부(公族大夫)가 되었지만 서로 사이가 좋지 못했다. 난환자가 세상을 떠나자 그의 처 난기(欒祁)는 가령(家令)인 주빈(州賓)과 밀통하여 가산을 거의 탕진한 상태였다. 회자는 그것을 걱정하고 있었는데 난기는 회자에게 추궁당할 것을 두려워하여 친정 아버지인 범선자에게 고자질을 했다.

"영(盈)은 반란을 꾀하고 있습니다. 그는 범씨네가 환자는 이미 죽고 없는 사람이라 하여 정권을 마음대로 하고 있다고 여기고 있습니다."

279. 요이졸세(聊以卒歲)

요(聊)는 잠시. 졸(卒)은 끝내다. 잠시 이렇게 세월을 보내다. 본래는 유유자적하게 소일한다는 뜻이었다. 후에 마지못해 일생을 보내다는 뜻으로 변했다. 이의 출처는 《시경(詩經)》 〈빈풍(豳風)·칠월(七月)〉이다.

襄公二十一年夏, 懷子好施, 士多歸之. 宣子畏其多士也, 信之. 懷子爲下卿. 宣子使城著, 而遂逐之. 秋, 欒嬰出奔楚. 宣子殺箕遺黃淵嘉父司空靖邴豫董叔邴師申書羊舌虎叔羆, 囚伯華叔向籍偃. 人謂叔向曰, 子離於罪, 其爲不知乎. 叔向曰, 與其死亡若何. 詩曰, 優哉游哉, 聊以卒歲, 知也.

양공 21년(전 552년) 여름, 회자(懷子 즉 欒盈)는 남에게 베풀기를 좋아해서 선비들이 많이 그를 따랐다. 범선자(范宣子)는 회자에게 따르는 선비가 많음을 염려하던 터라 딸 난기(欒祁)의 고자질을 믿었다. 그 때 회자는 하경(下卿)으로 있었는데 범선자는 그에게 저읍(著邑)에 성을 쌓게 하고 도착하자 바로 그를 추방했다. 그래서 가을에 난영(欒盈)은 초나라로 도망을 갔던 것이다. 범선자는 기유(箕遺)·황연(黃淵)·가보(嘉父)·사공정(司空靖)·병예(邴豫)·동숙(董叔)·병사(邴師)·신서(申書)·양설호(羊舌虎)·숙비(叔羆) 등을 죽이고, 백화(伯華)·숙향(叔向)·적언(籍偃) 등을 잡아 가두었다.

어떤 사람이 숙향을 보고 말했다.

"당신이 억울하게 죄에 걸려든 것은 앞을 내다보지 못한 때문이 아닌가?"

숙향은 말했다.

"죽거나 도망가는 것보다는 낫지 않을까요? 《시》에 읊기를,

유유자적하며
이렇게 세월을 보내리

라고 했는데 이것은 앞을 내다본 것이지오."

280. 식육침피(食肉寢皮)

살을 먹고 가죽을 벗겨 깔개로 삼다. 원한이 뼈에 사무치다. 또한 일반적으로 들짐승의 고기를 먹고 그 가죽으로 방석을 만들다. 즉 고인류의 원시생활을 가리킨다.

襄公二十一年冬, 知起中行喜州綽邢蒯出奔齊, 皆欒氏之黨也.……齊莊公朝, 指殖綽郭最曰, 是寡人之雄也. 州綽曰, 君以爲雄, 誰敢不雄. 然, 臣不敏, 平陰之役, 先二子鳴. 莊公爲勇爵, 殖綽郭最欲與焉. 州綽曰, 東閭之役, 臣左驂迫, 還於門中, 識其枚數, 其可以與於此乎. 公曰, 子爲晉君也. 對曰, 臣爲隷新. 然二子者, 譬於禽獸, 臣食其肉, 而寢處其皮矣.

양공 21년(전 552년) 겨울, 진(晉)나라의 지기(知起)·중행희(中行喜)·주작(州綽)·형괴(邢蒯) 등이 제나라로 도망갔는데 모두 난씨(欒氏)쪽 사람들이었다.……제나라 장공(莊公)이 조정에 나가 식작(殖綽)과 곽최(郭最)를 가리키면서 말했다.

"이 사람들이 나의 용사들이오."

그러자 주작이 말했다.

"임금님께서 용사라고 하시는데 누가 용사가 아니라고 하겠습니까? 그러나 신은 불민하지만 평음(平陰)의 전쟁에서 저 두 사람보다 먼저 환성을 올렸습니다."

장공이 용사의 술잔[勇爵]을 내놓으니 식작과 곽최가 받으려고 하자 주작은 말했다.

"저 동려(東閭)의 전쟁에서 신의 왼쪽 곁마[驂馬]가 당황하여 성문 안에서 맴돌았을 때 신은 문짝에 박힌 쇠못의 수를 헤아렸습니다. 이만하면 술잔을 받을 만하지 않겠습니까?"

장공은 말했다.

"그건 그대가 진나라 임금을 위해서 한 일이 아닌가?"

주작은 대답했다.

"신은 신참입니다. 그러나 이 두 사람을 짐승에 비유한다면 신은 저들의 살을 먹어치운 다음 그 가죽을 깔고 잠자는 격입니다."

281. 생사육골(生死肉骨)

죽은 사람을 되살리고 뼈에 살을 붙이다. 크나큰 은혜에 비유한다.

襄公二十二年冬, 復使薳子馮爲令尹, 公子齮爲司馬, 屈建爲莫敖. 有寵於薳子者八人, 皆無祿而多馬. 他日朝, 與申叔豫言, 弗應而退. 從之, 入於人中. 又從之, 遂歸. 退朝, 見之曰, 子三困我於朝. 吾懼, 不敢不見. 吾過, 子姑告我. 何疾我也. 對曰, 吾不免是懼. 何敢告子. 曰, 何故. 對曰, 昔, 觀起有寵於子南, 子南得罪, 觀起車裂, 何故不懼. 自御而歸, 不能當道. 至, 謂八人者曰, 吾見申叔, 夫子所謂生死而肉骨也. 知我者如夫子, 則可, 不然, 請止. 辭八人者. 而後, 王安之.

양공 22년(전 551년) 겨울, 초왕은 다시 위자빙(薳子馮)을 영윤(令尹)으로 삼고 공자 기(齮)를 사마(司馬)로, 굴건(屈建)을 막오(莫敖)로 삼았다. 위자빙에게 총애를 받는 여덟 사람이 모두 국록을 받지 않는데도 말을 많이 갖고 있었다. 어느날 위자빙이 조정에 나가 신숙예(申叔豫)에게 말을 거니 신숙예는 대꾸를 하지 않고 자리를 떴다. 위자빙이 뒤따라가니 사람들 속으로 사라지는지라 그래도 계속 따라가니 바로 자기 집으로 들어가 버렸다. 위자빙은 조정에서 퇴청하는 길로 신숙예를 찾아보고 말했다.

"당신은 세 번이나 나를 조정에서 골탕을 먹였소. 무슨 일인가 걱정이 돼서 찾아보지 않을 수 없었소. 내가 잘못한 일이 있으면 내게 솔직히 말해 주시오. 왜 나를 피하는 거요?"

신숙예가 대답했다.

"나는 화를 면하지 못할까 두렵습니다. 그런데 어찌 당신에게 그것을 가르쳐 드릴 수 있겠습니까?"

"무엇 때문에 그러는 거요?"

"지난 날 관기(觀起)는 자남(子南)에게 총애를 받다가 자남이 죄를 짓자 관기도 거열(車裂)의 형을 받았습니다. 어찌 두렵지 않겠습니까?"

위자빙은 자기가 직접 수레를 몰고 집으로 돌아가는데 정신이 없어서 수레를 제대로 몰 수 없었다. 집에 도착하자 그 여덟 사람에게 말했다.

"신숙예 어른을 만나 뵙고 오는 길인데 그분이야말로 이른바 죽은 사람을 되살리고 뼈에 살을 붙여주는 분이다. 너희들이 나를 알기를 그분처럼만 한다면 남아 있어도 좋지만 그렇지 못하면 그만두었으면 좋겠네."

이렇게 해서 여덟 사람을 떼어버렸다. 그후 초왕은 그에게 마음을 놓았다.

282. 화복무문(禍福無門), 유인소소(唯人所召)

화와 복은 정해진 운명이 아니고 오직 자기 자신의 노력 여하에 달려 있다.

襄公二十三年秋，季武子無適子，公彌長，而愛悼子，欲立之．訪於申豊曰，彌與紇吾皆愛之，欲擇才焉而立之．申豊趨退歸，盡室將行．他日又訪焉．對曰，其然，將具敝車而行．乃止．訪於臧紇．臧紇曰，飲我酒，吾爲子立之．季氏飮大夫酒，臧紇爲客．旣獻，臧孫命北面重席，新尊潔之．召悼子，降逆之，大夫皆起．及旅，而召公鉏，使與之齒．季孫失色．

季氏以公鉏爲馬正，慍而不出．閔子馬見之曰，子無然．禍福無門，唯人所召．爲人子者患不孝，不患無所．敬共父命．何常之有．若能孝敬，富倍季氏可也．姦回不軌，禍倍下民可也．

양공 23년(전 550년) 가을, 노나라의 계무자(季武子 즉 季孫叔)에게는 적자(嫡子)가 없었다. 서자 중에서는 공미(公彌)가 연장이었으나 그는 그 밑의 도자(悼子 즉 紇)를 더 사랑하여 그를 후계자로 세우고 싶었다. 그는 가령(家令)인 신풍(申豊)에게 의논했다.

“미(彌)도 흘(紇)도 다 사랑하지만 재주 있는 쪽을 후계자로 세우고 싶다.”

그러자 신풍은 잰 걸음으로 집에 돌아가 온 식구를 다 데리고 떠날 준비를 했다. 다른 날 또 그에게 그 일을 물었더니 신풍은 말했다.

“정 그러시다면 저는 낡은 수레를 끌고 떠나겠습니다.”

그래서 계무자는 그 일을 그만두었다. 다음에는 장흘(臧紇)에게 물었더니 장흘은 대답했다.

“내게 술 한 턱 내시오. 그러면 당신을 위해 흘(紇)을 세워주리다.”

계무자는 대부들에게 술잔치를 베풀어 장흘을 상객으로 모셨다. 손님과 주인 사이의 헌주(獻酒)의 예가 끝나자 장손(臧孫 즉 臧紇)은 북쪽에 남향하여 이층 자리를 마련하게 하고 새 술잔을 깨끗이

씻어서 차려놓게 했다. 그리고는 도자를 불러 도착하자 당하로 내려가 맞이하니 대부들이 일제히 자리에서 일어났다. 장유존비(長幼尊卑)의 차례에 따라 술을 권하는 여수(旅酬) 때가 되자 공서(公鉏 즉 公彌)를 불러 대부들 사이에 끼어 앉게 하니 이것을 본 계손(季孫)은 아연실색했다.

계씨는 그후 공서를 집안의 마정(馬正)으로 삼았으나 공서는 화가 나서 나가지 않았다. 민자마(閔子馬)가 공서를 만나 타일렀다.

"자네 그러지 말게. 화와 복은 들어오는 문이 따로 있는 것이 아니고 오직 사람이 불러들이는 것일세. 자식된 자는 불효나 걱정할 것이지 지위 따위는 걱정 말아야 하네. 부친의 명령을 공손하게 받아들이게. 어찌 항상 이런 처지에 있으란 법이 있겠는가? 자네가 만약 부친에게 효도하고 공경할 수만 있다면 계씨 종가보다 배나 부자가 될 수 있을 것이지만 간사하고 상도에 벗어난 짓을 한다면 저 밑의 백성보다 더 큰 화를 당할 걸세."

283. 약석지언(藥石之言)

약석(藥石)은 병을 고치는 데 쓰는 약과 돌침. 남의 결점과 잘못을 고치도록 충고하는 말. 충언(忠言).

襄公二十三年秋, 孟孫惡臧孫, 季孫愛之.……己卯, 孟孫卒. 公鉏奉羯, 立于户側. 季孫至, 入哭而出曰, 秩焉在. 公鉏曰, 羯在此矣. 季孫曰, 孺子長. 公鉏曰, 何長之有. 唯其才也. 且夫子之命也. 遂立羯. 秩奔邾.

臧孫入哭, 甚哀多涕. 出, 其御曰, 孟孫之惡子也, 而哀如是. 季孫若死, 其若之何. 臧孫曰, 季孫之愛我疾疢也, 孟孫之惡我藥石也. 美疢不如惡石. 夫石猶生我, 疢之美, 其毒滋多.

孟孫死, 吾亡無日矣.

양공 23년(전 550년) 가을, 맹손(孟孫 즉 仲孫速)은 장손(臧孫 즉 紇)을 미워하고 계손(季孫)은 장손을 좋아했다.……기묘날에 맹손은 세상을 떠났다. 공서(公鉏)는 갈(羯)을 붙들고 문가에 서 있었다. 계손이 와서 들어가 곡을 하고 나와서 물었다.

"질(秩)은 어디에 있는가?"

"갈이 여기 있습니다."

"그 아이가 손위다."

그러자 공서가 대답했다.

"나이가 무슨 상관입니까? 오직 재주만 있으면 그만이지요. 거기다가 이것은 맹손 어른의 유언이기도 합니다.".

그래서 갈을 세우고 질은 주(邾)나라로 도망갔다.

장손은 문상을 와서 곡을 했는데 아주 서럽게 울고 눈물도 많이 흘렸다. 곡을 마치고 나오니 그의 어자가 말했다.

"맹손 어른은 어르신을 미워하셨는데도 이렇게 슬퍼하시니 계손 어른께서 돌아가신다면 얼마나 슬퍼하실 겁니까?"

장손은 대답했다.

"계손씨가 나를 좋아하신 것은 질병을 주는 것과 같고 맹손씨가 나를 미워하신 것은 병을 고치는 약석(藥石)과 같은 것이다. 고통이 없는 질병이라도 나쁜 약석만 못한 것이다. 약석은 좌우간 나를 살려주지만 질병은 고통이 없더라도 그 해독은 더 심한 것이다. 맹손씨가 돌아갔으니 내가 망할 날도 얼마 남지 않았구나!"

284. 사이불후(死而不朽)

죽어도 영원히 썩지 않다.

襄公二十四年春，穆叔如晉．范宣子逆之，問焉曰，古人有言，曰，死而不朽，何謂也．穆叔未對，宣子曰，昔，匄之祖，自虞以上爲陶唐氏，在夏爲御龍氏，在商爲豕韋氏，在周爲唐杜氏，晉主夏盟，爲范氏．其是之謂乎．穆叔曰，以豹所聞，此之謂世祿，非不朽也．魯有先大夫，曰臧文仲．旣沒，其言立於世．其是之謂乎．豹聞之，大上有立德，其次有立功，其次有立言．雖久不廢，此之謂不朽．

양공 24년(전 549년) 봄, 목숙(穆叔 즉 叔孫豹)이 진(晉)나라로 갔다. 범선자(范宣子 즉 士匄)가 마중하러 나갔다가 물었다.

"옛 사람이 한 말에 〈죽어도 썩지 않는다.〉고 했는데 무엇을 두고 한 말입니까?"

목숙이 채 대답도 하기 전에 범선자는 다시 말했다.

"나 개(匄)의 조상은 순(舜)임금 대 이전에는 도당씨(陶唐氏)라 했고, 하(夏)나라에서는 어룡씨(御龍氏)라 했으며, 상(商)나라에서는 시위씨(豕韋氏)라 했고, 주(周)나라에 와서는 당두씨(唐杜氏)라 했는데 우리 진나라가 중국(中國)의 맹주가 된 후로는 범씨(范氏)가 되었습니다. 그 말은 이것을 두고 하는 말입니까?"

목숙은 대답했다.

"저 표(豹)가 들은 바로는 그것은 가문이 대대로 세습하는 세록(世祿)이라는 것이고 썩지 않는 것은 아닙니다. 저희 노나라의 선대부 중에 장문중(臧文仲)이란 분이 계셨습니다. 이미 세상을 떠나고 안 계시지만 그 분이 남긴 말은 아직도 세상에 통용되고 있습니다. 이런 것을 가지고 썩지 않는 것이라고 할 것입니다. 저 표가 듣건대 〈최상은 덕을 세우는 일이고, 차상은 공을 세우는 일이며, 그 다음은 말을 남기는 일이다.〉고 했습니다. 오래 되어도 없어지지 않으므로 이 세 가지를 죽어도 썩지 않는 것이라고 부르는 것입니다."

285. 입덕입언(立德立言)

덕을 쌓고 선정을 베풀며, 저술을 통해 학설을 세우다. 영원히 썩지 않는 공업을 창립하다.

출처는 284항 사이불후(死而不朽) 참조.

286. 삼불후(三不朽)

덕을 세우고(立德), 공을 세우며(立功), 말을 남기는(立言) 세 가지. 사람이 죽은 뒤에도 영원히 소멸되지 않는 공덕과 위업을 말한다.

출처는 284항 사이불후(死而不朽) 참조.

287. 상치분신(象齒焚身)

분(焚)은 분(僨)과 통하며 넘어지다, 쓰러지다. 코끼리는 귀하고 값진 치아 즉 상아 때문에 잡혀 죽다. 사람이 재물이 많으면 화를 자초하다.

襄公二十四年春, 范宣子爲政, 諸侯之幣重, 鄭人病之. 二月, 鄭伯如晉. 子産寓書於子西, 以告宣子曰, 子爲晉國, 四鄰諸侯不聞令德, 而聞重幣. 僑也惑之. 僑聞, 君子長國家者, 非無賄之患, 而無令名之難.……夫令名, 德之輿也. 德國家之基也. 有基, 無壞, 無亦是務乎. 有德, 則樂, 樂則能久.……毋寧使人謂子, 子實生我, 而謂子, 浚我以生乎. 象有齒, 以焚其身, 賄也. 宣子說, 乃輕幣.

양공 24년(전 549년) 봄, 범선자(范宣子)가 진(晉)나라의 정치를 맡아보면서부터 제후들이 바치는 공물(貢物)의 양이 많아졌다. 정나라 사람은 그 때문에 고민을 했다. 2월에 정백(鄭伯)이 진나라에 갈 때 자산(子産)은 편지를 적어 자서(子西) 편에 범선자 앞으로 보냈다.

"어르신께서 정치를 맡으신 후로 사방의 제후들은 어르신의 훌륭한 덕은 듣지 못하고 공납품이 많다는 소식만 듣고 있습니다. 저 교(僑)는 헷갈리지 않을 수 없습니다. 제가 듣기로는 〈군자가 나라를 다스릴 적에는 재물이 없음을 근심하지 않고 명성이 없음을 걱정한다.〉고 합니다.……명성은 덕을 싣는 수레요 국가의 초석입니다. 초석이 있으면 무너지지 않습니다. 어찌 여기에 힘쓰지 않을 수 있겠습니까? 덕이 있으면 즐겁고 즐거우면 오래갈 수 있습니다.……차라리 사람들로부터 〈당신이 참으로 우리를 살려 주었다.〉는 말은 들을지언정 어르신을 평하여 〈당신은 우리를 착취해서 살아간다.〉는 말은 듣지 말아야 할 것입니다. 코끼리는 이빨을 가지고 있기 때문에 목숨을 잃게 됩니다. 이빨이 값이 나가기 때문입니다."

범선자는 이것을 읽고 기뻐서 공물의 양을 줄였다.

288. 남사직필(南史直筆)

남사씨(南史氏)는 제나라의 재야 사관. 사납고 포악한 세력을 두려워하지 않고 사실대로 역사를 쓰다.

襄公二十五年夏, 叔孫宣伯之在齊也, 叔孫還納其女於靈公, 嬖生景公. 丁丑, 崔杼立而相之, 慶封爲左相, 盟國人於大宮曰, 所與崔慶者——. 晏子仰天歎曰, 嬰所不唯忠於君利社稷者是與, 有如上帝. 乃歃. 辛巳, 公與大夫及莒子盟.

大史書曰, 崔杼弑其君. 崔子殺之. 其弟嗣書, 而死者二人.

其弟又書, 乃舍之. 南史氏聞大史盡死, 執簡以往. 聞旣書矣, 乃還.

양공 25년(전 548년) 여름, 노나라의 숙손선백(叔孫宣伯 즉 叔孫僑如)이 제(齊)나라에 가 있을 때 제나라 공자 숙손환(叔孫還)이 선백의 딸을 제나라 영공(靈公)에게 바쳤던바 이분이 사랑을 받아 경공(景公)을 낳았다. 정축날에 최저(崔杼)는 경공을 임금으로 세우고 자신이 재상이 되고 경봉(慶封)은 좌상(左相)이 되었다. 그리고 나라 사람과 태공묘에서 맹세를 했다.

"만일 우리들이 최씨와 경씨를 지지하지 않는다면――(벌을 받으리라.)"

안자(晏子)는 하늘을 우러러보고 탄식하며 맹세를 했다.

"만일 나 영(嬰)이 오직 임금에게 충성하고 사직을 이롭게 하는 자를 지지하지 않는다면 상제(上帝)를 걸고 벌을 받으리라."

그리고는 피를 입술에 발랐다. 신사날에 경공과 대부들이 거자(莒子)와 맹약을 맺었다.

각설하고 태사(大史)는 사책(史冊)에 이렇게 썼다.

<최저가 그의 임금을 시해했다.>

최자(崔子)는 그를 죽였다. 태사의 아우가 계속해서 쓰다가 죽임을 당한 자가 둘이나 되었다. 또하나의 아우가 다시 썼으나 이번에는 최자가 내버려 두었다. 남사씨(南史氏)는 태사의 형제들이 다 죽었다는 소식을 듣고 죽간(竹簡)을 가지고 조정으로 가다가 이미 사책에 실렸다는 말을 듣고 되돌아갔다.

289. 언지무문(言之無文), 행이불원(行而不遠)

문(文)은 화려하고 아름답다, 문채가 있다. 말에 문채가 없으면 멀리 유전되지 못한다.

襄公二十五年秋，鄭子産獻捷于晉，戎服將事．晉人問陳之罪．對曰……晉人曰，何故侵小．對曰，先王之命，唯罪所在，各致其辟．且昔天子之地一圻，列國一同，自是以衰．今，大國多數圻矣，若無侵小，何以至焉．晉人曰，何故戎服．對曰，我先君武莊爲平桓卿士．城濮之役，文公布命曰，各復舊職．命我文公戎服輔王，以授楚捷．不敢廢王命故也．士莊伯不能詰，復於趙文子．文子曰，其辭順．犯順不祥．乃受之．……

仲尼曰，志有之，言以足志，文以足言．不言，誰知其志．言之無文，行而不遠．晉爲伯，鄭入陳，非文辭不爲功．愼辭哉．

양공 25년(전 548년) 가을, 정나라의 자산(子産)이 진(陳)나라와 싸워서 얻은 전리품을 진(晉)나라에 바치면서 군복 차림으로 의식을 행했다. 진나라 사람이 진나라에 무슨 죄가 있었느냐고 묻자 자산은 대답했다.…….

진나라 사람은 다음에 물었다.

"왜 소국을 침략했는가?"

자산은 대답했다.

"선왕의 명령에 <죄가 있는 경우에 한해서 각기 벌을 주라.>고 하셨습니다. 그리고 옛날에는 천자의 나라는 사방 천 리[圻], 제후는 사방 백 리[同]로 되어 있고 그 밑으로는 점점 적어집니다. 그런데 지금은 대국의 대다수는 사방 몇천 리나 차지하고 있습니다. 만약 소국을 침략하지 않았던들 어떻게 그 많은 땅을 차지할 수 있었겠습니까?'

진나라 사람은 다음에 물었다.

"왜 군복 차림으로 왔는가?"

"우리나라 선군이신 무공(武公)과 장공(莊公)께서는 평왕(平王)과 환왕(桓王)의 두 천자님의 경사(卿士)를 지냈습니다. 성복(城濮)의 전쟁이 끝난 뒤 진(晉)나라 문공(文公)이 명령을 내리시기를

〈각자 본래의 직무로 돌아가라.〉고 하셨습니다. 그리고 우리나라 문공(文公)에게 명하시어 군복 차림으로 천자님을 보필하고 초나라의 포로를 바치게 하셨던 것입니다. 감히 왕명을 어길 수가 없어서 이런 차림으로 나오게 된 것입니다."

사장백(士莊伯 즉 士弱)은 더 이상 따질 수가 없어서 그 취지를 조문자(趙文子)에게 복명했다. 문자는 말했다.

"그의 말은 이치에 맞다. 이치를 어기는 것은 상서롭지 못하다."

이에 그 전리품을 받아들였다.……

중니(仲尼)께서는 이렇게 평하셨다.

"《지(志)》에 이르기를 〈말은 뜻(志)을 완성하고 문채(文采)는 말을 완성한다.〉고 했다. 말을 하지 않으면 누가 그 품은 뜻을 알겠는가? 말에 문채가 없으면 멀리 퍼지지 못한다. 진나라가 패주(霸主)로 있는데 정나라가 허가도 없이 진(陳)나라를 침공했다. 자산의 뛰어난 말솜씨가 아니었더라면 성공하기 어려웠을 것이다. 응대하는 말이란 아주 조심해야 하는 것이다."

290. 거기부정(擧棋不定)

바둑돌을 들고 어디에 두어야 할지 모르다. 일에 임하여 주저하며 결정하지 못하다.

襄公二十五年冬, 衛獻公自夷儀使與甯喜言, 甯喜許之. 大叔子聞之曰, 烏呼. 詩所謂我躬不說, 遑恤我後者, 甯子可謂不恤其後矣. 將可乎哉. 殆必不可. 君子之行, 思其終也, 思其復也. 書曰, 愼始而敬終, 終以不困. 詩曰, 夙夜匪解, 以事一人. 今, 甯子視君, 不如弈棋, 其何以免乎. 弈者擧棋不定, 不勝其耦. 而況置君而弗定乎. 必不免矣. 九世之卿族, 一擧而

滅之, 可哀也哉.

양공 25년(전 548년) 겨울, 위나라 헌공(獻公)이 이의(夷儀)에서 사자를 보내어 영희(甯喜)와 복위 문제를 상의하게 했더니 영희는 동의했다. 태숙문자(大叔文子)는 이 소식을 듣고 말했다.

"아아! 《시》에 읊기를,

내 한 몸도 받아주는 사람 없는데
내 후손을 걱정할 겨를 있으랴

했거니와 영희야말로 뒷일을 걱정하지 않는 사람이로구나. 그래도 괜찮을까? 아마 무사하지 못할 것이다. 군자가 행동할 때에는 그 결과를 생각해야 하고, 다음에 다시 그대로 행할 수 있는가를 생각해야 한다. 《서(書)》에 이르기를 〈처음을 삼가고 마지막을 소홀히 하지 않으면 결과는 반드시 궁하지 않을 것이다.〉고 했다. 《시》에 읊었다.

조석으로 게으르지 않고
한 분만을 섬기네

지금 영희는 임금 대하기를 바둑 두는 상대만큼도 여기지 않으니 어떻게 화를 면할 수 있겠는가? 바둑에서도 바둑돌을 쥔 채 둘 데를 결정하지 못한다면 상대를 이기지 못한다. 하물며 임금을 앉혀 놓고도 마음을 정하지 못하니 말할 나위가 있겠는가? 반드시 화를 면할 수 없을 것이다. 9대 동안이나 이어온 경(卿)의 가문이 하루아침에 망하다니 슬픈 일이로다."

291. 고하기수(高下其手)

상하가 결탁하여 사리사욕을 꾀하다.

襄公二十六年夏，楚子秦人侵吳. 及雩婁，聞吳有備，而還，遂侵鄭. 五月至于城麇. 鄭皇頡戍之，出與楚師戰，敗. 穿封戌囚皇頡，公子圍與之爭之，正於伯州犁. 伯州犁曰，請問於囚. 乃立囚. 伯州犁曰，所爭君子也. 其何不知. 上其手曰，夫子爲王子圍，寡君之貴介弟也. 下其手曰，此子爲穿封戌，方城外之縣尹也. 誰獲子. 囚曰，頡遇王子弱焉. 戌怒，抽戈逐王子圍，弗及.

양공 26년(전 547년) 여름, 초자(楚子)와 진(秦)나라 사람이 오나라를 침공하여 우루(雩婁)까지 가서 오나라가 방비를 갖추고 있다는 소식을 듣고 돌아가던 길에 정나라를 침공했다. 5월에 성균(城麇)에 도달했다. 정나라의 황힐(皇頡)이 지키고 있다가 성을 나가서 초군과 싸웠으나 패했다. 천봉수(穿封戌)가 황힐을 생포했으나 왕자 위(圍)는 봉수와 그 생포의 공을 다투어 백주리(伯州犁)에게 그 시비를 가려주도록 부탁했다. 백주리는 말했다.

"잡힌 사람에게 물어봅시다."

그래서 포로를 증인으로 세웠다. 백주리는 황힐을 보고 말했다.

"다투고 계신 분들은 모두 훌륭한 분들이다. 어째서 모르겠느냐?"

그리고는 손을 들어 가리키면서 말했다.

"저 어른은 왕자 위라는 분으로 우리 임금님의 귀하신 아우님이시다."

그 손을 내리고 가리키면서 말했다.

"이 사람은 천봉수라는 사람으로 방성(方城) 밖의 현윤(縣尹)이다. 어느 분이 그대를 잡았는가?"

그러자 포로는 대답했다.

"나 힐(頡)은 왕자를 만나 패했소."

이 말을 들은 천봉수는 화가 나서 창을 빼들고 왕자 위를 쫓았으나 달아나 잡지 못했다.

292. 반형도고(班荊道故)

반(班)은 깔아 펼치다. 형(荊)은 가시나무. 도고(道故)는 지나간 이야기를 하다. 가시나무를 꺾어서 깔고 앉아 옛 이야기를 나누다. 옛 친구를 길에서 만나 인사 치레말을 생략하고 자유롭게 옛정을 나누고 지나간 이야기를 하다.

襄公二十六年秋, 初, 楚伍參與蔡大師子朝友, 其子伍擧與聲子相善也. 伍擧娶於王子牟. 王子牟爲申公而亡, 楚人曰, 伍擧實送之. 伍擧奔鄭, 將遂奔晉. 聲子將如晉, 遇之於鄭郊, 班荊, 相與食, 而言復故. 聲子曰, 子行也, 吾必復子.

양공 26년(전 547년) 가을, 처음에 초나라의 오삼(伍參)은 채나라의 태사(大師)인 자조(子朝)와 교분이 있었고, 그의 아들 오거(伍擧)는 자조의 아들 성자(聲子)와 친하게 지냈다. 오거는 초나라 왕자 모(牟)의 딸을 아내로 맞이했는데 왕자 모는 신공(申公)이 되었다가 죄를 짓고 외국으로 도망을 갔다. 그 때 초나라 사람은 말했다.

"오거 그놈이 신공을 도와서 도망시켰다."

그래서 오거는 정나라로 도망을 갔고 이윽고 진(晉)나라로 도망갈 참이었다. 그 때 성자도 진나라로 가는 길에 오거를 정나라의 교외에서 우연히 만나 가시나무를 깔고 앉아 함께 식사를 하면서 오거가 초나라로 돌아갈 수 있는 방도를 의논했다. 성자는 말했다.

"자네는 진나라로 가거라. 내가 반드시 자네를 복귀시켜 주마."

293. 초재진용(楚材晉用)

초나라의 인재가 진나라에서 쓰이다. 본국이나 본지의 인재가 타국이나 외지로 유실되다.

襄公二十六年秋, 及宋向戌將平晉楚, 聲子通使於晉, 還, 如楚. 令尹子木與之語, 問晉故焉, 且曰, 晉大夫與楚孰賢. 對曰, 晉卿不如楚, 其大夫則賢, 皆卿材也. 如杞梓皮革自楚往也. 雖楚有材, 晉實用之. 子木曰, 夫獨無族姻乎. 對曰, 雖有, 而用楚材實多.

양공 26년(전 547년) 가을, 송나라의 상술(向戌)이 진・초(晉・楚)간의 화평을 주선할 때 채(蔡)나라의 성자(聲子)는 진나라에 사자로 갔다가 일단 돌아가서는 다시 초나라로 갔다. 초나라의 영윤(令尹) 자목(子木)은 성자와 이야기를 나누면서 진나라의 사정을 묻고 나서 말했다.

"진나라의 대부와 초나라의 대부는 어느 쪽이 더 현명하오?"

성자는 대답했다.

"경(卿)으로 말하면 진나라는 초나라보다 못하지만 그 대부들은 현명하여 모두 경이 될 자격이 있습니다. 그 사정은 마치 소태나무와 가래나무 그리고 가죽이 초나라에서 수출되는 것과 같습니다. 초나라에는 좋은 인재가 있지만 쓰는 것은 진나라인 것입니다."

"진나라에는 동족이나 인척도 없소?"

"비록 있기는 하지만 초나라의 인재를 쓰는 경우가 매우 많습니다."

294. 영결물람(寧缺勿濫)

차라리 부족할지언정 표준을 낮추어 머릿수만 채우지 마라.

襄公二十六年秋，歸生聞之，善爲國者，賞不僭，而刑不濫. 賞僭，則懼及淫人，刑濫，則懼及善人. 若不幸而過，寧僭無濫. 與其失善，寧其利淫. 無善人，則國從之.……故夏書曰，與其殺不辜，寧失不經. 懼失善也. 商頌有之，曰，不僭不濫，不敢怠皇. 命于下國，封建厥福，此湯所以獲天福也.

양공 26년(전 547년) 가을, (성자의 말은 계속된다.)

"저 귀생(歸生 즉 聲子)이 듣건대 <나라를 잘 다스리는 자는 포상을 과하게 하지 않고, 형벌을 함부로 내리지 않는다.>고 합니다. 포상을 과하게 하면 나쁜 사람까지 상을 받을 수도 있고, 형벌을 함부로 내리면 착한 사람까지 벌을 받을 수 있기 때문입니다. 만약에 불행히도 잘못한 경우에는 차라리 포상을 실수할지언정 형벌은 지나치지 말아야 하며, 착한 사람을 잃느니보다는 차라리 나쁜 사람에게 이익을 주는 것이 낫습니다. 나라에 착한 사람이 없으면 나라도 따라서 망하게 됩니다.…… 《하서(夏書)》에 이르기를 <무고한 백성을 죽이기보다는 차라리 우발범(偶發犯)을 놓아주는 것이 낫다.>고 했는데 이것은 착한 사람을 잃을까 걱정한 것입니다. <상송(商頌)>에 읊었습니다.

도에 넘치거나 함부로 하지 않고
게으르거나 한가할 겨를이 없이
제후국에 어진 영을 내리시어
크나큰 복을 누리게 하셨네.

이것은 상(商)나라 탕왕(湯王)이 천복을 누리게 된 연유를 말한 것입니다."

295. 숙흥야매(夙興夜寐)

아침 일찍 일어나고 밤 늦게 자다. 즉 부지런히 일하다. 이의 출처는 《시경(詩經)》〈위풍(衛風)·맹(氓)〉이다.

襄公二十六年秋. 古之治民者, 勸賞而畏刑, 恤民不倦. 賞以春夏, 刑以秋冬. 是以將賞, 爲之加膳. 加膳則飫賜. 此以知其勸賞也. 將刑, 爲之不擧. 不擧則徹樂. 此以知其畏刑也. 夙興夜寐, 朝夕臨政. 此以知其恤民也. 三者禮之大節也. 有禮, 無敗.

양공 26년(전 547년) 가을, (성자의 말은 계속된다.)

"옛날의 백성을 잘 다스린 자는 상 주기를 좋아하고 벌 주기를 두려워하여 백성을 언제나 불상히 여겨, 포상은 봄과 여름에 행하고, 형벌은 가을과 겨울에 행했습니다. 포상을 할 때에는 자기의 밥상에도 반찬을 늘리고 남은 것을 아래에 나누어 주어 실컷 먹게 했습니다. 이것으로 포상하기를 좋아했던 마음을 알 수가 있습니다. 형벌을 가할 때에는 식사도 험하게 차려 먹고 식사가 험하니 음악도 철폐했습니다. 이것으로 형벌 가하기를 두려워했던 마음을 알 수가 있습니다. 또 아침 일찍 일어나고 밤 늦게 자면서 온 종일 정치에 힘썼습니다. 이것으로 백성을 불상히 여겼던 마음을 알 수가 있습니다. 이 세 가지는 예의 관건입니다. 예(禮)가 있으면 실패가 없습니다. .

296. 불가구약(不可救藥)

약으로 고칠 수 없다. 병세나 사태가 매우 위중하여 이미 손을 쓸 단계를 넘어섰다. 이의 출처는 《시경(詩經)》〈대아(大雅)·판(板)〉

이다.

襄公二十六年秋, 今, 楚多淫刑, 其大夫逃死於四方, 而爲之謀主, 以害楚國, 不可救療. 所謂不能也. 子儀之亂, 析公奔晉, 晉人寘諸戎車之殿, 以爲謀主. 繞角之役, 晉將遁矣, 析公曰, 楚師輕窕, 易震蕩也. 若多鼓鈞聲, 以夜軍之, 楚師必遁. 晉人從之, 楚師宵潰.

양공 26년(전 547년) 가을, (성자의 말은 계속된다.)

"지금 초나라는 형벌의 남용이 많아 대부들이 사방으로 도망가서 그 나라의 군사(軍師)가 되어 초나라에 앙갚음을 하고 있으니 구제할 방법이 없습니다. 이것이 이른바 초나라 사람은 인재를 쓸 줄 모른다는 말입니다. 자의(子儀)의 난리 때 석공(析公)이 진(晉)나라로 도망을 가니 진나라 사람은 그를 임금이 탄 병거의 뒤에 태워 군사로 삼았습니다. 요각(繞角)의 전쟁에서 진군이 막 도주하려는 참에 석공은 <초군은 경박하여 쉽게 동요한다. 만약에 많은 북을 일제히 쳐서 우렁찬 소리를 내고 밤에 어둠을 틈타 공격한다면 초군은 반드시 도망갈 것이다.>라고 했습니다. 진나라 사람이 그의 말대로 하니 초군은 그날 밤에 무너졌습니다."

297. 상제지사(牀第之私)

제(第)는 대자리. 규방 안이나 부부간의 사생활.

襄公二十七年秋, 鄭伯享趙孟于垂隴, 子展伯有子西子産子大叔二子石從. 趙孟曰, 七子從君以寵武也. 請皆賦以卒君貺, 武亦以觀七子之志. 子展賦草蟲. 趙孟曰, 善哉. 民之主也. 抑武也不足以當之. 伯有賦鶉之賁賁. 趙孟曰, 牀第之言不踰閾,

況在野乎. 非使人之所得聞也. 子西賦黍苗之四章. 趙孟曰, 寡君在, 武何能焉. 子産賦隰桑. 趙孟曰, 武請受其卒章…… 卒享, 文子告叔向曰, 伯有將爲戮矣. 詩以言志, 志誣其上, 而公怨之, 以爲賓榮, 其能久乎. 幸而後亡.

양공 27년(전 546년) 가을, 정백(鄭伯)이 조맹(趙孟)을 위하여 수롱(垂隴)에서 향연을 베풀었다. 그 자리에는 자전(子展)·백유(伯有)·자서(子西)·자산(子産)·자태숙(子大叔)·두 자석(子石 즉 印段과 公孫段) 등이 배석했다. 조맹이 말했다.

"일곱 분이 임금님을 따라 이 자리에 와주시니 저로서는 광영입니다. 청컨대 다들 시를 읊어 임금님께서 하사하신 이 연회를 마무리하고 저 무(武) 또한 일곱 분의 뜻을 알았으면 합니다."

자전이 〈초충(草蟲)〉을 읊었다. 조맹은 말했다.

"훌륭합니다. 백성의 주인감이십니다. 그러나 저는 아직 그럴 자격이 못 됩니다."

다음에는 백유가 〈순지분분(鶉之賁賁)〉을 읊었다. 조맹은 말했다.

"잠자리에서 한 말은 문지방을 넘지 않는다고 합니다. 하물며 여기는 들판이 아닙니까? 저 같은 외국의 사신이 들어서는 안 되는 말입니다."

이번에는 자서가 〈서묘(黍苗)〉의 제4장을 읊었다.

"우리 임금님도 계신데 제가 무슨 힘이 있겠습니까?"

자산은 〈습상(隰桑)〉을 읊었다.

"저는 그 마지막 장을 듣고 싶습니다."……

잔치가 끝나고 나서 문자(文子 즉 趙武)가 숙향(叔向)을 보고 말했다.

"백유는 곧 죽게 될 것이오. 시(詩)는 자신의 속마음을 나타내는 것인데 그의 속마음은 자기의 윗사람을 헐뜯고 공공연히 원망을 하며 그것으로 손님의 선물로 삼다니 그래서야 오래가겠습니까? 운이 좋아야 망명감입니다.”

298. 발산섭수(跋山涉水)

발산(跋山)은 산을 넘고 고개를 넘다. 섭수(涉水)는 강을 걸어서 건너다. 먼 길을 가는 노고를 가리킨다.

襄公二十八年秋, 蔡侯之如晉也, 鄭伯使游吉如楚. 及漢, 楚人還之曰, 宋之盟, 君實親辱. 今, 吾子來. 寡君謂, 吾子姑還. 吾將使馹奔問諸晉而以告. 子大叔曰, 宋之盟, 君命, 將利小國, 而亦使安定其社稷, 鎭撫其民人, 以禮承天之休.…… 今, 執事有命曰, 女何與政令之有. 必使而君棄而封守, 跋涉山川, 蒙犯霜露, 以逞君心. 小國將君是望, 敢不唯命是聽, 無乃非盟載之言以闕君德而執事有不利焉. 小國是懼. 不然, 其何勞之敢憚.

양공 28년(전 545년) 가을, 채후(蔡侯)가 진(晉)나라에 갔을 때 정백(鄭伯)은 유길(游吉)을 초나라로 보냈다. 한수(漢水)에 도착하자 초나라 사람이 유길을 되돌려 보내면서 말했다.

“송나라에서 맺은 맹약에는 정나라 임금께서 직접 오시기로 되어 있습니다. 그런데 지금 당신이 오셨으니 과군은 <그대는 잠시 그대의 나라로 돌아가시오. 내 역말을 급히 보내 진나라에 물어보고 알려주겠소.>라고 하셨습니다.”

이에 자태숙(子大叔 즉 游吉)은 대답했다.

“송나라의 맹약에서 초나라 임금님께서 분부하시기를 <이제부터는 소국에 손해를 끼치지 않고 그 사직을 안정시키며 그 백성을 잘 다스려 예(禮)로써 하늘의 복을 누리게 하리라.>고 하셨습니다.……

그런데 지금 집사(執事)께서는 명령하시기를 〈네가 어떻게 정나라의 정령에 관여한단 말인가? 반드시 네 임금이 국사를 팽개치고 산을 넘고 물을 건너 서리와 이슬을 맞아가면서 직접 와서 초나라 임금의 비위를 맞추라.〉고 하십니다. 소국으로서는 장차 초나라 임금님을 기둥으로 우러러보려는 터에 어찌 감히 명령을 거역하겠습니까? 다만 지금 하신 말씀은 맹약서에 적힌 내용과 다르기 때문에 혹시 임금님의 덕에 흠이라도 가고 또 집사님에게도 불리하지 않을까 소국으로서는 그 점이 염려가 되는 것입니다. 그렇지 않다면야 무슨 노고를 마다하겠습니까?"

299. 단장취의(斷章取義)

원래는 《시경(詩經)》의 어떤 시구를 인용하여 자기의 뜻을 나타내고, 인용한 시구의 본뜻은 돌보지 않는다는 뜻이다. 남의 글귀나 담화를 제멋대로 잘라내어 자기가 이해하고 필요로 하는 부분만 취하고 전문이나 본의는 상관하지 않다.

襄公二十八年秋, 齊慶封好田而耆酒, 與慶舍政, 則以其內實遷于盧蒲嫳氏, 易內而飮酒. 數日國遷朝焉. 使諸亡人得賊者以告而反之, 故反盧蒲癸. 癸臣子之, 有寵, 妻之. 慶舍之士謂盧蒲癸曰, 男女辨姓, 子不辟宗, 何也. 曰, 宗不余辟, 余獨焉辟之. 賦詩斷章, 余取所求焉, 惡識宗.

양공 28년(전 545년) 가을, 제나라의 경봉(慶封)은 사냥을 좋아하고 술을 즐겼다. 그래서 정치는 아들인 경사(慶舍)에게 맡기고 재물과 처첩들을 데리고 노포별(盧蒲嫳)의 집으로 옮겨 가서 둘이서 처첩을 바꾸어 가며 술을 마시니 며칠 못가서 나라의 조정이 이곳으로 옮겨간 꼴이 되어 찾아오는 대부(大夫)들로 붐볐다. 경봉은 국외에 망명한 사람이라도 (최씨의) 잔당의 소재를 자기에게 알려주는 사람은 귀국을 허가해 주었다. 그 때문에 노포계(盧蒲癸)도 귀국했다. 노포계는 자지(子之 즉 慶舍)의 부하가 되어 총애를 받고, 경사의 딸을 아내로 얻었다. 경사의 부하가 노포계에게 말했다.

"부부는 성이 달라야 하는 법인데 당신은 같은 강성(姜姓)으로서 종친의 딸을 피하지 않고 맞이한 것은 무엇 때문인가?"

"종가쪽에서 나를 피하지 않는데 나 혼자 어떻게 피하겠는가? 시를 읊을 때에도 시구를 멋대로 잘라내어 필요한 뜻만 취하듯 나도 필요한 것만 취하면 됐지 종친 여부를 가릴 필요가 어디에 있는가?"

300. 사부절서(史不絶書)

사서(史書)에 끊임없이 기재하다. 역사상 항상 발생하는 일을 가리킨다.

襄公二十九年夏, 晉侯使司馬女叔侯來治杞田, 弗盡歸也. 晉悼夫人慍曰, 齊也取貨. 先君若有知也, 不尚取之. 公告叔侯. 叔侯曰, 虞虢焦滑霍楊韓魏皆姬姓也, 晉是以大. 若非侵小, 將何所取. 武獻以下, 兼國多矣, 誰得治之. 杞夏餘也, 而卽東夷. 魯周公之後也, 而睦於晉. 以杞封魯猶可也, 而何有焉. 魯之於晉也, 職貢不乏, 玩好時至, 公卿大夫相繼於朝, 史不絶書, 府無虛月. 如是可矣, 何必瘠魯以肥杞. 且先君而有知也, 毋寧夫人, 而焉用老臣.

양공 29년(전 544년) 여름, 진후(晉侯)가 사마(司馬)인 여숙후(女叔侯 즉 女齊)를 보내 노나라가 기(杞)나라에게서 빼앗은 토지를 바루게 했다. 노나라는 일부만 되돌려주고 다 주지는 않았다. 기나라 공녀(公女) 출신인 진나라의 도공부인(悼公夫人)은 화를 내고 말했다.

"여제(女齊)는 노나라한테서 뇌물을 받았다. 선군께서 이 사실을 아신다면 그 일을 좋아하시지 않을 게다."

평공(平公)이 이 말을 여제에게 알렸더니 여숙후는 말했다.

"우(虞)·괵(虢)·초(焦)·활(滑)·곽(霍)·양(楊)·한(韓)·위(魏) 등의 나라는 모두 희성(姬姓)의 나라들입니다. 진나라는 이들 나라를 멸하여 커진 것입니다. 소국을 침략 안 했더라면 어디서 땅을 빼앗았을 것입니까? 무공(武公)과 헌공(獻公) 이후 다른 나라를 합병한 일이 특히 많았는데 누가 이것을 바루어 놓겠습니까? 기나라는 하(夏)나라의 후예인데도 동이(東夷)에 붙어 있습니다. 노나라는 주공(周公)의 후손인데도 우리 진나라와 화목하게 지내고 있습니다. 기나라를 몽땅 노나라에 내주어도 시원찮은 마당에 기나라에 하등의 미련을 가질 필요가 없습니다. 노나라가 진나라를 섬기는 것을 보면 공물도 거른 적이 없고, 신기한 물건도 그때마다 보내오며, 공경대부(公卿大夫)가 연달아 찾아와 사관이 노나라의 일을 기록하지 않는 날이 없으며, 창고에는 노나라의 물건이 들어오지 않는 달이 없습니다. 이렇게 잘 하고 있는데 어찌 꼭 노나라를 깎아서 기나라를 살찌게 해야 되겠습니까? 더구나 만약 선군께서 이 일을 아신다면 오히려 부인을 나무라실 것입니다. 이 늙은 이를 책망해서 무엇 하시겠습니까?"

301. 앙앙대풍(泱泱大風)

앙앙(泱泱)은 깊고 넓다, 웅대하다. 대풍(大風)은 기백이나 풍도가 뛰어나다. 기백이 깊고 웅대하다.

襄公二十九年夏, 吳公子札來聘. 見叔孫穆子, 說之.……請

觀於周樂. 使工爲之歌周南召南, 曰, 美哉. 始基之矣. 猶未也, 然, 勤而不怨矣.……爲之歌齊, 曰, 美哉. 泱泱乎. 大風也哉. 表東海者其大公乎. 國未可量也. 爲之歌豳, 曰, 美哉. 蕩乎. 樂而不淫, 其周公之東乎. 爲之歌秦, 曰, 此之謂夏聲. 夫能夏則大, 大之至也. 其周之舊乎.

양공 29년(전 544년) 여름, 오나라의 공자 찰(札)이 노나라를 예방해 왔다. 숙손목자(叔孫穆子)를 만나서 기뻐했다.……공자 찰은 주나라의 음악과 춤을 감상하기를 청했다. 악공을 시켜서 <주남(周南)>과 <소남(召南)>을 노래 부르게 했더니 그는 듣고 나서 (그의 감상을) 말했다.

"아름답습니다. 주나라의 기초를 다지는 사업이 아직 완성되지 못했군요. 그러나 백성들이 힘들여 일하면서도 원망하는 기색이 없습니다."……

그를 위해 <제풍(齊風)>을 노래 부르게 했더니 그는 말했다.

"아름답습니다. 기백이 웅대하고 대국다운 풍도가 엿보입니다. 동해 제국의 선두에 섰던 나라는 역시 강태공(姜大公)이 세운 제나라였군요. 나라의 앞날이 양양하여 끝이 없습니다."

그를 위하여 <빈풍(豳風)>을 노래 부르게 했다.

"아름답습니다. 그지없이 넓습니다. 즐거워하면서도 도를 넘지 않으니 이것은 주공(周公)이 동방을 정벌할 때의 노래이겠지요."

그를 위하여 <진풍(秦風)>을 노래 부르게 했다.

"이것이 이른바 서방의 노래라는 하성(夏聲)이군요. 이런 드넓은 하(夏) 땅의 노래를 부를 수 있는 나라는 크게 되고 앞으로 지극히 크게 될 것입니다. 주나라의 옛고장의 노래이겠지요."

302. 자회이하(自鄶以下)

회(鄶)는 춘추시대의 소제후국의 이름으로서 회(檜)라고도 쓴다. 원래의 뜻은 회풍(鄶風) 이하에 대하여는 평론을 하지 않는다는 뜻이다. 이것 이하(즉 나머지)는 말할 가치도 없다. .

襄公二十九年夏, 爲之歌魏, 曰, 美哉, 渢渢乎. 大而婉, 險而易行. 以德輔此, 則明主也. 爲之歌唐, 曰, 思深哉. 其有陶唐氏之遺民乎. 不然, 何其憂之遠也. 非令德之後, 誰能若是. 爲之歌陳, 曰, 國無主, 其能久乎. 自鄶以下無譏焉.

양공 29년(전 544년) 여름, 오(吳)나라 공자 찰(札)을 위하여 <위풍(魏風)>을 노래 부르게 했더니 그는 평했다.

"아름답습니다. 경쾌합니다. 거칠면서도 완곡하고 험한 듯하면서 순탄합니다. 덕을 쌓아 보강한다면 훌륭한 제후국이 될 수 있습니다."

그를 위하여 <당풍(唐風)>을 노래 부르게 했다.

"깊은 생각이 깃들어 있군요. 요(堯)임금님의 유민들의 노래이겠군요. 그렇지 않고서는 시름이 저렇게 깊을 수가 있겠습니까? 한때 뛰어난 덕을 갖춘 임금의 혜택을 입은 후손이 아니고서야 누가 이런 노래를 부를 수가 있겠습니까?"

그를 위하여 <진풍(陳風)>을 노래 부르게 했다.

"나라에 주인이 없으니 이런 노래를 부르는 나라가 오래갈 수가 있겠습니까?"

<회풍(鄶風)> 이하는 공자 찰(札)이 아무 비평의 말을 하지 않았다.

303. 탄위관지(嘆爲觀止)

탄(嘆)은 찬탄하다. 관지(觀止)는 여기까지만 봐도 충분하다. 감상한 사물이 완전무결하고 최고 수준이다. 감탄해 마지않다.

襄公二十九年夏, 見舞大武者, 曰, 美哉, 周之盛也, 其若此乎. 見舞韶濩者, 曰, 聖人之弘也, 而猶有慙德, 聖人之難也. 見舞大夏者, 曰, 美哉. 勤而不德, 非禹, 其誰能修之. 見舞韶箾者, 曰, 德至矣哉, 大矣. 如天之無不幬也, 如地之無不載也. 雖甚盛德, 其蔑以加於此矣. 觀止矣. 若有他樂, 吾不敢請已.

양공 29년(전 544년) 여름, (오나라 공자 찰을 위한 주나라 음악의 연주는 계속된다.)

무왕(武王)의 악무인 〈대무(大武)〉의 춤을 보고는 공자 찰(札)은 말했다.

"아름답습니다. 주나라가 융성했을 때 이와 같았구나 싶습니다."

은(殷)나라 탕왕(湯王)의 〈소호(韶濩)〉의 춤을 보고 말했다.

"성인의 넓은 덕을 느낄 수 있습니다. 그러나 부끄러워하는 기색이 보이니 성인의 고민을 알 것 같습니다."

우(禹)임금의 〈대하(大夏)〉의 춤을 보고 말했다.

"아름답습니다. 힘써 일하고도 공을 내세우지 않았으니 우임금이 아니면 누가 이런 덕을 닦을 수 있었겠습니까?"

순(舜)임금의 〈소소(韶箾)〉의 춤을 보고 말했다.

"순임금의 덕은 위없이 높습니다. 위대합니다. 마치 하늘이 덮지 않는 것이 없고, 땅이 싣지 않는 것이 없음과 같습니다. 아무리 훌륭한 덕이라도 이보다 더 클 수는 없을 것입니다. 이제 저는 여기에서 감상을 멈출까 합니다. 다른 음악이 더 있다 하더라도 저는 사양하겠습니다."

304. 일견여고(一見如故)

초면에 금방 의기투합하는 것이 마치 옛 친구를 만난 것 같다.

襄公二十九年夏, (吳公子札)聘於鄭, 見子產, 如舊相識. 與之縞帶, 子產獻紵衣焉. 謂子產曰, 鄭之執政侈, 難將至矣, 政必及子. 子爲政, 愼之以禮. 不然, 鄭國將敗.

양공 29년(전 544년) 여름, (오나라 공자 찰은) 정(鄭)나라를 예방하여 자산(子產)을 만나고는 마치 전부터 잘 아는 사이와 같이 친해졌다. 그는 자산에게 흰 비단 띠를 선사하고 자산은 그에게 모시 옷을 바쳤다. 공자 찰은 자산에게 말했다.

"정나라의 재상은 너무 거만하니 곧 난이 일어날 것입니다. 그 때에는 정권이 당신의 손에 넘어올 것입니다. 당신이 정치를 하게 되면 예(禮)로써 일을 삼가서 처리하십시오. 그렇지 않으면 정나라는 멸망할 것입니다."

305. 호저지교(縞紵之交)

호(縞)는 흰 비단으로 만든 띠, 저(紵)는 모시풀로 짠 옷. 좋은 친구 사이의 깊고 두터운 정의에 비유한다.

출처는 304항 일견여고(一見如故) 참조.

306. 연소막상(燕巢幕上)

소(巢)는 둥지를 치다. 제비가 장막 위에 둥지를 치다. 매우 위험한 처지에 놓여 있어 언제든지 괴멸할 가능성이 있다.

襄公二十九年夏, 自衛如晉, 將宿於戚, 聞鐘聲焉, 曰, 異哉. 吾聞之也, 辯而不德, 必加於戮. 夫子獲罪於君以在此. 懼猶不足, 而又何樂. 夫子之在此也, 猶燕之巢于幕上. 君又在殯, 而可以樂乎. 遂去之. 文子聞之, 終身不聽琴瑟.

양공 29년(전 544년) 여름, 공자 찰(札)이 위(衛)나라에서 진(晉)나라로 가는 길에 척(戚)에서 유숙을 하려다가 음악의 종소리를 듣고는 말했다.

"이상도 하다. 내가 듣기로는 <말주변이 좋고 마음이 바르지 못하면 반드시 벌을 받아 죽는다.>고 한다. 저 분(孫文子)은 임금에게 죄를 짓고 여기 와 있는 걸로 안다. 아무리 삼가도 부족한 마당에 무슨 음악을 즐긴단 말인가? 저 분이 이곳에 있는 것은 마치 제비가 장막 위에 둥지를 치는 것과 같은 처지이다. 임금의 시신이 아직 빈소에 있고 장례도 치르지 않았는데 어찌 음악을 즐길 수 있단 말인가?".

그러고는 묵지 않고 바로 떠났다. 손문자(孫文子 즉 孫林父)는 이 말을 전해 듣고 죽을 때까지 다시는 거문고와 비파를 듣지 않았다.

307. 정출다문(政出多門)(2-2)

정령이 여러 사람에게서 나오다. 권력이나 정세가 통일되어 있지 않다.

襄公三十年六月, 鄭子産如陳, 涖盟. 歸復命, 告大夫曰, 陳亡國也, 不可與也. 聚禾粟, 繕城郭, 恃此二者, 而不撫其民. 其君弱植, 公子侈, 大子卑, 大夫敖, 政多門. 以介於大國, 能無亡乎. 不過十年矣.

양공 30년(전 543년) 여름 6월, 정나라 자산(子産)이 진(陳)나라로 가서 진후의 맹약에 참가하고 돌아가서 복명하고 대부들에게 말했다.

"진나라는 망할 나라이니 손을 잡아서는 안 됩니다. 곡식을 비축하고, 성곽을 손질하면서 이 두 가지만 믿고 백성을 사랑하지 않습니다. 임금은 기반이 튼튼하지 못하고, 공자들은 교만하며, 태자는 무력하고, 대부들은 거만하며, 정치는 사공이 너무 많은데 대국 사이에 끼어 있으니 망하지 않을 수가 있겠습니까?. 아마 10년을 넘기지 못할 것입니다."

308. 도비유장(都鄙有章)

서울과 지방간에 신분의 차등을 두다.

襄公三十年冬, 子産使都鄙有章, 上下有服, 田有封洫, 廬井有伍. 大人之忠儉者, 從而與之, 泰侈者, 因而斃之. 豊卷將祭, 請田焉, 弗許曰, 唯君用鮮, 衆給而已. 子張怒, 退而徵役. 子産奔晉, 子皮止之, 而逐豊卷, 豊卷奔晉. 子産請其田里, 三年而復之, 反其田里及其入焉.

양공 30년(전 543년) 겨울. 자산(子産)은 도시와 농촌간에 구별이 있게 하여, 상하 존비는 각각 직업을 가지고, 전지는 경계와 수로를 확실히 하며, 농가와 농지에 대하여 일정한 부세를 물게 했다. 경대부 중에서 충성하고 절검하는 자는 그 의견을 듣고 가까이하고, 거만하고 사치부리는 자는 그 죄상에 따라 벌을 주었다.

어느날 풍권(豊卷)이 제사를 지내려고 사냥을 허가해 달라고 요청했으나 자산은 허락하지 않고 말했다.

"오직 임금님만이 사냥한 신선한 고기를 제사에 쓰시고 보통 사람은 사서 쓰면 되는 것이오."

자장(子張 즉 豊卷)은 화를 내고 집에 돌아가 병사를 모았다. 자산은 진(晉)나라로 도망가려 했으나 자피(子皮)가 이를 말리고 풍권을 내쫓으니 풍권은 진(晉)나라로 도망갔다. 자산은 풍권의 전지와 집의 관리를 자청하여 3년 뒤에 풍권을 불러들여 전지와 집과 그 동안의 수입을 돌려주었다.

309. 탐람무염(貪婪無厭)

남(婪)은 탐심. 염(厭)은 염(饜)과 통하며 만족. 탐욕이 심하여 만족을 모르다. 욕심이 그지없다.

襄公三十一年春王正月, 穆叔至自會. 見孟孝伯語之曰, 趙孟將死矣. 其語偸, 不似民主.……若趙孟死, 爲政者其韓子乎. 吾子盍與季孫言之, 可以樹善. 君子也. 晉君將失政矣, 若不樹焉, 使早備魯, 旣而政在大夫, 韓子懦弱, 大夫多貪, 求欲無厭. 齊楚未足與也, 魯其懼哉. 孝伯曰, 人生幾何, 誰能無偸. 朝不及夕, 將安用樹.

양공 31년(전 542년) 봄 주력 정월, 노나라의 목숙(穆叔 즉 叔孫豹)이 회합에서 돌아왔다. 그는 맹효백(孟孝伯 즉 仲孫羯)을 보고 얘기했다.

"조맹(趙孟)은 곧 죽을 것이오. 그의 말에는 앞날을 헤아리는 깊은 생각이 없었고, 백성의 주인답지 않았소. ……만약 조맹이 죽는다면 정권을 담당할 사람은 아마 한자(韓子 즉 韓起)가 될 것이오. 당신은 계손(季孫)한테 얘기해서 미리 한기와 우의를 맺어 두는 것이 좋지 않겠소? 한기는 군자요. 진(晉)나라 임금은 장차 정권을 잃을 것이오. 만약에 우의를 맺지 않고 있다가 진나라쪽에서 먼저 우리 노나라를 공략할 계획을 세우기라도 하고, 이윽고 정권이 대부들의 손으로 넘어가게 되는 날에는 한기는 나약하고 대부들은 욕심이 많으니 노나라에 요구하는 것이 한이 없을 것이오. 제나라와 초나라는 아직은 친교를 맺을 나라가 되지 못하니 그렇게 되면 노나라는 아마 위태롭게 될 것이오."

효백은 대답했다.

"사람이 산다면 얼마나 살겠소? 대강대강 일을 아니 하는 사람이 누가 있겠소? 아침에 살아 있어도 저녁 일을 모르는 판에 어찌 미리 우의 따위를 맺는단 말이오?"

310. 주구무이(誅求無已)

세금과 재물의 착취가 끝이 없다.

襄公三十一年冬, 公薨之月, 子産相鄭伯, 以如晉. 晉侯以我喪故, 未之見也. 子産使盡壞其館之垣, 而納車馬焉. 士文伯讓之曰……寡君使匄請命. 對曰, 以敝邑褊小, 介於大國, 誅求無時. 是以, 不敢寧居, 悉索敝賦, 以來會時事. 逢執事之不閒, 而未得見, 又不獲聞命, 未知見時. 不敢輸幣, 亦不敢暴露.

양공 31년(전 542년) 겨울, 노(魯)나라 양공이 훙거한 달에 자산(子産)이 정백(鄭伯)을 배종(陪從)하여 진(晉)나라에 갔다. 진후(晉侯)는 우리 노나라의 상사 때문에 아직 만나지 주지 않고 있었다. 그러자 자산은 객관의 담을 다 헐어버리고 거마를 안으로 들여놓게 했다. 이에 진나라의 사문백(士文伯 즉 士匄)이 가서 문책했다.

"……그래서 과군은 저 사개(士匄)에게 가서 이쪽의 설명을 들어보라 하셨습니다."

자산은 대답했다.

"저희 나라는 국토도 작고 대국 사이에 끼어 있어 공물의 요구를 시도 때도 없이 받고 있습니다. 그래서 저희들은 편안히 쉬지를 못하고, 저희 나라의 재물을 있는 대로 긁어모아, 때에 맞추어 예방의 예의를 갖추고자 찾아왔으나 집사님에게 한가한 틈이 나지 않아 아직 귀국의 임금님을 뵙지도 못하고, 또 어떻게 하라는 말씀도 받지 못했으며 언제 뵈올 수 있을지도 알지 못하고 있습니다. 그러니 가지고 온 폐물을 올릴 수도 없고, 그렇다고 또 한데에 방치해 둘 수도 없습니다.".

311. 빈지여귀(賓至如歸)

손님이 마치 자기 집에 돌아오는 것처럼 편안한 대접을 하다. 손님을 극진히 모시고 빈틈없이 대접하여 흡족하게 느끼도록 하다.

襄公三十一年冬, 僑聞, 文公之爲盟主也.……諸侯賓至, 甸設庭燎, 僕人巡宮, 車馬有所, 賓從有代, 巾車脂轄, 隸人牧圉, 各瞻其事, 百官之屬, 各展其物,……賓至如歸, 無寧災患. 不畏寇盜, 而亦不患燥濕.

양공 31년(전 542년) 겨울, (자산의 말은 계속된다.)

"저 교(僑)는 듣건대 귀국의 문공(文公)께서 맹주(盟主)로 계실 적에는……제후의 사절이 도착하면 횃불 담당관은 마당에 횃불을 놓고, 야경꾼은 객관의 야경을 돌며, 거마는 들어갈 장소가 정해져 있고, 사절의 수행원은 대신 일해주는 사람이 있어 쉴 수 있으며, 수레 담당관은 비녀장에 기름을 치고, 하인과 가축 관리인은 각기 맡은 일을 다하며, 여러 관원은 각기 형편에 맞는 물건을 진열하여 손님을 대접했던 것입니다. ……그래서 손님으로 와도 자기 집에 돌아온 것처럼 포근하게 느꼈으니 거기에 무슨 재난 같은 것이 있겠습니까?. 도적을 걱정하지 않았으며 물건이 메마르거나 습기차는 일을 걱정하지 않아도 되었던 것입니다."

312. 불가유월(不可逾越)

뛰어넘을 수 없다. 어떤 한계나 장애를 넘을 수 없다.

襄公三十一年冬, 今, 銅鞮之宮數里, 而諸侯舍於隸人. 門不容車, 而不可逾越, 盜賊公行, 而天厲不戒. 賓見無時, 命不可知. 若又勿壞, 是無所藏幣, 以重罪也. 敢請, 執事將何所命之. 雖君之有魯喪, 亦敝邑之憂也. 若獲薦幣, 修垣而行, 君之惠也. 敢憚勤勞.

양공 31년(전 542년) 겨울, (자산의 말은 계속된다.)

"지금 동제(銅鞮)에 있는 별궁도 그 크기가 사방 몇 리나 된다고 하는데 제후들이 묵고 있는 객관은 하인의 집이나 다름없습니다. 대문은 좁아 수레가 들어가지 못하고, 그렇다고 해서 담을 넘어 들어갈 수도 없으며, 도적은 활개를 치고 다니고, 천재에 대한 대비도 없으며, 빈객은 언제 임금님을 뵈올 수 있을지 알 수가 없고, 앞으로 어떻게 한다는 말씀도 없습니다. 이런 마당에 담이라도 헐지 않으면 가지고 온 예물을 둘 데가 없어 죄를 거듭하게 될 것입니다. 꼭 알고 싶은 것은 집사께서는 앞으로 저희들을 어떻게 하실 작정이십니까? 임금님께서 노나라의 국상 때문이시라면 그것은 또한 저희 나라의 슬픔이기도 합니다. 만일 가지고 온 선물을 진상할 수만 있다면 저희들은 헌 담을 수리하고 돌아가고 싶습니다. 그렇게만 해주신다면 그것은 임금님의 은혜이오니 무슨 수고를 마다하겠습니까?"

313. 경사불민(敬謝不敏)

불민(不敏)은 총명하지 못하다. 능력이 없다. 불민함을 정중히 사과하다. 일을 감당할 능력이 없어 사절하다. 흔히 완곡한 말로 사양할 때 쓴다.

襄公三十一年冬, 文伯復命. 趙文子曰, 信. 我實不德, 而以隸人之垣, 以贏諸侯, 是吾罪也. 使士文伯謝不敏焉. 晉侯見鄭伯有加禮, 厚其宴好, 而歸之. 乃築諸侯之館. 叔向曰, 辭之不可以已也如是夫. 子產有辭, 諸侯賴之. 若之何其釋辭也. 詩曰, 辭之輯矣, 民之協矣, 辭之繹矣, 民之莫矣, 其知之矣.

양공 31년(전 542년) 겨울, 문백(文伯)이 돌아가 복명하니 조문자(趙文子)는 말했다.

"사실 그렇다. 내가 참으로 부덕하여 하인들이나 살 집을 가지고 제후들을 맞이하고 있었으니 이것은 나의 죄요."

그리하여 사문백을 보내 자신의 불민을 사과하게 했다. 진후(晉侯)는 곧 정백(鄭伯)을 만나 보았고, 예를 특별히 정중히 하여 잔치도 후하게 베풀고 선물도 후하게 주어 본국으로 돌려 보냈다. 그리고 제후들을 맞이할 영빈관을 새로 지었다. 숙향(叔向)은 말했다.

"말이 중요한 것은 이와 같은 것이다. 자산(子產)이 말을 잘 하여 제후들이 덕을 보았다. 그러니 어찌 좋은 말을 쓰지 않을 수가 있겠는가? 《시》에 읊었다.

말이 부드러우면 백성이 화합하고
말이 험악하면 백성이 질고에 시달리네

그는 이 뜻을 잘 알고 있었던 것이다."

314. 조도상금(操刀傷錦)

칼을 선불리 조작하다가 비단을 버려놓다. 재능이 박약하거나 경험이 부족하여 중임을 감당하기 어렵다.

襄公三十一年冬, 子皮欲使尹何爲邑. 子産曰, 少, 未知可否. 子皮曰, 愿. 吾愛之, 不吾叛也. 使夫往而學焉, 夫亦愈知治矣. 子産曰, 不可. 人之愛人, 求利之也. 今, 吾子愛人, 則以政, 猶未能操刀而使割也, 其傷實多. 子之愛人, 傷之而已, 其誰敢求愛於子. 子於鄭國棟也. 棟折榱崩, 僑將厭焉, 敢不盡言. 子有美錦, 不使人學製焉. 大官大邑, 身之所庇也, 而使學者製焉. 其爲美錦不亦多乎. 僑聞學而後入政, 未聞以政學者也.

양공 31년(전 542년) 겨울, 정나라의 자피(子皮)가 윤하(尹何)에게 자신의 봉읍(封邑)을 다스리는 장관 자리를 주려 하매 자산(子産)은 말했다.

"너무 젊어서 해낼지 모르겠습니다."

"성실한 사람이오. 내가 사랑하고 있고 나를 배반하지 않을 것이오. 그를 지방으로 보내서 공부를 시키면 그도 점점 정치를 알게 될 것이오."

"안 됩니다. 남을 사랑한다면 그의 신상에 도움이 되도록 해주어야 할 것입니다. 지금 어르신은 남을 사랑한다면서 그에게 정치를 맡기고자 하십니다. 그것은 마치 칼을 만질 줄 모르는 사람에게 물건을 자르도록 시키는 것과 같아서 반드시 그 사람 자신이 많이 다칠 것입니다. 어르신께서 남을 사랑한다면서 상처만 입힌다면 그 누가 어르신의 사랑을 받으려고 하겠습니까? 어르신은 우리 정나라의 대들보이십니다. 대들보가 부러지면 서까래도 무너지고 저 교

(僑)도 깔려 죽을 것이니 죄다 말씀드립니다. 어르신께서 아름다운 비단을 갖고 계시다면 그것을 견습생에게 맡겨 옷 재단을 시키시지 않을 것입니다. 큰 벼슬이나 큰 읍은 자기의 몸을 감싸주는 큰 옷이니 오히려 숙련공에게 재단을 맡길 것입니다. 그것은 대관·대읍이 아름다운 비단보다 엄청 중요하기 때문이 아닐까요? 저 교는 배우고 나서 정치에 입문한다는 말은 들었어도 정치를 학습의 대상으로 삼는다는 말은 듣지 못했습니다."

315. 조도필할(操刀必割)

일단 칼을 잡은 이상 반드시 물건을 잘라야 하다. 일을 처리할 때에는 주저없이 결단을 내리다. 때를 놓치지 말고 행동하다.

출처는 314항 조도상금(操刀傷錦) 참조.

316. 동절최붕(棟折榱崩)

대들보가 부러지고 서까래가 내려앉다. 고층 건물이 무너지다. 나라가 쓰러지거나 큰 인물이 세상을 떠나다.

출처는 314항 조도상금(操刀傷錦) 참조.

317. 인심부동(人心不同), 각여기면(各如其面)

사람의 마음이 제각기 다른 것은 그 얼굴과 같다.

襄公三十一年冬, (子皮曰), 他日, 我曰, 子爲鄭國, 我爲吾家, 以庇焉, 其可也. 今而後知不足. 自今請, 雖吾家, 聽子而

行. 子産曰, 人心之不同, 如其面焉. 吾豈敢謂子面如吾面乎. 抑心所謂危, 亦以告也. 子皮以爲忠, 故, 委政焉. 子産是以能爲鄭國.

양공 31년(전 542년) 겨울, 자피(子皮)는 말했다.
"언젠가 나는 당신한테 <당신은 정나라를 다스리시오. 나는 내 집안을 다스려서 나 자신을 보호하면 될 것이오.>라고 한 적이 있소. 이제 와서 내가 부족한 사람이라는 것을 깨달았소. 지금부터는 비록 집안 일이라 하더라도 당신한테 물어서 처리하고 싶소."
자산(子産)은 말했다.
"사람의 마음이 제각기 다른 것은 그 얼굴과 같은 것입니다. 그런데 제가 어찌 어르신의 얼굴을 제 얼굴같이 하라고 말할 수 있겠습니까? 제 마음 속으로 위험하다고 느꼈기 때문에 알려드렸을 뿐입니다."
자피는 자산을 충성스러운 사람이라고 여기고 정치를 전적으로 맡겼다. 그래서 자산은 정나라를 잘 다스릴 수 있었다.

318. 가무승평(歌舞昇平)

승평(昇平)은 태평. 노래와 춤으로 태평성대를 경축하다. 흔히 분식태평(粉飾太平)을 가리킨다. 즉 어둡고 혼란한 상황을 감추고 태평한 것처럼 꾸미다.

襄公三十一年冬, (衛襄)公曰, 善哉. 何謂威儀. (北宮文子)對曰, 有威而可畏謂之威, 有儀而可象謂之儀. 君有君之威儀, 其臣畏而愛之, 則而象之. 故能有其國家, 令聞長世. …… 紂囚文王七年, 諸侯皆從之囚. 紂於是乎懼而歸之, 可謂愛之. 文王伐崇, 再駕而降爲臣, 蠻夷帥服, 可謂畏之. 文王之功, 天下誦而歌舞之, 可謂則之. 文王之行, 至今爲法, 可謂象之. 有威儀也.

양공 31년(전 542년) 겨울, 위나라 양공(襄公)이 북궁문자(北宮文子)에게 물었다.

"좋다. 그러면 무엇을 위의(威儀)라 하는가?"

"위엄이 있어서 사람들이 두려워함을 위(威)라 하고 풍채가 있어서 본받을 만한 것을 의(儀)라 합니다. 임금이 임금의 위의를 갖추고 있으면 신하들이 두려워하면서도 사랑하고 또 본받게 됩니다. 그러므로 그 나라를 보존할 수 있고 명성이 후세까지 남게 됩니다.……상(商)나라의 주왕(紂王)은 문왕(文王)을 잡아 7년이나 가두어 두자 제후들도 모두 문왕을 따라 자진해서 갇혔습니다. 주왕은 두려워서 문왕을 풀어 돌려 보냈는데 이것은 제후들이 문왕을 사랑했다고 말할 수 있습니다. 문왕이 숭(崇)나라를 쳤을 때에는 두 차례 출병을 하자 항복하여 신하가 되었고 만이(蠻夷)들도 줄줄이 와서 항복하였으니 이것은 문왕을 두려워했다고 말할 수 있습니다. 문왕의 공은 천하가 칭송하여 노래부르고 춤추었으니 이것은 사람들이 본받았다고 말할 수 있습니다. 문왕의 행동은 오늘에 이르도록 법도가 되고 있으니 이것은 사람들의 본보기가 되었다고 말할 수 있습니다. 요컨대 문왕께서는 훌륭한 위의를 갖추고 있었기 때문입니다."

소공(昭公) 원년~32년

319. 불녕유시(不寧唯是)

영(寧)은 어조사. 이것뿐만 아니다. 불근여차(不僅如此)와 같다.

昭公元年春, 楚公子圍聘于鄭, 且娶於公孫段氏. 伍擧爲介, ……旣聘, 將以衆逆, 子産患之, 使子羽辭曰, 以敝邑褊小不足以容從者, 請墠聽命. 令尹命大宰伯州犁對曰, 君辱貺寡大夫圍, 謂圍, 將使豊氏撫有而室. 圍布几筵, 告於莊共之廟而來. 若野賜之, 是委君貺於草莽也, 是寡大夫不得列於諸卿也. 不寧唯是, 又使圍蒙其先君, 將不得爲寡君老. 其蔑以復矣, 唯大夫圖之.

소공(昭公) 원년(전 541년) 봄, 초나라 공자 위(圍)가 정나라를 예방하고 공손단(公孫段)네의 딸을 아내로 맞이하기로 했다. 오거(伍擧)가 부사로 따라갔다.……예방의 일을 마치고 장차 많은 병사를 데리고 들어가 신부를 맞이하려 하니 자산(子産)이 그것을 염려하여 행인(行人) 자우(子羽)에게 명하여 의견을 전달하게 했다.

"저희 나라 도성은 협소하여 따라오신 분들을 다 수용할 수 없습니다. 그러니 도성 밖에 단(墠)을 새로 만들어 거기서 결혼식을 올리게 해 주시기 바랍니다."

영윤(令尹)은 태재(大宰)인 백주리(伯州犁)에게 명하여 회답하게 했다.

"귀국의 임금님께서는 초나라 대부인 나에게 고마운 은혜를 베푸시어 나 위(圍)에게 <풍씨(豊氏 즉 公孫段氏)네의 딸을 그대의 아내가 되게 하리다.>고 말씀하셨습니다. 나는 제사상과 자리를 갖추어 초나라의 장왕(莊王)과 공왕(共王)의 사당에 고하고 왔습니다. 만약 야외에서 결혼식을 거행한다면 그것은 임금님의 하사품을 풀밭에 버리는 격이 되고, 대부인 내가 다른 경(卿)들을 볼 낯이 없게 됩니다. 그뿐만 아니라 이 위로 하여금 선군을 속이게 하고 장차 우리나라 임금님의 대신 노릇도 못하게 하는 것입니다. 돌아가 복명도 할 수 없으니 대부께서는 재고해 주시기 바랍니다."

320. 포장화심(包藏禍心)

몰래 남을 해치려는 마음을 품다. 속으로 나쁜 마음을 품다.

昭公元年春, 子羽曰, 小國無罪, 恃實其罪. 將恃大國之安靖己, 而無乃包藏禍心以圖之. 小國失恃, 而懲諸侯, 使莫不憾者, 距違君命, 而有所壅塞不行是懼. 不然, 敝邑館人之屬也, 其敢愛豊氏之祧. 伍擧知其有備也, 請垂櫜而入, 許之.

소공 원년(전 541년) 봄, 정나라의 자우(子羽)는 말했다.

"소국으로서는 아무 죄가 없습니다. 대국을 믿고 아무 방비를 하지 않은 것이 죄라면 죄지요, 소국으로서는 대국을 믿고 자기의 안정을 도모해 보자는 바람이지만 혹 대국은 오히려 나쁜 마음을 품고 소국을 해칠지도 모르는 일입니다. 그렇게 되면 소국은 믿던 곳을 잃고 다른 제후들에게 경종을 울려, 모두가 대국을 미워하고 임금님의 명령을 거역하게 되면 정령이 막혀 시행에 차질이 있지 않을까 염려가 되는 것입니다. 그렇지 않다면야 저희들은 원래 초나라의 객사지기밖에 되지 않는 처지에 어찌 풍씨(豊氏)네의 사당을 아껴 결혼식을 못 올리게 하겠습니까?"

이 말에 부사로 따라온 오거(伍擧)는 정나라에 대비책이 있음을 알고, 그렇다면 활집을 거꾸로 메고 도성으로 들어간다는 조건을 제시하여 정나라의 허가를 받아 냈다.

321. 일피일차(一彼一此)

한때는 저랬다가 한때는 이랬다 하다. 판국이나 언론 등이 수시로 변하여 일정하지 않다.

昭公元年春, 季武子伐莒取鄆. 莒人告於會. 楚告於晉曰, 尋盟未退, 而魯伐莒, 瀆齊盟. 請戮其使. 樂桓子相趙文子, 欲求貨於叔孫而爲之請. 使請帶焉, 弗與.……趙盟聞之曰,……疆場之邑, 一彼一此, 何常之有. 王伯之令也, 引其封疆, 而樹之官, 擧之表旗, 而著之制令, 過則有刑, 猶不可壹.

소공 원년(전 541년) 봄, 노나라의 계무자(季武子 즉 季孫叔)가 거(莒)나라를 쳐서 운(鄆)을 빼앗아 차지했다. 거나라 사람이 이 일을 회합에 하소연하니 초나라는 진(晉)나라를 보고 말했다.

"과거의 맹약을 다지는 일도 끝나지 않았는데 노나라가 거나라를 친 것은 신성한 맹약을 모독한 것이오. 그 사자를 잡아 벌을 줍시다."

그 때 악환자(樂桓子 즉 樂王鮒)는 진나라 대표 조문자(趙文子)의 도우미로 있었는데 노나라 대표 숙손(叔孫)한테서 뇌물을 받아서 구명(救命)을 청해 보려고 사람을 시켜 그의 띠를 달라고 했으나 그는 주지 않았다.……조맹(趙孟 즉 趙文子)은 이 일을 듣고 초나라측에 그의 구명을 청했다.

'……국경지대에 있는 도읍은 한때는 저 나라에 붙었다 한때는 이 나라에 붙었다가 하는 것이니 어느 한 나라의 소유라고 정해진 바가 없습니다. 삼왕(三王) 오백(五伯)이 나라를 다스릴 적에는 국경을 명확히 줄을 긋고, 지키는 관리를 두며, 푯말을 세우고, 법령을 제정하며, 월경하면 벌을 주기로 했으나 그래도 국경을 한결같이 지켜 낼 수는 없었습니다."

322. 상인위국(相忍爲國)

인(忍)은 인내, 양보. 위(爲)는 다스리다. 참고 양보함으로써 나라를 다스리다. 국가와 민족의 이익을 위하여 어느 정도까지 양보하다.

昭公元年夏, 叔孫歸, 曾夭御季孫以勞之. 旦及日中, 不出. 曾夭謂曾阜曰, 旦及日中, 吾知罪矣. 魯以相忍爲國也. 忍其外, 不忍其內, 焉用之. 阜曰, 數月於外, 一旦於是, 庸何傷. 賈而欲贏, 而惡囂乎. 阜謂叔孫曰, 可以出矣. 叔孫指楹曰, 雖惡是, 其可去乎. 乃出見之.

소공 원년(전 541년) 여름, 숙손(叔孫)이 노나라로 돌아오자 계손(季孫)이 위로차 방문을 했는데 증요(曾夭)가 수레를 몰았다. 아침에 갔는데 한낮이 되어도 숙손은 나오지 않았다. 증요가 숙손의 신하인 증부(曾阜)를 보고 말했다.

"아침에 왔는데 한낮이 되었다. 우리가 잘못했다는 걸 알고 있네. 우리 노나라는 서로 참고 양보하는 미덕으로 나라를 꾸려 왔네. 나라 밖에서는 잘 참았는데 나라 안에 들어와서는 참지 못한다면 어디다 쓰겠는가?"

증부는 대답했다.

"그분은 밖에서 여러 달을 고생했네. 여기서 반나절을 기다린다고 무슨 지장이 있단 말인가?. 장사를 해서 돈을 벌려면 시끄러운 것쯤이야 참아야 하는 것 아닌가?"
그리고 숙손에게 가서 말했다.
"이제는 나가시는 것이 좋겠습니다."
숙손은 집안의 기둥을 가리키면서 말했다.
"보기 싫지만 어찌 없애버릴 수야 있는가?"
곧 나가서 계손을 만났다.

323. 국우천지(國于天地)

천지간에 나라를 세우다.

昭公元年夏. 秦后子有寵於桓, 如二君於景. 其母曰, 弗去, 懼選. 癸卯, 鍼適晉, 其車千乘.……后子見趙孟. 趙孟曰, 吾子其曷歸. 對曰, 鍼懼選於寡君, 是以在此. 將待嗣君. 趙孟曰, 秦君何如. 對曰, 無道. 趙孟曰, 亡乎. 對曰, 何爲. 一世無道, 國未艾也. 國於天地, 有與立焉. 不數世淫, 弗能斃也.

소공 원년(전 541년) 여름, 진(秦)나라 후자(后子)는 부군인 환공(桓公)의 총애를 받아서 형인 경공(景公)과 어깨를 나란히 하는 세력을 가져 마치 한 나라에 두 임금이 있는 것 같았다. 그의 어머니가 말했다.
"떠나지 않으면 너는 아마 추방당할 것이다."
그래서 계묘날에 겸(鍼 즉 后子)은 진(晉)나라로 떠났는데 그가 거느리고 간 수레가 천 승이나 되었다.……후자가 조맹(趙孟)을 만났다. 조맹이 물었다.
"당신은 언제쯤 돌아가실 겁니까?"
"나 겸(鍼)은 우리 임금님한테 추방당할까 두려웠습니다. 그래서 여기에 와 있는 겁니다. 다음 임금이 설 때까지 기다리게 될 것입니다."

"진나라 임금님은 어떤 분인가요?"

"무도합니다."

"그럼 망하리라고 봅니까?"

"어찌 망하기야 하겠습니까? 1대가 무도하더라도 나라는 아직 끊어지지 않습니다. 천지간에 나라를 세운 이상 임금을 도와서 나라를 이끌어갈 인물이 있게 마련입니다. 수대에 걸쳐 무도하지 않는 한 그 나라는 거꾸러지지 않습니다.".

324. 완세게일(玩歲愒日)

게(愒)는 허비하다. 안일만 일삼고 허송세월하다.

昭公元年夏, 趙孟曰, 天乎. 對曰, 有焉. 趙孟曰, 其幾何. 對曰, 鍼聞之, 國無道, 而年穀和熟, 天贊之也. 鮮不五稔. 趙孟視蔭曰, 朝夕不相及, 誰能待五. 后子出而告人曰, 趙孟將死矣. 主民, 玩歲而愒日, 其與幾何.

소공 원년(전 541년) 여름, (조맹과 후자의 대화는 계속된다.)

조맹(趙孟)이 물었다.

"그럼 요절할 것인가요?"

"그럴 수는 있습니다."

"몇 년이나 걸릴 건가요?"

"저 겸(鍼)이 듣건대 <나라가 무도한데도 곡식이 잘 여무는 것은 하늘이 돕기 때문이다.>라고 합니다. 5년은 갈 것입니다."

조맹은 해의 그림자를 보면서 말했다.

"아침에 살다가도 저녁의 일을 모르는데 누가 5년을 기다릴 수가 있겠소?"

후자(后子)는 그 자리에서 물러나와 다른 사람에게 말했다.

"조맹은 곧 죽을 것이다. 백성의 우두머리가 되는 몸이 안일만 일삼고 허송세월하고 있으니 그 얼마나 갈 것인가?"

325. 삼신묘유(參辰卯酉)

삼(參)과 신(辰)은 각각 삼수(參宿)와 심수(心宿) 또는 대화(大火)의 두 별자리. 두 별이 동서로 떨어져 있고 출몰시간도 서로 다르다. 삼성은 유시(酉時)(아침 5시에서 7시 사이)에 서쪽에서, 신성은 묘시(卯時)(저녁 5시부터 7시 사이)에 동쪽에서 나타나므로 서로 마주 볼 수 없다. 서로 배척하거나 적대적인 관계에 비유한다.

昭公元年秋, 晉侯有疾, 鄭伯使公孫僑如晉聘, 且問疾. 叔向問焉曰, 寡君之疾病, 卜人曰, 實沈臺駘爲祟, 史莫之知. 敢問, 此何神也. 子産曰, 昔, 高辛氏有二子, 伯曰閼伯, 季曰實沈. 居于曠林, 不相能也, 日尋干戈, 以相征討. 后帝不臧, 遷閼伯于商丘, 主辰. 商人是因, 故辰爲商星. 遷實沈于大夏, 主參. 唐人是因, 以服事夏商. 其季世曰唐叔虞.……故參爲晉星.

소공 원년(전 541년) 가을, 진후(晉侯)가 병이 났다.. 정백(鄭伯)은 공손교(公孫僑 즉 子産)를 보내 진나라를 예방할 겸 문병케 했다. 진나라의 숙향(叔向)이 물었다.

"우리 임금님의 병이 위독해지자 복인(卜人)이 말하기를 〈실침(實沈)과 대태(臺駘)의 신이 붙었다.〉고 하는데 사관(史官)들도 잘 모릅니다. 이들은 도대체 무슨 신입니까?"

자산(子産)은 대답했다.

"옛날 고신씨(高辛氏)에게 아들 둘이 있었는데 큰아들을 알백(閼

伯)이라 했고 작은아들은 실침(實沈)이라 했습니다. 두 사람은 광림(曠林)에서 살면서 서로 사이가 좋지 않아 날마다 방패와 창으로 서로 치고 박고 싸웠습니다. 그러자 요(堯)임금께서 이를 좋지 않게 여기시어 알백을 상구(商丘)로 옮겨 신성(辰星 즉 大火, 心宿)으로써 시절을 정하게 했습니다. 뒤에 상(商)나라 사람이 여기에서 일어났으므로 신성을 상성(商星)으로 삼았던 것입니다. 그리고 실침은 대하(大夏)로 옮겨 삼성(參星 즉 參宿)으로써 시절을 정하게 했습니다. 뒤에 당(唐)나라 사람이 이곳에서 일어나 하(夏)·상(商) 두 나라를 섬겼는데 그 말세 임금이 당숙우(唐叔虞)였습니다.…… 그래서 삼성이 진성(晉星)이 되었던 것입니다."

326. 일월삼신(日月參辰)

삼(參)과 신(辰)은 각각 별자리 삼수(參宿)와 심수(心宿)의 이름이다. 이 두 별은 각각 시간을 달리하여 하늘에 나타난다. 해와 달, 삼성과 신성은 모두 하나가 뜨면 하나는 숨어서 도무지 서로 만날 수 없다. 서로 만날 수 없거나 서로 화목하게 지낼 수 없음에 비유한다.

출처는 325항 삼신묘유(參辰卯酉) 참조.

327. 불외강어(不畏强禦)

강어(强禦)는 강포하다. 횡포하고 유세부리는 자를 두려워하지 않다. 이의 출처는 《시경(詩經)》 <대아(大雅)·증민(烝民)>이다.

昭公元年冬, 子干奔晉, 從車五乘. 叔向使與秦公子同食, 皆百人之餼. 趙文子曰, 秦公子富. 叔向曰, 底祿以德, 德鈞以

年, 年同以尊. 公子以國, 不聞以富. 且夫以千乘去其國, 彊禦已甚. 詩曰, 不侮鰥寡, 不畏彊禦. 秦楚匹也. 使后子與子干齒, 辭曰, 鍼懼選, 楚公子不獲. 是以, 皆來亦唯命, 且臣與羈齒, 無乃不可乎. 史佚有言, 曰, 非羈何忌.

소공 원년(전 541년) 겨울, 초나라의 자간(子干)이 진(晉)나라로 달아났는데 함께 간 수레가 다섯 승(乘)이었다. 숙향(叔向)은 그에게 진(秦)나라 공자와 동등한 봉록을 주었는바 모두 백 사람을 부양할 수 있는 구량이었다. 조문자(趙文子)가 말했다.

"진나라 공자는 부자가 아닌가?"

숙향은 대답했다.

"봉록은 그 사람의 덕을 고려하여 주는 것입니다. 덕이 같으면 나이를 고려하고, 나이가 같으면 신분을 따지고, 공자의 대우는 본국의 대소에 따라서 결정하는 것이지 본인의 재산의 다소에 따라서 결정한다는 말은 듣지 못했습니다. 게다가 수레 천 승을 거느리고 자기 나라를 떠나온다는 것은 그 유세가 대단하기는 하나 《시》에 읊었습니다.

> 홀애비나 과부라고 업신여기지 않고
> 횡포하고 유세부리는 자라고 두려워하지 않네

진나라와 초나라는 동등한 나라입니다."

진나라 사람이 후자(后子)와 자간을 동렬에 놓게 했더니 후자는 사양하며 말했다. "저 겸(鍼)은 추방이 두려웠고, 초나라 공자는 신임을 얻지 못해서, 그래서 둘다 도망해 온 것입니다. 저희들은 하라시는 대로 따르겠습니다만 진나라의 신하인 저와 나그네인 초나라 공자를 동등하게 대우한다는 것은 좀 어떨까 합니다. 사일(史佚)은 말했습니다. 〈나그네가 아니라면 뉘라서 그를 공경하리요?〉"

328. 조천위학(助天爲虐)

학(虐)은 잔포. 하늘이 화를 내릴 때를 이용하여 사람도 무서운 벌을 가하다.

昭公二年秋, 鄭公孫黑將作亂, 欲去游氏而代其位, 傷疾作而不果. 駟氏與諸大夫欲殺之. 子産在鄙, 聞之, 懼弗及, 乘遽而至. 使吏數之曰,……有死罪三, 何以堪之. 不速死, 大刑將至. 再拜稽首, 辭曰, 死在朝夕, 無助天爲虐. 子産曰, 人誰不死. 凶人不終命也. 作凶事, 爲凶人. 不助天, 其助凶人乎.

소공 2년(전 540년) 가을, 정나라 공손흑(公孫黑 즉 子晳)은 곧 내란을 일으켜 유씨(游氏)를 제거하고 그 자리를 대신 차지하려 했으나 옛 상처가 도지는 바람에 손대지 못하고 있었다. 사씨(駟氏)와 대부들이 공손흑을 죽이려고 했다. 자산(子産)은 시골에서 그 소식을 듣고 때를 놓칠세라 역말을 타고 도성에 돌아가서 관리를 시켜 공손흑을 책망케 했다.

"……이와 같이 죽을 죄가 셋이나 되는데 어찌 용서할 수 있겠는가? 빨리 죽지 않는다면 큰 형벌이 떨어질 것이다."

공손흑은 재배하고 머리를 조아리며 말했다.

"죽음이 조석간에 달려 있는 터에 하늘과 합세하여 저를 더 괴롭히지 말아 주시오."

자산은 말했다.

"죽지 않는 사람이 어디 있는가? 다만 나쁜 사람은 제 명대로 살지 못하는 법이다. 나쁜 짓을 하면 나쁜 사람이 된다. 하늘을 돕지 않고 어찌 나쁜 사람을 돕는단 말인가?"

329. 숙계지세(叔季之世)(2-1)

말세라는 뜻. 나라가 쇠미하면 숙세(叔世), 망하기 직전은 계세(季世)라고 한다. 아래 글은 계세(季世) 부분.

昭公三年春, 齊侯使晏嬰請繼室於晉,……旣成昏, 晏子受禮, 叔向從之宴, 相與語. 叔向曰, 齊其何如. 晏子曰, 此季世也. 吾弗知, 齊其爲陳氏矣. 公棄其民, 而歸於陳氏. 齊舊四量, 豆區釜鍾. 四升爲豆, 各自其四, 以登於釜, 釜十則鍾. 陳氏三量皆登一焉, 鍾乃大矣. 以家量貸, 而以公量收之. 山木如市, 弗加於山, 魚鹽蜃蛤, 弗加於海.

소공 3년(전 539년) 봄, 제후(齊侯)가 안영(晏嬰)을 진(晉)나라에 보내어 소강(少姜)의 뒤를 이을 계실을 받아 줄 것을 진나라측에 청하게 했다.……정혼을 한 다음 안자(晏子)는 빈객을 대접하는 예를 받았다. 숙향(叔向)은 안영을 술자리에 모시고 서로 이야기를 나누었다. 숙향이 물었다,

"제나라는 어떻게 되겠습니까?"

안자는 대답했다.

"제나라는 말세입니다. 저는 다른 것은 모르지만 제나라가 진씨(陳氏) 세상이 되는 것은 틀림없습니다. 임금이 백성을 버리니 백성은 진씨 쪽으로 돌아서고 있습니다. 제나라에서는 원래 계량 단위가 네 가지로 두(豆)·구(區)·부(釜)·종(鍾)으로 되어 있습니다. 우선 넉 되를 한 두로 하여, 차례로 4배씩 증가하여 부까지 가고 부 열 개가 한 종이 됩니다. 그런데 진씨의 두·구·부는 하나를 더하여 5배씩 불어나니 한 종의 양이 공식적인 양보다 많아집니다. 그래서 백성에게 곡식을 꾸어줄 때에는 집에서 쓰는 양으로 하고, 거두어 들일 때에는 나라의 양으로 합니다. 산의 나무는 시장에 내다 팔더라도 산에서 받는 값과 같고, 생선·소금·조개 등도 바

닷가에서 사는 값보다 더 비싸게 받지 않습니다."

330. 안가근시(晏家近市)

초라하고 비좁은 집.

昭公三年春. 初, 景公欲更晏子之宅, 曰, 子之宅近市, 湫隘囂塵, 不可以居, 請更諸爽塏者. 辭曰, 君之先臣容焉, 臣不足以嗣之, 於臣侈矣. 且小人近市, 朝夕得所求, 小人之利也. 敢煩里旅.

소공 3년(전 539년) 봄, 처음에 제나라 경공(景公)은 안자(晏子)의 집을 바꾸어 주려고 제의를 했다.

"그대의 집은 시장과 가깝고, 대지가 낮고 좁으며, 시끄럽고 먼지가 많아 살 곳이 못된다. 높직한 대지에 상쾌한 곳으로 바꾸어 주겠소."

안자는 사양하며 말했다.

"임금님의 신하였던 저의 부친이 이 집에서 살았습니다. 신은 그 뒤를 이어받을 자격조차 부족한 터에 이 집만 해도 신에게는 사치스럽습니다. 게다가 소인은 시장 가까이에 살아 조석으로 필요한 물건을 살 수 있으니 그것은 소인의 이익입니다. 많은 관원을 번거롭게 하지 마십시오."

331. 구천용귀(屨賤踊貴)

구(屨)는 신발. 용(踊)은 옛날 다리를 잘린 사람이 쓰던 의족(義足). 보통 신발은 싸고 의족은 비싸다. 형벌을 남용하여 혹형을 받는 사람이 많은 상황을 가리킨다.

昭公三年春，公笑曰，子近市，識貴賤乎．對曰，旣利之，敢不識乎．公曰，何貴何賤．於是，景公繁於刑，有鬻踊者，故對曰，踊貴屨賤．旣已告於君．故與叔向語而稱之．景公爲是省於刑．

君子曰，仁人之言，其利博哉．晏子一言，而齊侯省刑．詩曰，君子如祉，亂庶遄已．其是之謂乎．

소공 3년(전 539년) 봄, 경공(景公)은 웃으면서 물었다.

"그대는 시장 가까이 살고 있으니 물건의 비싸고 싼 것을 아는가?"

"이왕에 득을 보고 있는데 어찌 모를 리가 있겠습니까?"

"그러면 무엇이 비싸고 무엇이 싼가?"

이 무렵 경공은 형벌을 남용하고 있어서 의족을 팔아 장사하는 사람이 있었기 때문에 그는 대답했다.

"의족은 비싸고 보통 신발은 쌉니다."

이렇게 그가 전에 임금에게 고한 일이 있었기에 진나라 숙향과의 대화에서 이 말을 꺼냈던 것이다. 경공은 이 말을 듣고 처형을 완화했다.

군자는 이렇게 평한다.

"어진 사람의 말은 대중에게 미치는 이익이 광범하도다. 안자의 말 한마디에 제후가 처형을 완화했다. 《시》에 읊었다.

임금이 어진 사람 등용만 하면
어지러운 난리는 금새 사라지리

이것은 안자를 두고 한 말일 것이다."

332. 인언이부(仁言利溥)

어진 사람의 말은 대중에게 미치는 이익이 광범하다.

출처는 331항 구천용귀(屨賤踊貴) 참조.

333. 복택복린(卜宅卜隣)

복(卜)은 선택하다, 고르다. 살 집을 고르는 최대 관건은 좋은 이웃을 선택하는 것이다.

昭公三年春, 及晏子如晉, 公更其宅. 反則成矣. 旣拜, 乃毁之, 而爲里室, 皆如其舊, 則使宅人反之曰, 諺曰, 非宅是卜, 唯隣是卜. 二三子先卜隣矣. 違卜不祥. 君子不犯非禮, 小人不犯不祥, 古之制也. 吾敢違諸乎. 卒復其舊宅.

소공 3년(전 539년) 봄, 안자(晏子)가 진(晉)나라에 간 틈을 타서 경공(景公)은 그의 집을 새로 짓게 하여 그가 돌아왔을 때에는 이미 완성되어 있었다. 안자는 새 집에 대한 인사를 하고 나서 바로 새 집을 헐어 마을의 집을 원상대로 지어서 원래의 거주자들을 돌아가 살게 하고 말했다,

"속담에 말하기를 〈집을 고를 것이 아니라 이웃을 골라야 한다.〉고 합니다. 여러분은 먼저 이웃을 골라서 이곳에 살아 온 분들입니다. 그 선택을 어기는 것은 상서롭지 못한 일입니다. 군자는 예의에 벗어난 짓은 하지 않고, 소인은 상서롭지 못한 짓을 하지 않는 것이 예부터의 법도이니 나는 그것을 어기고 싶지 않습니다."

이리하여 마침내 옛집으로 이사했다.

334. 발단심장(髮短心長)

머리털은 짧고 속셈은 많다. 늙었어도 지모와 계략은 아주 깊다.

昭公三年秋, 齊侯田於莒, 盧蒲嫳見, 泣且請曰, 余髮如此種種, 余奚能爲. 公曰, 諾. 吾告二子. 歸而告之, 子尾欲復之, 子雅不可曰, 彼其髮短, 而心甚長. 其或寢處我矣. 九月, 子雅放盧蒲嫳于北燕.

소공 3년(전 539년) 가을, 제후(齊侯)가 거(莒)에서 사냥을 했는데 그때 그곳에 유배와 있던 노포별(盧蒲嫳)이 임금을 찾아보고 울면서 용서를 빌었다.

"저의 머리털이 이렇게 짧아졌습니다. 이제 무엇을 할 수 있겠습니까?"

제후는 말했다.

"좋다. 돌아가 두 사람에게 말해 보리다."

제후가 돌아가 두 사람에게 말을 하자 자미(子尾)는 복귀시켜도 좋다고 했으나 자아(子雅)는 안 된다고 말했다.

"그는 늙어서 머리털은 짧아졌다고 하나 마음 속의 계략은 더욱 자랐을 것입니다. 잘못하다가는 그가 우리의 가죽을 깔고 앉을지도 모릅니다."

9월에 자아는 노포별을 북연(北燕) 땅으로 추방했다.

335. 이혜경상(二惠競爽)

이혜(二惠)는 제나라 혜공(惠公)의 손자인 공손조(公孫竈 즉 子雅)와 공손채(公孫蠆 즉 子尾)를 가리킨다. 경(競)은 굳세다. 상(爽)은 총명하다. 제나라 혜공의 두 손자가 굳세고 총명하다. 두 형제가 모두 빼어나고 걸출함을 칭송하는 말로 쓴다.

昭公三年冬, 齊公孫竈卒. 司馬竈見晏子曰, 又喪子雅矣. 晏子曰, 惜也. 子旗不免, 殆哉. 姜族弱矣, 而嬀將始昌. 二惠競爽, 猶可, 又弱一個焉, 姜其危哉.

소공 3년(전 539년) 겨울, 제나라의 공손조(公孫竈)가 세상을 떠났다. 사마조(司馬竈)가 안자(晏子)를 찾아보고 말했다.

"또 자아(子雅)를 잃었군요."

안자는 말했다.

"아까운 일입니다. 그 아들 자기(子旗)도 화를 면치 못할 것이니 위태롭게 되었습니다. 강성(姜姓)의 씨족은 전점 쇠약해지고 규성(嬀姓)의 씨족이 막 창성하기 시작했습니다. 혜공(惠公)의 두 손자가 강건하고 총명할 때만 해도 좋았는데 이제 또 하나가 줄었으니 강씨는 위태롭게 되었습니다.".

336. 우약일개(又弱一個)

또 하나를 잃다. 또 한 사람이 죽다. 약(弱)은 잃다, 줄다. 옛날에 사람이 세상을 떠남을 애도하던 말.

출처는 335항 이혜경상(二惠競爽) 참조.

337. 길인천상(吉人天相)(2-2)

길인(吉人)은 좋은 사람, 선한 사람. 상(相)은 돕다. 착한 사람은 반드시 하늘이 굽어본다. 흔히 위난을 당한 사람을 위로하거나 전화위복한 사람을 축하할 때 사용한다. 아래 글은 천상(天相) 부분.

昭公四年春王正月, 許男如楚, 楚子止之, 遂止鄭伯, 復田江

南, 許男與焉. 使椒擧如晉求諸侯, 二君待之.……晉侯欲勿許. 司馬侯曰, 不可. 楚王方侈, 天或者欲逞其心以厚其毒, 而降之罰, 未可知也. 其使能終, 亦未可知也. 晉楚唯天所相, 不可與爭. 君其許之, 而修德以待其歸. 若歸於德, 吾猶將事之, 況諸侯乎. 若適淫虐, 楚將棄之, 吾又誰與爭.

소공 4년(전 538년) 봄, 주력(周曆) 정월에 허남(許男)이 초나라로 가자 초자(楚子)가 그를 못 가게 붙들었다. 그 김에 정백(鄭伯)마저 붙들어서 함께 다시 강남(江南)에서 사냥을 했는데 허남도 함께했다. 초자는 초거(椒擧)를 진(晉)나라로 보내어 제후들의 소집을 요구하게 하고 허나라와 정나라의 두 임금은 그 때까지 초나라에서 소식을 기다리게 되었다.……진후(晉侯)는 초왕의 요청을 허락하지 않으려 했으나 사마후(司馬侯)가 말했다.

"그래서는 안 됩니다. 초왕은 지금 한창 교만을 떨고 있습니다. 하늘은 어쩌면 그가 멋대로 하게 놔두어 죄를 가중시켰다가 벌을 내릴 것인지 알 수 없고, 또는 자기의 명대로 살다가 죽게 할는지도 모를 일입니다. 진나라와 초나라의 패업은 하늘이 돕는 대로 따라야 할 것이지 서로 다툴 일이 아닙니다. 임금님께서는 그의 요청을 허락하시고 덕을 닦으시며 그 귀추를 기다리십시오. 만일 초왕이 훌륭한 덕을 보이게 된다면 우리 진나라도 그를 섬겨야 할 판인데 하물며 다른 제후들이야 말할 것이 있겠습니까? 그러나 만일 초왕이 황음무도하게 나온다면 초나라 사람이 먼저 그를 버릴 것인즉 우리가 누구와 다툰단 말입니까?"

338. 기북공군(冀北空群)

기(冀)는 주대의 나라 이름으로서 말[馬]의 산지. 공군(空群)은 당나라 한유(韓愈)의 고사에서 유래한다. 춘추시 말을 잘 보는 백락(伯樂)이 한 번 기북을 지나가면 양마는 모조리 골라 가고 남는 게 없다. 말의 산지인 기북에 양마가 없다. 우수한 인재나 귀한 물건을 골라 가고 남은 것이 없다.

昭公四年春, 公曰, 晉有三不殆, 其何敵之有. 國險而多馬, 齊楚多難. 有是三者, 何鄕而不濟. 對曰, 恃險與馬, 而虞隣國之難, 是三殆也. 四嶽三塗陽城大室荊山中南, 九州之險也, 是不一姓. 冀之北土, 馬之所生, 無興國焉. 恃險與馬, 不可以爲固也, 從古以然.

소공 4년(전 538년) 봄, 진(晉)나라 소공(昭公)이 말했다.

"우리 진나라에는 세 가지 믿을 거리가 있으니 우리에게 덤벼들 적이 어디 있겠는가? 국토가 험하고 말(馬)이 많고 제나라와 초나라에는 내란이 많다. 이 세 가지가 있으니 어느 쪽을 상대하더라도 실패는 없을 것이오."

사마후(司馬侯)가 대답했다.

"지세가 험하다는 것과 말이 많다는 것을 믿고 또 이웃나라의 내란을 기뻐한다는 것은 세 가지 근심거리입니다. 사악(四嶽)·삼도(三塗)·양성(陽城)·태실(大室)·형산(荊山)·중남(中南) 등은 모두 천하의 험지이지만 한 성바지의 소유물이 되지는 못했습니다. 기(冀)나라의 북쪽 땅은 말의 산지이오나 그곳에서 흥성한 나라는 없었습니다. 험한 지형과 말이 많다는 것을 믿는다고 해서 나라의 안전이 보장되는 것이 아니라는 것은 예부터 정해진 이치입니다.".

339. 다난흥방(多難興邦)

나라에 재난이 많은 것이 오히려 내부를 결속시키고 어려움을 극복하려는 결의를 촉발시켜 나라를 강하게 만든다.

昭公四年春，隣國之難，不可虞也．或多難以固其國，啓其疆土，或無難以喪其國，失守其宇，若何虞難．齊有仲孫之難，而獲桓公，至今賴之．晉有里丕之難，而獲文公，是以，爲盟主．衛刑無難，敵亦喪之．故人之難，不可虞也．恃此三者，而不修政德，亡於不暇，又何能濟．君其許之．

소공 4년(전 538년) 봄, (사마후의 대답은 계속된다.)

"이웃나라의 내란을 기뻐해서는 안 됩니다. 어떤 나라는 재난이 많아서 오히려 나라가 굳어지고 영토도 넓어지는가 하면, 어떤 나라는 재난이 없어서 오히려 나라를 잃거나 영토를 지키지 못하기도 합니다. 어찌 남의 재앙을 기뻐할 수 있겠습니까? 제나라는 중손(仲孫)의 난리가 있었기에 환공(桓公)이 나타났고 지금까지도 그 덕을 입고 있으며, 우리 진나라는 이 · 비(里 · 丕)의 난리가 있었기에 문공(文公)이 나타났고 그 때문에 맹주가 되었던 것입니다. 위(衛)나라와 형(刑)나라는 아무런 국난이 없었는데도 외적이 그들을 멸망시켰습니다. 그러므로 남의 재앙을 기뻐해서는 안 되는 것입니다. 이 세 가지를 믿고서 정치와 덕행을 닦기에 힘쓰지 않는다면 망하는 것은 시간 문제일 터인데 또 어떻게 성공까지 할 수 있단 말입니까? 초나라의 청을 허락하십시오.".

340. 도호극시(桃弧棘矢)

복숭아나무로 만든 활과 가시나무로 만든 화살. 옛날 사람이 액막이를 할 때 썼던 도구.

昭公四年春，大雨雹．季武子問於申豊曰，雹可禦乎．對曰，聖人在上，無雹．雖有，不爲災．古者，日在北陸而藏冰，西陸朝覿而出之．其藏冰也，深山窮谷固陰沍寒，於是乎取之．其

出之也，朝之祿位賓食喪祭，於是乎用之．其藏之也，黑牡秬黍以享司寒．其出之也，桃弧棘矢以除其災．其出入也時．食肉之祿，冰皆與焉．

소공 4년(전 538년) 봄, 많은 우박이 내렸다. 계무자(季武子 즉 季孫叔)가 신풍(申豊)에게 물었다.

"우박이 못 내리도록 막을 수는 없는가?"

신풍은 대답했다.

"성인이 윗자리에 있으면 우박은 내리지 않습니다. 내린다 하더라도 재해가 되지 않습니다. 옛날에는 해가 북궁(北宮)의 현무(玄武)의 별자리에 있을 때 얼음을 저장했다가 서궁(西宮)의 백호(白虎)의 별자리가 아침에 나타날 무렵에 꺼내어 썼습니다. 얼음을 저장할 때에는 깊은 산과 깊은 골짜기에 한기가 꽁꽁 얼어붙을 때 얼음을 뜨었습니다. 얼음을 꺼낼 때에는 조정의 벼슬이 높은 분이나 손님의 접대, 연회, 장례, 제사 때에 한하여 얼음을 꺼내어 썼습니다. 얼음을 저장할 때에는 검은 수소와 검은 기장을 가지고 추위를 다스리는 신에게 제사지내고, 얼음을 꺼낼 때에는 복숭아나무로 만든 활과 가시나무로 만든 활을 가지고 액막이를 했습니다. 얼음을 저장하고 꺼내어 씀에는 일정한 때가 정해져 있었고, 육식을 하는 관리는 누구나 얼음을 나누어 받을 자격이 있었습니다."

341. 처풍고우(凄風苦雨)

처(凄)는 몹시 춥다. 고우(苦雨)는 오랫동안 내려 해가 되는 비. 찬 바람과 궂은 비. 몹시 나쁜 날씨. 비참한 생활 상태를 가리킨다.

昭公四年春．其藏之也周，其用之也徧，則冬無愆陽，夏無伏陰，春無凄風，秋無苦雨，雷出不震，無災霜雹，癘疾不降，民不夭札. 今, 將川池之氷, 棄而不用, 風不越而殺, 雷不發而震. 雹之爲災, 誰能禦之. 七月之卒章, 藏氷之道也.

소공 4년(전 538년) 봄, (신풍의 말은 계속된다.)

"그러기에 얼음의 저장을 꼼꼼이 하고 그 사용을 공평하게 하면 겨울철에 때 아닌 따뜻한 날씨가 없고, 여름철에 숨은 찬 기운이 없으며, 봄철에 찬 바람이 불지 않고, 가을철에 궂은 비가 오지 않으며, 천둥이 치더라도 벼락이 떨어지지 않고, 서리와 우박은 해를 끼치지 않으며, 전염병이 유행하지 않고, 백성이 요절하는 일이 없습니다. 그런데 지금은 개천이나 연못의 얼음을 아무렇게나 취하여 저장하였다가 남으면 버리고 쓰지 않으니 바람이 흩날리지 않아도 초목이 죽고, 천둥이 치지 않아도 벼락에 사람이 상하며, 우박이 해를 끼쳐도 누가 그것을 막을 수 있겠습니까? 《시》의 〈빈풍(豳風)·칠월(七月)〉의 마지막 장은 얼음을 저장하는 방법을 노래한 것입니다."

342. 경시신종(敬始愼終)

처음부터 끝까지 삼가고 조심하다.

昭公五年春, 晉韓宣子如楚, 送女, 叔向爲介. 鄭子皮子大叔勞諸索氏. 大叔謂叔向曰, 楚王汰侈已甚, 子其戒之. 叔向曰, 汰侈已甚, 身之災也, 焉能及人. 若奉吾幣帛, 愼吾威儀, 守之以信, 行之以禮, 敬始而思終, 終無不復. 從而不失儀, 敬而不失威, 道之以訓辭, 奉之以舊法, 考之以先王, 度之以二國, 雖汰侈若我何.

소공 5년(전 537년) 봄, 진나라의 한선자(韓宣子)가 초나라까지 공녀(公女)를 모셔 가기로 결정이 나서 숙향(叔向)이 부사가 되었다. 정나라의 자피(子皮)와 태숙(大叔 즉 游吉)이 그들을 색씨(索氏)에서 위로했다. 태숙이 숙향을 보고 말했다.

"초왕의 거만은 도에 넘칩니다. 조심하십시오."

숙향은 대답했다.

"거만이 도에 넘친다는 것은 자신의 재앙인데 어찌 남에게까지 미치겠습니까? 내가 선물을 가지고 가서 행동거지를 조심하고, 신용을 지키며, 예의있게 행동하고, 일의 처음을 삼가고 일의 끝을 살피며, 뒤에 다시 되풀이하더라도 후회 없도록 해내며, 순종하되 분수를 잃지 않고, 공경하되 위엄을 잃지 않으며, 말을 할 때에는 옛날의 어진 임금이나 현인의 가르침으로써 하고, 상대방을 받들 때에는 전통적인 관계로써 하며, 일의 기준은 선왕들의 행적에서 구하고, 일을 헤아릴 때에는 두 나라의 이해득실로써 하면 아무리 거만이 도에 넘친다 한들 나를 어찌 하겠습니까?"

343. 숙계지세(叔季之世)(2-2)

말세라는 뜻. 나라가 쇠미하면 숙세(叔世), 망하기 직전은 계세(季世)라고 한다. 아래 글은 숙세(叔世) 부분.

昭公六年春三月, 鄭人鑄刑書. 叔向使詒子產書曰, 始吾有虞於子, 今則已矣.……夏有亂政, 而作禹刑, 商有亂政, 而作湯刑, 周有亂政, 而作九刑, 參辟之興, 皆叔世也. 今, 吾子相鄭國, 作封洫, 立謗政, 制參辟, 鑄刑書, 將以靖民, 不亦難乎.

소공 6년(전 536년) 봄 3월, 정나라 사람이 세발솥(鼎)을 주조하여 형법을 새겨 넣었다. 진(晉)나라의 숙향(叔向)이 사람을 시켜 정나라 자산(子産)에게 편지를 보냈다.

"처음에 나는 당신에게 기대를 걸었는데 이제는 그만두었습니다.……하(夏)나라는 정치가 어지러워지자 우형(禹刑)을 만들었고, 상(商)나라는 정치가 어지러워지자 탕형(湯刑)을 만들었으며, 주(周)나라는 정치가 어지러워지자 구형(九刑)을 만들었습니다. 이 세 가지 형법이 제정된 것은 모두 나라가 쇠미하던 말세 때의 일이었습니다. 지금 당신은 정나라의 재상으로 있으면서 밭과 도랑의 경계를 고치고, 백성들이 비방하는 정치를 펴며, 세 악법을 본받아 형법을 만들고, 그것을 세발솥에 주조하는 등 그런 방법으로 백성을 안심시키려고 하는 모양인데 그래서는 어렵지 않겠습니까?"

344. 추도지말(錐刀之末)

원래는 사소한 일에 비유한다. 송곳 끝 같은 극히 작은 이익.

昭公六年春, 詩曰, 儀式刑文王之德, 日靖四方. 又曰, 儀刑文王, 萬邦作孚. 如是, 何辟之有. 民知爭端矣, 將棄禮而徵於書, 錐刀之末, 將盡爭之. 亂獄滋豊, 賄賂並行. 終子之世, 鄭其敗乎. 肸聞之, 國將亡, 必多制. 其此之謂乎.

소공 6년(전 536년) 봄, (진나라 숙향이 정나라 자산에게 보낸 편지의 사연은 계속된다.)

"《시》에 읊었습니다.

문왕의 법도를 본받아
나날이 온 세상 잘 다스리리라

또 읊었습니다.

문왕을 본받으면
온 세상 믿고 따르리

이렇게만 한다면 무슨 형법이 필요하겠습니까? 정나라 백성은 이제야 싸움의 실마리를 알았습니다. 앞으로는 예의를 버리고 오직 형법의 조항만 따져서 송곳 끝 같은 사소한 일까지도 모두 시비를 다투게 될 것입니다. 송사는 더욱 많아지고 뇌물의 수수는 도처에서 행해지며 당신의 세상이 끝나면 정나라는 쇠망하고 말 것입니다. 저 힐(肸)은 듣건대 <나라가 망하려 할 때에는 반드시 법률이 많아진다.>고 합니다. 이 말은 현재의 정나라를 두고 하는 말일 것입니다."

345. 화회공행(貨賄公行)

화회(貨賄)는 뇌물. 공개리에 뇌물을 주고받다.

출처는 344항 추도지말(錐刀之末) 참조.

346. 식모천토(食毛踐土)

먹는 것은 임금의 오곡이요, 밟는 것도 임금의 땅이라는 뜻. 모(毛)는 식물, 여기서는 곡식. 봉건시대에 신민(臣民)이 임금의 은혜에 감격하여 쓰던 상투어. 임금의 영토에 의지하여 생활하다.

昭公七年春, 楚子之爲令尹也, 爲王旌以田. 芋尹無宇斷之曰, 一國兩君, 其誰堪之. 及卽位, 爲章華之宮, 納亡人以實之. 無宇之閽入焉. 無宇執之, 有司弗與曰, 執人於王宮, 其罪大矣. 執而謁諸王. 王將飮酒. 無宇辭曰, 天子經略, 諸侯正

封，古之制也．封略之內，何非君土．食土之毛，誰非君臣．故，詩曰，普天之下，莫非王土，率土之濱，莫非王臣．

소공 7년(전 535년) 봄, 초자(楚子)가 영윤(令尹)으로 있을 때 임금이 쓰는 깃발을 꽂고 사냥을 했다. 우윤(芋尹)인 무우(無宇)가 그 기를 자르고 말했다.

"한 나라에 임금이 둘 있으면 누가 견디겠는가?"

초자가 즉위하자 장화궁(章華宮)을 지어 다른 나라에서 도망온 사람들을 그곳에 수용하여 기르고 있었다. 무우의 문지기가 도망가서 그곳으로 들어가는지라 무우가 잡으려 하자 장화궁의 관리인이 내어주지 않고 말했다.

"왕궁 안에서 사람을 잡으면 그 죄가 크오."

그리고는 무우를 잡아 왕 앞으로 끌고가 보였다. 왕은 막 술을 마시려던 참이었는데 무우는 무죄를 주장했다.

"천자는 천하를 통치하고 제후는 자기의 봉토를 다스린다는 것은 예부터의 제도입니다. 봉토 안의 땅이 임금님의 땅이 아닌 곳이 어디 있으며, 토지에서 나는 생산물을 먹고 사는 사람이 임금님의 신하가 아닌 사람이 어디 있습니까? 그래서 《시》에 읊기를,

> 넓은 하늘 아래 임금의 땅 아닌 땅이 없고
> 땅 끝까지 임금의 신하 아닌 사람이 없네

라고 했습니다."

347. 도심실도(悼心失圖)

도(悼)는 비통하다. 도(圖)는 정신. 마음이 아파서 정신을 가누지 못하다.

昭公七年春，楚子成章華之臺，願與諸侯落之．大宰薳啓彊曰，臣能得魯侯．薳啓彊來召公，辭曰，…… 日，我先君共王，引領北望，日月以冀，傳序相授，於今四王矣，嘉惠未至．唯襄公之辱臨我喪．孤與其二三臣，悼心失圖，社稷之不皇，況能懷思君德．

소공 7년(전 535년) 봄, 초자(楚子)는 장화대(章華臺)를 짓자 제후들을 초빙하여 함께 낙성식을 치르고 싶었다. 태재(大宰)로 있는 위계강(薳啓彊)이 말했다.

"신이 노후(魯侯)를 불러 낼 자신이 있습니다."

위계강이 우리나라에 와서 소공(昭公)을 초대했는데 그 구실은 이랬다.

"……지난날 우리나라 선군 공왕(共王)께서는 목을 길게 뽑아 북쪽을 바라보며 날마다 달마다 노나라 사신의 왕림을 빌었고, 그 소원을 차례로 물려 지금까지 4대째 왕에 이르렀으나 반가운 소식은 끝내 받지 못했습니다. 다만 양공(襄公)께서 저희나라가 상을 당했을 적에 왕림하였사오나 그 때는 고(孤)와 몇몇 대신들이 마음이 아파 정신을 가누지 못하여 나라 일마저 돌볼 겨를이 없었는지라, 하물며 노나라 임금님의 덕을 사모할 엄두를 낼 수 있었겠습니까?"

348. 유가무이(有加無已)

이(已)는 그치다. 오히려 늘기만 하고 그칠 줄 모르다. 정세가 계속 악화 일로를 걷다. 갈수록 더 심하다. 원문은 '유가무추(有加無瘳)'로서 '병이 더하기만 하고 차도가 없다.'

昭公七年夏，鄭子產聘于晋，晋侯有疾．韓宣子逆客，私焉

曰, 寡君寢疾, 於今三月矣. 並走羣望, 有加而無瘳. 今夢黃熊入于寢門, 其何厲鬼也. 對曰, 以君之明, 子爲大政, 其何厲之有. 昔, 堯殛鯀于羽山, 其神化爲黃熊, 以入于羽淵, 實爲夏郊, 三代祀之. 晉爲盟主, 其或者未之祀也乎. 韓子祀夏郊, 晉侯有間. 賜子産莒之二方鼎.

소공 7년(전 535년) 여름, 정나라의 자산(子産)이 진(晉)나라를 예방했다. 그 때 진후(晉侯)는 병을 앓고 있었다. 한선자(韓宣子 즉 韓起)는 손님을 맞이하여 사사로이 그에게 물었다.

"과군께서 누워 계신 지 오늘로 석 달이 됩니다. 명산대천에 두루 사람을 보내어 망제(望祭)를 지냈건만 병세가 더할 뿐 차도가 없습니다. 요즘에는 또 황웅(黃熊)이 침전의 문으로 들어오는 꿈을 꾸셨다고 합니다. 도대체 무슨 귀신일까요?"

자산은 대답했다.

"임금님께서 영명하신데다 어르신께서 대권을 맡고 계시는데 무슨 귀신이 빌미붙겠습니까? 옛날에 요(堯)임금이 곤(鯀)을 우산(羽山)에서 죽였더니 그 귀신이 황웅으로 변하여 우연(羽淵)으로 들어갔습니다. 이것을 하(夏)나라에서는 교제(郊祭)로 모셨고 3대가 모두 그에게 제사를 지냈습니다. 진나라는 맹주가 된 이후 혹시 아직 곤의 신에게 제사를 올리지 않은 것은 아닌지요?"

한선자가 하나라의 교제신 곤에게 제사를 지냈더니 진후의 병에 차도가 있었다. 그래서 자산에게 거(莒)나라의 보물인 방정(方鼎) 두 개를 하사했다.

349. 곤화황웅(鯀化黃熊)

곤(鯀)이 황웅으로 변하다. 일설에 의하면 웅(熊)은 능(能)이라

쓰기도 하는데 세발 자라(三足鱉)라는 뜻이다. 신하가 죽임을 당하거나 추방되다. 또 홍수와 관련된 일을 읊을 때 쓴다.

출처는 348항 유가무이(有加無已) 참조.

350. 상경백유(相驚伯有)

백유(伯有)는 춘추시 정나라 대부 양소(良霄)의 자. 전하는 말에 의하면 백유가 죽은 후 귀신이 되어 빌미붙었는데 사람들이 백유가 왔다는 소리를 듣고는 놀라 도망가 숨었다. 아무 이유 없이 괜히 놀라고 소란을 피우다.

昭公七年夏, 鄭人相驚以伯有, 曰伯有至矣, 則皆走, 不知所往. 鑄刑書之歲二月, 或夢, 伯有介而行曰, 壬子, 余將殺帶也, 明年壬寅, 余又將殺段也. 及壬子, 駟帶卒, 國人益懼. 齊燕平之月壬寅, 公孫段卒, 國人愈懼. 其明月, 子產立公孫洩及良止, 以撫之, 乃止.

소공 7년(전 535년) 여름, 정나라 사람 사이에 백유(伯有)의 귀신을 가지고 서로 놀래는 일이 번져서 누군가가,

"저기 백유가 왔다."

고 하면 모두 도망쳐 어디론가 숨어버렸다. 형법을 주조해 새긴 해의 2월에 어떤 사람이 꿈을 꾸었는데 꿈에 백유가 갑옷을 입고 돌아다니면서 말하기를 <임자날에 내가 사대(駟帶)를 죽일 것이고, 다음 해 임인날에는 또 공손단(公孫段)을 죽일 것이다.>고 했다. 임자날이 되자 사대가 죽으매 나라 사람은 더욱 겁을 먹었다. 제(齊)나라와 연(燕)나라가 화평을 맺은 달의 임인날에 공손단이 세상을 떠나니 나라 사람은 더욱더 겁을 먹었다. 그 다음 달에 자산(子產)

은 공손설(公孫洩)과 양지(良止)를 대부로 임명하여 백유의 영혼을 달랬더니 그제야 소동이 멎었다.

351. 취정용굉(取精用宏)

정(精)은 정화. 용(用)은 향유하다. 굉(宏)은 홍(弘)으로도 쓰며 넓고 크다. 원래의 뜻은 '권력의 자리에 오래 있어 많이 정수(精髓)를 누리다.' 풍부한 재료 중에서 정화를 취하다. 기초가 깊고 두텁다.

昭公七年夏, 及子產適晉, 趙景子問焉曰, 伯有猶能爲鬼乎. 子產曰, 能.……匹夫匹婦強死, 其魂魄猶能馮依於人, 以爲淫厲, 況良霄我先君穆公之胄子良之孫子耳之子敝邑之卿從政三世矣. 鄭雖無腆, 抑諺曰, 蕞爾國, 而三世執其政柄, 其用物也弘矣, 其取精也多矣, 其族又大, 所馮厚矣, 而強死. 能爲鬼, 不亦宜乎.

소공 7년(전 535년) 여름, 자산(子產)이 진(晉)나라에 가니 조경자(趙景子)가 물었다.

"백유(伯有)의 귀신도 빌미붙을 수 있습니까?"

자산은 대답했다.

"그럴 수 있습니다.……보통 남자나 여자도 횡사를 하면 그 혼백이 다른 사람에게 빌미붙어 아주 나쁜 짓을 할 수 있는데 하물며 양소(良霄)는 우리나라 선군 목공(穆公)의 후손이고, 자량(子良)의 손자이며, 자이(子耳)의 아들이고, 우리나라의 경(卿)으로서 3대에 걸쳐 정치를 맡아온 신분입니다. 정나라는 비록 빈약하기는 하지만 속담에 말한 대로 〈한 줌만 해도 나라는 나라〉인 이상 3대 동안이나 나라의 정권을 잡았으면 사용한 물건도 풍부했을 것이고, 그 중에서 정수를 취한 것도 많았을 것이며, 일족도 컸기 때문에 의지하는 사람도 많았을 것입니다. 그러한 그가 횡사했으니 빌미붙는 악귀가 된다 해도 당연한 일이 아니겠습니까?"

352. 민생조폐(民生凋敝)

민생(民生)은 백성의 생계. 사회경제가 불황에 허덕이고 민생이 도탄에 빠지다.

昭公八年春, 石言于晉魏楡. 晉侯問於師曠曰, 石何故言. 對曰, 石不能言. 或馮焉. 不然, 民聽濫也. 抑臣又聞之, 曰, 作事不時, 怨讟動于民, 則有非言之物而言. 今, 宮室崇侈, 民力彫盡, 怨讟並作, 莫保其性, 石言, 不亦宜乎.

소공 8년(전 534년) 봄, 진(晉)나라 위유(魏楡)에서 돌(石)이 말을 하는 일이 있었다. 진후(晉侯)가 사광(師曠)에게 물었다.

"돌이 어찌 말을 할까?"

사광은 대답했다.

"돌은 원래 말을 못하는 물건입니다. 혹 무엇이 빌미붙었거나 아니면 백성이 잘못 들었을 것입니다. 그러나 신이 들은 바에 의하면 <부역(賦役)이 때가 맞지 않아서 백성들 사이에 원망이나 비방이 일어나면 평소에 말 못하는 물건도 말을 하는 일이 있다.>고 합니다. 지금 궁전이야 화려하게 꾸몄지만 백성들의 힘이 바닥이 나서 원망이 자자하고 목숨조차 부지하기 어려운 실정이니 돌이 말을 한다 해도 이상할 것이 없는 것 아니겠습니까?"

353. 신이유징(信而有徵)

신(信)은 진실하다, 믿을 수 있다. 징(徵)은 증거. 확실하고 믿을 만하다, 근거가 있고 증거가 있다.

昭公八年春，於是，晉侯方築虒祁之宮．叔向曰，子野之言，君子哉．君子之言，信而有徵．故怨遠於其身．小人之言，僭而無徵．故怨咎及之．詩曰，哀哉不能言．匪舌是出，唯躬是瘁．哿矣能言．巧言如流，俾躬處休．其是之謂乎．是宮也成，諸侯必叛，君必有咎，夫子知之矣．

소공 8년(전 534년) 봄, 이 무렵에 진후(晉侯)는 바야흐로 사기궁(虒祁宮)을 짓고 있었다. 숙향(叔向)이 말했다.

"자야(子野 즉 師曠)의 말은 군자답다. 군자의 말은 진실하고 증거가 있다. 그러므로 남의 원망을 사는 일이 없다. 하지만 소인의 말은 거짓이며 근거가 없기 때문에 원망을 한 몸에 받는다. 《시》에 읊었다.

> 슬프구나 말 잘 못하는 이여
> 말이 채 혀에서 떨어지기도 전에
> 몸은 이미 병들었네
>
> 즐겁구나 말 잘 하는 이여
> 고운 말이 물 흐르듯 하니
> 자기 몸 항상 편안하구나

이것은 자야를 두고 한 말일 게다. 이 궁전이 완성되면 제후들은 반드시 배반할 것이고 임금은 반드시 화를 당할 것이다. 그분은 그것을 알고 있는 것이다."

354. 무근지목(無根之木), 무원지수(無源之水)

기초나 근거가 없는 사물에 비유한다.

昭公九年春, 周甘人與晉閻嘉爭閻田. 晉梁丙張趯率陰戎伐潁. 王使詹桓伯辭於晉曰,…… 戎有中國, 誰之咎也. 后稷封殖天下, 今戎制之, 不亦難乎. 伯父圖之. 我在伯父, 猶衣服之有冠冕, 木水之有本原, 民人之謀主也. 伯父若裂冠毁冕, 拔本塞原, 專棄謀主, 雖戎狄, 其何有余一人.

소공 9년(전 533년) 봄, 주나라 감(甘)의 사람이 진(晉)나라의 염가(閻嘉)와 염(閻)의 토지를 가지고 다투었다. 진나라의 양병(梁丙)과 장적(張趯)이 음(陰) 땅의 융(戎)을 거느리고 영(潁)을 쳤다. 주나라 천자는 첨환백(詹桓伯)을 보내어 진나라를 꾸짖게 했다.
"…… 융이 중원의 땅을 차지한 것은 누구의 잘못이오? 우리의 조상 후직(后稷)이 천하를 개척하여 오곡이 풍성하도록 만들어 놓았는데 지금은 융이 지배하고 있으니 이래서는 곤란하지 않겠소? 백부는 이 일을 잘 헤아려 주시오. 나와 백부와의 관계는 마치 의복에 갓이 있고, 나무와 물에 뿌리와 원천이 있으며, 백성에게 다스리는 주인이 있는 것과 같은 것이오. 백부가 만약에 갓을 찢어버리고 뿌리를 뽑고 원천을 막으며 멋대로 제 주인을 버린다면 융적(戎狄) 마저도 천자를 우습게 볼 것이 아니겠소?"

355. 목본수원(木本水源)

나무의 뿌리와 물의 원천. 사물의 근본과 유래에 비유한다. 흔히 혈통관계를 가리킨다.

출처는 354항 무근지목(無根之木), 무원지수(無源之水) 참조.

356. 발본색원(拔本塞源)

원(源)은 원(原)으로도 쓴다. 두 가지 뜻이 있다. 첫째, 나무의 뿌리를 뽑아버리고 물의 원천을 막다. 근본을 훼멸하거나 근본을 잊고 반역하다. 둘째, 근원부터 막아서 다시 자라지 못하게 하다. 근본부터 문제를 해결하다.

출처는 354항 무근지목(無根之木), 무원지수(無源之水) 참조.

357. 미대부도(尾大不掉)

꼬리가 너무 크면 흔들 수 없다. 아랫세력이 너무 강하면 부려 먹기 어렵다. 사물의 경중이 타당치 않아 처리하기 어렵다.

昭公十一年冬. 楚子城陳蔡不羹, 使棄疾爲蔡公. 王問於申無宇曰, 棄疾在蔡, 何如. 對曰,……臣聞, 五大不在邊, 五細不在庭. 親不在外, 羈不在內. 今棄疾在外, 鄭丹在內, 君其少戒. 王曰, 國有大城, 何如. 對曰, 鄭京櫟實殺曼伯, 宋蕭亳實殺子游, 齊渠丘實殺無知, 衛蒲戚實出獻公. 若由是觀之, 則害於國. 末大必折, 尾大不掉, 君所知也.

소공 11년(전 531년) 겨울, 초자(楚子)가 진(陳)·채(蔡)·불갱(不羹)에 성을 쌓고 기질(棄疾)을 채공(蔡公)으로 삼았다. 초왕은 신무우(申無宇)에게 물었다.

"기질을 채나라에 두는 것을 어떻게 생각하는가?"

신무우는 대답했다.

"……신은 듣건대 <다섯 귀인은 변방에 두지 않고, 다섯 소인배는 조정에 쓰지 않으며, 친족은 외지에 두지 않고, 외국의 나그네는 내부에 쓰지 않는다.>고 합니다. 지금 기질님은 바깥에 나가 계시고 정단(鄭丹)은 안에 있습니다. 임금님께서는 조금 경계하심이 좋을 듯합니다."

"나라 안에 큰 도읍이 있으면 어떤가?"

"정나라의 경(京)·역(櫟)이야말로 만백(曼伯)을 죽였고, 송나라의 소(蕭)·박(亳)이야말로 자유(子游)를 죽였으며, 제나라의 거구(渠丘)야말로 무지(無知)를 죽였고, 위나라의 포(蒲)·척(戚)이야말로 헌공(獻公)을 추방했던 곳입니다. 만약 이런 일로 미루어 본다면 나라 안에 큰 도읍이 있으면 나라에 해가 됩니다. 나뭇가지가 너무 크면 반드시 부러지고, 꼬리가 너무 크면 흔들 수 없습니다. 임금님께서도 잘 아시는 바입니다.".

358. 마려이수(摩厲以須)

마려(摩厲)는 마려(磨礪)와 같고 칼을 날카롭게 갈다. 수(須)는 기다리다. 칼을 잘 갈아서 기회를 기다리다. 준비를 잘 했다가 행동할 때를 기다리다.

昭公十二年冬, 楚子狩于州來,……次于乾谿, 以爲之援. 雨雪, 王皮冠秦復陶, 翠被豹舄, 執鞭以出, 僕析父從. 右尹子革夕, 王見之, 去冠被, 舍鞭, 與之語.……工尹路請曰, 君王命剝圭以爲鏚柲, 敢請命. 王入視之. 析父謂子革, 吾子楚國之望也. 今與王言如響. 國其若之何. 子革曰, 摩厲以須王出, 吾刃將斬矣.

소공 12년(전 530년) 겨울, 초자(楚子)가 주래(州來)에서 사냥을 하고……간계(乾谿)에 주둔하여 후위를 맡았다. 그때 눈이 내려 초왕은 가죽의 관, 진(秦)나라에서 생산된 털 겹옷, 물총새의 날개로 만든 어깨걸이, 표범의 가죽신 차림으로 채찍을 들고 나섰다. 시종

인 석보(析父)가 수행을 했다. 우윤(右尹) 자혁(子革)이 저녁 인사차 가니 초왕은 그를 보고는 관과 겉옷을 벗고 채찍을 놓고서 그와 이야기를 나누었다.……이 때 공윤(工尹) 노(路)가 초왕에게 청했다.

"분부하신 대로 규옥(圭玉)을 깎아서 도끼 자루의 장식을 마쳤습니다만 마음에 드실지 좀 봐주시기 바랍니다."

초왕이 안으로 들어가 보는 사이에 석보가 자혁에게 말했다.

"어르신은 초나라의 희망을 걸머지고 있는 분이십니다. 그런 분이 지금 임금님과 말씀을 나누는 모양은 마치 메아리치듯 맞장구만 치고 계십니다. 나라는 어떻게 하실 작정입니까?"

"내 칼날을 갈아서 기다렸다가 임금이 나오기만 하면 (그 사악한 마음을) 냉큼 잘라버리겠소."

359. 삼분오전(三墳五典)

《삼분(三墳)》은 복희(伏羲)·신농(神農)·황제(黃帝)에 관한 책. 《오전(五典)》은 소호(少昊)·전욱(顓頊)·고신(高辛)·당(唐)·우(虞)에 관한 책. 전하는 말에 중국에서 가장 오래된 서적. 일반적으로 고적을 가리키며 《팔색(八索)》·《구구(九丘)》와 함께 병칭한다.

昭公十二年冬，王出，復語．左史倚相趨過，王曰，是良史也．子善視之．是能讀三墳五典八索九丘．對曰，臣嘗問焉．昔，穆王欲肆其心，周行天下，將皆必有車轍馬跡焉．祭公謀父作祈招之詩，以止王心，王是以獲沒於祗宮．臣問其詩，而不知也．若問遠焉，其焉能知之．

소공 12년(전 530년) 겨울, 초왕(楚王)이 나와서 다시 자혁(子

革)과 이야기를 시작했다. 그때 좌사(左史)인 의상(倚相)이 잰 걸음으로 지나갔다. 초왕은 자혁에게 말했다.

"저 사람은 훌륭한 사관이오. 잘 봐두게. 그는 삼분(三墳)·오전(五典)·팔색(八索)·구구(九丘) 등의 옛책을 읽을 줄 아는 사람이오."

"신은 전에 저 사람에게 물어본 적이 있습니다. 옛날에 목왕(穆王)께서 마음내키는 대로 해보고자 하여 천하를 두루 돌아다니면서 도처에 수레의 바퀴자국과 말 발자국을 남기시려 했을 때 제공모보(祭公謀父)가 <기초(祈招)>의 시를 지어 목왕의 마음을 가라앉혔습니다. 목왕은 이래서 지궁(祗宮)에서 천수를 다할 수 있었던 것입니다. 신이 그 시를 물어보았으나 의상은 알지 못했습니다. 그러니 만일 먼 옛날의 일을 물었더라면 그가 어찌 알 수가 있겠습니까?"

360. 분전구색(墳典丘索)

《삼분(三墳)》·《오전(五典)》·《팔색(八索)》·《구구(九丘)》의 약칭. 일반적으로 고서를 가리킨다.

출처는 359항 삼분오전(三墳五典) 참조.

361. 거철마적(車轍馬跡)

수레바퀴와 말발굽이 도로에 남긴 흔적. 옛날의 활동이나 유람이 남긴 발자취.

출처는 359항 삼분오전(三墳五典) 참조.

362. 극기복례(克己復禮)

극(克)은 자제하다, 억제하다. 자신의 욕망을 억제하여 언행이 윤리와 도덕의 규범에 맞도록 하다. 또 하나의 출처는 《논어(論語)》 〈안연(顏淵)〉이다.

昭公十二年冬, 王曰, 子能乎, 對曰, 能. 其詩曰, 祈招之愔愔, 式昭德音. 思我王度, 式如玉, 式如金. 形民之力, 而無醉飽之心. 王揖而入, 饋不食, 寢不寐數日, 不能自克, 以及於難. 仲尼曰, 古也有志, 克己復禮, 仁也. 信善哉. 楚靈王若能如是, 豈其辱於乾谿.

소공 12년(전 530년) 겨울, 초왕(楚王)은 말했다.
"그대는 그 시를 아는가?"
자혁(子革)은 대답했다.
"알고 있습니다. 그 시의 내용은 이렇습니다.

기초곡 부드럽고 부드러워
훌륭한 덕을 노래했도다
우리 임금님의 풍도 생각하면
옥과 같고 금과도 같네
백성의 품을 아끼시면서
취하고 포식하는 마음 없으시네"

초왕은 그 길로 읍을 하고 안으로 들어가서는 음식을 드려도 먹지 않고, 잠자리에 누워도 잠을 자지 못하기를 며칠이나 하였다. 그러나 끝내 자기의 마음을 억제하지 못하여 결국은 화를 당하고야 말았다.

중니(仲尼)께서는 말씀하셨다.
"옛날의 책에 이르기를 〈자기를 이기고 예(禮)로 돌아가는 것이인(仁)이다〉고 했다. 이 말은 참으로 좋은 말이다. 초나라 영왕(靈王)이 만일 이와 같이 할 수만 있었더라면 결코 간계(乾谿)의 수모를 당하지 않았을 것이다."

363. 구구지수(區區之數)

보잘것없는 작은 것. 극히 사소한 수. 흔히 겸사(謙辭)로 쓴다.

昭公十三年夏五月癸亥, 王縊于芋尹申亥氏. 申亥以其二女殉而葬之.……

初, 靈王卜曰, 余尚得天下. 不吉. 投龜, 詬天而呼曰, 是區區者, 而不余畀, 余必自取之. 民患王之無厭也. 故從亂如歸.

소공 13년(전 529년). 여름 5월, 계해날에 영왕(靈王)은 우윤(芋尹) 신해씨(申亥氏)네 집에서 목을 매어 죽었다. 신해는 그의 두 딸을 순장하여 장사지냈다.……

처음에 영왕은 거북점을 치며 빌었다.

"부디 천하를 차지할 수 있게 해주소서."

그러나 불길하다는 점괘가 나왔다. 영왕은 거북을 내던지고 하늘에 대고 욕설을 퍼부면서 큰 소리로 외쳤다.

"이 보잘것없는 미미한 천하도 내게 주지 않는다면 내 반드시 내 손으로 취하리라."

그래서 백성들은 초왕의 욕심에 한이 없음을 걱정했다. 그렇기 때문에 반란에 가담하기를 마치 출타했다가 집으로 돌아가듯 했던 것이다.

364. 동악상제(同惡相濟)

원문은 '동오상구(同惡相求)'로 '공동으로 미워하고 서로 필요로 하다.' 이때 오(惡)는 싫어하다, 미워하다. 후에 나쁜 사람을 뜻하는 악(惡)으로 변하였다. 나쁜 사람들이 서로 도와 나쁜 짓을 하다. 제(濟)는 돕다.

昭公十三年夏. 子干歸, 韓宣子問於叔向曰, 子干其濟乎. 對曰, 難. 宣子曰, 同惡相求, 如市賈焉, 何難. 對曰, 無與同好, 誰與同惡. 取國有五難. 有寵而無人, 一也, 有人而無主, 二也, 有主而無謀, 三也, 有謀而無民, 四也, 有民而無德, 五也. 子干在晉, 十三年矣, 晉楚之從, 不聞達者, 可謂無人.

소공 13년(전 529년) 여름, 초나라의 자간(子干)이 진(晉)나라에서 초나라로 돌아가서 왕이 되려 할 때 한선자(韓宣子)가 숙향(叔向)에게 물었다.

"자간은 성공할 수 있겠소?"

"어려울 것입니다."

"초나라 사람은 모두 함께 미워하고 서로 돕는 것이 마치 장사꾼이 이문을 위해 서로 결탁하는 것과 같은데 무엇이 어렵겠소?"

"함께 좋아할 사람이 없는데 누구를 함께 미워하겠습니까? 나라를 차지하려면 다섯 가지 어려움을 극복해야 합니다. 신분이 높아도 어진 신하가 없는 것이 그 첫째이고, 어진 신하가 있더라도 내응할 사람이 없는 것이 그 둘째이며, 내응할 사람이 있어도 좋은 계략이 없는 것이 그 셋째이고, 좋은 계략이 있어도 따르는 백성이 없는 것이 그 넷째이며, 따르는 백성이 있더라도 본인에게 덕이 없는 것이 그 다섯째입니다. 자간은 우리 진나라에 머문 지 13년이나 되지만 진나라 사람이나 초나라 사람으로 그를 모시는 사람 중에 저명 인사가 있다는 말은 듣지 못했으니 말하자면 사람이 없다는 것입니다."

365. 민원비등(民怨沸騰)

원문은 '민무원심(民無怨心)'이다. 민원(民怨)은 포학한 통치자에 대한 민중의 원한, 비등(沸騰)은 민중의 격분을 비유한 말이다.

민중의 원한과 반항적인 정서가 들끓어 오르다.

昭公十三年夏, 王虐而不忌, 楚君子干, 涉五難, 以弒舊君. 誰能濟之. 有楚國者, 其棄疾乎. 君陳蔡, 城外屬焉. 苛慝不作, 盜賊伏隱, 私欲不違, 民無怨心. 先神命之, 國民信之. 羋姓有亂, 必季實立, 楚之常也.

소공 13년(전 529년) 여름. (숙향의 말은 계속된다.)

"지금 영왕(靈王)은 포학하지만 모진 데가 없기 때문에 초나라에서 만약 자간(子干)을 임금으로 세우려면 이 다섯 가지 어려움을 무릅쓰고 원래의 임금을 시해해야만 되는데 누가 그 일을 잘 해낼 수 있겠습니까?. 초나라를 차지할 사람은 아마 기질(棄疾)일 것입니다. 그가 진(陳)·채(蔡) 두 고을을 다스리는 동안에는 방성(方城) 이북까지도 그에게 귀속했고, 번잡하고 사악한 사건이 발생하지 않았으며, 도적은 자취를 감추었고, 사욕을 취하더라도 예의에 어긋나지 않았으며, 백성은 원망하는 마음이 없었습니다. 전에 신(神)의 계시가 그에게 떨어진 사실을 국민은 믿고 있습니다. 미성(羋姓)인 초나라 왕실에 변이 생기면 반드시 막내아들을 임금으로 세운다는 것은 초나라의 상례인 것입니다."

366. 낙지군자(樂只君子)

군자는 즐겁다. 낙지군자(樂只君子)는 도치문으로 정문은 군자낙지(君子樂只). 지(只)는 어조사로서 뜻이 없다. 이의 출처는 《시경(詩經)》 〈소아(小雅) · 남산유대(南山有臺)〉이다.

昭公十三年秋甲戌, 同盟于平丘.……及盟, 子産爭承. 曰, 昔者, 天子班貢, 輕重以列. 列尊貢重, 周之制也, 卑而貢重者甸服也. 鄭伯男也. 而使從公侯之貢, 懼弗給也. 敢以爲請. 諸侯靖兵, 好以爲事, 行理之命, 無月不至. 貢之無藝, 小國有闕, 所以得罪也. 諸侯修盟, 存小國也. 貢獻無極, 亡可待也. 存亡之制, 將在今矣. 自日中以爭, 至于昏. 晉人許之.……仲尼謂子産, 於是行也, 足以爲國基也. 詩曰, 樂只君子, 邦家之基. 子産君子之求樂者也.

소공 13년(전 529년) 가을, 갑술(甲戌)날에 제후들이 평구(平丘)에서 동맹을 맺었다. ……맹약을 맺을 차례가 되었을 때 정나라 자산(子産)은 공부(貢賦)의 할당량에 대해서 이의를 제기하고 말했다.

"옛날 천자께서 공물의 양을 배정하실 때에는 지위의 고하에 따라 경중을 매겼습니다. 서열이 높으면 공물의 양도 많은 것이 주나라의 법도이고, 서열이 낮은데도 공물을 많이 내는 것은 왕기(王畿)에 속하는 전복(甸服)의 사람들에 한했습니다. 우리 정나라 백작(伯爵) 임금님은 남복(男服)에 속하는데도 공작과 후작에 해당하는 공부를 배정받고 있으니 정나라는 아마 앞으로 제대로 내지 못할 것입니다. 감히 재고해 주시기를 간청드립니다. 지금 제후들은 전쟁을 그만두고 우호에 힘쓰고 있는데도 공물을 독촉하는 사자의 명령은 한 달이 멀다 하고 내려오고 있습니다. 공부에는 한도가 없으니 소국이 제대로 내지 못하는 날에는 죄를 짓게 됩니다. 제후들이 맹약을 다지는 것은 소국을 도와주려는 데 목적이 있을 터인데 공물에 한도가 없다면 나라가 망할 날은 시간 문제입니다. 나라가 사느냐 죽느냐 하는 법도를 결정하는 일은 오늘 이 자리에 달렸습니다."

대낮에 시작한 논쟁이 저녁때까지 계속되었다. 진(晉)나라 사람은 그의 말에 동의했다.……중니(仲尼 즉 孔子)께서 자산을 평하여 말씀하셨다.

"이번의 행차에서 그는 나라의 기틀을 잘 다졌다. 《시》에 읊었다.

군자는 즐겁다
나라와 가정의 기틀이니까

자산이야말로 군자로서 즐거움을 구하는 사람이로다."

367. 수전망조(數典忘祖)

수(數)는 열거하여 서술하다. 전(典)은 전적 또는 고대의 예제(禮制), 역사를 가리킨다. 전적을 찾아 열거하면서 자기 조상의 행적은 잊다. 자기의 근본을 망각하거나 자기 나라의 역사와 문화에 대한 무식에 비유한다.

昭公十五年冬十二月, 晉荀躒如周, 葬穆后, 籍談爲介. 旣葬除喪, 以文伯宴, 樽以魯壺. 王曰, 伯氏, 諸侯皆有以鎭撫王室, 晉獨無有, 何也. 文伯揖籍談. 對曰, 諸侯之封也, 皆受明器於王室, 以鎭撫其社稷. 故能薦彝器於王. 晉居深山, 戎狄之與隣, 而遠於王室, 王靈不及, 拜戎不暇, 其何以獻器. 王曰, 叔氏, 而忘諸乎. 叔父唐叔成王之母弟也. 其反無分乎.

……且昔，而高祖孫伯黶司晉之典籍，以爲大政．故曰籍氏．及辛有之二子董之晉，於是乎有董史．女司典之後也，何故忘之．籍談不能對．賓出，王曰，籍父其無後乎．數典而忘其祖．

소공 15년(전 527년) 겨울 12월, 진(晉)나라 순력(荀躒)이 주나라로 가서 목후(穆后)의 장례식에 참석했는데 적담(籍談)이 부사로 따라갔다. 장사를 마친 후 상을 벗고 주나라 천자께서 문백(文伯 즉 荀躒)과 더불어 술자리를 벌였는데 술을 담는 그릇을 노(魯)나라에서 바친 호리병을 사용했다. 천자는 말씀하셨다.

"백씨 보시오. 다른 제후들은 다 왕실에 예기(禮器)를 바치는데 유독 진나라만 없으니 왜 그런고?"

문백이 적담에게 읍하니 적담이 대답했다.

"제후가 봉작을 받을 때에는 모두 왕실로부터 귀중한 기물을 하사받아 그것으로 사직의 지킴이로 삼았습니다. 그러므로 그런 제후국이야 종묘의 보물인 제기를 왕실에 바칠 수가 있으나 진나라는 깊은 산중에 자리잡아 융적(戎狄)과 이웃하고 있고, 왕실에서 멀리 떨어져 있어 천자님의 은덕도 입을 수 없고, 융에게 절하기 바쁜데 어떻게 제기를 헌납할 수 있겠습니까?"

"여보게 숙씨. 그대는 잊었는가? 먼 옛날 나의 숙부되시는 당숙(唐叔)은 성왕(成王)의 동모제였다. 그런데 왕실에서 기물을 나누어 주지 않았을 리가 있겠는가?……게다가 옛날에 그대의 고조되시는 손백염(孫伯黶)은 진나라의 전적을 담당하여 나라의 대사를 다스렸다. 그래서 적씨(籍氏)라 했던 것이다. 그 후 주나라 사관 신유(辛有)의 둘째 아들 동(董)이 진나라로 가게 되매 그 때부터 동씨(董氏) 사관이 있게 되었다네. 그대도 따지고 보면 기록을 담당했던 벼슬아치의 후손인데 어찌 그런 것을 잊었단 말인가?"

이 말에 적담은 아무 응답을 하지 못했다. 손님이 물러나가자 천자께서 말씀하셨다.

"적보(籍父)는 후손이 없을 것이다. 전적을 뒤져 열거하면서 자기 조상의 업적은 잊고 있으니 말이다."

368. 제구포신(除舊布新)

낡은 것을 쓸어내고 새로운 것을 내놓다.

昭公十七年冬, 有星孛于大辰, 西及漢. 申須曰, 彗所以除舊布新也. 天事恒象, 今除於火, 火出, 必布焉, 諸侯其有火災乎. 梓愼曰, 往年, 吾見之, 是其徵也. 火出而見, 今茲火出而章, 必火入而伏. 其居火也久矣, 其與不然乎.

소공 17년(전 525년) 겨울, 혜성(彗星)이 대화(大火 즉 心宿)에 나타나 그 꼬리의 빛이 서쪽으로 은하수까지 뻗쳤다. 우리 노나라의 신수(申須)가 말했다.

"혜성은 (모양이 빗자루 같아서) 낡은 것을 쓸어내고 새로운 것을 내놓는 별이다. 천문의 현상은 항상 길흉을 상징하는 법이다. 지금 혜성이 대화를 쓸어냈으니 대화가 다시 나타날 때에는 반드시 재앙을 뿌릴 것이니 제후국에 화재가 있을 것이다."

재신(梓愼)이 말했다.

"나는 전에 혜성을 본 적이 있는데 그것은 지금의 전조였다. 그때에는 대화가 나타날 무렵에 그것이 보였고 금년은 대화가 나타난 뒤에 혜성이 더욱 밝게 빛났으니, 반드시 대화가 들어가면 혜성도 자취를 감출 것이다. 혜성이 대화의 자리에 머문 지 오래 되었으니 어찌 이치가 그렇지 않겠는가?"

369. 회록지재(回祿之災)

회록(回祿)은 신화 속의 화신(火神). 화재를 가리킨다.

昭公十八年夏五月, 火始昏見. 丙子風.……戊寅, 風甚. 壬午, 大甚. 宋衛陳鄭皆火.……明日, 使野司寇各保其徵, 郊人助祝史, 除於國北, 禳火于玄冥回祿, 祈于四鄘. 書焚室, 而寬其徵, 與之材. 三日哭, 國不市. 使行人告諸侯.

소공 18년(전 524년) 여름 5월, 대화(大火 즉 心宿)가 비로소 저녁에 나타났다. 병자날에 큰 바람이 불었다.……무인날에 바람이 심하게 불고 임오날에는 더욱 심하게 불어 송(宋)·위(衛)·진(陳)·정(鄭) 등의 나라에 모두 화재가 났다.……정나라에서는 화재가 난 다음날 농촌의 치안관에게 각기 징발한 일손들을 잘 단속하도록 지시하고, 교외의 사람은 축사(祝史)를 도와 도성의 북쪽을 깨끗이 청소하여 물의 신인 현명(玄冥)과 불의 신인 회록(回祿)에게 빌어 불을 물리치고, 사방의 성벽의 신에게도 빌었다. 그런 다음 불에 타버린 집들을 기록하여 그들에게는 부세를 감면해 주고, 집을 지을 재료를 대어주며, 3일간 곡을 하는 예를 올리고, 도성 안에 시장을 열지 않았다. 그리고 행인(行人)을 파견하여 각 제후국에 화재난 사실을 알렸다.

370. 갈진심력(竭盡心力)

마음과 재주와 능력을 다하다.

昭公十九年夏, 許悼公瘧. 五月戊辰, 飮大子止之藥, 卒. 大子奔晉. 書曰, 弑其君.
君子曰, 盡心力以事君, 舍藥物可也.

소공 19년(전 523년) 여름, 허나라 도공(悼公)이 학질에 걸렸다. 5월 무진날에 태자 지(止)가 올린 약을 마시고 세상을 떠났다. 태자는 진(晉)나라로 도망을 갔다. 그래서 《춘추(春秋)》에는 "지(止)가 그 임금을 시해했다."고 썼다.

군자는 이렇게 평한다.

"마음과 힘을 다하여 임금을 섬기기만 한다면 약 같은 것은 권하지 않아도 될 것을."

371. 실노시색(室怒市色)

실(室)은 집. 집에서 화를 내고 시장가서 화풀이하다. 화를 남에게 옮기다. 우리 속담에도 '종로에서 빰맞고 한강에 가서 눈흘긴다.' 이것은 도치문으로서 정상문은 '怒于室者色于市(노우실자색우시)' 이다.

昭公十九年冬, 令尹子瑕言蹶由於楚子曰, 彼何罪. 諺所謂, 室於怒, 市於色者, 楚之謂矣. 舍前之忿可也. 乃歸蹶由. (初,) 五年冬十月, 楚子以諸侯及東夷伐吳, 以報棘櫟麻之役.……吳子使其弟蹶由犒師. 楚人執之, 將以釁鼓.……吳早設備, 楚無功而還, 以蹶由歸.

소공 19년(전 523년) 겨울, 초나라의 영윤(令尹) 자하(子瑕)가 초자(楚子)에게 소공 5년에 사로잡은 오(吳)나라의 궐유(蹶由)의 일을 거들어 말했다.

"그에게 무슨 죄가 있습니까? 속담에 <집에서 화를 내고 시장가서 화풀이한다.>고 한 것은 우리 초나라를 두고 한 말입니다. 이제 묵은 분은 삭이심이 좋습니다."

이에 궐유를 돌려보냈다. (처음에) 5년 겨울 10월, 초자(楚子)는 제후들과 동이(東夷)의 군사를 거느리고 오나라를 쳐서 극(棘), 역(櫟), 마(麻)의 전쟁에 대한 보복을 했다.……오자(吳子)는 그의 아우 궐유(蹶由)를 보내어 초군을 위로하게 했다. 초나라 사람은 그를 잡아 장차 죽여서 그 피를 전고(戰鼓)에 바르려 했다.……그러나 오나라가 일찍이 대비를 한 탓으로 초나라는 전과 없이 회군하게 되어 궐유만 포로로 해서 돌아갔다.

372. 출구입이(出口入耳)

내 입에서 나간 말이 네 귀에 들어가다. 두 사람이 밀담을 나누어 남이 알지 못하다.

昭公二十年春, 費無極言於楚子曰, 建與伍奢, 將以方城之外叛.……王信之,……王執伍奢, 使城父司馬奮揚殺大子. 未至, 而使遣之. 三月, 大子建奔宋. 王召奮揚, 奮揚使城父人執己以至. 王曰, 言出於余口, 入於爾耳, 誰告建也. 對曰, 臣告之. 君王命臣曰, 事建如事余. 臣不佞, 不能苟貳. 奉初以還, 不忍後命, 故遣之. 旣而悔之, 亦無及已.

소공 20년(전 522년) 봄, 비무극(費無極)이 초자(楚子)에게 말했다.

"태자 건(建)과 오사(伍奢)가 방성(方城) 이북의 세력을 이끌고 반란을 획책하고 있습니다." ……초왕은 이 말을 곧이듣고,……오사를 체포하고 성보(城父)의 사마(司馬)로 있는 분양(奮揚)을 시켜 태자를 죽이도록 했다. 그러나 분양은 자신이 성보에 도착하기 전에 태자를 도망가게 했다. 3월 태자 건은 송나라로 달아났다. 초왕이 분양을 소환하니 분양은 성보의 사람에게 자기를 잡아 서울로 데리고 가게 했다. 초왕은 물었다.

"과인의 입에서 나와 네 귀로 들어간 말을 누가 건에게 알렸느냐?"

"신이 그랬습니다. 임금님께서 신에게 <건을 섬기기를 나를 섬기듯 하라.>고 말씀하셨습니다. 신은 불민하여 잠시도 딴 마음을 가질 수가 없어서 처음의 명령만을 받들어 운신해 왔는데, 차마 나중의 명령을 따를 수가 없어서 태자를 놓아주었습니다. 그러고 나서 후회를 했으나 그 때는 이미 때가 늦었습니다."

373. 회지무급(悔之無及)

후회해도 미치지 못하다. 일이나 말을 잘못하고 난 후에 깨달아도 이미 돌이킬 수 없다.

출처는 372항 출구입이(出口入耳) 참조.

374. 지대종고(池臺鐘鼓)

사는 곳에 높은 집과 연못이 있고 행락시에는 종을 치고 북을 치다. 유락장면이 번화하고 호화롭다.

昭公二十年冬, 齊侯疥, 遂痁, 期而不瘳, 諸侯之賓問疾者多在. 梁丘據與裔款言於公曰, 吾事鬼神豊, 於先君有加矣. 今, 君疾病爲諸侯憂, 是祝史之罪也. 諸侯不知, 其謂我不敬. 君盍誅於祝固史嚚以辭賓. 公說, 告晏子. 晏子曰,……其適遇淫君, 外内頗邪, 上下怨疾, 動作辟違, 從欲厭私, 高臺深池, 撞鐘舞女, 斬刈民力, 輸掠其聚, 以成其違, 不恤後人.

소공 20년(전 522년) 겨울, 제후(齊侯)가 옴에 걸렸는데 곧 학질까지 얻어 1년이 되어도 낫지 않자 제후의 사자들이 문병하는 사람이 많았다. 양구거(梁丘據)와 예관(裔款)이 제후에게 말했다.

"지금 우리나라가 신을 푸짐하게 섬기는 것은 선군 때보다 더한 바가 있습니다. 그런데도 지금 임금님께서 병들어 제후들의 근심거리가 된 것은 제관인 축(祝)과 사(史)의 책임입니다. 제후들은 이 사실을 알지 못하고 우리가 신을 잘 공경하지 못해서 그렇다고들 말하고 있습니다. 임금님은 어찌하여 축고(祝固)와 사은(史嚚)을 처형하여 외국 손님들에게 해명을 하지 않으십니까?"

제후는 기뻐서 안자(晏子)에게 알렸더니 안자는 대답했다.

"……어쩌다가 만약에 방종한 임금을 만난다면 나라나 집안의 일이 잘못되고, 상하가 서로 원망하고 미워하며, 하는 일이 어긋나고, 욕심나는 대로 사욕을 채우며, 높은 집을 짓고 깊은 연못을 파며, 음악과 무녀에 탐닉하고, 민력을 축내며, 백성의 저축을 약탈하여 비위를 행하고, 뒷사람들은 염두에도 없습니다."

375. 천노인원(天怒人怨)

원문은 '신노민통(神怒民痛)'으로서 '천신이 진노하고 백성이 통분하다'. 하늘이 분노하고 백성이 원망하다. 천인공노하다. 위해와 악행이 너무 심하여 대중의 분노를 촉발시키다.

昭公二十年冬, 暴虐淫從, 肆行非度, 無所還忌, 不思謗讟, 不憚鬼神. 神怒民痛, 無悛於心. 其祝史薦信, 是言罪也. 其蓋失數美, 是矯誣也. 進退無辭, 則虛以求媚.

소공 20년(전 522년) 겨울, (안자의 말은 계속된다.)

"포악하고 방종하고, 멋대로 비행을 저질러 반성도 거리낌도 없으며, 비방을 아랑곳하지 않고, 신을 두려워하지 않습니다. 신이 노하고 백성이 통분해도 뉘우치는 마음이 전혀 없습니다. 그럴 때 제관인 축사(祝史)가 사실대로 신에게 고한다면 그것은 임금의 죄를 일러바치는 꼴이 되고, 그렇다고 단점을 덮어 두고 장점만을 고한다면 그것은 거짓말을 하는 것이 됩니다. 이러지도 저러지도 못하여 고할 말이 없으면 결국은 없는 일을 꾸며서 신에게 아첨하게 됩니다."

376. 이수제수(以水濟水)

제(濟)는 돕다. (맛을 내기 위해) 물에 물을 타다. 부화뇌동하다. 일에 도움이 되지 못하다.

昭公二十年冬, 齊侯至自田, 晏子侍于遄臺, 子猶馳而造焉. 公曰, 唯據與我和夫. 晏子對曰, 據亦同也, 焉得爲和. 公曰, 和與同異乎. 對曰, 異. 和如羹焉. 水火醯醢鹽梅以烹魚肉, 燀之以薪, 宰夫和之, 齊之以味, 濟其不及, 以洩其過.……今, 據不然. 君所謂可, 據亦曰可, 君所謂否, 據亦曰否. 若以水濟水, 誰能食之. 若琴瑟之專壹, 誰能聽之. 同之不可也, 如是.

소공 20년(전 522년) 겨울, 제후(齊侯)가 사냥에서 돌아와서 천대(遄臺)에서 쉴 때 안자(晏子)가 옆에서 모셨다. 거기에 자유(子猶 즉 梁丘據)가 수레로 달려왔다. 제후가 말했다.

"오직 양구거(梁丘據)만이 과인과 마음이 맞단 말이야."

그러자 안자가 대답했다.

"거(據)도 임금님에게 맞장구를 치고 있는 것입니다. 어찌 마음이 맞다고야 하겠습니까?"

"마음이 맞다는 것[和]과 맞장구친다는 것[同]은 다른가?"

"엄연히 다릅니다. 마음이 맞다는 것은 마치 국을 만드는 일과 같습니다. 국은 물·불·식초·육장·소금·매실 등을 사용하여 생선과 고기를 삶는데 땔나무로 불을 때고 요리사가 맛을 맞추며 시고 짠 맛을 조절하여 부족하면 보태고 지나치면 덜어냅니다.……그러나 양구거의 경우는 그렇지 않습니다. 임금님이 옳다고 하시면 거도 옳다고 하고, 임금님이 그르다고 하시면 거도 무조건 그르다고 합니다. 만약에 맛을 내기 위해 물에 물을 탄다면 그런 음식을 누가 먹겠으며 또 만약에 금(琴)이나 슬(瑟)도 늘 한 가지 소리만 탄다면 그런 음악을 누가 듣겠습니까? 맞장구친다는 것이 안 된다는 이유가 바로 이와 같은 것입니다.".

377. 망이생외(望而生畏)

원문은 '망이외지(望而畏之)'로서 '바라보기만 해도 두려워하다'. 무서워서 가까이하지 않다.

昭公二十年冬, 鄭子產有疾, 謂子大叔曰, 我死, 子必爲政. 唯有德者, 能以寬服民, 其次莫如猛. 夫火烈, 民望而畏之, 故, 鮮死焉. 水懦弱, 民狎而翫之, 則多死焉. 故寬難. 疾數月而卒. 大叔爲政, 不忍猛而寬. 鄭國多盜, 取人於萑苻之澤.

소공 20년(전 522년) 겨울, 정나라의 자산(子產)이 병이 나자 자태숙(子大叔)을 보고 말했다.

"내가 죽으면 당신이 반드시 정치를 맡아 볼 것입니다. 덕이 있는 사람이라야 관대한 정치로 백성을 복종시킬 수 있고, 그 다음은 매섭게 다스리는 것보다 더 좋은 방법은 없습니다. 불이란 것은 사납기 때문에 사람들이 바라보기만 해도 무서워합니다. 그래서 불 때문에 죽는 일은 드물지만 물은 나약해 보이기 때문에 사람들이 만만히 보고 가지고 놀다가 물에 빠져 죽는 일이 많습니다. 그러기에 관대한 정치를 펴서 백성을 다스리기란 어려운 것입니다."

병을 앓은 지 몇달 만에 자산은 세상을 떠났다. 태숙이 정권을 맡아서 차마 매섭게 할 수가 없어 관대한 정치를 폈다. 그러자 정나라에 도둑이 많이 생겨 환부(萑苻)의 못에서 돈을 빼앗고 사람을 죽이는 일이 빈번하였다.

378. 관맹상제(寬猛相濟)

정책을 집행할 때 너그러움(寬)과 매서움(猛)의 두 가지 수단을 섞어서 사용하다.

昭公二十年冬, 大叔悔之曰, 吾早從夫子, 不及此. 興徒兵, 以攻萑苻之盜, 盡殺之, 盜少止.

仲尼曰, 善哉. 政寬則民慢. 慢則糾之以猛. 猛則民殘. 殘則施之以寬. 寬以濟猛, 猛以濟寬, 政是以和.

소공 20년(전 522년) 겨울, 태숙(大叔)은 후회하며 말했다.

"내가 진작 그 분(子産)의 말씀대로 했더라면 이런 일이 일어나지 않았을 것이다."

그리고는 보병을 출동시켜 환부(萑苻)의 도둑을 토벌하여 모조리 잡아 죽이니 도둑이 조금 뜸해졌다.

중니(仲尼)께서는 이렇게 평하셨다.

"잘 했다. 정치가 관대하면 백성이 방자해지고, 방자해지면 매섭게 다루어 이를 바로잡아야 하고, 정치가 매서우면 백성이 다치게 되고, 다치게 되면 너그러운 정치로 베풀어야 한다. 너그럽게 하여 매서움을 풀고, 매섭게 하여 너그러움을 죄고 이렇게 해서 정치는 조화를 이루는 것이다."

379. 불승기분(不勝其憤)

승(勝)은 이겨내다, 감당하다. 분노를 참을 길이 없다. 극도로 화가 나다.

昭公二十一年夏, 宋華費遂生華貙華多僚華登, 貙爲小司馬, 多僚爲御士, 與貙相惡. 乃譖諸公.……張匄欲殺多僚, 子皮曰, 司馬老矣, 登之謂甚, 吾又重之, 不如亡也. 五月丙申, 子皮將見司馬而行, 則遇多僚御司馬而朝. 張匄不勝其怒, 遂與子皮臼任鄭翩殺多僚, 劫司馬, 以叛, 而召亡人.

소공 21년(전 521년) 여름, 송나라의 화비수(華費遂)는 화추(華貙)·화다료(華多僚)·화등(華登)의 삼형제를 낳아, 화추는 소사마(小司馬)가 되고, 화다료는 임금의 경호원이 되었으나 화추와 서로 미워했다. 그래서 화추를 임금에게 무함했다.……화추의 가신 장개(張匄)가 화다료를 죽이려 하자 자피(子皮 즉 華貙)가 말리면서 말했다.

"부친인 사마(司馬)께서 늙으신 마당에 아우 화등(華登)이 외국에 망명해 있는 일만으로도 상심이 크신데 내가 지금 아우 다료를 죽인다면 부친의 슬픔을 가중시키는 것이 된다. 내가 도망가는 것이 상책이다."

5월 병신날에 자피가 부친 사마를 뵙고 떠나려는 참인데 사마의 수레를 몰고 조정으로 나가는 다료와 마주쳤다. 장개는 울컥 화가 치밀어 드디어 자피·구임(臼任)·정편(鄭翩)과 함께 힘을 합쳐 다료를 죽이고 사마를 협박하여 반란을 일으키고 외국에 나가 있는 사람들을 불러들였다.

380. 웅계단미(雄雞斷尾)

제물의 희생이 되기 싫어서 신체의 일부를 자해(自害)하다.

昭公二十二年春, 王子朝賓起, 有寵於景王. 王與賓孟説之, 欲立之. 劉獻公之庶子伯盆事單穆公, 惡賓孟之爲人也, 願殺之, 又惡王子朝之言, 以爲亂, 願去之. 賓孟適郊, 見雄雞自斷其尾. 問之侍者, 曰, 自憚其犧也. 遽歸告王, 且曰, 雞其憚爲人用乎. 人異於是. 犧者實用人, 人犧實難, 己犧何害. 王弗應.

소공 22년(전 520년) 봄, 주나라 왕자조(王子朝)와 빈기(賓起)는 천자 경왕(景王)의 총애를 받았다. 왕과 빈맹(賓孟 즉 賓起)은 왕자조를 좋아하여 그를 태자로 삼으려 했다. 유(劉)나라 헌공(獻公)의 서자인 백분(伯盆)은 선(單)나라 목공(穆公)을 섬기고 있었는데 빈맹의 사람됨을 미워하여 죽이고 싶었고, 또 왕자조가 한 말을 미워하여 그 말이 난을 꾀하는 것이라 여겨 그를 제거하고 싶었다. 빈맹이 교외로 나갔다가 수탉이 부리로 자기의 꼬리를 물어뜯는 것을 보고 그 까닭을 물으니 시자가 대답했다.

"제물의 희생이 되기 싫어서 스스로 저러는 것입니다."

빈맹은 급히 돌아가 왕에게 그 일을 알리고 덧붙여 자기의 의견을 말했다.

"닭은 사람의 제물의 희생이 되기를 싫어하는 모양입니다. 그러나 사람은 이것과 다릅니다. 닭은 아무리 총애를 받아 곱게 꾸며져도 결국 죽임을 당하지만 사람은 총애를 받아 꾸며지면 귀하고 흥성하게 됩니다. 사람의 희생은 사람을 쓰는 까닭에 소원한 남을 희생으로 정하면 화를 부를 수 있지만 가까운 자기의 친속을 희생으로 삼는다면 무슨 해가 있겠습니까?"

그러나 경왕은 아무 대꾸도 하지 않았다.

381. 이불휼위(嫠不恤緯)

이(嫠)는 과부. 위(緯)는 직물의 씨실. 과부가 베틀의 씨실 걱정을 아니 하다. 나라를 걱정하느라 집안일을 잊다. 부녀자의 애국심을 가리킨다.

昭公二十四年夏六月壬申, 王子朝之師, 攻瑕及杏, 皆潰. 鄭伯如晉, 子大叔相, 見范獻子. 獻子曰, 若王室何. 對曰, 老夫其國家不能恤, 敢及王室. 抑人亦有言, 曰, 嫠不恤其緯, 而憂宗周之隕. 爲將及焉. 今, 王室實蠢蠢焉, 吾小國懼矣. 然, 大國之憂也. 吾儕何知焉. 吾子其早圖之. 詩曰, 缾之罄矣, 惟罍之恥. 王室之不寧, 晉之恥也.

소공 24년(전 518년) 여름 6월, 임신날에 왕자조(王子朝)의 군사가 하(瑕)와 행(杏)의 두 고을을 공격하니 모두 무너졌다. 정백(鄭伯)이 진(晉)나라에 갔다. 자태숙(子大叔 즉 游吉)이 배종(陪從)을 했는데 범헌자(范獻子 즉 士鞅)를 만났더니 범헌자가 물었다.

"주나라 왕실을 어떻게 하면 좋겠소?"

"이 늙은이는 내 나라도 걱정할 틈이 없는데 어찌 감히 왕실의 일을 생각할 수가 있겠습니까? 그러나 어떤 사람이 말하기를 〈과부가 베틀의 씨실 걱정은 안 하고 종주(宗周)의 멸망만 걱정한다.〉고 했습니다. 이것은 나라가 어지러우면 그 화가 과부에게도 미친다는 말입니다. 지금 왕실의 형세는 어지럽기 그지없어 우리들 소국으로서도 걱정이 됩니다. 하지만 이 일은 대국이 걱정할 일이지 저희들이 어떻게 알 수가 있겠습니까? 어르신께서 빨리 대책을 세우십시오. 《시》에 읊었습니다.

술병의 술이 떨어지면
그건 술통의 수치라네

왕실이 안녕치 못하면 그것은 곧 진나라의 수치입니다.”

382. 병경뇌치(缾罄罍恥)

병(缾)과 뇌(罍)는 옛날 술을 담던 그릇으로 뇌가 크고 병이 작다. 경(罄)은 그릇이 비다. 술병의 술이 떨어지면 그것은 술통의 수치이다. 관계가 밀접하고 이해가 일치함에 비유한다. 부자가 가난한 친척에게 부끄럽게 생각함에 비유한다. 이의 출처는 《시경(詩經)》 <소아(小雅) · 육아(蓼莪)>이다.

출처는 381항 이불휼위(嫠不恤緯) 참조.

383. 혼비백산(魂飛魄散)

무서워서 혼이 달아나다. 너무 놀라 어찌 할 바를 모르다. 정신이 나가다. 유혹을 받아 자제할 수 없다. 원문은 ‘혼백거지(魂魄去之)’ ‘로서 '혼백이 신체를 떠나서 없어지다.’

昭公二十五年春, 宋公享昭子, 賦新宮. 昭子賦車轄. 明日宴, 飮酒樂, 宋公使昭子右坐, 語相泣也. 樂祁佐, 退而告人曰, 今茲, 君與叔孫, 其皆死乎. 吾聞之, 哀樂而樂哀, 皆喪心也. 心之精爽, 是謂魂魄. 魂魄去之, 何以能久.

소공 25년(전 517년) 봄, 송공(宋公)은 소자(昭子 즉 叔孫婼)를 대접하여 <신궁(新宮)>을 읊었고 소자는 <거할(車轄)>을 읊었다. 그 다음 날 연회를 열어 술을 마시며 즐겼는데 송공은 소자를 자기 오른편에 앉히고는 이야기를 나누다가 서로 울었다. 악기(樂祁)가 도우미를 섰는데 물러나와서 다른 사람을 보고 말했다.

"금년에 임금님과 노나라의 숙손씨(叔孫氏)는 둘다 세상을 떠날 것이다. 내가 듣건대 <즐거울 때 슬퍼하고 슬플 때 기뻐하는 것은 다 정신이 나간 사람의 짓이다.>라고 한다. 마음의 총명을 혼백(魂魄)이라 하거니와 혼백이 나가서야 어찌 오래 살 수가 있겠는가?"

384. 천경지의(天經地義)

경(經)은 상규, 원칙. 의(義)는 올바른 도리. 하늘과 땅의 규범. 의심의 여지가 없고 바꿀 수 없는 보편적인 법칙이나 도리.

昭公二十五年夏, 子大叔見趙簡子, 簡子問揖讓周旋之禮焉. 對曰, 是儀也, 非禮也. 簡子曰, 敢問, 何謂禮. 對曰, 吉也聞諸先大夫子産. 曰, 夫禮天之經也, 地之義也, 民之行也. 天地之經, 而民實則之. 則天之明, 因地之性, 生其六氣, 用其五行.……簡子曰, 甚哉, 禮之大也. 對曰, 禮上下之紀, 天地之經緯也, 民之所以生也. 是以, 先王尙之. 故人之能自曲直以赴禮者, 謂之成人. 大不亦宜乎. 簡子曰, 鞅也請終身守此言也.

소공 25년(전 517년) 여름, 정나라의 자태숙(子大叔 즉 游吉)이 진(晉)나라의 조간자(趙簡子)를 찾아보니 간자가 읍양주선지례(揖讓周旋之禮 즉 인사하고 교제하는 예의)에 대해 물었다. 태숙은 대답했다.

"그것은 예의(禮儀)이지 예는 아닙니다."

"그러면 묻거니와 무엇을 예(禮)라고 합니까?"

"저 길(吉)은 우리나라 선대부 자산(子産)에게서 이렇게 들었습니다. 즉 <예(禮)라는 것은 하늘의 규범[經]이고, 땅의 준칙[義]이며, 사람이 취해야 할 행동이다.> 예는 하늘과 땅의 규범이니 사람은 이것을 본받는 것입니다. 하늘의 밝음인 일(日)·월(月)·성신(星辰)을 우러르고, 땅의 성질인 고하(高下)·강유(剛柔)에 의지하여, 하늘의 육기(六氣)인 음(陰)·양(陽)·풍(風)·우(雨)·회(晦)·명(明)을 낳고, 땅의 오행(五行)인 금(金)·목(木)·수(水)·화(火)·토(土)를 사용합니다.……"

다 듣고 나서 간자가 말했다.

"대단합니다. 예의 크기란!"

태숙이 대답했다.

"예는 상하를 묶는 법도이고, 천지를 짜는 날과 씨이며, 사람이 살아가는 이유인 것입니다. 이 때문에 선왕들은 예를 숭상했던 것입니다. 그러므로 사람이 스스로 본성을 개조하거나 또는 본성 그대로 예에 맞게 행동할 수 있을 때 그 사람을 완성된 사람[成人]이라 부르는 것입니다. 그러니 예가 큰 것은 당연한 것이 아니겠습니까?"

간자는 말했다.

"나 앙(鞅)은 죽을 때까지 이 말을 기억하고 지키겠습니다."

385. 소심익익(小心翼翼)

익익(翼翼)은 공경하고 삼가는 모양. 삼가고 조심하다. 거동이 신중하고 조금도 소홀함이 없다. 이의 출처는 《시경(詩經)》 〈대아(大雅)·대명(大明)〉이다.

昭公二十六年冬, 齊有彗星, 齊侯使禳之. 晏子曰, 無益也, 祇取誣焉. 天道不諂, 不貳其命, 若之何禳之. 且天之有慧也, 以除穢也. 君無穢德, 又何禳焉. 若德之穢, 禳之何損. 詩曰, 惟此文王, 小心翼翼. 昭事上帝, 聿懷多福. 厥德不回, 以受方國.

소공 26년(전 516년) 겨울, 제나라 하늘에 혜성(彗星)이 나타나자 제후(齊侯)가 액막이 제사를 지내게 하려 하자 안자(晏子)가 말했다.

"소용이 없는 일입니다. 다만 속임수에 불과합니다. 천도에는 거짓이 없고 천명에는 착오가 없는 법인데 어떻게 그것을 제사로 물리칠 수 있겠습니까? 게다가 하늘에 혜성이 나타나는 것은 이 세상의 더러운 것을 없애자는 것입니다. 임금님에게 더러운 점이 없으시다면 무엇을 빌어서 없애자는 것입니까? 또 만일 더러운 점이 있으시다면 빈다고 그것이 덜어지겠습니까? 《시》에 읊기를,

오직 이 문왕께서 항상 삼가고 조심하시어
하늘에 제사지내 많은 복 불러 모으시고
품행이 단정하시니 온 천하가 귀순해 왔네

라고 했습니다."

386. 광가감인(光可鑑人)

감(鑑)은 비추다. 물건의 빛깔이 거울같이 사람을 비추다. 머리가 새까맣고 피부에 윤기가 흐르다. 흔히 여자를 가리킬 때 쓴다.

昭公二十八年夏, 初, 叔向欲娶於申公巫臣氏, 其母欲娶其黨. 叔向曰, 吾母多而庶鮮, 吾懲舅氏矣. 其母曰, 子靈之妻, 殺三夫, 一君一子, 而亡一國兩卿矣. 可無懲乎. 吾聞之, 甚美必有甚惡.……昔, 有仍氏生女, 黰黑而甚美, 光可以鑑, 名曰玄妻. 樂正后夔取之, 生伯封, 實有豕心, 貪婪無饜, 忿纇無期, 謂之封豕. 有窮后羿滅之, 夔是以不祀.

소공 28년(전 514년) 여름, 처음에 진나라 숙향(叔向 즉 羊舌肸)

은 신공무신씨(申公巫臣氏)의 딸을 아내로 맞이하고 싶었으나 그의 어머니는 자기의 친정쪽 사람을 데려오고 싶었다. 숙향은 말했다.

"저에게는 어머니는 많지만 서형제가 적습니다. 그래서 저는 외가쪽 사람은 싫습니다."

그의 어머니는 말했다.

"자령(子靈 즉 巫臣)의 아내 하희(夏姬)는 남편 셋·임금 하나·아들 하나를 죽게 만들었고 또 나라 하나를 망하게 만들고 경(卿) 두 사람을 도망가게 만들었다. 이만하면 거울삼아도 되지 않겠느냐? 내가 듣건대 〈아주 아름다운 것은 반드시 아주 추악한 데가 있다.〉고 한다.……옛날 유잉씨(有仍氏)가 딸을 낳았는데 머리가 새까맣고 아주 아름다워 그 빛깔이 거울과 같았다. 이름을 현처(玄妻)라 했다. 악정(樂正) 후기(后夔)가 그 여자를 아내로 맞이하여 백봉(伯封)을 낳았더니, 이 아이야말로 돼지 같은 마음을 가져 욕심이 그지없고 무지막지하기 이를 데 없어 별명을 큰 돼지라는 뜻인 봉시(封豕)라고 불렀다. 유궁(有窮)나라의 후예(后羿)가 그를 멸망시켰는데 기는 이로 말미암아 제사를 받지 못하게 되었다."

387. 우물이인(尤物移人)

우물(尤物)은 절세의 미인이나 진귀한 물건. 이인(移人)은 사람의 넋이나 태도를 바꾸어놓다. 특출한 사람이나 물건은 사람을 좌우할 수 있다. 뛰어난 미인은 남자의 이성을 마비시킬 수 있다.

昭公二十八年夏, 且三代之亡, 共子之廢, 皆是物也. 女何以爲哉. 夫有尤物, 足以移人. 苟非德義, 則必有禍. 叔向懼, 不敢取. 平公强使取之, 生伯石.

소공 28년(전 514년) 여름, (숙향의 어머니의 말은 계속된다.)

"또 하(夏)·상(商)·주(周) 3대의 멸망과 진(晉)나라 공자(共子 즉 태자 申生)의 폐립도 다 이런 아름다운 여자 때문이었다. 너는 왜 그렇게 하려고 하느냐? 뛰어난 미인은 사람을 미혹시키는 힘을 갖고 있다. 정말로 덕성과 신의를 갖춘 사람이 아니면 그 여자를 얻어서 반드시 화가 있을 것이다."

숙향(叔向)은 겁이 나서 감히 그 여자를 아내로 맞이하지 못했으나 평공(平公)이 억지로 그를 맞이하게 했다. 그리하여 백석(伯石)을 낳았다.

388. 경위천지(經緯天地)

경위(經緯)는 직물의 날실과 씨실로서 조리나 질서에 비유한다. 하늘과 땅을 날실과 씨실로 삼다. 천하를 경영하고 국가를 다스리다.

昭公二十八年秋, 魏子謂成鱄, 吾與戊也縣, 人其以我爲黨乎. 對曰, 何也. 戊之爲人也, 遠不忘君, 近不偪同, 居利思義, 在約思純, 有守心, 而無淫行. 雖與之縣, 不亦可乎.……夫擧無他, 唯善所在, 親疎一也.……心能制義曰度,……經緯天地曰文. 九德不愆, 作事無悔. 故襲天祿, 子孫賴之. 主之擧也, 近文德矣, 所及其遠哉.

소공 28년(전 514년) 가을, 위헌자(魏獻子 즉 魏舒)가 성전(成鱄)에게 말했다.

"내가 위무(魏戊)에게 현(縣)을 주었는데 사람들이 나보고 편파적이라고 할 것인가?"

성전은 대답했다.

"어찌 그러겠습니까? 위무의 사람됨은 멀리 있어도 임금을 잊지 않고, 가까이 있다고 해서 동료들에게 유세를 부리지 않으며, 이로운 자리에 있을 때에도 도의를 생각하고, 생활이 어려운 처지에서도 바른 마음을 잃지 않으며, 지조를 지켜 방종한 행동을 하지 않습니다. 현을 주어 대부(大夫)로 삼는다 해도 당연한 일이 아니겠습니까?……사람을 등용해서 쓴다는 것이 다름이 아니라 오직 훌륭한 사람을 쓰는 것이 목적이니 친척이나 남의 구별이 없는 것입니다.……마음 속으로 도의의 제약을 가할 수 있는 것을 탁(度)이라 하고……하늘과 땅을 날실과 씨실로 삼는 것을 문(文)이라 합니다. 이 아홉 가지 덕을 어기지 않고 일을 함에 후회가 없었기 때문에 하늘의 복록을 대대로 이어받아 자손들이 덕을 보았넌 것입니다. 주인장께서 하신 이번의 등용조치는 문왕(文王)의 덕에 버금가는 것입니다. 그 덕은 멀리까지 미칠 것입니다."

389. 경천위지(經天緯地)

경위(經緯)는 직물의 날실과 씨실. 기획하고 통치함에 비유한다. 천하를 기회하고 통치하다. 재능과 기백이 대단하다.

출처는 388항 경위천지(經緯天地) 참조.

390. 여고사치(如皐射雉)

못가에 가서 꿩을 쏘다. 재주를 부려서 여자의 환심을 사다.

昭公二十八年秋, 賈辛將適其縣, 見於魏子. 魏子曰, 辛來. 昔, 叔向適鄭, 鬷蔑惡. 欲觀叔向, 從使之收器者, 而往立於堂下, 一言而善. 叔向將飮酒, 聞之曰, 必鬷明也. 下執其手以上曰, 昔, 賈大夫惡, 娶妻而美. 三年不言不笑. 御以如皐, 射雉

獲之, 其妻始笑而言. 賈大夫曰, 才之不可以已. 我不能射, 女遂不言不笑夫. 今, 子少不颺, 子若無言, 吾幾失子矣. 言之不可以已也如是. 遂如故知. 今, 女有力於王室, 吾是以擧女. 行乎. 敬之哉. 毋墮乃力.

소공 28년(전 514년) 가을, 가신(賈辛)이 임명된 현(縣)으로 부임하려고 위헌자(魏獻子)를 찾았다. 위헌자는 말했다.

"신(辛)이여, 어서 오게. 옛날 숙향(叔向)이 정나라에 갔을 때의 일이다. 정나라의 종멸(鬷蔑)이라는 대부는 못생긴 사람이었다. 이 사람이 숙향을 만나보고 싶어서 상의 그릇을 치우러 가는 일손의 뒤를 따라 들어가 대청 마루 밑에 서서 무어라고 한 마디 했는데 그 말소리가 참 좋았다. 숙향은 막 술을 마시려던 참이었는데 그 말소리를 듣고 〈저 사람은 틀림없이 종명(鬷明)이다.〉하고 마루를 내려가 그의 손을 잡고 자리로 올라와서 말했다. 〈옛날에 가(賈)나라 대부는 못생겼으나 아름다운 여자를 아내로 얻었소. 그런데 그 아내는 3년 동안 말 한마디 않고 웃음 한번 웃은 적이 없었소. 하루는 그가 아내를 수레에 태우고 못가로 가서 꿩을 쏘아 맞추자 그제야 아내는 웃고 말도 했다는 거요. 남편은 말하기를 '사람은 꼭 한 가지 재주는 있어야 하겠군. 내가 만일 활이라도 쏠 줄 몰랐더라면 당신은 끝내 말도 안 하고 웃지도 않았을 것 아닌가?'라고 했다는 거요. 지금 당신은 용모가 그리 보기 좋은 편은 아니니 만약에 잠자코 있었더라면 나는 하마터면 당신을 못 만날 뻔했소. 말이란 해야 맛이라는 것은 이와 같은 것이오.〉하고는 곧 두 사람 사이가 마치 옛 친구와 같았다는 것이다. 지금 자네는 왕실을 위해 힘썼기 때문에 기용한 것이니 어서 가서 공경심을 잃지 말고 잘 해보게. 자네의 공로를 헛되게 하지 말게."

391. 기모불양(其貌不揚)

양(揚)은 용모가 출중하다. 양(颺)은 양(揚)과 같다. 용모가 뛰어나지 못하다. 용모가 너무 평범하다.

출처는 390항 여고사치(如皐射雉) 참조.

392. 이소인지심(以小人之心), 탁군자지복(度君子之腹)

탁(度)은 추측하다, 헤아리다. 원문은 '이소인지복, 위군자지심(以小人之腹, 爲君子之心)'으로 '(배불리 먹은) 소인의 배로 군자의 마음도 (그와 같이 만족하리라)고 생각하다.' 소인의 좁고 비열한 생각으로 도덕이 고상한 사람의 마음씨를 헤아리다.

昭公二十八年冬, 梗陽人有獄, 魏戊不能斷, 以獄上. 其大宗賂以女樂, 魏子將受之. 魏戊謂閻沒女寬曰, 主以不賄聞於諸侯. 若受梗陽人, 賄莫甚焉. 吾子必諫. 皆許諾. 退朝, 待於庭. 饋入, 召之. 比置三歎. 旣食, 使坐. 魏子曰, 吾聞諸伯叔, 諺曰, 唯食忘憂. 吾子置食之間三歎, 何也. 同辭而對曰, 或賜二小人酒, 不夕食. 饋之始至, 恐其不足, 是以, 歎. 中置, 自咎曰, 豈將軍食之而有不足. 是以, 再歎. 及饋之畢, 願以小人之腹爲君子之心屬厭而已. 獻子辭梗陽人.

소공 28년(전 514년) 겨울, 경양(梗陽) 사람으로부터 송사가 있었는데 위무(魏戊)는 판결을 내릴 수가 없어서 그 사건을 조정에 보고했다. 소송 당사자의 하나인 종가에서 위헌자(魏獻子)에게 여자 악사를 뇌물로 바치니 위헌자가 이를 받으려 했다. 그러자 위무는 두 대부 염몰(閻沒)과 여관(女寬)을 보고 말했다.

"주인장께서는 뇌물을 받지 않는 것으로 제후들 사이에 이름이나 있습니다. 그런데 만약 경양 사람이 주는 뇌물을 받으신다면 뇌물 받는 허물이 이보다 더 클 수는 없을 것입니다. 두 분이 부디 충고를 하시오."

두 사람은 다 승낙을 했다. 조정에서 물러나와 두 사람은 그 집의 뜰에서 기다렸다. 식사 때가 되자 위헌자는 그들을 불러들여 식사를 시켰는데 두 사람은 식사를 마칠 때까지 세 차례나 한숨을 쉬었다. 식사가 끝나자 위헌자는 그들을 앉혀 놓고 말했다.

'내가 어르신네들한테서 듣건대 〈먹는 동안에는 근심도 잊는다.〉고 하거니와 자네들은 식사를 하는 동안에 세 차례나 한숨을 쉬었다. 도대체 무슨 일인가?"

두 사람은 이구동성으로 대답했다.

"어제 어떤 분이 저희 두 사람에게 술을 대접해 주었는데 저녁 식사를 걸렀습니다. 처음에 밥상이 들어왔을 때에는 부족하지 않을까 걱정이 돼서 한숨이 나왔습니다. 식사를 절반쯤 했을 때에는 자책감이 들어 '그러면 그렇지 장군님께서 대접을 하시는데 부족할 리가 없지' 하는 마음에서 두 번째 한숨이 나왔습니다. 식사를 마치고 나서는 소인들의 배가 이렇게 만족스러운데 주인 어른의 마음도 이와 같을 것이라 생각하고 적당한 선에서 만족하는 마음을 가지시기를 바랐던 것입니다."

이 말을 듣고 위헌자는 경양 사람의 뇌물을 사절했다.

393. 욕개미창(欲蓋彌彰)

미(彌)는 더욱. 창(彰)은 장(章)이라고도 쓰며 드러나다, 뚜렷하다. 감추려 할수록 더 드러나다. 일의 진상을 감추려 하다가 도리어 마각이 드러나다.

昭公三十一年冬, 邾黑肱以濫來奔. 賤而書名, 重地故也.

君子曰, 名之不可不愼也如是. 夫有所有名而不如其已. 以地叛, 雖賤必書地, 以名其人, 終爲不義, 弗可滅已. 是故, 君子動則思禮, 行則思義, 不爲利回, 不爲義疚. 或求名而不得, 或欲蓋而名章, 懲不義也. 齊豹爲衛司寇, 守嗣大夫, 作而不義, 其書爲盜.

소공 31년(전 511년) 겨울, 주(邾)나라 흑굉(黑肱)이 남(濫) 땅을 가지고 노나라로 도망왔다. 그는 지위가 낮은 사람이지만 《춘추》에 이름을 써서 밝힌 것은 토지를 중히 여겼기 때문이다.

군자는 이렇게 평한다.

"이름을 삼가지 않을 수 없음은 이와 같은 것이다. 무릇 이름이란 드러나는 것보다는 안 드러나는 것이 좋은 경우가 있다. 토지를 가지고 배반하는 경우에는 비록 지위가 낮더라도 반드시 그 땅의 이름을 적고 그 사람의 이름을 밝힌다. 끝내 의롭지 못한 행동으로 치부하기 때문에 그 사실을 말소할 수 없다. 그러므로 군자는 행동거지에 예(禮)를 생각하고 일을 할 때에는 의(義)를 생각하며, 이익 때문에 굽히지 않고, 의리 때문에 고민하지 않는다. 어떤 이는 이름을 드러내고 싶으나 그렇지 못하고, 어떤 이는 이름을 감추려 해도 이름이 더 드러나는 것은 모두 이러한 불의를 징계하기 위한 것이다. 제표(齊豹)는 위(衛)나라의 사구(司寇)로서 대부의 지위를 세습한 사람이었으나 행한 짓이 의리에 맞지 않았기 때문에 《춘추(春秋)》에 '도적'으로 적히고 말았다."

394. 고안위곡(高岸爲谷), 심곡위릉(深谷爲陵)

높은 언덕이 변하여 골짜기 되고 깊은 골짜기 변하여 언덕이 되다. 사물의 거대한 변화를 가리킨다. 세상이 변하여 아래 위가 뒤바뀌다. 이의 출처는 《시경(詩經)》 〈소아(小雅) · 시월지교(十月之

交)〉이다.

昭公三十二年冬, 趙簡子問於史墨曰, 季氏出其君, 而民服焉, 諸侯與之, 君死於外, 而莫之或罪, 何也. 對曰……魯君世從其失, 季氏世修其勤. 民忘君矣, 雖死於外, 其誰矜之. 社稷無常奉, 君臣無常位, 自古以然. 故詩曰, 高岸爲谷, 深谷爲陵. 三后之姓, 於今爲庶, 主所知也.

소공 32년(전 510년) 겨울, 진나라의 조간자(趙簡子 즉 趙鞅)가 사묵(史墨)에게 물었다.

"노나라의 계씨(季氏 즉 季孫意如)는 임금을 국외로 내쫓았는데도 백성들이 순종하고, 제후들도 친교를 맺고, 임금이 밖에서 죽었는데도 누구 하나 그 죄를 묻지 않으니 어떻게 된 일이오?"

사묵은 대답했다.

"……노나라 임금은 대대로 덕을 잃었고, 계씨는 대대로 공을 들여 왔습니다. 백성이 임금을 잊어버렸으니 밖에서 죽었다고 누가 불쌍히 여기겠습니까? 사직을 지키는 데 일정한 주인이 없고, 군신간의 지위가 고정된 것이 아니라는 것은 예부터 그러했던 것입니다. 그러기에 《시》에 읊었습니다.

높은 언덕이 골짜기로 변하고
깊은 골짝이 언덕으로 변했네

우(虞)·하(夏)·상(商) 3대의 임금의 자손도 오늘날에는 서민이 되어버렸다는 것은 주인장께서도 잘 아시지 않습니까?"

395. 능곡변천(陵谷變遷)

사물이 거대한 변화를 일으키다. 이의 출처는 《시경(詩經)》 〈소아(小雅) · 시월지교(十月之交)>이다.

출처는 394항 고안위곡(高岸爲谷), 심곡위릉(深谷爲陵) 참조.

정공(定公) 4년~15년

396. 책유번언(嘖有煩言)

책(嘖)은 뭇 사람의 입이 저마다 떠들다. 번언(煩言)은 분노하고 불만스런 말. 비난하는 소리가 그치지 않다. 불평과 원성이 가득하다.

定公四年春三月, 劉文公合諸侯于召陵, 謀伐楚也. 晉荀寅求貨於蔡侯, 弗得, 言於范獻子曰, 國家方危, 諸侯方貳, 將以襲敵, 不亦難乎.……乃辭蔡侯.

晉人假羽旄於鄭, 鄭人與之. 明日, 或旆以會. 晉於是乎失諸侯. 將會, 衛子行敬子言於靈公曰, 會同難. 嘖有煩言, 莫之治也. 其使祝佗從. (往歲,) 蔡侯歸, 及漢, 執玉沈曰, 余所有濟漢而南者, 有若大川. 蔡侯如晉, 以其子元與其大夫子爲質焉, 而請伐楚.

정공(定公) 4년(전 506년) 봄 3월, 유(劉)나라 문공(文公)이 제후들을 소릉(召陵)에 소집하여 초나라 칠 일을 상의했다. 진(晉)나라 순인(荀寅)은 채후(蔡侯)에게 뇌물을 요구했으나 얻지 못하자 범헌자(范獻子)에게 말했다.

"나라는 바야흐로 위험하고 제후들은 바야흐로 딴 마음을 품고 있는 이 때에 적을 습격한다는 것은 어려운 일이 아니겠습니까?……"

그래서 초나라를 치자는 채후의 청을 사절하기로 했다.

또한 진나라 사람이 깃발에 다는 깃을 정나라한테서 빌리니 정나라 사람은 그것을 빌려주었다. 그 다음날 누군가가 그 깃을 깃대에 매달고 회합에 나갔다. 이 일 때문에 진나라는 제후들의 인심을 잃었다. 회합이 시작될 무렵에 위나라의 자행경자(子行敬子)가 영공(靈公)에게 말했다.

"이번의 회합은 어려울 것 같습니다. 불평과 이견이 분분하여 수습할 수가 없습니다. 축타(祝佗)를 데리고 가십시오."

(지난 해에) 채후가 돌아가게 되어 한수(漢水)에 이르렀을 때 옥을 강물에 던지며 말했다.

"내가 만일 두 번 다시 이 한수를 건너 남쪽으로 간다면 이 한수의 수신(水神)에게 벌을 받으리라!"

채후는 진나라로 가서 그의 아들과 그 나라 대부의 아들을 볼모로 삼고 초나라를 쳐 주기를 간청했다.

397. 토강여유(吐剛茹柔)

딱딱한 것은 뱉고 부드러운 것은 먹다. 사람이 기개가 없다. 불공정하다. 약한 자는 업신여기고 강한 자는 두려워하다. 이의 출처는 《시경(詩經)》 <대아(大雅) · 증민(烝民)>이다.

定公四年冬, 楚子涉睢, 濟江, 入于雲中.……王奔鄖. ……鄖公辛之弟懷將弑王曰, 平王殺吾父. 我殺其子, 不亦可乎. 辛曰, 君討臣, 誰敢讎之. 君命天也. 若死天命, 將誰讎. 詩曰, 柔亦不茹, 剛亦不吐. 不侮矜寡, 不畏彊禦, 唯仁者能之. 違彊陵弱, 非勇也, 乘人之約, 非仁也, 滅宗廢祀, 非孝也, 動無令名, 非知也. 必犯是, 余將殺女.

정공 4년(전 506년) 겨울, 초자(楚子)는 수수(睢水)를 걸어서 건너고 장강(長江)을 배로 건너서 운중(雲中)으로 들어갔다.……초왕은 운(鄖) 땅으로 도망갔다.……운공(鄖公) 신(辛)의 아우 회(懷)가 초왕을 죽이려 하면서 말했다.

"평왕(平王)은 우리 아버지를 죽였습니다. 내가 그의 아들을 죽인다고 안 될 게 뭐 있습니까?"

신은 말했다.

"임금이 신하를 죽였다고 누가 감히 원수로 삼을 것인가? 임금의 명령은 곧 하늘의 뜻이다. 만약 하늘의 뜻으로 죽는다면 누구를 원수로 삼는단 말인가? 《시》에 읊었다.

부드럽다고 삼키지도 않고
딱딱하다고 뱉지도 않으며
홀애비와 과부를 업신여기지 않고
강포하고 유세부리는 자를 두려워하지 않네

어질지 못하면 할 수 없는 일이다. 강한 상대는 피하고 약한 상대는 깔보는 것은 용기(勇氣)가 아니고, 남의 궁한 처지를 이용하는 것은 인(仁)이 아니며, 종족을 멸문시키고 제사를 끊어버리는 것은 효(孝)가 아니고, 일을 해서 좋은 이름을 얻지 못하는 것은 지(知)가 아니다. 네가 이 네 가지를 범하기만 한다면 나는 너를 죽여버릴 테다."

398. 봉시장사(封豕長蛇)

봉시(封豕)는 큰 돼지. 큰 돼지와 큰 뱀. 욕심이 많고 횡포한 세력이나 나라에 비유한다.

定公四年冬, 初, 伍員與申包胥友. 其亡也, 謂申包胥曰, 我必復楚國. 申包胥曰, 勉之. 子能復之, 我必能興之. 及昭王在

隨, 申包胥如秦乞師曰, 吳爲封豕長蛇, 以薦食上國, 虐始於楚. 寡君失守社稷, 越在草莽, 使下臣告急曰, 夷德無厭, 若隣於君, 疆場之患也.

정공 4년(전 506년) 겨울, 처음에 오원(伍員)과 신포서(申包胥)는 친구 사이였다. 오원이 도망갈 때 신포서에게 말했다.

"나는 반드시 초나라를 뒤엎고야 말 테다."

"잘 해보게. 자네가 뒤엎을 수 있다면 나는 반드시 일으켜 놓고야 말겠네."

초나라의 소왕(昭王)이 수(隨)나라에 피난을 가 있을 때 신포서는 진(秦)나라로 가서 구원병을 요청하며 말했다.

"오(吳)나라가 큰 돼지나 긴 뱀처럼 커 가지고 중원의 나라들을 자주 갉아먹더니 그 재앙이 먼저 초나라에서 시작되었습니다. 과군께서는 사직을 잃고 시골에 피난중에 계시는데 신을 사자로 보내시어 급한 사정을 알리게 하시기를 <오랑캐의 욕심은 한이 없으며 만일 이것이 귀국과 이웃하게 된다면 국경의 근심거리가 될 것입니다. ……>라고 했습니다."

399. 진정지곡(秦庭之哭)

정(庭)은 조정. 원래의 뜻은 진나라의 조정에서 곡을 하다. 타국에 원병을 구걸하다.

定公四年冬, 逮吳之未定, 君其取分焉. 若楚之遂亡, 君之土也. 若以君靈撫之, 世以事君. 秦伯使辭焉曰, 寡人聞命矣. 子姑就館. 將圖而告. 對曰, 寡君越在草莽, 未獲所伏, 下臣何敢卽安. 立依於庭牆而哭, 日夜不絶聲, 勺飮不入口七日. 秦哀公爲之賦無衣. 九頓首而坐. 秦師乃出.

정공 4년(전 506년) 겨울, (신포서의 말은 계속된다.)

"<그러니 오나라가 아직 저희 초나라를 완전히 장악하지 못한 이 때를 틈타 임금님께서 자기 몫을 차지하십시오. 만일 초나라가 이내 망하게 된다면 그 땅은 임금님의 땅입니다. 만일 임금님의 은덕으로 초나라가 안정을 찾게 된다면 초나라는 대대로 임금님을 섬길 것입니다.>라고 했습니다."

그러자 진백(秦伯)은 거절하게 하고 말했다.

"과인은 그대 임금이 한 말을 잘 들었다. 그대는 잠시 객관에 들어가 쉬도록 하오. 의논해서 답하리다."

"과군은 시골에 피난가시어 쉴 곳도 정하지 못하고 계십니다. 하신이 어찌 감히 휴식을 취하겠습니까?"

그리고는 조정의 담에 기대어 서서 곡하기를 밤낮으로 그치지 않았고 물 한 모금 마시지 않고 이레를 버티었다. 진나라 애공(哀公)이 그를 위하여 <무의(無衣)>를 읊어주니 그제야 그는 아홉 번 머리를 땅에 조아리고 나서 앉았다. 진나라 군사가 출동하게 되었다.

400. 인각유능유불능(人各有能有不能)(2-2)

사람은 누구나 각기 할 수 있는 일과 할 수 없는 일이 있다. 사람의 재능과 식견 그리고 능력에는 각기 장단점이 있어 일률적이기를 강요할 수는 없다.

定公五年冬, 王之在隨也, 子西爲王輿服以保路, 國于脾洩. 聞王所在, 而後從王. 王使由于城麇. 復命. 子西問高厚焉, 弗知. 子西曰, 不能, 如辭. 城不知高厚小大, 何知. 對曰, 固辭不能, 子使余也. 人各有能有不能. 王遇盜於雲中, 余受其戈, 其所猶在. 袒而示之背曰, 此余所能也. 脾洩之事, 余亦弗能也.

정공 5년(전 505년) 겨울, 초왕이 수(隨)나라에 도망가 있을 때 자서(子西)는 거짓으로 임금의 수레와 복장을 만들어 입고, 무너져 흩어지는 피난민을 거두어 보호하고, 비설(脾洩)에다가 임시 국도(國都)를 세웠다. 그러다가 임금의 소재를 알고는 달려가서 그후 줄곧 소왕(昭王)을 모시고 다녔다.

각설하고 초왕은 유우(由于)에게 명하여 균(麇)에다 성을 쌓게 했는바 공사를 마치고 복명할 때 자서가 성의 높이와 두께를 물었더니 대답을 못했다. 자서가 말했다.

"일을 할 줄 모르면 진작에 그만두었어야지. 자기가 쌓은 성의 높이, 두께 그리고 크기도 모른다면 무엇을 안단 말이오?"

"애당초에 그 일은 할 줄 모른다고 사양을 했지만 어르신께서 나를 시키지 않았습니까? 사람은 각기 할 수 있는 일과 할 수 없는 일이 있는 법입니다. 임금님께서 운중(雲中)에서 강도를 만났을 때 나는 그 강도의 창을 몸으로 막았습니다. 그 상처는 아직도 남아 있습니다."

그는 웃옷을 벗어 등을 보이면서 말했다.

"이런 일은 내가 잘 할 수 있는 일입니다. 하지만 비설에서 어르신께서 하신 일과 같은 일은 나로서는 할 수가 없습니다."

401. 집우이(執牛耳)

고대 제후들이 맹약을 맺을 때 희생인 소의 귀를 잘라 삽혈(歃血)하여 충성심을 나타내 보였다. 맹법에 의하면 소국이 소의 귀를 잡고 맹주는 입회하고 먼저 피를 입술에 바르게 되어 있다. 그러나 전통적으로 맹주가 '소의 귀를 잡는다.'고 해석해 왔다. 맹주의 지위에 오르다. 주도권을 잡다. 한 영역(흔히 문단)에서 영도적인 지위를 차지하다.

定公八年夏，晉師將盟衛侯于鄟澤．趙簡子曰，羣臣誰敢盟衛君者．涉佗成何曰，我能盟之．衛人請執牛耳．成何曰，衛吾溫原也，焉得視諸侯．將歃，涉佗捘衛侯之手，及捥．衛侯怒，王孫賈趨進曰，盟以信禮也．有如衛君，其敢不唯禮是事而受此盟也．

정공 8년(전 502년) 여름, 진(晉)나라 군사가 위후(衛侯)와 전택(鄟澤)에서 맹약을 맺으려고 했다. 조간자(趙簡子)가 말했다.

"뭇 신하들 중에 누가 감히 위나라 임금과 맹약을 맺어 보겠다는 사람은 없소?"

섭타(涉佗)와 성하(成何)가 나서서 말했다.

"우리가 맹약을 맺어 보이겠습니다."

그러자 위나라 사람은 진나라 사람이 소의 귀를 잡기를 청했다. 성하가 말했다.

"위나라는 우리 진나라의 온(溫)과 원(原)의 두 고을 정도밖에 안 되는데 어찌 제후 행세를 할 수 있는가?"

피를 입술에 바르는 차례가 되었을 때 섭타가 위후의 손을 밀쳐 피가 팔 위에까지 묻었다. 위후가 성을 내자 왕손가(王孫賈)가 잰걸음으로 앞으로 나가 말했다.

"맹약을 맺는 목적은 예(禮)를 신장하는 데 있습니다. 위나라 임금님처럼 어찌 감히 다소곳이 예의를 지키고 삼가 이 맹약을 받지 못하겠다는 겁니까?"

402. 삼절굉(三折肱), 위양의(爲良醫)

삼(三)은 여러 번. 자신의 팔을 여러 번 부러뜨려 보아야 비로소 골절을 고칠 줄 아는 양의가 될 수 있다. 여러 번 좌절을 겪고 경험이 풍부해야 노련한 전문가가 될 수 있다.

定公十三年冬十一月, 荀躒韓不信魏曼多奉公以伐范氏中行氏, 弗克. 二子將伐公, 齊高彊曰, 三折肱, 知爲良醫. 唯伐君爲不可. 民弗與也. 我以伐君在此矣. 三家未睦, 可盡克也. 克之, 君將誰與. 若先伐君, 是使睦也. 弗聽, 遂伐公. 國人助公, 二子敗, 從而伐之.

정공 13년(전 497년) 겨울 11월, 순력(荀躒) · 한불신(韓不信) · 위만다(魏曼多) 등이 진(晉)나라 임금을 받들고 범씨(范氏)와 중행씨(中行氏)를 쳤으나 이기지 못했다. 범씨와 중행씨가 진나라 임금을 치려 하자 제나라의 고강(高彊)이 말했다.

"<자신의 팔을 여러 번 부러뜨려 보아야 용한 의사가 될 수 있다.>고 합니다. 임금을 치는 일만은 안 됩니다. 백성이 따라오지 않습니다. 나도 임금을 쳤다가 여기에 이렇게 망명와 있는 신세가 되었습니다. 현재 순 · 한 · 위의 세 가문은 아직 화목하지 못하므로 따로따로 치면 모조리 이길 수가 있습니다. 그들을 이기고 나면 임금님은 누구와 손잡겠습니까? 만약에 먼저 임금님을 친다면 세 집안을 화목하게 만들어 줄 뿐입니다."

그러나 두 사람은 듣지 않고 이내 임금을 쳤다. 나라 사람은 임금을 도왔고 두 사람은 패했다. 세 집은 쫓아가서 그들을 쳤다.

403. 생사존망(生死存亡)

죽느냐 사느냐의 중대 문제 또는 극히 위급한 상황에 비유한다.

定公十五年春, 邾隱公來朝. 子貢觀焉. 邾子執玉高, 其容仰, 公受玉卑, 其容俯. 子貢曰, 以禮觀之, 二君者皆有死亡焉. 夫禮死生存亡之體也. 將左右周旋進退俯仰於是乎取之, 朝祀喪戎於是乎觀之. 今正月相朝, 而皆不度, 心已亡矣. 嘉

事不體, 何以能久.

정공 15년(전 495년) 봄, 주(邾)나라 은공(隱公)이 우리 노나라를 인사차 찾아왔다. 자공(子貢)이 그 거동을 눈여겨보았는데 주자(邾子)는 폐백으로 가져온 옥을 너무 높이 들어 그 모습이 하늘을 쳐다보는 형상이었고, 정공은 옥을 받는 자세가 너무 낮아 땅을 굽어보는 형상이었다. 자공은 말했다.

"예의 관점에서 본다면 두 임금님은 다 곧 돌아가실 것이다. 예(禮)라는 것은 사람의 생사와 나라의 존망을 결정하는 기본인 것이다. 곧 좌우거동 · 읍양(揖讓) · 진퇴 · 부앙(俯仰) 등의 동작에서 사람의 생사를 알아볼 수 있고, 조회 · 제사 · 복상(服喪) · 전쟁 등의 행사에서 사람의 존망을 살필 수가 있다. 지금 정월달에 두 임금이 우의를 다지는데 그 동작이 법도에 맞지 않았으니 이미 마음이 나간 것이다. 조회 같은 좋은 행사에서 예의를 챙기지 못해서야 어찌 오래 살 수가 있겠는가?".

404. 불행이언중(不幸而言中)

불행하게도 한 말이 마침 맞아 떨어지다.

定公十五年夏五月壬申, 公薨. 仲尼曰, 賜不幸言而中, 是使賜多言者也.

정공 15년(전 495년) 여름 5월, 임신날에 노나라 정공이 훙거했다. 중니(仲尼)께서는 말씀하셨다.

"사(賜 즉 子貢)가 한 말이 불행하게도 맞았다. 이래서 사가 말 많은 사람이 되었구나."

애공(哀公) 원년~27년

405. 제악무진(除惡務盡)

무(務)는 반드시 해야 하다. 죄악의 소탕은 깔끔하고 철저히 해야 하다. 원문은 '거질막여진(去疾莫如盡)'으로 '해악을 소탕하려면 철저할수록 좋다.'

哀公元年春, 吳王夫差敗越于夫椒, 報檇李也. 遂入越. 越子以甲楯五千保于會稽, 使大夫種因吳大宰嚭以行成. 吳子將許之. 伍員曰, 不可. 臣聞之, 樹德莫如滋, 去疾莫如盡.……與我同壤, 而世爲仇讎. 於是乎克而弗取, 將又存之, 違天而長寇讎. 後雖悔之, 不可食已.

애공 원년(전 494년) 봄, 오왕 부차(夫差)가 부초(夫椒)에서 월(越)나라 군사를 쳐부수었다. 그것은 취리(檇李)의 전쟁에 대한 앙갚음이었다. 오나라 군사는 이긴 김에 월나라로 들어갔다. 월자(越子)는 무장병 5천을 거느리고 회계산(會稽山)으로 물러나 지키고, 대부 종(種)을 시켜 오나라 태재(大宰) 비(嚭)를 통하여 강화를 맺도록 했다. 오자(吳子)가 허락하려 하자 오원(伍員)이 말했다.

"그건 안 됩니다. 신이 듣건대 <은혜를 베풀려면 많을수록 좋고, 해악을 제거하려면 철저할수록 좋다.>고 합니다.……월나라는 우리 나라와 토지가 맞붙어 있어 대대로 원수지간입니다. 싸움에 이긴 이때야말로 차지하지 않고 살려둔다는 것은 하늘의 뜻을 어기고 원수를 키워주는 것입니다. 나중에 후회하셔도 그 때는 어찌 할 수가 없습니다."

406. 유전일성(有田一成), 유중일려(有衆一旅)

성(成)은 옛날 전답의 구획의 이름. 사방 10리의 땅을 1성이라 했다. 여(旅)는 옛날 사졸 500명을 1려라 했다. 10리의 전답과 500명의 사졸을 소유하다. 옛날 왕후가 창업 초에 병사는 적고 땅은 좁아 세력이 약했음을 나타낸다.

哀公元年春, 昔, 有過澆殺斟灌, 以伐斟鄩, 滅夏后相, 后緡方娠, 逃出自竇, 歸于有仍, 生少康焉. 爲仍牧正, 惎澆能戒之. 澆使椒求之, 逃奔有虞, 爲之庖正, 以除其害. 虞思於是妻之以二姚, 而邑諸綸, 有田一成, 有衆一旅. 能布其德, 而兆其謀, 以收夏衆, 撫其官職.

애공 원년(전 494년) 봄, (오원의 말은 계속된다.)

"옛날 유과(有過)나라의 요(澆)가 짐관(斟灌)을 죽이고 짐심(斟鄩)을 치며 하(夏)나라 임금 상(相)을 멸망시켰을 때 왕비 민(緡)은 마침 임신하고 있었으나 하수구로 도망을 가서 유잉(有仍)의 나라로 돌아가 소강(少康)을 낳았습니다. 소강은 커서 유잉나라의 목장장이 되었으나 요를 몹시 미워하여 경계하고 있었는데 요가 초(椒)를 시켜 소강을 잡으려 하자 유우(有虞)나라로 도망가서 주방장이 되어 위난을 피했습니다. 그러다가 유우나라 임금 우사(虞思)가 두 딸을 그에게 주어 아내로 삼게 하고 윤(綸) 땅을 소강에게 주었습니다. 그가 가진 땅은 일성(一成 즉 사방 10리)이요, 인구는 일려(一旅 즉 500명)밖에 되지 않았으나 덕을 잘 베풀어 하나라의 부흥에 착수하여 하나라 사람들을 거두어들이고 관직을 주었습니다."

407. 일성일려(一成一旅)

성(成)과 여(旅)는 옛날 사방 10리의 땅을 1성이라 하고, 병사 500명을 1려라 하였다. 땅은 좁고 병력은 적어 세력이 미약함에 비유한다. 또한 미약한 힘을 가지고 적을 이기고 승리를 거두다.

출처는 406항 <유전일성(有田一成), 유중일려(有衆一旅) 참조.

408. 십년생취(十年生聚)

생취(生聚)는 인구를 늘리고 부를 축적하다. 실력을 배양하여 나라를 부흥시킬 준비를 하다.

哀公元年春, 姬之衰也, 日可俟也. 介在蠻夷, 而長寇讎, 以是求伯, 必不行矣. 弗聽. 退而告人曰, 越十年生聚, 而十年敎訓, 二十年之外, 吳其爲沼乎. 三月, 越及吳平.

애공 원년(전 494년) 봄, (오원의 말은 계속된다.)

"희성(姬姓)인 우리 오나라의 망할 날도 얼마 남지 않았습니다. 만이(蠻夷)의 나라 사이에 끼어 있는 오나라가 오하려 원수를 키워주면서 패자(霸者)가 되겠다고 한다면 그것은 절대로 될 수 없는 일입니다."

그러나 오왕은 듣지 않았다. 오원(伍員 즉 吳子胥)은 물러나와 다른 사람에게 말했다.

"월나라가 앞으로 10년간 인구를 늘려 부를 축적하고, 다시 10년간 백성을 가르치고 훈련시킨다면 지금부터 20년 뒤엔 오나라는 늪으로 변해 있을 것이다."

3월에 월나라와 오나라는 강화를 맺었다.

409. 생취교훈(生聚教訓)

생취(生聚)는 인구를 늘리고 부를 축적하다. 교훈(教訓)은 교육하고 훈련시키다. 인구를 번식시키고 생산을 발전시키며, 백성을 교육하고 군대를 훈련시켜 국가를 부강하게 만들다.

출처는 408항 십년생취(十年生聚) 참조.

410. 시민여상(視民如傷)

백성을 다친 사람처럼 다루어 어루만질 뿐 놀라게 하지 않다. 백성을 진정으로 돌보고 보살피다.

哀公元年夏, 吳之入楚也, 使召陳懷公. 懷公朝國人, 而問曰, 欲與楚者右, 欲與吳者左. 陳人從田, 無田從黨. 逢滑當公而進曰,……臣聞, 國之興也, 視民如傷, 是其福也, 其亡也, 以民爲土芥, 是其禍也. 楚雖無德, 亦不艾殺其民. 吳日敝於兵, 暴骨如莽, 而未見德焉. 天其或者正訓楚也. 禍之適吳, 其何日之有.

애공 원년(전 494년) 여름, 오나라가 초나라에 들어갔을 때 진(陳)나라 회공(懷公)을 불러냈다. 회공은 나라 사람을 조정에 모아놓고 물었다.

"초나라에 붙을 사람은 오른편, 오나라에 붙을 사람은 왼편에 서시오."

진나라 사람 중 토지를 가진 사람은 자기의 전답의 소재에 따라, 토지를 안 가진 사람은 친분에 따라 좌우로 나누어 섰다. 그 때 봉활(逢滑)이 임금을 향해 똑바로 나아가 말했다.

"……신이 듣건대 〈나라가 흥할 때에는 백성을 위하기를 마치 다친 사람 대하듯 하니 이것은 복이요, 나라가 망할 때에는 백성을 알기를 흙이나 지푸라기처럼 아니 이것은 화다.>라고 합니다. 초나라는 비록 덕을 잘 베풀고 있지는 못하나 백성을 함부로 죽이지는 않습니다. 오나라는 전쟁으로 날로 피폐하고 병사의 시체가 풀숲처럼 늘비하며 덕이라고는 찾아볼 수 없습니다. 하늘은 아마 지금 초나라에 교훈을 내려주고 있는 것입니다. 화가 오나라로 가는 데는 며칠이 걸리지 않을 것입니다."

진후(陳侯)는 그의 의견에 따랐다.

411. 차회무급(嗟悔無及)

차(嗟)는 탄식. 무급(無及)은 미치지 못하다. 탄식하고 후회해 봤자 때는 이미 늦다.

哀公六年春, 齊陳乞僞事高國者, 每朝必驂乘焉. 所從必言諸大夫.……及朝, 則曰, 彼虎狼也. 見我在子之側, 殺我無日矣, 請就之位. 又謂諸大夫曰, 二子者禍矣. 恃得君而欲謀二三子曰, 國之多難, 貴寵之由. 盡去之而後, 君定. 旣成謀矣. 盍及其未作也先諸. 作而後, 悔亦無及也. 大夫從之.

애공 6년(전 489년) 봄, 제나라 진걸(陳乞)은 겉으로 고씨(高氏)와 국씨(國氏)를 섬기는 체하여 조정에 들어갈 때마다 그들의 수레에 함께 탔다. 수행할 때에는 반드시 여러 대부들을 헐뜯는 게 일이었다. 조정에 도착하면 이렇게 둘러댔다.

"저들은 범이나 이리와 같아서 제가 어르신 옆에 있는 것을 본다면 금방 저를 죽이려고 들 것입니다. 그러니 저는 이만 제 자리로 가겠습니다."

그러고는 여러 대부에게 와서는 말했다.

"고·국 두 사람은 나라의 화근입니다. 그들은 임금님의 총애를 믿고 여러분을 해치우려고 꾀하면서 <나라에 환난이 많은 이유는 임금님의 총애를 받는 자들이 있기 때문이다. 이들을 모조리 제거해야만 임금의 위치가 확고해진다.>고 말하고 있습니다. 이미 계획을 다 짜놓았는데 어찌하여 그들이 일을 벌이기 전에 선수를 치지 않습니까? 일이 벌어지고 나서 후회한들 그 때는 이미 늦습니다."

대부들은 그의 말에 따랐다.

412. 유자우(孺子牛)

유자(孺子)는 어린 아이. 제나라 경공(景公)이 첩이 낳은 아이 도(荼)를 특별히 사랑하여 끈을 물고 소 노릇을 하다가 도가 끌어당기는 바람에 이를 부러뜨린 고사를 말한다. 두 가지 뜻이 있다. 첫째 자식을 끔찍히 사랑하다. 둘째 기꺼이 인민을 위한 공복이 되다.

哀公六年秋, 陳僖子使召公子陽生.……冬十月丁卯, 立之. 將盟, 鮑子醉而往. 其臣差車鮑點曰, 此誰之命也. 陳子曰, 受命于鮑子. 遂誣鮑子曰, 子之命也. 鮑子曰, 女忘君之爲孺子牛而折其齒乎. 而背之也.

애공 6년(전 489년) 가을, 제나라의 진희자(陳僖子 즉 陳乞)가 사람을 시켜 노나라에 와 있던 공자 양생(陽生)을 불러들였다.……겨울 10월 정묘날에 양생을 임금으로 세우고 대부들과 맹세를 맺으려 할 때 포자(鮑子 즉 鮑牧)가 술에 취한 채 그곳에 갔다. 포자의 가신으로 수레를 관리하는 포점(鮑點)이 물었다.

"이 맹세는 어느 분의 명령입니까?'

진자(陳子 즉 陳僖子)는 대답했다.

"포씨의 명령이오."
그리고는 곧 포씨를 속이고 말했다.
"당신께서 분부하신 일입니다."
포자는 술취한 김에 말했다.
"너는 돌아가신 임금님께서 도(荼) 도련님의 소 노릇을 하시다가 넘어져서 이를 부러뜨린 일을 잊었느냐? 선군의 뜻을 저버려도 된단 말인가?"

413. 단발문신(斷髮文身)

문(文)은 문신하다. 꽃무늬를 먹물뜨기하다. 머리를 짧게 깎고 몸에 문신을 하다. 옛날 오(吳)·월(越) 일대에서 유행하던 소수민족의 풍습. 전하는 말에 문신을 하면 물속의 교룡의 해를 피할 수 있었다고 한다.

哀公七年夏, 公會吳于鄫.……大宰嚭召季康子, 康子使子貢辭. 大宰嚭曰, 國君道長, 而大夫不出門. 此何禮也. 對曰, 豈以爲禮. 畏大國也. 大國不以禮命於諸侯, 苟不以禮, 豈可量也. 寡君旣共命焉, 其老豈敢棄其國. 大伯端委以治周禮, 仲雍嗣之, 斷髮文身, 贏以爲飾, 豈禮也哉. 有由然也.

애공 7년(전 488년) 여름, 애공(哀公)이 오나라와 증(鄫)에서 만났다.……오나라 태재(大宰) 비(嚭)가 계강자(季康子)를 초청하매 계강자는 자공(子貢)을 시켜 응대하게 했다. 태재가 말했다.
"나라의 임금은 먼 길을 여행하고 계시는데 대부는 대문에서 한 발짝도 나오지 않으니 이것은 무슨 예(禮)입니까?"
자공은 대답했다.
"예라고 할 수 없습니다. 다만 대국이 두려워서 그럴 뿐입니다.

대국은 예에 상관하지 않고 마음대로 제후에게 명령합니다만 소국이 만약 예를 지키지 않았다가는 그 뒷일을 어떻게 감당하겠습니까? 저희 임금님께서 이미 귀국의 명령을 받들고 계시는 터에 노신이 무엇 때문에 나라를 떠나 나돌아다니겠습니까? 오나라의 시조이신 태백(大伯)께서는 현단(玄端)의 옷과 위모(委貌)의 관을 착용하시고 주나라의 예를 지키셨는데 아우되시는 중옹(仲雍)께서 뒤를 이으시면서부터는 머리를 자르고 몸에 문신을 하고 발가벗은 몸을 장식으로 여기셨던 것입니다. 그것을 어찌 예라 할 수 있겠습니까? 그러나 거기에는 그만한 이유가 있었던 것입니다."

414. 도산회(塗山會)

우(禹)임금이 일찍이 도산(塗山)에 제후들을 소집했던 고사에서 유래한다. 제왕이 조회에 임하다. 군신을 소집하다.

哀公七年夏, 季康子欲伐邾, 乃饗大夫, 以謀之. 子服景伯曰, 小所以事大, 信也, 大所以保小, 仁也. 背大國不信, 伐小國不仁. 民保於城, 城保於德. 失二德者危, 將焉保. 孟孫曰, 二三子以爲何如. 惡賢而逆之. 對曰, 禹合諸侯於塗山, 執玉帛者萬國. 今, 其存者, 無數十焉. 唯大不字小, 小不事大也. 知必危, 何故不言. 魯德如邾, 而以衆加之, 可乎. 不樂而出.

애공 7년(전 488년) 여름, 계강자(季康子)가 주(邾)나라를 치고 싶어서 대부들을 잔치에 초대하여 그 일을 의논했다. 자복경백(子服景伯)이 말했다.

"소국이 대국을 섬기는 이유는 신(信) 때문이고, 대국이 소국을 보호하는 이유는 인(仁) 때문입니다. 대국을 배반하는 것은 불신(不信)이고, 소국을 치는 것은 불인(不仁)입니다. 백성은 성으로 보호하고 성은 덕으로 보호하는 것인데 신과 인의 두 덕을 다 잃어버리면 위태롭게 됩니다. 장차 어떻게 백성과 성을 지킬 수 있겠습니까?"

그러자 맹손(孟孫)이 말했다.

"여러분은 어떻게 생각하시오? 옳은 의견이면 다 받아들이겠소."

대부들이 대답했다.

"우(禹)임금이 제후들을 도산(塗山)에 소집했을 때 옥과 폐백을 가지고 참가한 나라가 만 나라나 되었다고 하는데 지금 남아 있는 나라는 수십 국도 되지 않습니다. 그 이유는 대국이 소국을 보살피지 않고 소국은 대국을 잘 섬기지 않았기 때문입니다. 주나라를 치면 반드시 위태롭다는 것을 아는 이상 말씀드리지 않을 수 없습니다. 노나라의 덕이 주나라보다 더 나을 것도 없는데 다수의 힘을 믿고 친다는 것은 좀 어떨까 합니다."

이 말에 모두들 흥이 깨져서 연회가 파했다.

415. 심복지환(心腹之患)

심복(心腹)은 내부 또는 중요한 부위에 비유한다. 내부에 숨어 있거나 또는 치명적인 재앙.

哀公十一年夏, 吳將伐齊, 越子率其衆, 以朝焉, 王及列士皆有饋賂. 吳人皆喜, 唯子胥懼曰, 是豢吳也夫. 諫曰, 越在我, 心腹之疾也. 壤地同, 而有欲於我. 夫其柔服, 求濟其欲也, 不如早從事焉. 得志於齊, 猶獲石田也, 無所用之. 越不爲沼, 吳其泯矣.

애공 11년(전 484년) 여름, 오나라가 제나라를 치려고 할 때 월자(越子)는 사람들을 이끌고 가서 오왕에게 인사를 올리고 왕과 신하들에게 모두 선물을 주었다. 오나라 사람은 모두 기뻐했으나 오자서(伍子胥)만은 두려워서 말했다.

"이것은 오나라에 낚싯밥을 던지는 행위다."

그리고 오왕에게 충간했다.

"월나라는 우리 오나라로서는 몸 안에 숨어 있는 병과도 같은 존재입니다. 땅을 맞대고 있으면서 우리에게 딴 마음을 품고 있는 것입니다. 저와 같이 고분고분하게 구는 것은 그의 야심을 이루어 보려는 수단에 불과하니 일찍이 처치하시는 것이 좋겠습니다. 우리가 제나라에 이겨 봤자 돌밭을 얻는 것이나 다름 없으니 아무 소용이 없습니다. 월나라를 늪으로 만들지 않으면 오나라는 망하고야 말것입니다."

416. 양금택목(良禽擇木)

좋은 새는 좋은 나무를 가려 앉는다. 현명한 사람은 주인을 잘 골라야 자기의 재간을 발휘할 수 있다. "새도 가지를 가려 앉는다."고 하는 우리나라 속담과 같은 것이다.

哀公十一年冬, 孔文子之將攻大叔也, 訪於仲尼. 仲尼曰, 胡簋之事, 則嘗學之矣. 甲兵之事, 未之聞也. 退命駕而行曰, 鳥則擇木, 木豈能擇鳥. 文子遽止之曰, 圉豈敢度其私, 訪衛國之難也. 將止, 魯人以幣召之. 乃歸.

애공 11년(전 484년) 겨울, 위(衛)나라의 공문자(孔文子)가 태숙질(大叔疾)을 공격하고자 하여 중니(仲尼)를 찾아가 의견을 물었다. 중니께서는 말씀하셨다.

"제사에 관한 일은 전에 좀 배운 일이 있지만 전쟁에 관한 일은 들어 본 일이 없습니다."

그리고 물러나와 수레에 말을 메우게 하고 위나라를 떠나려 하면서 말했다.

"새가 앉을 나무를 가리는 법이지 나무가 어찌 새를 고를 수 있으랴?".

문자는 황급히 만류하면서 말했다.

"저 어(圉)는 결코 사사로운 일로 물은 것이 아닙니다. 위나라의 재난을 막아 보려고 의논드렸던 것입니다."

중니는 머무르고 싶었으나 노나라 사람이 마침 예물을 가지고 와서 초청하므로 노나라로 돌아왔다.

417. 지주지의(地主之誼)

지주(地主)는 당지에 살고 있는 사람. 외지에서 온 사람과 구별하여 하는 말. 의(誼)는 의(義)와 통하며 정의(情誼). 당지의 주인이 외지에서 온 손님에게 자기의 정의를 다하다.

哀公十二年秋, 衛侯會吳于鄖. 公及衛侯宋皇瑗盟, 而卒辭吳盟. 吳人藩衛侯之舍. 子服景伯謂子貢曰, 夫諸侯之會, 事旣畢矣, 侯伯致禮, 地主歸餼, 以相辭也. 今, 吳不行禮於衛, 而藩其君舍以難之, 子盍見大宰. 乃請束錦以行.

애공 12년(전 483년) 가을, 위후(衛侯)는 오나라와 운(鄖)에서 회합을 가졌다. 우리 애공(哀公)은 위후 및 송나라의 황원(皇瑗)과 맹약을 맺었으나 끝내 오나라와 맹약을 맺는 일은 사절했다. 그러자 오나라 사람이 위후가 묵고 있는 집 주위에 울타리를 치고 둘러쌌으므로 자복경백(子服景伯)이 자공(子貢)에게 말했다.

"제후의 회맹이란 것은 일이 끝나면 맹주가 참가자들에게 인사를 하고, 개최지의 주인이 된 제후는 모든 손님에게 날고기를 선물하고, 서로 작별의 인사를 나누는 법이다. 지금 오나라는 위나라에 예의도 차리지 않고 오히려 임금님이 묵고 계시는 객사를 울타리로 둘러싸고 난처하게 만들고 있다. 임자는 한번 오나라의 태재(大宰)를 만나 주지 않겠는가?"

이에 자공은 비단 다섯 필[束]을 청해 받아 가지고 태재를 만나러 갔다.

418. 경계지호(庚癸之呼)

경(庚)과 계(癸)는 각각 천간(天干)의 일곱 번째와 열 번째의 자리. 천간오행설(天干五行說)에 의하면 경은 서방에서 곡식을 주재하고, 계는 북방에서 물을 주재한다. 곡식과 물로써 음식을 대신한다. 후에 남에게 양식과 돈을 구걸하는 은어(隱語)로 쓰게 되었다.

哀公十三年秋, 吳申叔儀乞糧於公孫有山氏曰, 佩玉繠兮, 余無所繫之, 旨酒一盛兮, 余與褐之父睨之. 對曰, 粱則無矣, 粗則有之. 若登首山以呼曰庚癸乎, 則諾.

애공 13년(전 482년) 가을, 오나라의 신숙의(申叔儀)가 노나라의 공손유산씨(公孫有山氏)에게 양식을 구걸하면서 말했다.

"패옥을 주렁주렁 달고 있어도 내게 돌아올 건 하나도 없고, 좋은 술 한 잔이 있건만 나와 가난한 촌로는 흘겨만 볼 뿐이오."

유산씨는 대답했다.

"쌀 같은 것은 없고 잡곡은 있습니다. 당신이 수산(首山)에 올라가 큰 소리로 '경(庚)과 계(癸)!'하고 외친다면 알아듣고 갖다 드리겠소."

419. 절린(絶麟)

인(麟)은 기린. 전설상의 동물. 공자(孔子)께서 서쪽 들에서 기린(麒麟)이 잡힌 것을 보고 붓을 놓았다는 고사에서 유래한다. 살아서 때를 못 만나 이상과 포부를 펴보지 못함을 슬퍼하다. 이로부터 붓을 놓고 저술활동을 그만두다.

哀公十四年春, 西狩於大野. 叔孫氏之車子鉏商獲麟, 以爲不祥, 以賜虞人. 仲尼觀之曰, 麟也, 然後取之.

애공 14년(전 481년) 봄, 서쪽의 대야(大野)에서 사냥을 했는데 숙손씨(叔孫氏)의 수레 일을 맡아보는 서상(鉏商)이 기린(麒麟)을 잡았으나 불길한 짐승이라 하여 그것을 산림지기에게 하사했다. 중니(仲尼)께서 그것을 자세히 보시더니 말씀하셨다.

"이건 기린이다."

이 말을 듣고 그것을 도로 받았다.

420. 계로일언(季路一言)

계로(季路)는 즉 자로(子路), 춘추시 노나라 사람으로서 공자(孔子)의 문하생. 신용 있기로 소문났다. 일언(一言)은 말 한마디. 믿을 수 있고 속이지 않는 말.

哀公十四年春, 小邾射以句繹來奔曰, 使季路要我, 吾無盟矣. 使子路, 子路辭. 季康子使冉有謂之曰, 千乘之國, 不信其盟, 而信子之言, 子何辱焉. 對曰, 魯有事于小邾, 不敢問故, 死其城下可也. 彼不臣, 而濟其言, 是義之也. 由弗能.

애공 14년(전 481년) 봄, 소주(小邾)나라의 역(射)이라는 대부가 구역(句繹) 땅을 가지고 우리 노나라로 도망와서 말했다.

"자로(子路)가 나와서 나와 구두로 약정을 한다면 맹약을 맺지 않아도 좋습니다."

자로에게 시켰더니 자로는 거절했다. 계강자(季康子)가 염유(冉有)를 시켜 자로에게 말하게 했다.

"천승(千乘)의 나라인 노나라의 맹약은 믿지 않고 임자의 말을 믿겠다는데 임자는 어째서 그것을 수치로 여기는가?"

자로는 대답했다.

"노나라가 소주나라와 싸우는 일이라도 벌인다면 나는 그 곡직을 묻지 않고 적의 도성 밑에서 죽어도 좋습니다. 그러나 저 사람은 불충한 신하인데 그의 말대로 해주다가는 그의 잘못을 옳게 만들어 주는 꼴이니 나 유(由)는 그렇게 할 수 없습니다."

421. 결영복검(結纓伏劍)

영(纓)은 갓끈. 갓끈을 매고 칼 위에 엎어져 죽다. 의연하게 정의를 위하여 희생하다. 정의롭고 늠름하며 희생을 겁내지 않는 용사를 가리킨다.

哀公十五年冬, 大子與五人介, 輿豭從之. 迫孔悝於厠, 强盟之, 遂劫以登臺.……子路入及門, 公孫敢門焉, 曰, 無入爲也. 季子曰, 是公孫也. 求利焉而逃其難, 由不然. 利其祿, 必救其患. 有使者出, 乃入, 曰, 大子焉用孔悝. 雖殺之, 必或繼之. 且曰, 大子無勇, 若燔臺半, 必舍孔叔. 大子聞之, 懼, 下石乞孟黶敵子路, 以戈擊之, 斷纓. 子路曰, 君子死, 冠不免. 結纓而死. 孔子聞衛亂曰, 柴也其來, 由也死矣.

애공 15년(전 480년) 겨울, 위나라 태자 괴외(蒯聵)는 다섯 사람의 부하와 함께 갑옷을 입고 맹세에 쓸 수퇘지를 수레에 싣고 그 뒤를 따라갔다. 그러고는 공희(孔悝)를 변소에 몰아넣고 억지로 맹세를 시키고 나서 이내 협박하여 함께 고대(高臺) 위로 올라갔다.……자로(子路)가 성 안에 들어가 공씨(孔氏)집 대문에 이르니 공손감(公孫敢)이 문을 지키고 있다가 말했다.

"들어오지 마시오.."

자로는 말했다.

"이 목소리는 공손이로구나. 자신의 이익을 위하여 남의 위난을 피하다니. 그런 짓은 나 유(由)는 하지 않는다. 남의 녹을 받아 먹은 이상 반드시 그를 화난에서 구해 내야 한다."

그 사이 어떤 사자가 문을 열고 나오는 틈을 타서 자로는 재빨리 안으로 들어가 외쳤다.

"태자는 공희를 어디다 이용할 작정이시오? 비록 그를 죽이시더라도 반드시 누군가가 뒤를 이어 태자와 싸울 것입니다."

또 말했다.

"태자께서는 용기가 없으시니 만약에 고대에 불을 질러 반쯤 태운다면 반드시 공숙(孔叔 즉 孔悝)을 놓아주실 것입니다."

태자는 이 말을 듣고 두려워서 석걸(石乞)과 우염(盂黶)을 아래로 내려보내 자로를 대적하게 했다. 그들이 창으로 자로를 치니 갓끈이 끊어졌다. 자로는 말했다.

"군자는 죽어도 갓을 벗지 않는 법이다."

그러고는 갓끈을 고쳐 매고 죽었다.

공자(孔子)께서 위나라에 난리가 났다는 소식을 들으시고는 말씀하셨다.

"시(柴 즉 子羔)는 살아 돌아오겠지만 유(由 즉 子路)는 죽었을 게다."

422. 식언이비(食言而肥)

식언(食言)은 한 말을 안 지키다. 식언으로 살찌다. 자신의 이득과 편의만을 꾀하고 약속을 이행하지 않다.

哀公二十五年夏六月, 公至自越, 季康子孟武伯逆於五梧. 郭重僕, 見二子曰, 惡言多矣, 君請盡之. 公宴於五梧, 武伯爲祝, 惡郭重曰, 何肥也. 季孫曰, 請飮彘也. 以魯國之密邇仇讎, 臣是以不獲從君, 克免於大行, 又謂重也肥. 公曰, 是食言多矣, 能無肥乎. 飮酒不樂, 公與大夫始有惡.

애공 25년(전 470년) 여름 6월, 애공(哀公)이 월(越)나라에서 돌아오시매 계강자(季康子)와 맹무백(孟武伯)이 오오(五梧)까지 마중을 나갔다. 곽중(郭重)이 임금의 수레를 몰았는데 그가 먼저 두 사람을 만나 보고 돌아가서 말했다.

"저 두 사람은 임금님의 욕을 많이 했습니다. 이 기회에 임금님도 하실 말씀을 다 하십시오."

애공은 오오에서 주연을 베풀었다. 무백이 축하의 술을 올린 다음 곽중이 미워서 놀려 말했다.

"살이 많이 쪘군 그래."

그러자 계손이 말했다.

"체(彘 즉 武伯)에게 벌주를 내리소서. 노나라는 원수와 바싹 붙어 있어서 신들은 나라를 지키느라 임금님을 수행하지 못하고 먼 여행길을 면할 수 있었는데 군이 고생하고 돌아온 곽중을 보고 살쪘다고 해야 합니까? "

애공이 이를 받아 말했다.

"아니 중(重)이야 말[言]만 먹고 살았으니 살이 찌지 않을 수 있겠는가?"

그래서 분위기가 어색해져 술을 마셔도 즐겁지 못했다. 이 때부터 애공과 대부 사이에 불화가 일기 시작했다.

423. 일문삼부지(一問三不知)

삼부지(三不知)는 일의 처음·중간·끝을 모두 모르다. 묻는 일에는 전혀 관심이 없다. 하나도 모르다. 시치미를 뚝 떼다.

哀公二十七年夏, 晉荀瑤帥師, 伐鄭, 次于桐丘. 鄭駟弘請救于齊……中行文子告成子曰, 有自晉師告寅者, 將爲輕車千乘, 以厭齊師之門, 則可盡也. 成子曰, 寡君命恒曰, 無及寡, 無畏衆. 雖過千乘, 敢辟之乎. 將以子之命告寡君. 文子曰, 吾乃今知所以亡. 君子之謀也, 始衷終皆擧之, 而後入焉. 今我三不知, 而入之. 不亦難乎.

애공 27년(전 468년) 여름. 진(晉)나라의 순요(荀瑤)가 군사를 거느리고 정나라를 치고 동구(桐丘)에 주둔했다. 정나라 사홍(駟弘)이 제나라에 가서 구원군을 요청했다……그 때 제나라에 도망가 있던 진(晉)나라의 중행문자(中行文子 즉 荀寅)가 진성자(陳成子)에게 말했다.

"진군에서 저 인(寅)에게 정보를 알려준 자가 있는데 거기에 의하면 진나라는 앞으로 가볍고 날쌘 병거 천승을 준비하여 제군의 진문(陣門)을 돌파할 작정이며 그렇게 하면 제군을 섬멸할 수 있다고 한답니다."

성자는 대답했다.

"과군은 저 항(恒)에게 분부하시기를 <적이 적다고 공격하지 말고, 적이 많다고 두려워하지 말라.>고 하셨습니다. 설사 천승이 넘는다 한들 어찌 감히 그것을 피하겠습니까? 그러면 당신의 말씀을 우리 임금님께 보고드리겠습니다."

이 말을 듣고 문자는 말했다.

"나는 이제야 내가 나라에 있지 못하고 외국으로 도망가게 된 이유를 알았다. 군자가 일을 도모할 때에는 일의 처음 · 중간 · 끝을 모두 잘 살펴본 연후에 비로소 일에 착수해야 하는 것이다. 그런데 지금 나는 그 세 가지를 모두 생각해 보지도 않고 일을 저지르고 말았다. 그러니 잘 될 턱이 있겠는가?"

춘추시대의 문화 상식

역사상 춘추전국시대를 동주시대라고 하는 것은 문화적으로는 서주의 문화가 대세를 이루고 있었음을 의미한다. 그러나 춘추전국시대는 사회조직의 거대한 변혁에 따라 예문화와 풍속도 격변했으며 이풍역속(移風易俗)이 시대 진보의 표지의 하나가 되었다. 이 시대의 문화에 대한 적절한 이해 없이는 그 시대의 상황을 옳게 읽을 수가 없다. 그래서 좁게는 《춘추좌전》을 읽기 위하여, 넓게는 선진시대(先秦時代)의 문화를 이해하기 위하여 도움이 될 만한 기초 문화 상식을 준비했다.

1. 춘추사회의 계층

춘추시대의 주나라 사회는 대·중·소의 귀족과 서민·공상(工商)·조례(皁隸)로 구성되어 있었다. 대귀족은 주왕(周王)과 제후(諸侯), 중귀족은 중앙과 지방 궁정의 최고 관리인 경(卿)과 대부(大夫), 소귀족은 왕 및 제후의 신료 또는 경대부의 가신인 사(士)였다. 사(士)는 무사계급이었다. 그 밑으로 서민과 공장과 노예가 있었다. 사 이상의 귀족은 관직과 토지를 소유하는 지주계급으로서 정치상의 지배권을 갖고 있었다. 제후국내에서는 대부가 소영주(小領主)이며, 대부 중에서 대신이 되는 것이 경(卿)이다. 경은 고등작위로서 재상, 사사(四司)의 장관, 각군의 장군과 같은 국가의 고급관리는 반드시 경이 맡았다. 그러나 계층으로서는 같은 대부에

속했다. 대부는 중간 관리였고 사는 기층 관리였다.

《좌전》에서 사용하는 군주의 호칭에는 세 가지가 있다.

첫째는 시호(諡號)로써 호칭하는 경우인데 식별이 가장 용이하다. 예를 들면 노나라 은공(隱公). 진(秦)나라 목공(穆公), 초나라 장왕(莊王) 등이다.

둘째는 당초 봉건받을 당시의 오등작제(五等爵制) 즉 공(公)·후(侯)·백(伯)·자(子)·남(男)의 작호를 나라 이름 밑에 붙여 정백(鄭伯), 진후(秦侯), 제후(齊侯), 송공(宋公), 괵공(虢公), 허남(許男), 초자(楚子), 주자(邾子), 월자(越子) 등과 같이 호칭하는 경우인데 식별에 별문제가 없다. 그러나 초나라 같은 경우는 춘추 초기부터 칭왕(稱王)했고 뒤에 오나라와 월나라도 덩달아 칭왕했다. 어떤 학자의 고증에 의하면 옛 제후들의 칭작(稱爵)은 결코 엄격한 것이 아니었고, 오등작호의 태반은 실제로는 일부 국군(國君)의 통칭에 불과했다고 한다. 즉 공(公)은 임금의 통칭이었고, 백(伯)은 인민의 어른 또는 제후의 장을 뜻하며, 자(子)는 원래 만이(蠻夷)의 군주의 호칭이었다는 것이다.

셋째의 경우가 주의를 요하는 부분이다. 그것은 제인(齊人), 정인(鄭人), 송인(宋人), 위인(衛人), 채인(蔡人) 등과 같이 나라 이름 뒤에 '사람인(人)'자를 붙여 모인(某人)이라고 칭하는 경우이다. 이것은 정황에 따라 그 나라 임금, 그 나라 대부, 그 나라 사람을 가리키는 말이다. 또 국인(國人)이라 할 때에도 '나라 사람'이라 번역하지만 이것도 당시의 상황에 따라 그 나라의 전체 백성 또는 그 나라 국도 안에 있는 거주민을 뜻할 수 있다. 그러므로 이런 경우에는 《춘추》의 경문과 대조, 검토하여 그 정확한 뜻을 가려내야 한다.

호칭과 관련하여 지적해야 할 것은 초(楚)나라에서는 현읍의 장을 현윤(縣尹)이라 하고 공(公)이라고 칭했다. 예를 들면 신공(申公), 백공(白公), 섭공(葉公)과 같은 것이다. 이것은 임금이 칭왕했기 때문에 그의 관리들도 칭공한 것이다.

2. 교제(郊祭)와 사제(社祭)

주대의 대소 제사는 이루 말할 수 없이 많았지만 《주례》와 《춘추》에 의거하여 정리해 보면 대체적으로 다음과 같은 것이 있었다. 즉 교(郊), 대우(大雩), 체(禘), 증상(烝嘗), 일월성신(日月星辰), 풍운, 사직(社稷), 오사(五祀), 사망산천(四望山川), 선농(先農) 등이다. 이 중에서 중요한 것은 제천(祭天), 제조(祭祖), 제사(祭社) 의식이다.

고대 종교 중에서 하늘에 제사를 지내는 의식만큼 융숭한 의식은 없었다. 입만 열면 천제(天帝)요, 황천(皇天)이라 부를 만큼 하늘은 절대적인 존재였다. 제천은 천자만이 독점할 수 있는 특권이었다. 《예기》〈왕제(王制)〉에는 다음과 같이 규정하고 있다. 즉 "천자는 천지에 제사를 지내고, 제후는 사직에 제사를 지내며, 대부는 오사(五祀)에 제사를 지낸다. 천자는 명산·대천에 제사를 지낸다. 오악(五岳)은 삼공(三公)의 예로써 하고, 사독(四瀆)은 제후의 예로써 한다. 제후는 자기 영지 안에 있는 명산·대천에 제사를 지낸다."

교제(郊祭)는 통상 국도의 남쪽 교외에서 단을 쌓고 하늘에 제사를 지냈으므로 '교(郊)'라고 칭했으며 이것은 제천의 고유 명칭이 되었다. 교제는 본래 춘추 두 계절에 거행되었는데 맹춘(孟春)의 기곡제(祈穀祭)와 동지(冬至)의 보천제(報天祭)가 그것이다. 이 두 차례의 큰 제사는 원시적인 농업 제사의 유풍을 간직하고 있다. 즉 하나는 씨를 뿌리는 파종제(播種祭)요, 또 하나는 풍년을 기리는 추수제(秋收祭)인 것이다. 그 후 맹춘에 지내던 기곡제는 점차 봄의 사제(社祭)에 흡수되어 버렸기 때문에 교제는 동지에 남교에서 하늘에 제사지내는 1년 중 가장 중요한 종교 활동이 되었다.

교외에서 하늘에 제사지내는 뜻은 동지가 온 것을 맞이하고, 하늘의 여러 신들에게 크게 보답하기 위하여 해를 주신(主神)으로 삼는다는 것이다. 주나라 사람들은 왕성의 남교에 제단을 설치하여 양(陽)의 자리에 나아가 통상 하늘과 땅을 합제하고, 가장 공덕이 많은 조상을 배향했다. 제수(祭需)는 벽옥(璧玉)과 소·양·돼지 등의 희생을 썼으나 특히 붉은 색의 송아지를 귀하게 여겼다. 교제 의식의 주된 것은 땔나무를 때는 소제(燒祭)였다. 《예기》 〈제법(祭法)〉에 이르기를 "섶을 태단(泰壇)에서 태워서 하늘에 제사지낸다."고 하였다. 즉 단 위에 섶을 쌓고 벽옥과 희생의 가축을 그 위에 놓아 불살라서 기(氣)가 하늘에 통달하게 했다. 이것을 인사(禋祀)라고 했다.

제천은 본시 천자만이 누리는 특권인데 춘추시대에 이르러 제후국의 임금이 이를 행하는 사례가 있었다. 노나라 임금은 주공(周公)의 후예가 된다는 연고로 이 특권을 향유했다. 노나라의 제천 의식은 희생으로 쓸 소의 완전무결(完全無缺)함을 매우 중요시하였다. 《춘추》 노선공(魯宣公) 3년 봄 주왕력 정월조에 이런 기사가 있다. 즉 "교제에 희생으로 쓸 소의 입에 상처가 생겼다. 다른 소를 거북점으로 점쳤으나 그 소가 죽었다. 그 때문에 교제를 지내지 않았다. 그러나 (명산·대천에 대한) 3망(望)의 제사는 그대로 지냈다." 이것을 《좌전》에서는 "망제(望祭)는 교제에 따라가는 제사인데 교제를 지내지 않는다면 망제도 지내지 않았어야 옳다."고 비난하고 있다.

토지신과 오곡의 신을 합하여 사직(社稷) 또는 약칭하여 그냥 사(社)라고도 하며, 사신에게 제사지내는 것을 사제(社祭)라고 한다. 주대에 사직은 종묘와 함께 국가의 상징이요, 대명사였다. 《예기(禮記)》〈제법(祭法)〉에 규정하기를 "왕이 군성(群姓)을 위하여 세우는 사를 태사(大社)라 하고, 왕이 자기를 위하여 세우는 사를 왕사(王社)라고 한다. 제후가 백성(百姓)을 위하여 세우는 사를 국사(國社)라 하고, 제후가 자기를 위하여 세우는 사를 후사(侯社)라 한다. 대부 이하가 무리를 이루어 세우는 사를 치사(置社)라 한다."라고 했다. 그 밖에 각 지방에 민사(民社)가 있었는데 중요한 것은 행정단위의 사로서 주사(州社)와 이사(里社)가 있었다. 25호를 이(里)라고 했다. 사직단의 위치는 '좌종묘(左宗廟), 우사직(右社稷)'의 원칙에 따라 왕궁 밖 오른쪽에 위치했다. 사궁에는 담은 있으나 지붕은 없었다. 그것은 비바람과 서리, 이슬을 바로 받아 천지의 기와 통한다는 것을 나타낸 것이었다. 단지 망국의사(亡國之社)에는 지붕이 있어서 사직이 이미 망해서 다시 햇볕을 볼 수 없고, 다시 생존의 기회가 없음을 나타냈다.

사(社)를 세울 때에는 흙을 쌓아 단을 만들 뿐만 아니라 그 토지에서 자랄 수 있는 나무를 심어 사주(社主)로 삼았는데 이것을 '사수(社樹)' 또는 '전주(田主)'라 불렀다. 만약 토지가 소나무가 자라기에 적합하면 소나무를 사주로 삼아 그 사의 이름을 송사(松社)라 했고, 만약 기타 다른 나무가 자라기에 적합하면 그 수목 이름을 따서 사명을 삼았다. 《논어(論語)》〈팔일(八佾)〉에 이런 기사가 실려 있다. 노나라 애공(哀公)이 사주에 대하여 재아(宰我)에게 물었더니 재아가 대답하기를 "하대(夏代)에는 소나무, 은대(殷代)에는 측백나무, 주대에는 밤나무를 썼습니다."라고 했다.

대략 매년 춘추에 사제(社祭)를 지냈는데 그것을 '춘기추보(春祈秋報)'라고 했다. 봄에는 임금이 몸소 밭을 가는 적전(籍田) 의식과 그 해의 풍년을 비는 기곡(祈穀)의 제사를 올렸다. 가을에는 풍년의 과실을 가지고 사신(社神) 앞에서 노래와 춤으로 대지의 은사(恩賜)에 감사했다. 사제는 음제(陰祭)이기 때문에 천자는 태뢰(大牢)의 예(순흑색의 소·양·돼지 각 한 마리)로써 제사지냈고, 제후는 소뢰(少牢)의 예(양·돼지 각 한 마리)로써 제사를 지냈다. 《시경》〈소아(小雅)·보전(甫田)〉은 가을에 사직에 감사하고 겸하여 사방신(四方神)에게 제사를 지내는 광경을 묘사하고 있다.

> 제기에 수북히 곡식을 담고 제물로 양을 잡아
> 토지신과 사방신에게 제사지내니

밭농사 잘된 것은
농부들의 복이라네
금과 슬 뜯고 북치며 신농씨 맞아다가
단비를 빌고 메기장 찰기장 잘되게 비오니
우리 식구 모두 잘 먹고 잘 살게 하소서

출정(出征), 헌부(獻俘 즉 전쟁 포로를 바치는 일), 사냥, 순수(巡狩)할 때마다 천자나 제후가 사에서 제사를 지냈다. 군사가 출동할 때에는 사신에게 보우를 빌고, 희생의 피를 전고(戰鼓)에 바르고, 축사(祝史)가 사주를 받들고 종군했다. 이 때 제사한 날고기는 모든 군사가 나누어 받았는데 이것을 '수신(受脤)'이라고 했다. 그러므로 사신은 군대의 수호신이었던 셈이다. 일식이나 수해 또는 천재지변이 있을 때에 천자는 사에서 북을 두드리고 희생의 가축을 바쳐 빌었고, 제후는 단지 폐백만을 바쳐 빌고 조정에서 북을 치게 되어 있었다. 노문공(魯文公) 15년조에 보면 6월 신축날 초하루에 일식이 일어났을 때 문공이 이 관행을 지키지 않았다가 '예에 맞지 않는다(非禮)'는 지적을 받은 일이 있다.

사회 습속의 발전에 따라 춘추시대의 사제는 본래의 기도와 감사의 장으로부터 민중의 축제의 장으로 변모한다. 매년 춘추 가일에 민중이 모여서 북을 치고 가무를 하며, 술과 음식으로 즐겼다. 중국 고대의 춘사(春社)는 서양의 카니발과도 같은 광란의 축제였던 것이다. 청춘남녀가 이 때만은 관습의 굴레를 잠시 벗고 서로 만나 맘껏 즐길 수 있었다. 노장공(魯莊公) 23년 여름조에는 장공이 제(齊)나라의 사제를 구경하러 가겠다는 것을 조귀(曹劌)가 극력 충간하는 기사가 실려 있는데 제나라의 사제는 여인들이 주재하는 것으로 소문나 있었다.

사에는 태사·국사에 대비되는 망국의 사(亡國之社)라는 것이 있었다. 각국의 통치자는 비단 본국의 사를 세웠을 뿐만 아니라 망국의 사도 세웠다. 노나라에는 주공(周公)의 후예라는 뜻으로 주사(周社)라는 국사가 있었고, 망국지사로는 박사(亳社)가 있었다. 노나라는 상엄(商奄)의 땅에 건국했기 때문에 상엄의 백성을 무마하기 위하여 박사를 세웠는데 박사는 곧 은(殷)나라의 사란 뜻이다. 이것은 나라는 언제든지 망할 수 있다는 사실을 자손에게 훈계하기 위한 것이었다. 말하자면 실패의 본보기로 삼은 것이다.

3. 성씨(姓氏)와 명자(名字)

청대(淸代)의 고염무(顧炎武)는 22개의 고성(古姓)을 들었는데 거기에 보면 규(嬀), 사(姒), 자(子), 희(姬), 풍(風). 영(嬴), 기(己), 임(任), 길(姞), 기(祈), 미(芈), 조(曹), 운(妘), 동(董), 강(姜), 언(偃), 귀(歸), 만(嫚), 웅(熊), 외(隗), 칠(漆), 윤(允) 등이 있다. 옛 성은 거의 '계집 녀(女)'변으로 구성되어 있고, 또 성(姓)이란 글자도 원래는 '여자가 낳은 자식 또는 자손'을 의미했다.

우선 이들 옛 성 과 춘추시대의 주요 봉국(封國)을 살펴보면 다음과 같다.

희성(姬姓) : 주(周) · 진(晉) · 노(魯) · 정(鄭) · 위(衛) · 연(燕) · 우(虞) · 괵(虢) · 오(吳) · 수(隨) 등
강성(姜姓) : 제(齊) · 신(申) · 여(呂) · 허(許) 등
영성(嬴姓) : 진(秦) · 서(徐) 등
미성(芈성) : 초(楚)
자성(子姓) : 송(宋, 殷의 후예)
사성(姒姓) : 월(越, 夏의 후예)
규성(嬀姓) : 진(陳, 虞舜의 후예)

《좌전》을 읽으면서 성명만큼 헷갈리는 게 없다. 누가 누군지 도무지 종잡을 수가 없다. 한 사람이 많은 이름을 가지고 바꿔가며 쓰

기 때문이다. 그래서 춘추시대의 성명의 특징은 한마디로 일인다명제(一人多名制)라고 할 수 있다. 오늘날처럼 성과 씨가 하나로 묶여 있지 않고, 성이 따로 있고 씨가 따로 있었을 뿐만 아니라 이름(名)과 자(字)가 있었고, 시호가(謚號)가 있었다. 다시 말하면 태어나면서부터 성(姓)과 씨(氏)를 타고나고, 어려서는 이름, 어른이 되어서는 자(字)를 부여받고, 죽어서는 시호를 부여받았다. 거기다가 벼슬이나 채읍(采邑)의 변동에 따라 한 사람이 여러 씨를 가질 수가 있었고, 부자간도 반드시 같은 씨가 아닐 수 있었다. 진(晉)나라의 사회(士會)의 경우를 예로 들어보자. 사회는 세습 관직인 '사(士)'의 벼슬을 씨로 삼아 사계(士季)라 칭했고, 그 채읍 '범(范)'을 씨로 삼아 범회(范會), 범무자(范武子)라고 칭했다. 또 다른 채읍 '수(隨)'의 이름을 따서 수회(隨會), 수계(隨季), 수무자(隨武子)라고 칭했다. 또 그의 동료인 순림보(荀林父)는 채읍 '순(荀)'을 씨로 삼았으나 단 그의 아들은 아버지의 관직 '중행(中行)'을 씨로 삼았다. 춘추시대의 성명의 또 하나의 특징은 용자(用字)의 의외성(意外性)이라 할 수 있다. 전금(展禽), 기질(棄疾), 양설적(羊舌赤), 공산불뉴(公山不狃), 국약(國弱), 황비아(皇非我), 사형(士刑) 등 그 예는 헤아릴 수 없을 만큼 많다.

성은 일종의 족호(族號)이고, 씨는 성의 갈래다. 성은 모계의 혈통을 대표하므로 고정되어 있지만 씨는 씨족의 갈래를 나타내므로 가변적이다. 남자는 씨를 칭하고, 씨의 작용은 신분의 귀천을 가리는 데 있다(明貴賤). 창씨(創氏)의 주요 내력은 봉국명, 채읍명 그리고 직업명이다. 남자의 호칭 순서는 자(字)나 씨(氏)를 앞에 놓고 이름(名)을 뒤에 붙인다. 성은 사용하지 않는다. 예를 들면 맹명시(孟明視), 공보가(孔父嘉), 사회(士會), 중행환자(中行桓子) 등과 같다. 백·중·숙·계(伯·仲·叔·季) 같은 형제 항렬은 자(字) 앞에, 보(父)같은 남자의 미칭(美稱)은 자(字) 뒤에 붙인다. 예를 들면 숙향(叔向), 계로(季路), 우보(羽父), 이보(尼父)와 같다. 여자는 성을 칭하고, 성의 작용은 동성 결혼을 방지하는데 있다(別婚姻). 여자의 호칭 순서는, 출가 전에는 맹/백·중·숙·계(孟/伯·仲·叔·季) 등 형제 항렬이나 친정의 씨를 앞에 놓고 성을 반드시 뒤에 붙인다. 예를 들면 맹강(孟姜), 백희(伯姬), 계미(季芈), 중자(仲子) 등이다. 출가 후에는 친정의 씨 또는 남편의 씨를 앞에 놓고 성을 반드시 뒤에 붙여야 한다. 예를 들면 진영(秦嬴), 여희(驪姬), 식규(息嬀), 하희(夏姬) 등과 같다.

춘추시대의 창씨 과정과 귀천의 구별을 한 귀족의 가족을 표본으로 삼아 개관해 보자. 정나라 문공(文公)은 봉국의 이름을 씨로 삼아 이름과 함께 정첩(鄭捷)이라 칭했고, 셋째 아들은 언릉(鄢陵)에 봉해져서 봉읍을 씨로 삼아 언 아무개(鄢某)라 칭했으며, 언 아무개는 오랫동안 사마(司馬)의 직을 담당했으므로 그의 자식들은 아버지의 관명을 씨로 삼아 사마 아무개(司馬某)라고 칭할 수 있었다. 정첩의 맏아들은 제후국을 계승할 신분에 있었으므로 태자 아무개(太子某)라고 칭했고, 둘째 아들은 공자 아무개(公子某)라고 칭했으며, 둘째 아들의 자식은 공손 아무개(公孫某)라고 칭했다. 이와같이 정 아무개, 태자 아무개, 공자 아무개, 공손 아무개, 언 아무개, 사마 아무개가 한자리에 모일 때 씨의 작용이 귀천을 구별하는데 있다는 것이 분명해질 것이다.

4. 전쟁과 군사제도

춘추시대는 전국시대에 가서 호복기사(胡服騎射)로 바뀔 때까지 앞의 상(商)·주(周) 두 대를 이은 전차전의 황금시대였다. 전차를 핵심으로 하는 보전연합 편제가 춘추시대 군사편제의 특징이었다. 이 시대의 전차 또는 병거(兵車) 한 대는 승(乘)이라 불렀고, 말 네 필이 끌었다. 흔히 '천승의 나라(千乘之國)'라고 하는데 이것은 말 4,000필을 보유하는 대국을 일컬었다.

소위 '춘추편제(春秋編制)'라고 부르는 표준편제에 의한 승차

및 도보 병력은 무장병 3명, 보병 72명, 합계 75명제였다. 그러나 엄격히 말하면 이것은 춘추 중기와 말기의 제도이고, 춘추 초기의 편제는 무장병 10명, 보병 20명, 합계 30명제였다. 탑승 방식은 왼쪽에 타는 사람을 거좌(車左)라 하고 활쏘기를 담당하고, 오른쪽에 타는 사람을 거우(車右)라 하고 창[戈]을 갖고 응전하며, 가운데에 타는 사람은 어자(御子)로서 병거를 모는 일을 맡는다. 단 주장(主將)이 타는 전차는 오히려 장수가 중간에서 북을 치고, 어자는 좌로 가고, 거우는 우에서 창을 갖는다. 임금이 타는 병거를 융거(戎車)라고 하는데 이 경우에는 왼쪽을 상석으로 치던 당시의 관습에 따라 임금이 좌에 타고, 어자는 가운데, 창을 가진 용사는 우에 탄다.

전차의 운용에 대하여 강태공(姜太公)은 《육도(六韜)》〈견도(犬韜)·전차제오십팔(戰車第五十八)〉에서 "보병은 적의 변동을 아는 것이 중요하고, 거병은 지형을 아는 것이 중요하다.(步貴知變動, 車貴知地形.)"하고, 전차가 기동해서는 안 될 '사지(死地)' 열 곳을 들고 있다. 전차는 그 성질상 광활한 평원이 이상적인 전장이지만 산지·구릉·소택지·도랑·습지·진흙탕에서는 맥을 못 춘다. 제진(齊晉) 안의 전쟁(鞍之戰)에서 제나라 경공(頃公)이 진(晉)나라 장수 한궐(韓厥)에게 따라잡혀 화부주산(華不住山)을 세 바퀴 돌다가 화천(華泉)이란 우물에 거의 다다랐을 때 곁마[驂馬]가 나무에 걸려 그만 멈추고 말아서 하마터면 진군에게 생포될 뻔한 적이 있다.

보전연합 작전이 성공하려면 '군진(軍陣)'이라 부르는 전투대형이 결정적인 역할을 한다. 《좌전》에 기술된 군진은 정나라의 어려지진(魚麗之陣)과 좌우구(左右矩), 초나라의 형시(荊尸), 송화씨(宋華氏)의 관진(鸛陣)과 아진(鵝陣) 등 여러 가지가 있으나 기본진형은 크게 보아 3진, 혹은 5진 대형이라 할 수 있다. 3진 대형이란 좌우 양군이 전방에 위치하고 중군은 가운데에 위치하여 후위를 겸한다. 5진 대형은 전·후·좌·중·우의 5진을 말한다.

전차가 전진하면 보병은 전차의 공백을 메우면서 전투 대형을 갖춰 나간다. 전차에 비치된 다섯 가지 병기 소위 오병(五兵)은 궁시(弓矢), 창(戈), 미늘창[戟], 이모(夷矛), 팔모대창[八稜殳] 등이다. 오종 병기의 용도는 멀 때는 활을 쏘고, 가까이 오면 이모로 끌어당기며, 격투 단계에서는 팔모대창으로 치고, 창과 미늘창으로 찌른다. 전차끼리 근접 전투를 할 때에는 수레의 바퀴통이 서로 부딪치지 않도록 일정한 거리를 유지해야 한다. 전차는 돌격하여 적진을 함락시키는 주력으로서 한 대 한 대가 튼튼한 활동 보루의 구실을 하게 된다.

군의 규모에 대하여는 《주례(周禮)》〈하관(夏官)·사마(司馬)〉에 의하면 "천자는 6군, 제후국 중 대국은 3군, 차국은 2군, 소국은 1군으로 한다."고 되어 있다. 그러나 춘추시대에는 치열한 합병과 패권 다툼으로 말미암아 제후국은 영토의 대소와 작위의 고하를 막론하고 모두 앞다투어 3군을 건군하기 시작했다. 진(晉)나라의 경우 문공(文公)이 노희공(魯僖公) 27년(전 633년)에 3군을 만들고 그 이듬해에 3행(行)을 만들어 6군으로 확대 편성했다. 그후 진여공(晉厲公)은 6군을 다시 상·중·하·신(新)의 4군으로 개편했다. 진도공(晉悼公)은 또 신군(新軍)을 철폐하고 3군 제도를 회복시켰으나 총병력은 감축하지 않았다. 춘추시대의 군사 편제에는 오(伍)·양(兩)·졸(卒)·여(旅)·사(師)·군(軍)의 6급이 있었다. 1군은 5사로써 구성되며 전차 500승과 보졸 12,500명으로 구성되어 있었다.

군사에서 빼놓을 수 없는 것이 사냥이라고 부르는 고대의 대형 군사 연습이다. 한마디로 말하면 옛날의 사냥은 실제로는 농사에 해를 끼치는 짐승을 제거하고, 군사 훈련을 실시하며, 겸하여 종묘와 귀신에게 제사를 지내는 종합적인 사회 활동을 말한다. 전(田), 전렵(田獵) 또는 전수(田狩)란 원래는 농사에 해를 끼치는 짐승을 없애어 그들의 유린으로부터 농작물을 보호한다는 뜻이었다. 사철

사냥의 명칭은 봄은 수(蒐), 여름은 묘(苗), 가을은 선(獮), 겨울은 수(狩)이다. 수(蒐)의 뜻은 골라 잡는다는 뜻으로 짐승을 골라 사냥한다는 말이다. 이 때는 불을 놓아 풀을 태우는 화공(火攻)을 주로 한다. 묘(苗)는 자라는 새 싹을 보호하기 위하여 해를 제거한다는 뜻이다. 이 때는 차공(車攻)을 위주로 한다. 선(獮)은 죽인다는 뜻이다. 이 때는 그물을 주로 사용한다. 수(狩)는 둘러싸서 잡는다는 뜻이다. 소위 위렵(圍獵) 즉 포위 사냥이 주가 된다. 사철의 사냥은 농한기(農閑期)를 이용하는데 매 계절의 중간 달에 거행한다. 먼저 군사 훈련을 실시하고 나서 그 다음 사냥을 하고 잡은 짐승으로 제사를 지낸다. 군사 훈련은 봄에는 주로 각개 전투 동작을 가르치고, 여름에는 야간 행군과 숙영, 가을에는 깃발의 식별법과 출동 연습, 겨울에는 대열(大閱)이라는 대기동 연습을 실시한다.

5. 조상 숭배

조상에게 제사지내는 제조(祭祖)는 제천의식 다음가는 중요한 행사였다. 주나라는 종법(宗法)으로 봉건한 국가이다. 종법제도의 주요 정신은 적장자계승제(嫡長者繼承制)이며 그 기본 내용은 대종(大宗)과 소종(小宗)을 구분하고 확립하는 것이었다. 대종・소종으로 구성되는 전체 가족 중에서 별자(別子)를 계승하는 대종이 족장(族長)의 지위에 있으므로 이를 종자(宗子)라 불렀다. 종자는 즉 제후요 성주다. 별자는 공자(公子)라 불렀고 일반적으로 경대부의 작위를 가지며, 귀족적 신분은 종자로부터 물려받는다. 종자는 시조와 작고한 부조(父祖)의 제사를 주관할 자격과 특권이 있었으나 소종은 단지 부・조・증조・고조만을 제사지낼 수 있었고 시조에게 제사할 권리는 없었다. 《예기》〈대전(大傳)〉에 "조상을 공경하므로 종자를 공경한다. 종자를 공경함은 곧 조상을 공경한다는 뜻이다." 라고 하였다. 《논어》〈팔일(八佾)〉에 "공자께서 조상에게 제사를 지낼 때에는 조상이 눈 앞에 계신 것같이 하고, 신에게 제사를 지낼 때에는 신이 바로 거기에 계신 것같이 한다."고 했다.

춘추시대에 천자와 제후는 종묘(宗廟)를 매우 중요시하였다. 종묘는 천자, 제후, 귀족 계급이 조상에게 제사를 올리는 장소이다. 주나라의 종묘 제도에 의하면 천자는 7묘, 제후는 5묘, 대부는 3묘, 사는 1묘로 규정되어 있었다. 천자의 7묘는 태조묘와 사친묘(四親廟) 즉 부묘·조부묘·증조부묘·고조부묘에다가 문왕묘과 무왕묘를 세실(世室)로 덧붙여서 영구 보존하기 때문에 7묘가 된 것이다. 태조묘 또는 태묘는 천자와 제후의 시조묘를 가리킨다. 《예기》〈왕제(王制)〉에 의하면 "천자는 7묘이다. 3소(昭)·3목(穆)과 태조의 묘를 더하여 일곱이 된다. 제후는 5묘이다. 2소·2목과 태조의 묘를 더하여 다섯이 된다. 대부는 3묘이다. 1소·1목과 태조의 묘로써 셋이 된다. 사는 1묘이며, 서인은 거실에서 제사를 지낸다."라고 규정하고 있다.

주대의 종묘의 설치, 신주(神主)의 배열, 분묘의 배치는 모두 소목의 제도에 따랐는데 소위 소목(昭穆)의 제도는 주대 종묘제의 일대 발명이라 할 수 있다. 이 제도는 임금의 즉위 순서를 가지고 좌소우목(左昭右穆)의 원칙에 따라 시조를 가운데 모시고, 제1, 제3, 제5 등 기수 임금은 소(昭)가 되어 시조의 왼쪽에 모시고, 제2, 제4, 제6 등 우수 임금은 목(穆)이 되어 시조의 오른쪽에 모신다. 주왕실을 예로 들면 태조인 후직(后稷)이 시조가 되고, 그 묘는 옮겨 가지 않으며, 문왕(文王)은 14대가 되므로 목이 되고, 무왕(武王)은 소가 되며, 성왕(成王)은 목이 되고 이하 세계에 따라 소목을 가린다. 노희공 5년조에 "태백(太伯)·우중(虞仲)은 태왕의 아드님[昭]이셨고,……괵중(虢仲)·괵숙(虢叔)은 왕계(王季)의 아드님[穆]이셨다."는 기사가 나온다. 태왕은 곧 고공단보(古公亶父)를 가리키며 시조 후직의 제12대가 되므로 목 항렬이 되고, 태백·우중·왕계는 태왕의 아들로서 제13대가 되니 소 항렬이 된다. 《예기》〈제통(祭統)〉에 이르기를 "대체로 제사에는 소목(昭穆)이 있다. 소목의 목적은 부자(父子), 원근(遠近), 장유(長幼), 친소(親疎)의 차례를 분별하여 어지럽지 않게 하는 데 있다."라고 했다. 태묘는 서쪽에 동향으로 짓고 태조의 신주는 동쪽을 향하며, 제1대(昭)의 신주는 시조의 좌전방 즉 동북방에 자리잡아 남향하고, 제2대(穆)의 신주는 시조의 우전방 즉 동남방에 위치하여 북향을 하며, 제3대(昭)는 제1대의 동쪽에 앉아 남향하고, 제4대(穆)은 제2대의 동쪽에 앉아 북향한다.

주대의 종묘 제사 중 중요한 것은 월제(月祭), 사시지제(四時之祭), 은제(殷祭) 등이다. 월제는 매월 초에 거행했고, '조묘(朝廟)'라고 불렀으며, 고삭(告朔) · 시삭(視朔) 활동과 함께 같은 날에 연속적으로 거행해 마쳤다. 1년에 네 차례 종묘에서 선왕, 선공에게 제사를 올렸는데 그것을 사시지제(四時之祭)라 불렀다. 봄에는 사제(祠祭), 여름에는 약제(礿祭), 가을에는 상제(嘗祭), 겨울에는 증제(烝祭)라고 했으며 사계절의 중간 달에 지냈다. 정월에는 부추를 바치고, 4월에는 보리, 7월에는 기장, 10월에는 벼를 올렸다. 춘추시대에는 조상에 대한 제사는 흔히 가을과 겨울에 지냈으므로 상제와 증제가 주가 되었다. 은제는 규모가 성대한 종묘 제례로서 체제(禘祭)와 협제(祫祭)가 포함된다. 체제는 5년마다 거행하는 종묘 대제이고, 협제는 3년마다 4묘의 신주를 한자리에 모아 제사지내는 합동 제사였다. 《시경》〈노송(魯頌) · 비궁(閟宮)〉은 춘추시대 노나라가 가을에 거행하는 상제의 정경을 읊은 것이다.

가을에 상제를 지내기 위해 여름부터 쇠뿔에 막대기 대놓고
흰 수소 붉은 수소 잡아 바치니 짐승 모양의 술항아리도 가지런하구나
통째로 구운 돼지에 곰국도 끓여 온갖 제기에 가득 담아
너울너울 만무춤을 추니 효손이 큰 복 받겠네

또 《시경》〈소아(小雅)·초자(楚茨)〉는 증제와 상제의 두 제사 장면을 묘사한 것이다. 제수(祭需)의 규격도 규정되어 있었다. 천자는 태뢰(大牢) 즉 소·양·돼지 각 한 마리를 쓰고, 제후와 대부는 단지 소뢰(少牢) 즉 양·돼지 각 한 마리만을 쓰게 되어 있었다.

제조(祭祖) 의식 중의 하나의 특색은 소위 입시(立尸)라고 하는 의식이다. 이것은 시동(尸童)을 세운다는 뜻인데 고대 종교 중의 영혼관을 가장 잘 반영하고 있다. 《예기》〈증자문(曾子問)〉에 이르기를 "성인의 상에 제사를 지낼 때에는 반드시 시동이 있어야 하고, 시동은 반드시 손자로써 한다. 손자가 어리면 사람을 시켜 안고 있게 한다. 손자가 없으면 동성에서 취해도 좋다."고 했다. 제사에 시동을 세우는 이유는 귀신은 소리도 없고, 볼 수도 없고, 만질 수도 없어 제사를 올리는 자손들에게 유감을 갖게 한다. 그래서 시동을 세워서 조상의 영혼을 대신하여 자손들의 제사를 접수하게 한 것이다.

6. 맹세(盟誓)

《예기(禮記)》〈곡례하(曲禮下)〉에 의하면 "믿음을 서로 약속하는 것을 서(誓)라 하고, 생(牲)에 임하는 것을 맹(盟)이라고 한다." 고 했다. 다시 말하면 그 구별은 서는 희생의 가축을 쓰지 않는 것이고, 맹은 희생을 죽여서 그 피를 입에 발라 장중함을 표시하는 것이다. 춘추시대에는 둘을 구별하지 않고 '맹세'라고 병칭했다. 서(誓)는 또한 군대에 선전 포고를 한다는 뜻도 있다. 민공(閔公) 2년조에 보이는 '서군려(誓軍旅)'라는 말은 '군사에 선전 포고를 한다.'는 뜻이다. 춘추시대의 회맹(會盟)은 상당히 중요한 외교활동의 하나였는데 맹주로서는 전쟁과 함께 패권을 유지하는 주요 수단이었다. 회맹은 열국의 패권다툼과 예악(禮樂)과 정벌(征伐)이 천자로부터 제후, 그리고 대부에게로 이행하는 사회현상과 맞물리면서 점점 그 인기를 굳혀 갔다. 춘추시대의 회맹의 차수는 《좌전》에 기재된 것만도 근 200회에 이른다.

맹세의 절차는 옛 문헌의 기재와 고고학의 발굴 성과에 힘입어 많이 밝혀졌다. 주맹자(主盟者)는 우선 땅에 방형의 구덩이—이것을 방감(方坎)이라 한다—를 파게 한 다음 그 구덩이 위에서 소·양·돼지·말 같은 희생을 죽여서 희생의 왼쪽 귀를 잘라 주반(珠盤) 위에 올려 놓고, 그 피를 받아 옥돈(玉敦)에 담게 한다. 이런 것이 모두 준비되면 주맹자는 미리 써놓은 맹서(盟書)—이것을 재서(載書)라고 한다—를 낭독하게 하여 맹서의 내용을 천지신명에게 밝혀 고하게 한다. 신령에게 기도를 드린 후 맹세에 참가한 사람들은 무두 그 피를 약간씩 입에 바른다.—이것을 삽혈(歃血)이라고 한다. 삽혈한 후 맹약한 징본(正本)을 희생의 몸 위에 얹고 희생과 함께 구덩이 속에 묻는다. 맹약한 부본(副本)은 맹세에 참가한 사람들이 갖고 돌아가 보관한다. 구덩이 속에 묻힌 이러한 맹서가 1960대 중반의 고고학의 발굴에 의해 발견되었다. 산서성(山西省) 후마진국유지(侯馬晉國遺址)에서 약 2,500년 전의 맹서가 발견되었고, 400여 곳에 장방형 수직 굴이 발견되었다. 후마에서 출토된 맹서는 돌조각 또는 옥조각 위에 씌어져 있었다.

춘추시대의 회맹 중에서 가장 유명한 것은 제나라 환공(桓公)이 소집한 규구(葵丘)의 회맹인데 맹세의 내용 또한 가장 길다. 그 내용은 《맹자(孟子)》〈고자하(告子下)〉편에 실려 있지만 《좌전》 희공 9년조의 "무릇 우리들 동맹을 맺은 사람은 일단 맹세를 한 이상 서로 다시 사이좋게 지낸다.(言歸于好)"는 글귀는 태자를 바꾸지 말며, 첩을 아내로 삼아서는 안 되며, 수리를 독점해서는 안 되고, 양곡의 매매를 방해해서는 안 된다는 등 5개 조항으로 구성된 그 맹서의 맨 마지막에 보이는 글귀이다. 제후들은 회맹에서 왕왕 전번의 회맹에서 맺은 맹약을 다지거나 굳히기도 했는데 이것을 심맹(尋盟)이라고 한다. 자발적인 맹세가 있는 반면 협박이나 강압에 의해 맺는 맹세도 있다. 이것을 요맹(要盟)이라 한다. 성하지맹(城下之盟)은 요맹의 극단적인 예에 속한다. 맹세를 기탁하는 신령의 범위도 넓어, 명산과 대천과 뭇 천신에 그치지 않고 맹세 당사자인 제후국의 조상까지 등장한다.

미리 준비된 맹서의 내용이 마음에 안 들거나 강요에 못이겨 맹세할 때 신명 앞에서 돌발적으로 맹서를 고쳐 읽는 사례도 있다. 양공 25년(전 548년) 제나라 권신 최저(崔杼)는 경봉(慶封)의 지지하에 제나라 장공(莊公)을 시해하고 최·경 양가의 지위를 굳힌 다음 나라 사람들과 태조묘에서 맹세했다. "만일 최씨와 경씨를 지지하지 않는다면――" 안자(晏子)는 하늘을 우러러보고 탄식하며 말했다. "만일 나 영(嬰)이 오로지 임금에게 충성을 다하고, 사직(社稷)을 이롭게 하는 자를 지지하지 않는다면 천벌을 받으리라." 그리고는 곧 피를 입에 발랐다.

짧은 맹세의 경우 언사는 간단하나 뜻은 포괄적인 것이 많다. 예를 들면 "이 맹세를 어기는 날에는 나라를 보존할 수 없다(渝盟無享國)." (환공 원년), "우리는 당신네를 속이지 않을 것이니 당신네는 우리를 속이지 마라(我無爾詐, 爾無我虞)." (선공 15년), "우리는 다 함께 맹주에게 불충한 자를 친다.(同討不庭)." (양공 16년) "대국은 소국을 침략하지 마라(大無侵小)." (양공 19년)

맹세할 때 '소의 귀를 잡는 일(執牛耳)'을 가지고 주도권 다툼이 잦아 《좌전》에 그런 예가 몇 실려 있다. 맹주(盟主)는 주나라 천자를 대신하여 국제사회의 질서를 유지하기 위하여 화난을 구하고, 재난을 분담하며, 죄 있는 자를 토벌할 의무가 있었다. 회맹에 불참하거나, 늦게 도착하거나, 도망가거나, 맹주에 대하여 딴 마음을 품을 때에는 모두 토벌의 대상이 되었다. 그러므로 일단 맹주가 되면 타국에 대한 상벌의 대권과 내정 간섭의 권한까지 누리게 되므로 주도권 다툼은 치열할 수밖에 없었다. 실제에 있어서 소의 귀를 잡는 사람은 흔히 맹주국이 아닌 다른 참가국의 대부가 잡았다. 애공 17년 제·노 양국이 몽(蒙)에서 회맹했을 때 노나라 맹무백(孟武伯)이 제나라 고시(高柴)에게 물었다. "제후가 맹약할 때 누가 소의 귀를 잡는 것이 맞소?" 고시가 대답하기를 "증연(鄫衍)의 회맹에서는 오나라 공자 고조(姑曹)가 잡았고, 발양(發陽)의 회맹에서는 위나라의 석퇴(石魋)가 잡았습니다."라고 하자 무백은 "그렇다면 이번에는 나 체(彘)의 차례이군요."라고 했다. 증연의 맹약은 진(晉)나라가 주재했으므로 오나라 대부가 집우이(執牛耳)했고 발양의 맹약은 노·송·위 세 나라가 맹약한 것으로 맹주는 필시 위나라가 아니므로 위나라 대부가 집우이했다. 이번 몽의 맹약은 제나라가 맹주이므로 노나라 대부 무백이 자기가 잡는 것이 맞다고 했던 것이다.

'맹모씨(盟某氏)'리는 형식을 취하는 특수 형식의 맹세도 있다. 이것은 귀족과 국인이 나쁜 짓을 많이 저지른 인물을 공동으로 성토하는 일종의 성토형 맹세이다. 양공(襄公) 30년 정나라 경대부 백유(伯有)가 전횡과 사치를 일삼자 귀족들은 맹세를 맺고 백유를 성토했다. "백유는 정나라 사람이 자기를 성토하는 맹세를 했다(盟己)는 소식을 듣고 화를 내고" 군사를 이끌어 난을 일으켰다가 양 시장에서 죽었다. 양공 23년 노나라에서 장손흘(臧孫紇)을 성토하려고 계손(季孫)이 악신의 일을 맡고 있는 외사(外史)를 불러 성토의 구실을 물었을 때 외사는 대답했다. "동문씨(東門氏)를 성토하는 맹세를 할 때에는 <동문수(東門遂)처럼 임금의 명을 듣지 않고, 적자를 죽이고 서자를 세우는 일이 없을지어다.>라고 했으며, 숙손씨(叔孫氏)를 성토하는 맹세를 할 때에는 <숙손교여(叔孫僑如)처럼 나라의 법도를 어기고, 공실을 전복시키려하는 일이 없을지어다.>라고 했습니다."

7. 서법(筮法)

춘추시대에는 거북점과 시초점이 이미 상당히 광범하게 사용되고 있었다. 《시경(詩經)》 <위풍(衛風)·맹(氓)>에 이렇게 읊고 있다.

그대는 거북점, 시초점 쳐보고 점괘에 나쁘다는 말이 없다고

그대의 수레를 몰고 와서 내 혼수를 싣고 나를 데려갔지요

일반 서민층에서 점에 대한 지식이 이 정도였으니 지식층인 귀족 계층에서는 훨씬 더 보편화되어 있었을 것이다. 여기서는 시초점만을 다루기로 한다.

《주례(周禮)》〈춘관(春官)·태복(大卜)〉에 의하면 "태복은 삼역(三易)의 법을 관장하는데 하나는 《연산(連山)》이요, 둘은 《귀장(歸藏)》이요, 셋은 《주역(周易)》이다. 그 경괘(經卦)는 모두 여덟이고, 그 별괘(別卦)는 모두 예순넷이다."고 했다. 《예기(禮記)》〈예운(禮運)〉에 공자의 행적에 관한 이런 이야기가 실려 있다. "나(공자)는 은(殷)나라의 도(道)를 보고 싶어서 그 후예인 송(宋)나라에 갔으나 남아 있는 문헌이 매우 적어서 단지 《곤건(坤乾)》이라는 책만 얻었다."《곤건》은 은나라의 음양의 책으로서 곤(坤)괘가 건(乾)괘 앞에 와 있는 것으로 보아 은나라의 역서인 《歸藏》일 것이다. 《귀장》은 《주역》의 탄생과 함께 주초부터 쇠미하기 시작했으나 그래도 춘추말까지 온전하게 보존되어 왔던 것으로 보인다.

《주역》의 경괘는 3효(爻)로써 구성되어 있고, 별괘는 6효로 구성되어 있다. 경괘는 곧 팔괘(八卦)를 말하고, 별괘는 곧 중괘(重卦)를 말한다. 팔괘는 「건(乾)☰, 곤(坤)☷, 진(震)☳, 손(巽)☴, 감(坎)☵, 리(離)☲, 간(艮)☶, 태(兌)☱」이다. 〈역전(易傳)〉에 의하면 팔괘는 우주의 일체 사물을 상징한다고 한다. 팔괘 하나 하나가 상징하는 사물의 종류가 많기 때문에 〈설괘(說卦)〉에서는 각 괘가 상징하는 것을 범주별로 상세히 설명해 놓았다. 그러나 《좌전》의 예(例)에서 보는 상징물은 이것과 사뭇 거리가 있어 보인다. 동물의 범주에서 특히 차이가 많으며 예를 들면 건괘가 〈설괘〉에서는 말인데도 용으로 나오고, 곤괘는 소인데도 말로 나오며, 리괘는 꿩인데도 소로 나오는 따위가 그것이다. 그러므로 〈설괘〉에서 든 상징물은 단지 그 대강을 말한 것일 뿐이므로 거기에 구애받을 필요는 없다.

괘상 추리의 일반적인 원칙은 촉류인신(觸類引申)이다. 한 괘가 많은 사물을 상징하기 때문에 하나를 통해 다른 것을 유추하여 확대 해석해야 한다는 말이다. 같은 괘인데도 상징물이 다를 수 있고, 다른 괘인데도 상징물이 같을 수 있다. 예를 들면 건(乾)은 말을 상징하지만 곤(坤)도 역시 말일 수 있다. 또 건이 용을 상징하면 곤도 용일 수 있다. 암수의 구별이 있을 뿐이다. 건이 용을 상징하면 진(震)도 역시 용일 수 있다. 건이 말을 상징하면 감(坎)도 역시 말일 수 있다. 감과 진은 모두 건의 성질을 갖고 있을 뿐이다. 나머지는 유추할 수 있다. 실제로 설괘에서는 감(坎)이 달을 상징하지만 경에서는 흔히 태(兌)가 달을 상징한다. 감이나 태가 모두 방위가 서쪽이기 때문이다. 또 설괘에서는 리(離)가 거북이지만 경에서는 간(艮)이 거북으로 되어 있다. 모두 겉이 단단하기 때문이다.

초학자를 위하여 〈설괘〉가 열거한 기본적인 상징물을 표로 보이면 다음과 같다.

괘명	괘형	자연	속성	가족	동물	신체	방위	계절
건(乾)	☰	하늘	강건(健)	부	말	머리	서북	추동간
곤(坤)	☷	땅	유순(順)	모	소	배	서남	하추간
진(震)	☳	우레	움직임	장남	용	발	동	춘
손(巽)	☴	바람, 나무	스며듬	장녀	닭	다리	동남	춘하간
감(坎)	☵	물, 비	빠짐	차남	돼지	귀	북	동
리(離)	☲	불, 해	달라붙음	차녀	꿩	눈	남	하
간(艮)	☶	산	멈춰섬	말남	개	손	동북	동춘간
태(兌)	☱	못	기쁨	말녀	양	입	서	추

《좌전》과 《국어(國語)》에는 모두 22개의 시초점에 관한 기사가 실려 있다. 그중 19개가 《좌전》의 것이다. 상병화씨(尙秉和氏)는

《주역상씨학(周易尙氏學)》에서 "《주역》을 설명한 책치고 《좌전》과 《국어》보다 더 오래된 것은 없다."고 평하고 있다. 또 더 나아가서 "무릇 《주역》의 스승으로서는 좌씨(左氏)를 앞서는 사람이 없다."고 칭찬하고 있다. 그만큼 19건의 예는 《주역》의 풀이를 알기 쉽고 친절하게 이끌어 주고 있어서 가히 《주역》의 교과서라 할 만하다.

《좌전》의 시초점에서 발견되는 특징의 하나는 지괘(之卦)의 개념이다. 지괘란 서법(筮法)의 결과 얻은 본괘(本卦) 또는 우괘(遇卦)가 변효의 발생으로 다른 괘로 변한 괘를 가리킨다. 그런데 변효를 직접 말하지 않고 본괘가 지괘로 변했다고만 말하고, 지괘로써 변효를 암시하고 있는 것이다. 가장 흔히 볼 수 있는 지괘는 한 개의 효가 변하여 다른 괘가 되는 경우이다. 그 표현 방법은 예를 들면 "〈귀매(歸妹)〉가 〈규(睽)〉로 변하는 괘를 얻었다.(遇歸妹䷵之睽䷥)", "〈명이(明夷)〉가 〈겸(謙)〉으로 변하는 괘를 얻었다.(遇明夷䷣之謙䷎)" 등과 같다.

춘추시대의 시초점의 또하나의 주목할 만한 현상은 호괘(互卦) 또는 호체(互体)의 출현이다. 호괘란 중괘(重卦)를 구성하는 6효 중에서 2, 3, 4효로써 하나의 새로운 경괘를 만들고, 다시 3, 4, 5효로써 새로운 경괘를 하나 더 만드는 것을 말한다. 이렇게 해서 결국 한 중괘 안에 경괘가 네 개 있게 되는 셈인데 이 호괘의 출현으로 괘상(卦象)을 분석하는 범위가 넓어지고, 선택의 여지가 커졌다고 할 수 있다. 예를 들면 장공(莊公) 22년 주나라 사관이 〈관(觀)〉䷓이 〈비(否)〉䷋로 변한 괘상을 분석한 말 가운데 "곤(坤)은 땅이요, 손(巽)은 바람이요, 건(乾)은 하늘입니다. 바람이 하늘이 되어 땅위에 있으니 이것은 산(山)의 형상입니다."라고 한 대목이 나온다. 이 산(山)은 관괘의 3,4,5효인 외호(外互)와 비괘의 2,3,4효인 내호(內互)가 모두 간(艮)인 데서 나온 말이다. 간은 산을 상징한다.

《주역》의 점괘를 추리하는 방법은 괘상(卦象)을 분석하여 사물의 길흉화복을 점치는 괘상 추리(卦象推理)와 괘·효사를 분석하는 괘사 추리(卦辭推理)와 그리고 위의 두 방법을 병용하는 혼합 추리의 세 방법이 있다. 혼합 추리 방법은《좌전》이나《국어》에서 가장 많이 사용된 방법이다. 양공(襄公) 25년 제나라의 권신 최저(崔杼)가 과부 당강(棠姜)의 미모에 반해 아내로 맞이하려고 시초점을 쳤더니 〈곤(困)〉 ䷮이 〈대과(大過)〉 ䷛로 변하는 괘상이 나왔다. 태사들은 모두 길하다고 했으나 진문자(陳文子)의 말은 달랐다. "남편은 바람을 따르고, 바람은 아내를 불어 떨어뜨리는 괘이니 취하면 안 됩니다. 또 그 주사(繇辭 즉 괘사)에 이르기를 〈돌에 걸려 넘어지고, 가시나무에 의지하며, 그 집에 들어가도 그 아내를 볼 수 없으니 흉하다.〉고 했습니다." 감(坎)은 남편, 손(巽)은 바람, 태(兌)는 아내를 상징한다. 이 추리과정에서 또하나 주목되는 것은 변효의 효사는 본괘의 효사를 사용하면서도 괘상의 분석은 본괘와 지괘를 연계하여 추리하고 있다는 점이다.

전통적인 시초점 치는 법을 고형(高亨)의《주역대전금주(周易大傳今注)》의 〈계사상(系辭上)〉을 근거로 하여 소개한다. 아래에 소개하는 단계를 거쳐 한 괘(卦)를 얻은 다음에는 주희(朱熹)가 정리한 변효 규칙(變爻規則)에 따라 괘사 또는 효사를 얻으면 된다.

한 괘의 한 효(爻)를 그으려면 3변(變)을 실행해야 한다. 1변은 다음 단계를 거쳐서 실행한다.

㉠ 49개 시촛대를 무작위로 양분하여 한 무더기를 위쪽에 가로놓고, 다른 한 무더기는 아래쪽에 가로놓는다. 이는 하늘과 땅을 상징한다. (각 무더기에 최소 두 개는 있어야 한다.)
㉡ 윗쪽 무더기에서 시촛대 하나를 뽑아 상하 두 무더기 사이에 세로로 놓는다. 이로써 천·지·인 삼재(三才)가 갖춰졌다.
㉢ 위쪽 무더기를 가지고 4로 제하여 남은 것(1, 2, 3, 4중의 어느 하나)을 가운데 세로로 놓은 시초의 왼쪽에 놓는다. 제한 부

분은 도로 제자리에 갖다 놓는다. 4로 제하는 것은 사계절을 상징한다.

㉣ 아래쪽 무더기를 가지고 위쪽 무더기와 같은 방법으로 4로 제하여 남은 것(1, 2, 3, 4중의 어느 하나)을 가운데 세로로 놓은 시초의 오른쪽에 놓는다. 제한 부분은 도로 제자리에 갖다 놓는다. 이는 5년 중 두 번째 윤달을 상징한다.

㉤ 상하 두 무더기를 하나로 모운다. 이 때 가운데 시초에는 손대지 않는다.

이로써 1변이 실행되었다. 하나로 모운 시촛대(항상 49보다 적다.)를 가지고 상기 절차를 되풀이하여 2변, 3변을 실행한다. 3변을 실행해서 비로소 1효를 그을 수 있다. 3변의 결과 남은 상하 두 무더기의 합계에는 네 가지 종류가 있을 수 있다. ① 9로 나누어지면 노양(老陽)으로서 가변 양효이다. ② 7로 나누어지면 소양(少陽)으로서 불변 양효이다. ③ 6으로 나뉘면 노음(老陰)으로서 가변 음효이다. ④ 8로 나뉘어지면 소음(少陰)으로서 불변 음효이다. 한 괘는 밑에서 위로 올라 가면서 6효로 구성되어 있으므로 18변을 실행해야 비로소 한 괘를 얻을 수 있다.

참고로 주희(朱熹)의 변효 규칙을 아래에 싣는다.

변효	무동	1효변	2효변	3효변	4효변	5효변	6효변
사용할 괘·효사	본괘의 괘사	본괘의 변효사	본괘의 변효 중 상효	본괘(貞) 및 지괘(悔)	지괘의 불변효 중 하효	지괘의 불변효	《건》, 《곤》은 이용(二用), 기타는 지괘

8. 천문과 역법

고대인들의 천문 관측은 일월성신(日月星辰)과 5대 행성의 관측으로부터 시작되었다. 그중에서도 북두칠성은 매우 중요시하였다. 《상서(尙書)》<순전(舜典)>에 이런 구절이 있다. 즉 "순임금은 북두

칠성을 관찰하고 일곱 항목의 정사(政事)를 안배했다(在璿璣玉衡, 以齊七政).” 북두(北斗)는 북극성에 가까운 곳에서 먼 데로 차례로 천추(天樞)·천선(天璿)·천기(天璣)·천권(天權)·옥형(玉衡)·개양(開陽)·요광(搖光)의 일곱 개 별로 구성되어 있다. 첫째부터 넷째까지는 표주박의 몸을 이루는데 옛날에는 괴(魁)라 하였고, 다섯째부터 일곱째까지는 표주박의 자루를 이루며 옛날에는 표(杓)라 했다. 고대인들은 초저녁을 기준 시간으로 하여 그 때 표주박의 자루가 가리키는 방향을 가지고 사계절을 결정하였다. 즉 자루가 동쪽을 가리키면 봄, 남쪽을 가리키면 여름, 서쪽을 가리키면 가을, 북쪽을 가리키면 겨울이었던 것이다.

5대 행성의 명칭은 오늘날의 그것과 달랐으므로 고서나, 시가를 읽을 때에는 주의를 요한다. 다섯 행성(行星)의 옛 명칭은 다음과 같다.

금성(金星) : 명성(明星), 태백(太白), 계명(啓明), 장경(長庚)
목성(木星) : 세성(歲星), 세(歲)
수성(水星) : 진성(辰星)
화성(火星) : 형혹(熒惑)
토성(土星) : 진성(鎭星), 전성(塡星)

그들은 세성이 12년을 주기로 하여 하늘을 돌며 매년 일정한 천공 구역을 통과하기 때문에 그 세성의 위치로써 기년(紀年)했다. 이것이 세성기년법(歲星紀年法)이다. 선진(先秦) 고적을 읽을 때 주의해야 할 것은 이들 서적이 천상(天象)에 관하여 이야기할 때 수(水) 또는 화(火)라고 하는 것은 행성의 수성이나 화성이 아니라 항성(恒星) 중의 정성(定星 즉 營室)과 대화(大火 즉 心宿)를 가리킨다는 사실이다.

주대에는 해와 달과 오성의 운행을 항성(恒星)을 배경으로 해서 관측했다. 28수(宿)는 다음과 같다.

동방 창룡(蒼龍) 7수 : 각(角)·항(亢)·저(氐)·방(房)·
심(心)·미(尾)·기(箕)
북방 현무(玄武) 7수 : 두(斗)·우(牛)·여(女)·허(虛)·
위(危)·실(室)·벽(壁)
서방 백호(白虎) 7수 : 규(奎)·루(婁)·위(胃)·묘(昴)·
필(畢)·자(觜)·삼(參)
남방 주작(朱雀) 7수 : 정(井)·귀(鬼)·류(柳)·성(星)·
장(張)·익(翼)·진(軫)

28수는 한꺼번에 모두 보이는 것이 아니고 계절에 따라 조금씩 달리(대략 반씩) 보인다. 위에 든 전형적인 28수는 한봄에 보인다. 계절에 따라 서쪽으로 90도씩 회전하므로 한겨울에는 동방 창룡 7수가 북쪽에 있게 된다. 고대인들은 28수에 대하여 익히 알고 있었으므로 자주 고전 시가의 묘사의 대상이 되었다. 키를 닮은 기수(箕宿)와 표주박을 닮은 두수(斗宿), 견우직녀(牽牛織女)의 고사며, 삼심(參心) 2수의 전설 등이 그것이다.

고대인들은 일·월·5성의 운행과 절기의 변화를 설명하기 위하여 황도 부근의 하늘을 서쪽에서 동쪽 방향으로 성기(星紀)·현효(玄枵) 등 12개 등분으로 나누어 그것을 '12차(次)'라 불렀다. 매 차에는 모두 28수 중의 어떤 성수가 있어서 그 표지가 된다. 예를 들면 성기에는 두수(斗宿)와 우수(牛宿), 현효에는 여수(女宿)·허수(虛宿)·위수(危宿)의 3수가 있으며, 나머지도 모두 이와 같다.

서양에서는 옛날에 황도의 남북 각 8도 이내의 공간을 '황도대(黃道帶)'라 부르고, 이것을 일·월과 행성이 운행할 때 경과하는 곳으로 여겼다. 그들은 또한 서쪽에서 동쪽 방향으로 황도대를 양자리 · 황소자리 등 12개 등분으로 나누어 '황도 12궁'이라 불렀다.

12차, 황도 12궁, 28수 그리고 역법에서 언급할 12지(支)의 관계를 표로 보이면 아래와 같다

	12차(서→동)	12지(支) (동→서)	황도 12궁 (서→동)	28수(宿)
1	성기(星紀)	축(丑)	馬羯宮, 염소자리	두(斗) · 우(牛) · 여(女)
2	현효(玄枵)	자(子)	寶缾宮, 물병자리	여(女) · 허(虛) · 위(危)
3	추자(諏訾)	해(亥)	雙魚宮, 물고기자리	위(危) · 실(室) · 벽(壁) · 규(奎)
4	강루(降婁)	술(戌)	白羊宮, 양자리	규(奎) · 루(婁) · 위(胃)
5	대량(大梁)	유(酉)	金牛宮, 황소자리	위(胃) · 묘(卯) · 필(畢)
6	실침(實沈)	신(申)	雙子宮, 쌍둥이자리	필(畢) · 자(觜) · 삼(參) · 정(井)
7	순수(鶉首)	미(未)	巨蟹宮, 게자리	정(井) · 귀(鬼) · 유(柳)
8	순화(鶉火)	오(午)	師子宮, 사자자리	유(柳) · 성(星) · 장(張)
9	순미(鶉尾)	사(巳)	室女宮, 처녀자리	장(張) · 익(翼) · 진(軫)
10	수성(壽星)	진(辰)	天秤宮, 천칭자리	진(軫) · 각(角) · 항(亢) · 저(氐)
11	대화(大火)	묘(卯)	天蝎宮, 전갈자리	저(氐) · 방(房) · 심(心) · 미(尾)
12	석목(析木)	인(寅)	人馬宮, 궁수자리	미(尾) · 기(箕) · 두(斗)

동주시대의 성상가(星相家)들은 천상의 별자리와 지상의 주국(州國)을 짝지어 서로 대응케 함으로써 어느 별은 어느 나라의 분성(分星)이고, 어느 별자리는 어느 주(州)의 분야 (分野)라고 했는데 이것이 소위 '분야(分野)'라는 개념이다. 춘추시대에는 별자리의 분야를 대체로 성기(星紀), 현효(玄枵) 등과 같은 12차(次)를 기준

으로 삼았으며, 전국시대 이후에는 28수로써 구분하게 되었다. 예를 들면 진(晉)나라와 익주(益州)의 분야는 12차의 실침(實沈), 28수의 자(觜)·삼(參)이었고, 진(秦)나라와 옹주(雍州)의 분야는 순수(鶉首)와 정(井)·귀(鬼)이었으며, 초나라와 형주(荊州)의 분야는 순미(鶉尾)와 익(翼)·진(軫)이었다. 고대인들이 별자리의 분야를 세운 목적은 주로 소위 '기상(禨祥 즉 빌미와 상서)'의 천상을 관찰하여 지상의 짝이 되는 주국(州國)의 길흉을 점치기 위한 것이었다.

그 밖에 춘추시대의 천상 관측에 자주 등장하는 현상은 일식(日食)이다. 《춘추》의 통계에 의하면 37 차례의 기록이 있다. 일식이 발생하면 불길하다 하여 당시의 관습에 의하면 천자만이 조정에서 북을 치고, 사(社)에서 희생을 죽여 제사를 지낼 수 있었고, 제후는 단지 사에서 폐물만 바치고 제사를 지내게 되어 있었다. 혜성(彗星)은 일명 패성(孛星)이라고도 하는데 춘추인들은 상당한 흥취를 가지고 그 출현을 바라보았다. 그들은 그것을 길과 흉의 두 가지로 해석하였다. 하나는 혜성이 빗자루같이 생겼다고 해서 낡은 것을 쓸어내고 새것을 까는 작용을 하는 것으로 여겼다. 또하나의 해석은 혜성은 장차 병란과 재앙을 몰고 오는 흉상으로 보았다.

춘추시대의 사람들은 당시에 이미 8개 절기(節氣) 즉 동지·하지·춘분·추분·입춘·입하·입추·입동에 대한 명확한 지식을 갖고 있었다. 희공(僖公) 5년조에 이런 기사가 있다. "무릇 분(分)·지(至)·계(啓)·폐(閉) 때가 되면 반드시 천문을 기록한다." 여기의 분(分)은 춘분과 추분, 지(至)는 동지와 하지, 계(啓)는 입춘과 입하, 폐(閉)는 입추와 입동을 가리킨다. 사계절을 나눌 때 동양에서는 사립(四立)이라 하여 입춘·입하·입추·입동을 계절의 시작으로 보았으나 서양에서는 분(分)·지(至)를 기준점으로 보아 춘분을 봄, 하지를 여름, 추분을 가을, 동지를 겨울의 시작으로 보았다.

노장공(魯莊公) 29년 노나라가 새로 연구(延廐)라는 마구간을 지었을 때 《좌전》은 이렇게 적고 있다. “무릇 말은 일중(日中)에 마구간에서 목장으로 나갔다가 일중(日中)에 돌아오는 법이다.” 여기에서 말하는 두 ‘일중’ 중 하나는 춘분(春分)을 가리키고, 하나는 추분(秋分)을 가리킨다. 희공(僖公) 5년에는 또 이런 기록이 있다. “봄 주왕력으로 정월 신해(辛亥)날 초하루에 해가 정남(正南)에 이르렀다. 희공은 종묘에서 그 달의 정사를 듣는 시삭(視朔)의 예를 마치고, 바로 망대(望臺)에 올라 천문을 바라보고 그 모양을 기록했다.” 해가 정남에 이르렀다는 말은 동지(冬至)를 가리키는 말이다.

이 시대에는 동지(冬至)에 망대에 올라 망기(望氣)하는 풍속이 있었다. 소공(昭公) 20년에도 망기의 기사가 실려 있다. 즉 “20년 봄 주왕력 2월 기축(己丑)날에 해가 정남에 이르렀다. 재신(梓愼)이 하늘의 기운을 바라보고 말했다. 〈금년에 송나라에는 난리가 일어나 나라가 거의 망하게 되고, 3년이 지나서야 가라앉을 것이다. 또 채(蔡)나라에는 큰 상(喪)이 있을 것이다.〉”

주나라 때 고삭(告朔)이라는 제도가 있었다. 고삭이란 천자에게서 나누어 받은 역서(曆書)와 월령(月令)을 제후가 매월 초하루에 종묘에 고하는 예를 말한다. 이 때 제후는 특생(特牲) 즉 소나 돼지 혹은 양 한 마리를 가지고 종묘에서 제사를 지내고 유사(有司)가 축사와 당월에 시행할 정령(政令)을 낭독한다. 고삭이 끝나면 제후는 곧 이 달의 정사를 듣게 되는데 이것을 시삭(視朔) 또는 청삭(聽朔)이라고 한다. 고삭의 예는 춘추시대에도 행해지고 있었다. 문공(文公) 16년에 “공은 시삭의 예를 네 번이나 거른 것은 병 때문이었다.”고 적고 있으므로 당시에 이 예가 행해지고 있었으나, 점점 형식에 흘러 춘추 말년에느 폐지될 처지에 놓여 있었다. 《논어》〈팔일(八佾)〉에 이런 기사가 있다. 자공(子貢)이 고삭 제사에 바치는 희생 양을 폐지하려고 하였다. 공자께서 말씀하셨다. “사(賜)야 너는 그 양을 아끼지만 나는 그 예(禮)를 아낀다.”

중국 고대의 기년법(紀年法)에는 왕공의 즉위 연차를 가지고 하는 방법 외에 천상으로 기년하는 방식으로는 세성 즉 목성의 운행에 바탕을 둔 세성기년법(歲星紀年法)과 태세라는 가짜 세성에 기초를 둔 태세기년법(太歲紀年法)이 있었다. 그 밖에 간지기년법(干支紀年法)이란 것이 있었으나 그것은 동한(東漢)에 가서야 비로소 사용되었고, 춘추시대에는 아직 사용되지 못했다. 5행성 중에서 역법과 관계가 깊었던 별은 목성 즉 세성(歲星)이었다. 주나라 사람들은 황도 부근의 하늘을 서쪽에서 동쪽 방향으로 12개로 등분하여 그것을 12차(次)라 불렀는데 그 명칭은 차례로 성기(星紀)·현효(玄枵)·추자(諏訾)·강루(降婁)·대량(大梁)·실침(實沈)·순수(鶉首)·순화(鶉火)·순미(鶉尾)·수성(壽星)·대화(大火)·석목(析木)이다. 주나라 사람들은 세성이 서쪽에서 동쪽으로 12년 동안에 한번 하늘을 일주하므로 매년 운행할 때 하나의 성차를 지나간다고 보았던 것이다. 12차는 12년을 주기로 운행하는 목성의 이동을 나타내기도 하지만 해와 달이 1년에 열두 번 만나는데 그 만나는 점을 12차라고 한다는 설도 있다. 노소공(魯昭公) 7년조에 "해와 달이 만나는 곳을 신(辰)이라고 한다.(日月之會是謂辰)"는 기사가 있다. 동주시대 사람들은 항상 세성이 자리잡은 성차로써 기년했다. 노양공(魯襄公) 30년 정나라 권신 백유(伯有)가 정권을 전횡하매 대부 비조(裨竈)가 12년을 채우지 못할 것이라고 예언했는데 그해가 세성이 강루(降婁)의 성차에 있는 해였다(於是歲在降婁). 백유가 망하고 보니 과연 그해에 세성이 추자(諏訾) 언저리에 있었고, 그 다음해에 강루로 옮겨갈 참이었다(及其亡也, 歲在諏訾之口, 其明年乃及降婁).

전국시대가 되면서 세성기년법과 관계가 있는 태세기년법이 출현했다. 이것은 황도 부근의 하늘을 12등분한 것을 동쪽에서 서쪽 방향으로 고대인들의 12진(辰) 관념을 적용하여 자(子)·축(丑)·인(寅)·묘(卯) 등 12지(支)와 짝을 맞춘 것이므로 그것이 안배된 방향과 순서는 꼭 12차(次)와 상반하게 된다. 그래서 고대인들은 태세(太歲)라는 가짜 세성을 고안하여 12진을 달리게 했던 것이다. 예를 들면 태세재인(太歲在寅), 태세재묘(太歲在卯)라고 했다.

기월법(紀月法)은 일반적으로 서수(序數)로써 기록했으며 예를 들면 1월(정월), 2월, 3월 등이었다. 1년을 춘·하·추·동의 사계절로 나누고, 매 계절에 맹(孟)·중(仲)·계(季)의 명칭을 붙여 그 선후를 가렸다. 고대인들은 달의 모양을 보고 매월 첫째 날은 삭(朔), 마지막 날은 회(晦)라고 불렀다. 작은 달의 15일과 큰 달의 16일은 망(望)이라 불렀다. 또 보름 다음날을 기망(旣望)이라 하였다. 고대인들에게는 월건(月建)이라는 관념이 있었다. 이것은 자(子)·축(丑)·인(寅)·묘(卯) 등 12지지와 12개 월을 짝을 맞추는 것으로 보통 하력(夏曆)의 동지가 들어 있는 11월에 자(子)를 배정하여 건자지월(建子之月)이라 불렀다. 이로써 미루어 보면 12월은 건축지월(建丑之月), 정월은 건인지월(建寅之月)이 되고, 이렇게 해서 곧바로 10월까지 가면 건해지월(建亥之月)이 된다.

하(夏)·상(商)·주(周) 3대가 세수(歲首) 즉 정월로 삼는 달이 각각 달랐는데 이것을 이른바 삼정(三正)이라고 부른다. 하력(夏曆)은 일명 농력(農曆)이라고도 하는데 건인(建寅)의 달(입춘이 든 농력 정월)을 세수로 삼았고, 은력(殷曆)은 건축(建丑)의 달(농력 12월)을 세수로 삼았으며, 주력(周曆)은 건자(建子)의 달(동지가 든 달 즉 농력 11월)을 세수로 삼았다. 그래서 주력은 은력에 비해 한 달이 빨랐고, 하력에 비하면 두 달이 빨랐다. 삼정의 세수의 월건(月建)이 같지 않았으므로 사계(四季) 또한 따라서 달랐다. 소공(昭公) 17년에 이런 기사가 있다. "대화성(大火星)이 나타나는 때는 하력으로는 3월이고, 상력으로는 4월이며, 주력으로는 5월이다." 춘추전국시대에는 역법제도가 통일되지 않았으므로 고서적마다 기록한 시간이 다르다. 《춘추》, 《맹자》는 주력을 많이 사용했고, 《좌전》, 《여씨춘추(呂氏春秋)》 및 《초사(楚辭)》는 하력을 많이 사용했다. 《시경》은 여러 다른 지방의 노래를 모은 것이기 때문에 각국의 역법이 가지각색이었다. 심지어는 같은 시편 중에서도 두 가지 역법이 사용되기도 하였다.

상고시대의 기일법(紀日法)은 현재와 같이 1일, 2일, 3일과 같은 서수를 쓰지 않고 최초에는 천간(天干)만으로 기일했다. 은대(殷代)에 와서 천간과 지지(地支)를 차례대로 조합한 육십갑자(六十甲子)를 써서 기일하게 되었는데 주나라도 이를 답습하였다. 천간과 지지는 다음과 같다.

10천간(天干) : 갑(甲) · 을(乙) · 병(丙) · 정(丁) · 무(戊) · 기(己) · 경(庚) · 신(辛) · 임(壬) · 계(癸)
12지지(地支) : 자(子) · 축(丑) · 인(寅) · 묘(卯) · 진(辰) · 사(巳) · 오(午) · 미(未) · 신(申) · 유(酉) · 술(戌) · 해(亥)

예를 들면 이월기사(二月己巳), 동십이월병자삭(冬十二月丙子朔), 오월신축(五月辛丑), 병인회(丙寅晦) 등과 같다. 춘추시대의 기시법(紀時法)은 하늘색을 근거로 하여 일 주야를 10시간으로 나누는 10시간제를 썼다. 대체로 계명(鷄鳴) · 매상(昧爽) · 단(旦) · 대흔(大昕) · 일중(日中) · 일측(日昃) · 석(夕) · 혼(昏) · 소(宵) · 야중(夜中) 등이었다. 일 주야를 두 시간씩 나누어 12지지(地支)로 표시하는 12시진법(時辰法)의 사용은 그 후의 일이다.

참고문헌

《春秋左傳注》(修訂本), 楊伯峻 編著, 中華書局 1990.
《春秋左傳正義》(十三經注疏), 北京大學出版社, 1999.
《左傳》(春秋經傳集解), 上海古籍出版社, 1997.
《左傳全譯》, 王守謙 · 金秀珍 · 王鳳春 譯注, 貴州人民出版社, 1990.
《春秋左傳今注今譯》(校訂本), 王雲五 主編, 臺灣商務印書館, 中華民國, 1982.
《春秋左氏傳》, 竹內照夫 譯, 平凡社, 1998.
《春秋左氏傳》, 文璇奎 譯, 明文堂, 1993.
《春秋左傳》, 李錫浩 譯, 平凡社, 1989.
《左傳譯文》, 沈玉成 譯, 中華書局, 1997.
《左傳》(國學基本叢書), 李維琦 · 陳建初 · 李運富 · 覃遵祥 · 唐生周 · 蕭謌川 注, 岳麓書社 2001.
《中國成語辭典》, 谷光宇 編著, 黎明文化事業公司, 中華民國, 1972.
《漢語成語考釋詞典》, 劉洁修 編著, 商務印書館, 1997.
《中華成語全典》, 張林川 主編, 湖北辭書出版社, 2003.
《成語探源辭典》, 朱瑞玟 編著, 首都師範大學出版社, 1996.
《中國典故》, 陸尊梧 編著, 東方出版中心, 1998.
《六用成語詞典》, 劉啓瑛 · 王炳乾 編, 南開大學出版社, 1994.
《常用典故詞典》, 于石 · 王光漢 · 徐成志 編, 上海辭書出版社, 1985.

《春秋史》, 童書業 撰, 上海古籍出版社, 2003.
《先秦民俗史》, 晁福林著, 上海人民出版社, 2001.
《周禮文化與社會風情》, 李建國著, 人民教育出版社, 1995.
《中國古代文化史》, 陰法魯·許樹安 主編, 北京大學出版社, 2003.
《中國古代文化常識圖典》, 王力 主編, 中國言實出版社, 2002.
《中國全史—春秋戰國》, 史仲文·胡曉林 主編, 人民出版社, 1994.
《古代中國(原始·殷周·春秋戰國)》, 貝塚茂樹·伊藤道治 共著, 講談社, 2000.
《中國古代禮儀文明》, 彭林 著, 中華書局, 2000.
《中國古代文化精要》, 劉洪仁 著, 巴蜀書社, 2003.
《春秋史》, 顧德融·朱順龍 共著, 上海人民出版社, 2001.

◆찾아보기◆

【ㅂ】

【ㅇ】

【ㅈ】

【ㅊ】

【ㅌ】

【ㅍ】

【ㅎ】

고사성어로 읽는

춘추좌전春秋左傳

초판 인쇄 2016년 2월 15일
초판 발행 2016년 2월 20일

편　저 | 최종례
디자인 | 이명숙 · 양철민
발행자 | 김동구
발행처 | 명문당(1923. 10. 1 창립)
주　소 | 서울시 종로구 윤보선길 61(안국동)
우체국 010579-01-000682
전　화 | 02)733-3039, 734-4798(영), 733-4748(편)
팩　스 | 02)734-9209
Homepage | www.myungmundang.net
E-mail | mmdbook1@hanmail.net
등　록 | 1977. 11. 19. 제1~148호

ISBN 979-11-85704-59-3 (03720)
15,000원

새로 옮긴 시경詩經

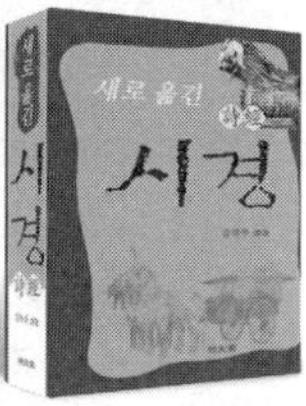

우리나라 최초로 현대적인 해설과 주석을 단 완역본을 새로 알기 쉽게 번역한 중국의 가장 오래된 시가집!!

김학주 譯著 / 신국판 양장 / 1,044쪽 / 값 35,000원

새로 옮긴 서경書經

요堯임금과 순舜임금에 관한 일에서 시작하여 흔히 삼대三代라 부르는 하夏·은殷·주周 세 왕조에 관한 기록들이 실려 있다.

김학주 譯著 / 신국판 양장 / 720쪽 / 값 30,000원

보충 설명을 덧붙여 이해하기 쉽게 교정하여 해석한

당시선唐詩選

이백·두보·한유·백거이 등 중국 문학의 전성기를 이루었던 문인들의 작품선으로 자연을 노래한 풍류시로부터 현실참여시까지 망라되었다.

김학주 譯著 / 신국판 양장 / 680쪽 / 값 27,000원

보충 설명을 덧붙여 이해하기 쉽게 교정하여 해석한

송시선宋詩選

「宋詩選」은 자기 주변의 온갖 문제들을 그 시제에 적절한 여러 가지 형식으로 자신의 개성을 살리어 시를 지었다.

김학주 譯著 / 신국판 양장 / 620쪽 / 값 26,000원

- 新譯 명대시선(明代詩選) 金學主 譯著 신국판 양장 값 20,000원
- 新譯 청대시선(清代詩選) 金學主 譯著 신국판 양장 값 20,000원
- 중국 고대시에 관한 담론 金學主 著 신국판 양장 값 20,000원
- 修訂增補 악부시선(樂府詩選) 金學主 著 신국판 양장 값 15,000원
- 修訂新版 漢代의 文人과 詩 金學主 著 신국판 양장 값 15,000원

위대한 중국의 대중예술 경극(京劇) 이야기

- 위대한 중국의 대중예술 경극 金學主 著 크라운판 값 20,000원
- 경극이란 어떤 연극인가? 金學主 著 크라운판 값 20,000원
- 중국의 탈놀이와 탈 金學主 著 크라운판 값 20,000원
- 중국의 전통연극과 희곡문물·민간연예를 찾아서 金學主 著 신국판 값 15,000원

新完譯

古文眞寶(고문진보)

前·後集

"지혜로운 옛 시(詩)와 문장의 보고(寶庫)"

진귀하고 보배로운 옛글 중에서
엄선하여 가려 뽑은
주옥같은 시(詩)와 문장들의 향연!

황견 편찬·김학주 譯著

신국판(전) 20,000원 양장(전) 25,000원
신국판(후) 25,000원 양장(후) 30,000원